イスラム世界の成立と国際商業

JN158581

世界歴史叢書

イスラム世界の成立と国際商業

—— 国際商業ネットワークの変動を中心に ——

家 島 彦 一 著

岩 波 書 店

はじめに

本書は、七世紀から十七世紀末までのイスラム史を単に国家・軍事史、政治史、財政史やこれまでの社会経済史などの研究が目指すところの、いわばイスラム世界の歴史的・地域的な多様性をみる立場とは違って、イスラム世界全体を有機的に機能する一つの文化的・経済的な結合体とみなして、そこでの具体的な相互間の結びつきの在り方および結びつきの変化のなかから、その全体の歴史的展開を描き出すことを意図としている。すなわち、このような考察を通じて、イスラム世界の基本的特質を探り、また世界史におけるその歴史的位置づけを考察しようと企てたものである。このような遠大な目標を目指して、私はとくに「交通」と「商業」をめぐる人びとの移動、ものの流通関係、文化・情報の交流や技術の伝播などにみられる、幅広い流動性と多元的ネットワークの絡み合いの諸現象を把握することを具体的な研究課題とした。

まず本書の構成について一言するならば、大略つぎのごとくである。序論は、研究対象となる「商業」の意味、および地域設定をめぐる問題と、イスラム世界を結ぶネットワークの基本構造を説明することによって、本書全体に対する私の問題視角の基本を提示しようとしたものである。

本論では、序論で提示したイスラム世界を構成するネットワークの基本構造が時間軸のなかで、いかなる広がりと結びつきを示したか、また、それらのいかなる変質がみられたかを具体的な歴史事例のなかで解明しようと試みた。まず、その第一章ではイスラム教の誕生以前のジャーヒリーヤ時代にアラビア半島が国際的ネットワーク構造の上でどのような位置にあったのか、またネットワークの中間拠点としてのメッカの位置と役割を考えることによって、七世紀初めにイスラム教が誕生し、メッカを基軸とする新しいネットワークが成立・展開していった過程を明らかにしようと努めた。第二章では、メッカを拠点としていたクライシュ商業の崩壊以後に起ったアラブ・ムスリム軍による大征服運動の本質と、アラブ・イスラム帝国の政治的・軍事的版図が東方は西北インド(インダス川流域のシンド)地方、中央アジアのマーワランナフル(トランスオクサニア)地方、西方は北アフリカとイベリア半島、南フランス・ゴール地方まで拡大したことによって成立した新しいネットワークの構造とその機能について、できるだけ具体的に追究しようとした。

つぎに、本書全体の中心部分をなす第三章は、アッバース朝革命を経て形成したイスラム世界の本質と、そこにみられる文化的・経済的交流圏としての結合の実態を、主にアラビア語の地理書・旅行記類の根本史料を使って考えようとしたものである。その目的に基づいて、まず当時の国際的ネットワーク構造のなかでバグダードがどのような役割を果したか、また西ヨーロッパ・キリスト教世界の経済状況とは正反対に、急速にイスラム都市が成立・発達し、金融活動、遠距離交通と各地域の特産物の生産・流通が活発化したことの状況を具体的に解明することを叙述の対象とした。さらにバグダードを基軸として成立・発展を遂げていたイスラム世界を結ぶネットワーク構造が九世紀半ば頃に至って、急速に変質と変貌を示したのは、いかなる社会的・経済的事情によるものであったかを、ペルシャ湾周辺部で起った具体的状況のなかから分析しようとした。ペルシャ湾周辺部は、アッバース朝の首都バグダードに通じる水運の要衝地であり、イラク南部の穀倉地帯サワード地方に近く、またイラン高原やアラビア半島内陸部から集まる遊牧民たちと都市民・農民との出会いと融合の接触地帯を形成した「境域」であった。そうした境域の性格と、時代変化のなかで示す境域機能を分析することによって、時代変化の方向を提示しようとしたのである。

本書の叙述の中心をなす部分が十世紀で終わっていることからも明らかなように、私は「十・十一世紀の時代」をイスラム世界をめぐるネットワーク構造の大きな変化の時代、つまり「時代転換期」としてとらえる立場に立って、それ以前と以後の時代にみられる社会的・経済的諸現象を比較しつつ、イスラム世界の全体を分析することに努めた。それでは、十・十一世紀の時代転換期に至って、イスラム世界のネットワーク構造にはどのような変質と変貌がみられたのか。この十・十一世紀の転換期を境として、それまでのイスラム世界全体を結びつけていた国際的交通・運輸と貿易活動の重心、バグダードの機能には明らかに衰退現象がみられた。そしてバグダードに代って、ファーティマ朝によって新たに建設されたエジプトのカイロがイスラム世界全体に関わるネットワーク・センターとして急激な発展を遂げたのである。第四章は、いわば補論をなすものであって、カイロを軸心とする新しいネットワークの性格とその変容の意義を、イスラム世界の周辺部で起ったイスラム化の拡大と地域社会の形成、地中海世界における十字軍運動の展開、モンゴル軍の侵攻、ポルトガル艦隊に始まる西ヨーロッパ・キリスト教勢力のインド洋とアジア諸国への進出、オスマン帝国の成立などの歴史過程と対応させながら、できるだけ総合的に展望しようとしたものである。

以上のような諸問題は、いずれも時代的には極めて長期にわたり、また広大な地理的空間を含んでいる上に、政治・経済・社会・文化などにみられる様々な、しかも複雑に関係し合っている現象を包含しているのであるから、イスラム世界の各諸国の歴史的文献資料に限らず、その隣接地域の諸資料を広く渉猟して深い知識をもち、多角的な視野と総合的な判断力、さらには歴史以外の諸分野の応用など、あらゆる手段をもって問題に対する正しい位置づけをする必要があることは言うまでもない。浅学・非力の私が、このような研究課題に立ち向かうことは、いささか大胆過ぎる試みとも思える。しかし、あえてここに未熟な研究成果を公刊するのは、一つには自分なりに問題関心を整理して、現在までの研究過程を把握し、不完全な部分についての個別研究を深めていく機会としたかったこと、また本書を読まれた大方識者の叱正と教示を仰ぎうるならば、見解の誤りや新たな問題の所在に気づくであろうことを切望しているからである。

イスラム史に対する私の関心は、イスラム地理書・旅行記類を駆使してイスラム地理学の変遷過程を探り、またその情報を歴史資料として使用する上での諸問題を解明することに始まった。その後、一つの文化的・経済的交流圏としてイスラム世界をどのようにとらえたらよいか、地域社会や個々の国家と国際関係との関わり方、「交通」の問題や、人びとおよび物産や文化・情報などの広域的な移動性と、その移動を可能ならしめている自然地理環境および生態的条件はどのようであったのか、とくにインド洋と地中海という二つの海洋がイスラム世界の国際的交流関係の上でいかなる役割を果したか、歴史的世界としての「インド洋世界」の問題、商人、ウラマー(学者・知識人)

や聖地メッカ・メディナへの巡礼《ハッジ》にみられる人間の広域的移動性と地域社会の形成、などの様々な研究課題に移っていった。

また、最近の数年間は文部省の助成金による海外学術調査「イスラム圏の社会・文化変容の比較調査」の一員として、インド洋の西海域を中心として現在も活動を続けている三角帆を装備した木造船「ダウ」の航海と貿易に関する現地調査を進めている。この調査は、歴史的文献資料のなかでとらえられた問題を足がかりとして、現在に残る生きた現象を追究しようとする、私にとっての新しい研究の試みであった。現地調査における様々な体験は、過去の諸現象をいかに多角的・立体的な視角において把握することの重要性を認識する上で、数々の貴重な教訓を得る好機となった。とくに、本書の序論において論じた「イスラム世界」の基本概念は、実はこのダウ船の調査から導き出されてきたものである。ダウ船は、今からおよそ二〇〇〇年以上まえの、紀元前に遡る頃から現在に至るまで、歴史の各時代の社会的・経済的要求に応じて、つねに変貌を遂げながらも、基本的にはインド洋に卓越するモンスーンと吹送流(モンスーン・カレント)とを最大限に利用して、インド洋周縁部の大陸間を結んで、定期的に往復航海してきたのである。ダウ船による恒常的な往復運動は、それによって結びつけられたインド洋・アラビア海・ペルシャ湾・紅海の周縁地域に様々な人びとの移動・融合と地域社会の形成を促し、商売、出稼ぎ、巡礼、贈与・儀礼関係、言語接触、技術やイスラム教を中心とする信仰、生活様式、習慣などを、またマイナスの役割では疫病や病虫害の流行を含めた出会いと融合の世界をつくり上げてきた。従って、その世界は、いわば一つに結合された政治的・軍事的領域ではなく、多様な集団・社会と文化が重層・混合しながらも、共有する一つの生活圏として機能してきたといえよう。鋼鉄・エンジン船が世界の海を往来する現代にあっては、甚だ時代遅れともいえる木造帆船・ダウが遠距離間の実働の航海を続けていることの理由は、何よりもまずインド洋西海域およびアラビア海周縁部の自然地理環境と生態系の諸条件がダウ船の活動に適していること、またダウ船の往復航海をつねに必要としている広域的な共通社会、つまり「ダウ・カルチャーの世界」とも呼べるような歴史的世界がその海域の周縁部を覆っているためではないか、と考えられる。本書の叙述を貫いているイスラム世界のネットワーク論は、以上のようなダウ船の実地調査の結論に示唆されているといえよう。つまり、イスラム世界といった場合の「世界」にも、「ダウ・カルチャーの世界」と類似する構造と機能を想定するならば、ダウ船の調査によって導き出されてきた基本概念を使って、イスラム世界全体をまとめるような歴史が描けるのではないだろうか、と考えた次第である。

さて本書の執筆にあたって、改めて私がこれまでにたどってきた研究上の関心と課題を整理してみると、それらの諸問題はバラバラに存在しているのではなく、相互に深い関連性を持ちながら、次第により具体的な問題へと移行していることに気づいたことを強調したい。本書の刊行が機会となって、今後はさらに総合的な認識と広い視野に立って、個別的な実証研究を積み重ねていきたいと思う。

「世界歴史叢書」の一冊としての執筆を承諾してからすでに十年以上を経過して、やっと今日ひとまず完成して、本書を世に送り出すこととなった。振り返ってまず思うことは、私の恩師である慶應義塾大学の名誉教授であられた前嶋信次先生はすでに八年前に惜しくも他界されたが、本書の内容については何度か御相談申し上げた。先生は、いつも暖かい眼で見守っていて下さり、多くの有益な御助言を賜わった。本書をみていただく機会を失ってしまったことは甚だ残念であるが、いま改めて衷心から感謝を申し上げたい。また、本書の執筆を最初にお勧めいただいたのは、護雅夫先生(中近東文化センター理事長)と板垣雄三先生(東京大学東洋文化研究所教授)の両先生からである。この機会を借りて、厚く御礼申し上げる。最後に、私の非力と怠慢のために刊行が延び延びになって大変に御迷惑をおかけした岩波書店編集部の松嶋秀三氏に感謝する。

一九九一年 春

家島彦一

目　次

付図

序論

一　イスラム世界史像の探求

1　イスラム世界史の把握

現代における激しく変貌する国際関係や政治的・経済的な諸問題の起るなかにあって、中東戦争、パレスティナ問題、石油戦略の展開、イラン革命、イラン・イラク戦争、イラクのクウェイト侵攻に始まる湾岸戦争などの、いずれも西アジア地域を主舞台とする衝撃的な諸事件に接するとき、われわれはこの地域がまさに世界史の動きを大きく左右する重要な焦点にあることを強く認識せざるを得ないであろう。

われわれ日本人と西アジア地域との関わり方も、高次の国際関係や経済レベルの問題だけにとどまらず、長期間にわたる現地滞在、情報交換や人的交流が深まるにつれて、西アジアの社会・文化・宗教や歴史にまたがる「深いつき合い」になってきた。こうした状況のなかにありながら、われわれが西アジア地域をめぐる様々な軍事的・政治的情勢や社会・文化を分析し判断する際に、時局の推移だけで性急な結論を下したり、また「イスラム教」とか「アラブ」という言葉から直ちに一神教・単一民族・砂漠的風土および文化として解釈しようとするような単純・一律の狭い視角に立つならば、誤った理解と結論にゆき着くことは言うまでもない。周知の通り、イスラム世界は、歴史的にみると、すでに七世紀半ばには、西アジア地域だけにとどまらず、アジア・アフリカの諸地域に広くまたがって展開し、しかもその世界が、人びとの移動や経済関係、文化・情報の交流においても相互に強く結びついた、一つの共通する文化・経済交流圏として機能してきたこと、また反面では共有と結合の要素だけでなく、空間的な広がりと長期にわたる歴史展開の過程で、複雑に、かつ重層的に、様々な文化的・社会的要素を包含し、対立・緊張と共存・調和の諸関係のなかで変容してきた、多重・多層の国際的な流動社会であるというように、その基本的性格をとらえることができる。

以上のようなイスラム世界の性格から考えても、われわれが西アジア地域を中軸としてアジア・アフリカの諸地域にまたがって歴史的に展開してきたイスラム世界を、一つの全体として把握することは、現代の複雑な政治的・社会的諸状況を理解する上でも、多くの示唆を与えるであろう。

最も概括的な世界史像であるとされてきたものに従えば、一体的なものとしての世界史の成立は、十六・十七世紀の転換期に求められている。そしてそれ以前の世界は、東アジア世界、南アジア世界、イスラム世界、地中海・ヨーロッパ世界、の四つの世界(文化圏)に分かれ、それらは固有の歴史・文化と価値体系をもって、自立的な展開を示していた。ところが十六・十七世紀以後に至って、西ヨーロッパ勢力による「地理上の発見」、植民地体制と資本主義経済の発達にともない、各地域にはヨーロッパを中軸とする世界史の一体的な展開がつくり出された、と説明する。ここで注目すべき点は、十六世紀以前の四つの世界のうちで、イスラム世界だけが地域設定によらない区分とされたことにある。この区分は明らかに、ヨーロッパ＝ヨーロッパ・キリスト教世界、イスラム＝アラブ・イスラム世界、南アジア＝ヒンドゥー世界、東アジア＝中国文化世界、であることの暗黙の了解に基づいている。しかし、このような世界史像はイスラム世界の広がりとその世界史的な役割を、ことさらに狭く考えているものであるといえよう。

イスラム世界は、七世紀前半に開始するその形成と展開の諸過程の中で、他の世界に大きな歴史的影響を及ぼし続けたという意味において、まさに世界史の中軸に位置したのである。つぎに、イスラム世界と他の世界との関わりについて概観してみよう。中世キリスト教ヨーロッパ社会の成立から近代ヨーロッパ社会の発展に至るまでの歴史は、つねにイスラム世界との深い関わり合いを抜きにしては論じることができない。中世ヨーロッパは、地中海を挟んで拡大を続けるイスラム世界の存在に強い恐怖感と危機意識をもっていた。西ヨーロッパ側にとって、地中海とその周縁部はイスラム世界からの侵略の境域地帯であると同時に、高度に発達したイスラム文化・思想と科学技術の導入される交流の窓口でもあった。注目すべき点は、ローマ教皇を核とする精神的統一と西ヨーロッパ・キリスト教会の組織強化が、そうした異なる信仰・文化と社会が対立し、緊張する接点に位置して、絶えざる緊張に包まれたなかで達成されていったことにある。また、ヨーロッパ内陸部

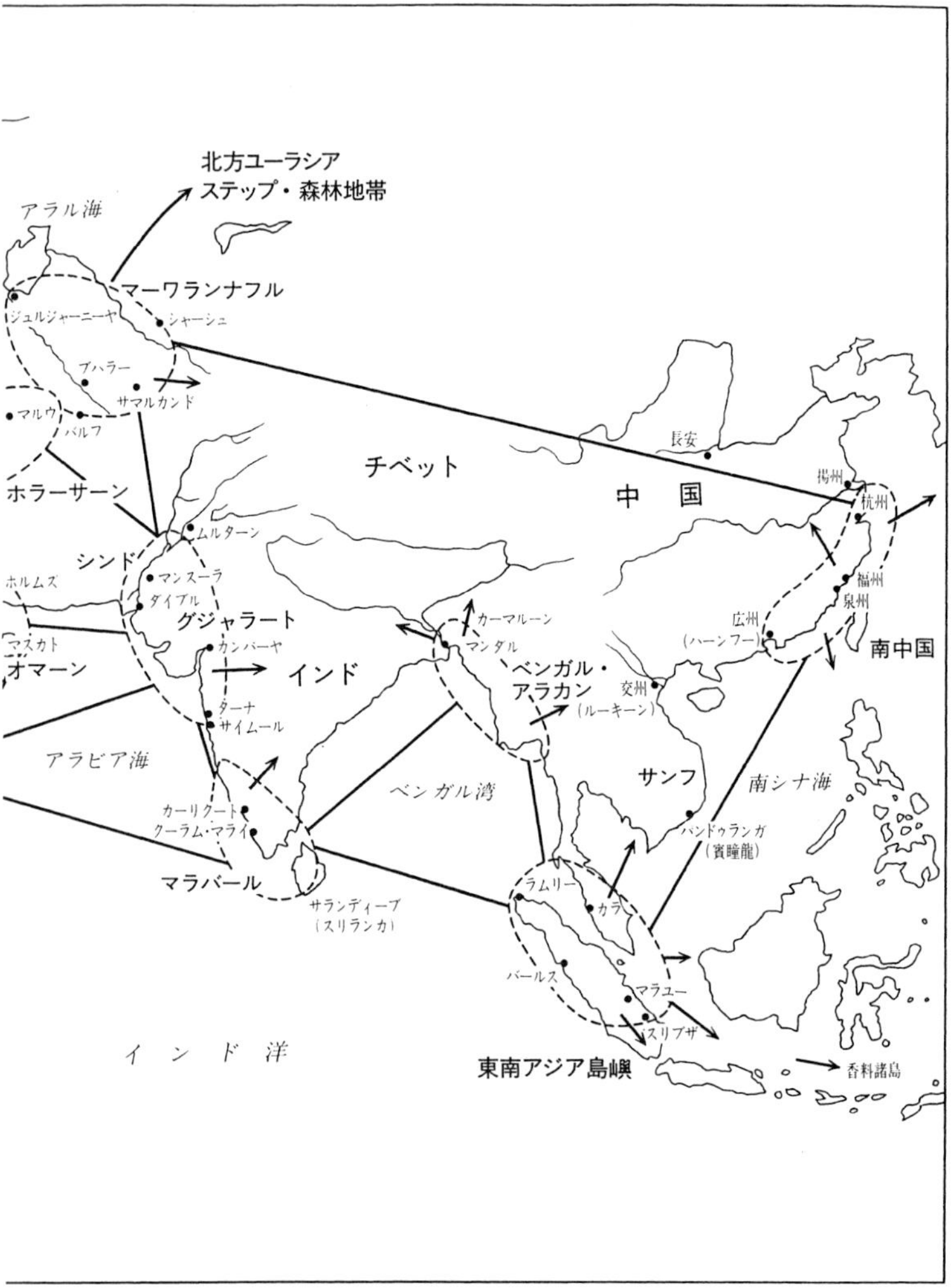
北方ユーラシア
ステップ・森林地帯
アラル海
マーワランナフル
ジュルジャーニーヤ
シャーシュ
ブハラー
サマルカンド
マルウ
バルフ
ホラーサーン
チベット
長安
中　国
揚州
杭州
福州
泉州
広州
(ハーンフー)
南中国
ムルターン
シンド
マンスーラ
ダイブル
ホルムズ
グジャラート
マスカト
オマーン
カンバーヤ
インド
カーマルーン
マンダル
ベンガル・
アラカン
交州
(ルーキーン)
ターナ
サイムール
アラビア海
ベンガル湾
サンフ
南シナ海
カーリクート
クーラム・マライ
パンドゥランガ
(賓瞳龍)
マラバール
サランディーブ
(スリランカ)
ラムリー
カラ
バールス
マラユー
スリブザ
東南アジア島嶼
香料諸島
イ　ン　ド　洋

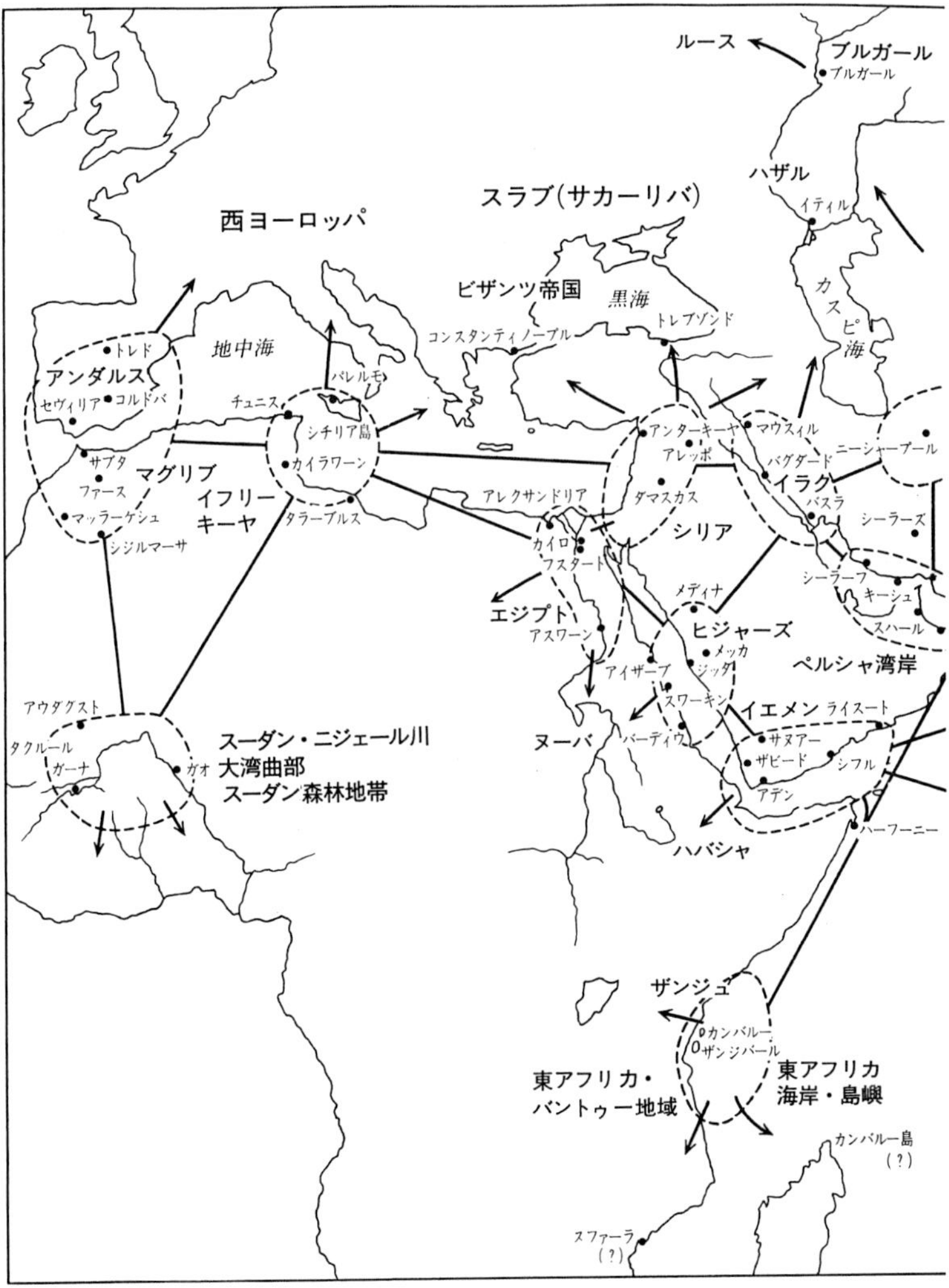

図1 イスラム世界をめぐるネットワーク構造

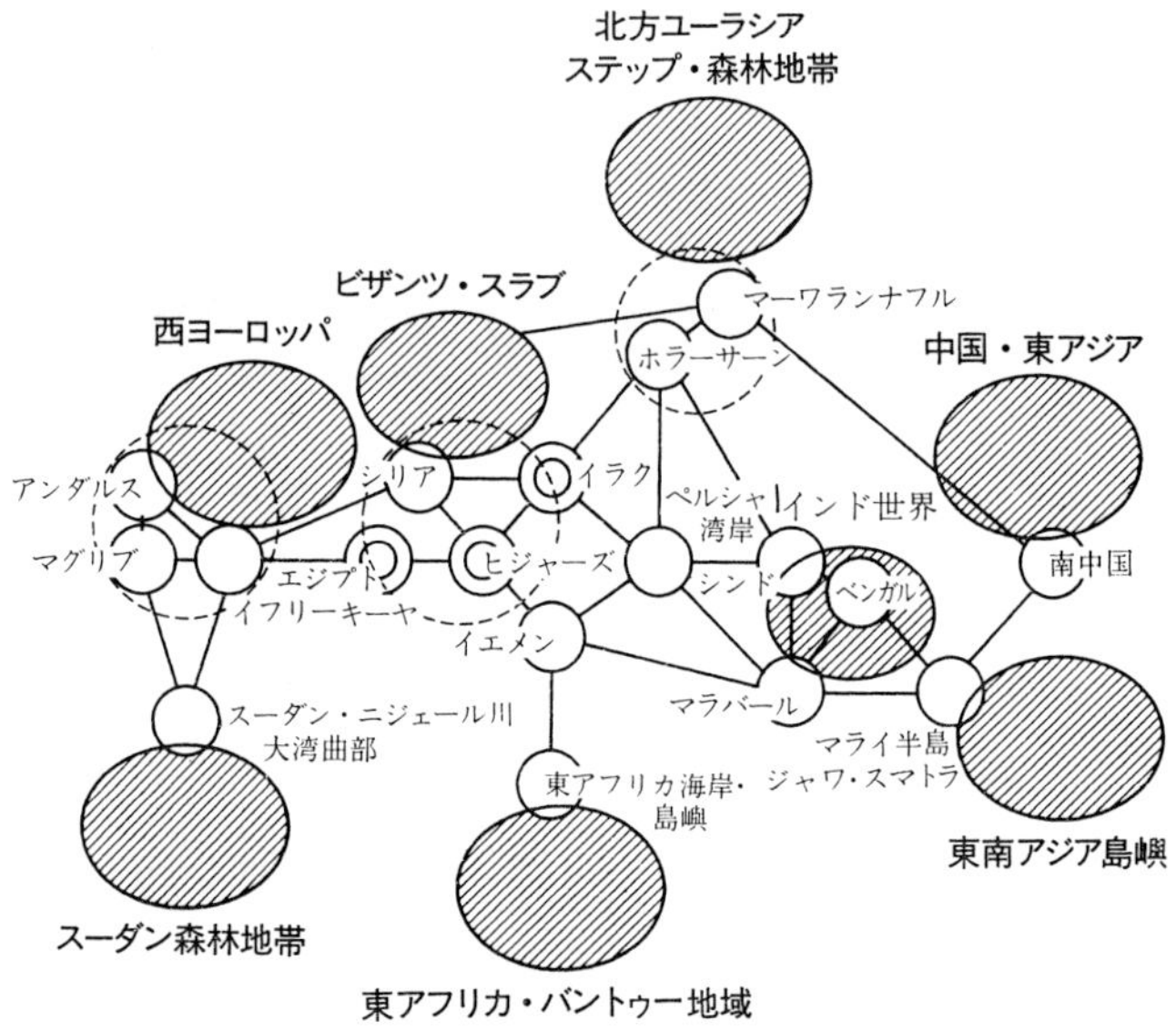

図2　イスラム世界を構成するネットワーク構造と異域世界(模式図)

においてはカーロリンガ朝フランク王国の成立により軍事的・政治的統合が急速に推進されて、中世キリスト教ヨーロッパ世界の形成と展開を支える二つの柱がつくられた。西ヨーロッパ世界がイスラム世界に対する危機と不安感を克服して、逆に強い反発と対抗の意識への転換を遂げるのは、およそ十一世紀以後に至ってのことであって、内的には西ヨーロッパの都市と農村の経済構造の変化に、外的には十字軍・ドイツ植民運動・レコンキスタ(国土回復運動)、そして十五世紀以後に起ったいわゆる「地理上の発見」へと引き継がれていった。

つぎに、東地中海・アナトリアと黒海周辺部に強力な政治的・経済的勢力をもっていたビザンツ帝国の形成と展開を、イスラム世界との関わりのなかで考えてみよう。

古典古代ローマ帝国とその文化伝統の継承者としてのビザンツ帝国は、コンスタンティノープルという卓越した巨大な文化的・経済的センターを首都と定め、しかも黒海・エーゲ海・地中海とアナトリア高原に囲まれた自然の要害地に位置したことから、その軍事上・政治上・経済上の独自の地位を長らく保持することができた。とくにコンスタンティノープルは、西ヨーロッパ、東ヨーロッパとイスラムの、三つの世界の中間に位置する異文化の接点＝境域としての重要な機能、すなわち人的交流、市場、加工産業、文化・情報の交流、軍事的・政治的緩衝地としての役割を果たした。七世紀半ばから八世紀半ばの、およそ百年間にわたって、アラブ・ムスリム軍とビザンツ軍との間には、東地中海を舞台にたびたび激しい軍事的衝突が繰り返されたが、境域としてのコンスタンティノープルの機能は維持された。

七世紀から十世紀頃までの地中海の海運と貿易活動を担ったのは、コプト教会派キリスト教徒・ユダヤ教徒・ギリシャ人・シリア系アラブ人などの航海者や海上商人たちであった。彼らは、イスラム・ビザンツ・西ヨーロッパという、三つの異質の政治的・宗教的・文化的狭間に生きる仲介者として活躍した。十一世紀以後になると、彼らの海上活動に代って、イタリア系の都市商人・海運業者たちの東地中海への目覚しい進出がみられた。このように、三つの世界を結んでいた海上活動の担い手の交替は、ビザンツ帝国内部の社会と経済の構造にも大きな変革をもたらすこととなった。海上活動の足場を失ったビザンツ帝国は、それ以後は専ら黒海沿岸部への植民的拡大をおこない、また大土地所有に基づく貴族制社会の発達を一段と促進させた。その後、十三世紀末に東部アナトリアの一隅に建設されたオスマン帝国は、一四五三年にコンスタンティノープル(イスタンブール)を攻略してビザンツ帝国を滅亡させ、さらにバルカン半島とハンガリー方面までを支配下に置くに至った。

アフリカ大陸に目を転じて眺めてみよう。サハラ砂漠の南縁部、ニジェール川の大湾曲部周辺に発達した黒人王国群が、北アフリカのマグリブ地方を経てサハラ砂漠を南下したイスラム文化・経済と接触し、彼らの王国体制や文化・経済の上に影響を受け始めたのは、八世紀半ば以後のことであろう。ガーナ王国(古代ガーナ王国)の勢力圏に集められた金地金《じがね》(スーダン金)は、ユーラシア大陸の中央部に位置するチベット・ヒンズークシ山脈やマーワランナフル地方からもたらされた銀地金と共に、アッバース朝の首都バグダードに集められて、イスラム世界全体の金融と経済活動に大きな刺激を与えた。ガーナ王国(七・八世紀—十一世紀後半)、マリ・タクルール王国(十三世紀前半—十四世紀後半)、ガオの初期ソンガイ王国(十一世紀半ば—十四世紀前半)、初期カーネム・ボルヌ王国(九世紀—十四世紀後半)などは、いずれもサハラ砂漠横断ルートの要地に位置して、スーダン金の中継交易権を独占することによって、王国形成の基礎を確立した。このように、ニジェール川沿いに成立した黒人王国がサハラ砂漠を南北に繋ぐキャラバン・ルートによってイスラム世界の中心部と結びついていたのに対して、東アフリカの海岸・島嶼部は、アラビア海とインド洋横断の海上ルートによって、ペルシャ湾沿岸、イエメンやヒジャーズの諸地域と結びついた。距離を隔てた異なる地域間の結びつきは、陸上ルートによる場合と海上ルートによる場合とでは、自ずから文化的・経済的交流関係の質的・量的差異を生じることは当然であろう。サハラ・西アフリカ地域の場合、ラクダを輸送手段として、地中海周縁部からイスラム世界の政治的・軍事的組織や文化的・経済的影響が、サハラ・オアシス地帯を経てニジェール川の沿岸部へと拡大し、さらには大規模な聖戦《ジハード》やスーフィーたちの教団《タリーカ》活動を通じて一層広範囲に面的な広がりをもつようになった。

他方、東アフリカ地域の場合、ペルシャ湾沿岸部やイエメンと南アラビア地域出身のアラブ系・イラン系の航海者や商人たちは、ダウ船に乗り、定期的なモンスーン航海によって東アフリカ海岸に近い島嶼部に達し、そこに一時的な居留地と市場を建設した。ペルシャ湾沿岸部と東アフリカ地域とを結ぶ人びとの移動と物産の交換関係は、すでに紀元前に溯る頃からダウ船を利用しておこなわれていたと考えられ、九世紀後半にはモザンビクに近いスファーラやカンバルー（ペンバ島）などが、イラクのバグダードに繋がるネットワークの末端部分として重要な役割を果たした。[1]やがて、そうした航海者や商人たちの居留地が核となって、対岸の海岸部や近隣の島嶼にもイスラムの文化と経済の影響が及んでいった。十二世紀半ばから十三世紀になると、東アフリカ海岸の交易港には、イラン・イラクやアラビア半島の各地からの移住者の数が急速に増加して、彼らがバントゥー系の人びととの混血化と文化融合を深めることで、東アフリカ地域を統合する共通文化・社会圏としての「スワヒリ地域」の形成と展開がみられた。しかし、このスワヒリ地域の特徴は、西アフリカ・スーダン地域にみられたような軍事的・政治的組織をもった強大なイスラム王国が成立せず、島嶼と海岸部に点在する交易港と市場を連ねる緩やかな文化的・経済的結合体として機能した点にあるといえよう。スワヒリ地域が東アフリカの海岸部を離れて、内陸部に向かって拡大していったのは、十九世紀に入ってからのことである。

さて南アジア世界とイスラム文化・社会との関わり方は、どうであったか。インド亜大陸への軍事・政治・経済と文化面でのイスラムの影響は、①ペルシャ湾沿岸部からのアラブ系・イラン系の人びと、②南アラビア・イエメン地方からのアラブ系の人びと、③ヒンズークシ山脈の南麓沿いに拡大していったアフガン系・トルコ系のムスリム、の三方面からの移動によってもたらされた。①と②は、主にアラビア海を横断する海上ルートによって進出したアラブ系とイラン系の海上商人や航海者たちの活躍によるものであって、彼らはイスラム時代以前から、インダス川の河口付近、グジャラート地方やインド南西部のマラバール海岸にある交易港に進出して、インド・スリランカ・東南アジアや中国方面から運ばれてきた諸物産の交易を発展させた。イスラム時代以後も、彼らによるインド内陸部のヒンドゥー系の諸国家との経済関係は続いた。一方、十世紀後半に至って、インドの北側から侵攻したアフガン系・トルコ系のムスリム勢力は、ヒンドゥー教寺院を破壊し、政治的・軍事的支配を目的としていた。これらの三方面から加えられたイスラムの軍事的・経済的圧力は、インド亜大陸の国家・都市・村落社会や文化にどのような影響を及ぼしたか。またイスラム信仰・文化や国家は、仏教やヒンドゥー教の社会との出会い、共存のなかで、どのように存在し、また変質したか。これらの問題は、極めて多方面にわたるが、どこがイスラム的であり、また非イスラム的であるかを分析・比較することよりも、イスラムとヒンドゥーの両宗教・文化の接触と融合の歴史過程の中で繰り広げられた様々な秩序とその在り方について、具体的史実の中から考察することを重視する必要があろう。ここでは、三つの重要な問題点を指摘するだけにとどめたい。第一は、十二世紀半ばから十三世紀以後、イスラム世界の各地でイスラム信仰は、民衆社会へ深く浸透し、またイスラム世界の周縁部へと広く拡大していったが、インド亜大陸でも、混在する仏教・ヒンドゥー教との出会いがイスラム思想と信仰形態に多様な神秘主義的要素を付加・融合させた点である。しかも、そうしたインド・イスラム文化は東アフリカや東南アジア島嶼部に波及して、それら地域のイスラム化に大きな推進力となった。第二は、十世紀半ば以後、南インド地域を中心とするヒンドゥー系国家の形成とその独自な文化的発展がみられ、チョーラ朝に代表されるヒンドゥー勢力によるスリランカや東南アジア方面への軍事的拡大と移住活動が活発となった点である。それらの動きは、インド北部からのアフガン系・トルコ系ムスリム勢力の進出、およびインド・イスラム系国家の成立という外的影響との関連において理解される。第三は、インド内陸部のヒンドゥー系諸国家はインド洋を越えてインド南西部のマラバール海岸に来航するムスリム系やユダヤ系商人たちとの商業交易を積極的におこなった点である。その理由の一つは、北側からのアフガン系・トルコ系ムスリム軍の侵攻に対抗するために、アラビア半島やイラン産の馬を海上ルートによって輸入することが重要な目的であったからと考えられる。そしてマラバール海岸の諸港市は、ヒンドゥー教徒・ムスリム・ユダヤ教徒・キリスト教徒などの異なる宗教・社会・文化の出会いと共存の接触地帯として、とくに注目に値する発展を遂げた。

さて、われわれが東南アジア地域の複合した文化的・社会的特徴を分析する場合、①インド文化(グジャラート・マラバール・コロマンデル・ベンガルなどの諸地方から伝播・波及した仏教およびヒンドゥー文化)、②イスラム文化(アラビア半島・イラン・ペルシャ湾沿岸部・インドを経由)、③中国文化(南中国・インドシナ半島を経由)、④インドシナ半島・大陸部ないし島嶼部の固有文化、の四つの異なる文化層があり、それらが陸上ルートと海上ルートを通じて、歴史的に接触と融合を繰り返してきたことに留意すべきであろう。すなわち、そこはインド洋、南シナ海、ベンガル湾の海域が交差し、モンスーンの卓越する海上交通の要衝地、無数の島嶼・半島、河川の集合地、さらには香辛料・薬物類をはじめとする各種の熱帯物産の生産と集荷の中心地が存在する、などの理由から、つねに遠隔地からの人びとの移動、物品の交換や文化・情報が流れこむ要地であった。十世紀から十一世紀を中軸として起った世界史的規模での社会的・経済的変動の影響は、十二世紀から十三世紀に至って、インド洋周縁部の諸地域に波及し、各地域に特色ある文化・社会圏の成立がみられた。前述したように、東アフリカ海岸・島嶼部にはスワヒリ社会が、またインドのグジャラート地方におけるボフラー社会、マラバール海岸の諸港市を連ねるマーピッラ社会、そして東南アジアにおけるマライ・ムスリム社会の形成は、いずれも十三世紀前後にイスラム教・イスラム文化という中心的な文化要素が付加することで地域社会の内的統合を果たし、錯綜した地方文化の状況からより広い地域空間を統合する共通の文化・社会圏が成立するに至ったのである。東南アジア地域へのイスラム文化の波及は、ペルシャ湾沿岸、アラビア半島のハドラマウトとイエメン、インドのグジャラート、マラバール、ベンガルなどの諸地方から伸びた文化的・経済的ネットワークを通じておこなわれた。とくにこれらのネットワークは、ムスリム系の海上商人たちの仲介によって、東南アジア産の香辛料・薬物類を中緯度地帯に分布する諸都市に運ぶための交易チャネルとして機能した。

西アジア・イスラム世界の商人たちにとって、中国南部の諸都市は東南アジアや雲南・チベット方面から運ばれてくる諸物産の集荷・中継地として、また江南地方の諸都市で加工・生産される陶磁器・木工製品・絹織物・刀剣・銅銭・紙・装身具・薬物類などの取引地として大きな魅力があった。従って、すでに七世紀後半から八世紀初めには、ペルシャ湾沿岸のシーラーフ・スハール・ウブッラなどの交易港と中国の窓口である広州(広東)・杭州・揚州との間には、インド洋横断の海上ルートを通じて定期的な海運と交易関係が成立していた。五代末から北宋時代(十世紀初め—十二世紀初め)にかけて、中国における大型構造船であるジャンクの造船技術と大洋航海術の急速な発達がみられ、また江南地方における都市手工業と流通経済の繁栄などは、イスラム世界を構成する国際的ネットワークの東端が中国南部の諸港市と直結したことによって、より一層促進されたことを端的に物語っている。

八世紀から九世紀までは、内陸アジアのマーワランナフル(トランスオクサニア)地方を北の境域地帯としていたイスラム世界は、その後ウイグール系トルコ族のイスラム化にともなってタリム盆地にも広がっていった。十三世紀に入るとイスラム世界のネットワークは、「モンゴル帝国の平和《パクス・モンゴリカ》」

の中で生まれたユーラシア大陸を貫く自由交流圏のネットワークと連結して、陸上ルートを伝わって中国の諸都市に通じていた。このユーラシア大陸を連ねる陸上ルートは、インド洋経由の海上ルートとも連結して、一体となって機能する循環ネットワークを構成するようになった。

以上、世界史上におけるイスラム世界の広がりと周辺の異域文化圏との関わり方について、いくつかの具体例を挙げながら概観してきた。その考察を通じて明らかにされたように、イスラム世界は七世紀に始まり、現在に至るまでの一三〇〇年以上の長期間にわたる歴史展開と、地理的にみた場合も西アジア地域を中心として東側は内陸アジア・中国・東南アジア、南側はインド洋の周縁地域とインド亜大陸、西側は地中海の東・南・西の周辺部、サハラ砂漠の南縁部にまたがって展開し、しかも周縁世界の政治・経済・文化に対しても数限りない影響を与えてきたのである。それでは、われわれは、いかにしてイスラム世界を有機的に機能する一つの結合体としてとらえたらよいか、また、世界史の上にどのように位置づけるべきか。

時間的・空間的に、また観念的世界としても大きな広がりをもち、多重・多層の組織体を内包しながら、同時に緊密な内的相互関係で結ばれたイスラム世界を全体的に描くことは、決して容易なことではない。まず、研究上の立脚点とすべき立場は、断片的な地方史や一国史のモザイク的な寄せ集めとしてのイスラム世界史ではなく、その世界全体を一つのまとまりをもって機能する結合体としてとらえることである。つまり、イスラム世界の政治・経済・社会と文化の中心部で起ることと、その周縁部で起ることとを相互関連のもとに把握することで、イスラム世界の「ひとつの世界」としての構造と機能を把握するのである。そして、具体的にその広がりと結合を与えてきた構造が何であるか、その構造がイスラム世界の形成と展開の諸過程のなかで、どのような変質と変貌を遂げたかが問われなければならない。

イスラム世界を形成し、そこに結合的な機能を与えた基本原理は、イスラム教の信仰と神学、イスラム法の規範、アラビア語の使用と社会的・経済的次元でのウンマ共同体（ウンマ・ムハンマディーヤ）、などのもつ共通意識の諸側面から究明されなければならないことは勿論であろう。また、イスラム世界を一つの完結した交流圏としてとらえた場合、そこに広がる自然地理的環境や生態系の諸条件についても、十分に考慮すべきであろう。しかし、もしわれわれがイスラム世界の全体的な歴史認識を目指して、その宗教的・法学的な規範や、自然地理・生態条件が結合機能に及ぼす影響を解明しようとする場合、まずイスラム世界内に生活した人びとが移動し、物産の交換や文化・情報の伝達を通じて、相互の出会いと融合の諸作用を積み重ねながら、共通性と結合性をかたちづくってきた広域的活動の実態、地域間の結びつきの在り方、および結びつきの歴史的変化、などの諸問題を具体的な史実に照らして解明していくことに着手すべきであろう。広域的地域間の結びつきの在り方をとらえる研究上のキー・タームとして、私は「ネットワーク」という用語を使った。そして、文化的・経済的ネットワークの総体としてのイスラム世界の構成を想定し、そのネットワークの基本構造が何であるか、どのようにしてそれが成立し、複合し、全体としてどのように機能したか、という設問を提出したのである。ネットワークの概念については、後述することとして、そのための具体的な研究課題として、私はいま、イスラム「商業」をめぐる諸問題を検討しようとしているのである。

では、ここでいう括弧つきの「商業」とは、いかなる立場で用いようとした概念であるのか。

2　「商業」をめぐる諸問題

交通史・商業史・東西交渉史・交易史・対外関係史などと呼ばれて、一国や狭い一地方の領域を超えた、より広い地域空間を相互関連的にとらえようとする研究分野が存在することは明らかである。そして、それらの研究分野が目指したところの主な研究課題は、①国家・政治史に付随した外交関係と使節の交流、②経済学や商業理論にもとづく前近代の産業史、金融・貨幣史、経済思想史、③考証学的手法によった狭い歴史地理学研究、④考古学や工芸・美術史による形態学的研究、分布・伝播論、などである。しかし、私がここで「商業」という概念によって問題にしようとする研究上の課題は、以下の通りである。

およそ人間の商業に関わる多方面の営みが、交通・運輸、人びとの移動・出会いと地域形成、物品の生産・取引、文化・情報と技術の交流などの諸行為と直接的・間接的に結びついていることは言うまでもない。しかも、そうした商業の営みが及ぼす影響は、多くの場合、狭い地域社会や一国の領域という枠を超えた、より広い地域空間に及んでいる。従って、商業はいわば様々な人間の広域的な移動と出会い、それらにともなう文化的・経済的交流を引き起させる触媒、または媒介者としての重要な役割を担っている。以上のように、商業の意味とその役割を広義にとらえる視点に立って、イスラム世界をめぐる商業に関わる諸現象を総合的に考察していくことは、他でもなく、広域的な地域相互間の文化的・経済的な諸関係を明らかにし、各種の諸関係が重層的に結びつくことによって、また相互に影響し合うことによって成立するイスラム世界の結合原理を検討することになるのではないか、と私は考えている。つまり商業による各種の具体的な結びつきの様態を追究し、そこにみられるイスラム世界の結びつきのエネルギーと、それが歴史的にどのように変化・変貌したかを考えようとするのである。

イスラム世界は、七世紀前半にはじまる、その形成と展開の諸過程を通じて、つねに共通の信仰、神学やイスラム法の規範、生活文化の等質性を求めて、活発に人びとが往来し、遠隔地の物産を交換し、また情報・技術を伝達するなどの、国際的な情報社会を志向していたのである。そして、その世界内においては、多様な自然地理環境と生態条件の諸地域が分布し、多重的・多層的な人間集団の移動と出会い、社会構造や文化・技術の質と発展段階の差異、などを基礎として成り立つ、国際的な交通・運輸、生産物の補完関係、学術・情報交流といった様々なレヴェルにおける結合のシステムが生成し、機能することで、一つの有機的交流圏が成立し、世界史の上で大きな役割を果たしてきた。歴史的に多様な展開を遂げ、しかも地理的な広がりをもったイスラム世界において、H・A・R・ギブ(H. A. R. Gibb)の言葉を借りるならば、「ある種の、容易に識別し得る共通のイスラム的刻印」(2)(a certain easily recognizable common Islamic stamp)といえるような結合原理と等質性をもったムスリム社会が形成されていく過程で、商業が実際の交流の担い手として、圧倒的なエネルギーを発揮したことが注目されよう。

イスラム世界に住む人びとにとって、商行為は特定の集団・教派や社会階級に限られて営まれたのではなく、すべての人びとに共通する日常生活の一部であって、メッカ巡礼という宗教的義務もまた、ムスリムたちの国際的な商活動と密接な関連をもっていた。

では、イスラム世界において、商行為が人間生活のなかでことさらに重要な意味をもち、しかも広域的な地域間の結合を支えるほどの重要な役割を果たしたのは何故だろうか。この問題は、一つにはイスラム世界の形成と展開の基盤となった西アジア地域の自然地理的環境・生態条件と社会環境の特殊性を考慮することによって理解されよう。

西アジア地域は、三大陸の接点に位置するという地理的好条件に基づいて、古い時代から国際交通・運輸と貿易活動の要衝地として、物産の交換、仲介活動と加工産業が活発におこなわれ、流通経済と都市が発達し、様々な人びとが集住し、文化・情報センターとしての重要な機能を果たしてきた。そこは、地中海とインド洋という異質な自然地理的環境と生態条件をもった世界を繋ぐ東西軸と、ユーラシア大陸とアフリカ大陸とを繋ぐ南北軸の、丁度、十字の交点に位置したことから、その両軸を通じて遠隔地からの様々な人びと、物産、情報・文化や技術・手段を集めて、つねに国際交通・運輸と貿易活動の流れを左右するような大きな影響力をもっていた。さらに、そこでは多重的・多層的な人間集団の出会い・衝突・共存と住み分け、集団や国家の衝突による共同体的連帯の絶えざる解体と再編という循環運動を繰り返すことで、高度の社会的・文化的流動性を示してきた。自然地理と生態系の諸条件からながめると、そこは不安定な乾燥農業、限られた大河川、オアシスの点在、砂漠・ステップの広範な分布、帯状に連なる山岳地帯、東西に広がる海洋(ペルシャ湾・アラビア海・インド洋・紅海・地中海)等々の、多彩な組み合わせがみられた。人びとの生業形態の基本は、都市における商業・仲介業と加工産業、また農耕地における商品作物の栽培、山岳および砂漠・ステップを広く生活圏とする遊牧民による家畜管理、畜産加工や運輸・交易上の活動、また水上民による漁撈・採集(とくに地中海における珊瑚と海綿、ペルシャ湾とインド洋における真珠と龍涎香の採集)、交易・運輸などの、様々の分業が発達し、それらの分業を基礎として成立する相互交換と共存の諸関係、そして何よりも国際的規模での商業活動を必要としているという共通意識を強く抱くようになったと、考えられる。

以上のように、西アジア地域の地理的位置、自然地理・生態系の諸条件と社会的・経済的環境のなかで、人びとは洗練された商業感覚を身につけて、国際的規模で活動する流動社会の一員としての資質を獲得したのである。イスラム教は、七世紀はじめの、アラビア半島内でも急激に都市化し、商業化しつつあったメッカ社会に生まれ、預言者ムハンマドもまたシリアとイエメンとを結ぶキャラバン貿易に活躍した商人の一人であった。そして、聖典『コーラン』を一読すれば明らかなように、その内容には商行為と契約を基準とした規範や判断が具体的な事例のなかで示されている。歴史的に形成された西アジア地域の人間社会のもつ商業的特質は、イスラム世界の拡大と結合を支える強力なエネルギーをつくり出し、その世界全体を覆う共通の特質となり、やがては一つの巨大な商業交流圏を形成していったのである。「イスラム化 Islamization」とは、商業という観点からいえば、西アジアおよびその周辺諸地域がイスラム世界を覆う商業ネットワークのなかに編入されていく過程である(3)。そのネットワークのもつ吸引力こそが周辺地域に向かってイスラム教の信仰や規範が拡大していくエネルギーとなり、西アジア地域を経済的・文化的な中心として、イスラム世界の周辺地域との間に相互的な交換関係を築いた。もし、ここでイスラム化の意味をムスリムたちの軍事的・政治的・宗教的活動にともなうイスラム国家・社会と文化の拡大および深化という視点だけでとらえようとするならば、アジア・アフリカ地域にまたがる広大なイスラム世界が形成し、展開していくためには、つねに強力な軍事・国家権力と宗教組織が必要とされたはずである。しかし、八世紀半ばに成立したアッバース朝国家の例にみられるように、スンナ派カリフ体制に反対する地方政権がつぎつぎに台頭して、イスラム世界の政治・軍事地図は複雑を極めていた。とくに十世紀に入ると、シーア・イスマーイール派政権のファーティマ朝が北アフリカに興って、アッバース朝のスンナ派カリフに対抗してカリフを称した。従って、当時のイスラム世界は、イラクを中心としたアッバース朝の他に、東にはブワイフ朝やサーマン朝、そしてシリアのハムダーン朝が、また西には後ウマイア朝やファーティマ朝などが成立して、相互に勢力を競いあった。

以上の説明によって、イスラム世界を全体としてとらえる研究上の対象として、またその世界内の交流を支える一つの結合原理としての、商業活動の役割とその重要性が明らかにされたと思う。

さてそこで商業に関して、どのような問題をとらえたらよいのであろうか。私は、イスラム世界をめぐる国際商業ネットワークの基本構造を検出し、その構造が歴史的諸条件の出会いのうちに、変質と変貌を遂げながら、全体としての結合原理をつくり上げていく過程を明らかにしたいと考えている。国際商業ネットワークの基本構造を検出するという作業に関連して、まず「交通」の問題が探究の一焦点となってくることは言うまでもない。ここでの交通といっていることの意味は、交通・運輸上の輸送活動であると同時に、人びとの移動、出会い、物産の交換、文化・情報の伝達と、それらの結果として生起する社会・経済および文化への影響や、秩序化・統合化への働きかけなどを広く指している。

交通・運輸に関する問題では、まず幹線となっていた国際的運輸の交通路がどこを通過しているか、中心・経由拠点(中間拠点)と先端地点(末端)の関係はどうか、公的交通と私的交通、幹線・脇道・分岐道の関係、陸上交通と海上交通、輸送手段・技術・通信などの交通システムはどうなっていたか、などを詳細に究明することが必要となる。

つぎに、交通・運輸の担い手としての、商人・遊牧民・海上民などのいわゆる「移動の民」の問題である。彼らはムスリムばかりでなく、キリスト教とユダヤ教のズィンミー(ズィンマの民。啓典の民、すなわちユダヤ教徒とキリスト教徒であって、ムスリム社会に共に住み、生命・財産の安全を保障された人びとである)たち、ゾロアスター教・ヒンドゥー教・仏教などの諸宗教の人びとが多かった。彼らは、イスラム時代以前から拡大し、維持してきた共同体間の緊密な結びつき、イスラム世界の外の諸地域とも結ばれた人的および情報のネットワークを最大限に利用することによって、イスラム世界内外を結ぶ国際的交通・運輸と貿易・金融活動に活躍した。それゆえ、彼らの活動実態やムスリムたちとの共存関係を究明していくことが、イスラム商業史の研究を進展させる上での一つの重要な課題である。一般に遊牧民や海上民たちは、国家のつくる支配領域や行政単位とは違った、より広域的な生活圏をもっている。彼らは、陸上運輸においてはラクダ・ラバ・馬を、水上運輸では船と船員などの交通・運輸の手段と担い手を提供し、またキャラバン隊や船団の編成、道路の案内と護衛、情報収集、食糧と水の補給などの運営面での重要な役割を担っていた。そこで、彼らの生産形態、部族意識の在り方、生活領域や都市・農村および国家支配者との関わり、それらの歴史的変容、などの諸問題についても考慮するべきであろう。

交通・運輸の問題に関連して、技術の発達や手段の変化の問題が重要である。アラブ・ムスリム軍の大征服にともなう当然の帰結として、アラブ系遊牧民の移住とラクダ文化が各地に普及し、ラクダ隊列による大規模なキャラバン交通・運輸網が西アジアの諸都市を拠点として、北側は中央アジアのマーワランナフル地方、東側はインダス川流域のシンド地方、西側は北アフリカのマグリブ地方、南側はサハラ砂漠のオアシス地帯にまたがって張りめぐらされていった。また、ペルシャ湾の沿岸部に住むアラブ系・イラン系や、紅海の出口に近いイエメンおよびハドラマウト地方のアラブ系などの海上民や商人たちによる三角帆を装備した縫合型船(ダウ船)とモンスーンを利用した船団航海、また東地中海では、シリア系アラブ人、ギリシャ人、コプト教会派キリスト教徒、ユダヤ教徒などの航海民・海上商人たちによる海上運輸が、陸上運輸と有機的に結びついて、新しい交通システムを生み出した。交通・運輸のルート、担い手、技術などの変化によって起る、人びと、物産、文化・情報の流れの方向・範囲・速さ・量・質などの影響を知ることは、交通の本質に関わる問題である。

国家・支配者もまた交通・運輸と貿易活動の重要な担い手であったことは、言うまでもない。大ざっぱにいって、イスラム史研究者の間の常識では、イスラム系国家の財政基盤はあくまでも農業関係の収入にあって、貿易活動による収入および関税、市場税の占める割合は、極めて僅少であったとの考えが、一般におこなわれている。しかし、国家と非農業関係、とくに商業との関わり方は、単に国家による独占的な専売事業、関税・通行税・市場税による直接収入を期待するだけでなく、国家の支配体制と運営に深く組み込まれていたと結論づけられる。すなわち、国家にとっての国際商業の重要性は、①国家の軍事体制や財務・行政組織を維持していくために必要不可欠な物産——木材(建築・造船)・貴金属・鉄・銅・奴隷・武器・家畜・織物・食料品など——の獲得、②支配者・富裕官僚層の必要とする奢侈品の輸入と、彼らの投資によって国内で生産・加工された物産の輸出(砂糖・穀物・高級織物・染料・鉱物資源など)、③領域内の諸都市の文化的・経済的繁栄の維持、④国家財政や軍事遠征に対する資金援助(貸付・強制没収)が国際的な大商人や富裕者たちから期待されたこと、⑤国外情報の収集と外交関係の維持のため、⑥貨幣経済の維持のため、などの役割を担う重要な機能を果たしていたのである。そのような国際商業の性格と役割に基づいて、国家支配者たちは国際的に広く活動する大商人・ズィンミー(ズィンマの民)・ウラマー・巡礼者・遊牧民・海上民などの「移動の民」を国家の領域内に集めて、イスラム都市を中心とする商業と文化の諸活動を活発にするような環境づくりに努力した。さきにも述べたように、国家は原則的には、商業に対する不干渉の立場を維持し、内外の商業活動振興のための諸政策——交通・運輸ルートの維持、人びとの移動・滞在の自由と安全保護、市場における商行為の監督、関税率の引き下げ、旅行者や商人のための水場・宿泊施設および宗教施設の建設——を積極的に進めることで、都市の経済的・文化的生活の躍進に貢献した。しかし、時には国家財政の悪化や国際情勢の急変によって、支配者たちは国家専売の貿易策を打ち出したり、商人に対する財産没収・強制売買や高率な関税などの手段によって、財政収入の増加に努力することもあった。イブン・ハルドゥーンは、国家による強制的な財産没収と商業への干渉を、人びとの生計手段を奪うものとして激しく非難しているが、こうした商業倫理観はイスラム時代以前に溯って、すでに古くから西アジア地域の都市社会に強く根づいていたのである。(4)

国際貿易によって取り扱われる商品をめぐって、生産・集荷・運輸・仲介・加工・消費の過程、それらの品目、量と質、流れの方向、担い手などについて知ることも、広域的な地域間の結びつきを究明する上での最も基本的な課題である。とくに、主要穀物(小麦・大麦・米)、油脂類・香辛料・薬物料・家畜(馬・ラクダ・羊)・皮革・歯牙(象牙・犀角)、繊維原料と織物(亜麻・木綿・動物毛皮・絹糸)、染色・触媒用原料、金銀地金、鉱物・宝石類、木材(薪・建材・家具用木材)、装身具、各種容器(ガラス・陶器・陶磁器・土器・金属器・木工)、貨幣、奴隷などが国際的規模での運輸・貿易活動を知る上での基本的な商品であるといえる。

国際的交通・運輸網の発達は、物資だけでなく、人びとや文化・情報の私的な移動・交流の密度を高めた。商人・職人・巡礼者(メッカ・メディナ巡礼だけでなく、地方の聖廟や聖地への巡礼者を含む)・ウラマーその他の旅行者たちは、狭い地域社会や国家の領域を越えて、イスラム世界を舞台とする幅広い移動と交流関係をもった。また遊牧民の侵攻、国家の盛衰、自然生態環境や社会・経済の変動なども、人びとの移動の増加、新しい地域形成と遠隔地間の人的ネットワークの成立に重要な機会を提供した。このように、多種多様な条件のなかで人びとの移動現象が起り、空間的に広がる多元的な人間移動のネットワークを通じて、様々な目的をもった緊密な交流関係が発展していくことによって、狭い地域社会・国家・集団・異宗教間で起る対立と緊張は軽減されて、イスラム世界全体としての結合性がつくり出されていったのである。以上のように、人間移動の様々な様態を追究することが、広域的な地域間の結合関係を明らかにする上での重要な研究課題であるといわなければならない。

これまでに様々な研究課題を列挙してきたが、次の研究作業として、これらの問題についての具体的事実に即した追究を通して、それらが時間軸・空間軸の両軸のなかで、いかなる変化・変貌を示したかを比較し、分析していくことが必要になってくるであろう。

接触と融合の諸関係のなかにも、一定のリズムと方向に位置づけられた関係がある。従って、交通・運輸の条件、人びとの移動、物産の交換や文化・情報の伝達などの広がりと結びつきに何らかの変化が認められたとき、そこに内在する運動の法則、範囲と方向、連続と断絶などの様態をとらえることによって、時代と地域の構造的変化と結びついた全体的な歴史像を明らかにすることができるのではないか、と私は考えている。例えば、国際的交通・運輸の主要ルート、その中心・経由拠点(中間拠点)・先端地点(末端)の移動は、そのルートを軸とする広域的なネットワーク構造の変化を示しており、その変化の意味する諸側面——生産諸力、流通経済、政治・軍事、社会関係、自然・生態など——は、一地域社会や国家領域を超えた、広域圏、さらにはイスラム世界全体の構造的変化の問題とも深く関わっているのである。

本書において考察の対象とされた時代は、七世紀前半のイスラム教の勃興期に始まり、十七世紀後半までにわたるので、そこに設定されている基本問題は、①いかなる国際情勢のなかでイスラム教とその文化が発生し、拡大していったか、各地域のイスラム化は国際的ネットワーク構造にどのような変化をもたらしたか、②十六・十七世紀以後、西ヨーロッパ・キリスト教諸国の軍事的・経済的進出に対して、イスラム世界側の経済的弱体化傾向は、どこから生まれたのか、イスラム世界のネットワーク構造のなかに、他の世界、とくに西ヨーロッパ世界と比べてどのような弱い部分があって、その増大・拡大が新しい世界史の潮流に対応できない欠陥部分として機能し、次第に増幅されていったのは、具体的にはどのような過程であったのか、の二点である。①の問題は、イスラム世界の形成と展開の過程で、その世界としての結合を支えるのに十分な構造的変化が起り、その結果としてアッバース朝時代に入って、イスラム都市の急激な発達、国際商業の躍進、特色ある手工業生産や農業生産の増加等が達成された、と想定することができる。また、②の問題は、十六・十七世紀以後から近代に至るまでの共通する研究課題でもある。すなわち、イスラム世界をめぐる社会的・経済的な構造変化の時代を十・十一世紀に設定するとすれば、それ以後に通じる変化の底流が、すでにこの世界史的な「時代転換期」に溯る新しい時代変化のなかに求められるべきであろう。

以上のような問題設定を十分に意識しながら、イスラム世界の形成と展開の諸過程を具体的史料のなかから追究していくことが、本書の課題である。

二　地域設定をめぐる諸問題

1　地域設定の基準について

「地中海世界」、「西アジア世界」、「東アジア文明圏」のように、主に歴史家たちは世界・文明(文化)圏・地域圏・分布圏などの用語によって、国家とか狭い血縁・地縁社会の範囲を超えて、ある広がりをもった政治的・文化的・経済的地域空間を一つの関連した歴史的展開のもとに理解し、世界史的視座のもとに、その地域空間の歴史的性格を追究しようと試みてきた。例えば、太田秀通氏は、地中海世界の概念は自然や人間の生活様式の共通性を指標としてつくられた概念でなく、地中海を媒介として歴史的に形成された現実的な関係、すなわち地中海をめぐる諸種族・諸民族・諸国家の抗争・競合および協調のうちに現実につくり出された、立体的な構造をもつ複合体を指す概念であると説明している。(5) この意味での地中海世界は、ローマ帝国による地中海周辺の諸地域の軍事的征服によって形成され、これらの地域の住民の様々な文明システムを包みこんでおり、そしてローマ帝国の衰亡によって、この地中海世界は分裂し、ゲルマン諸族とムスリム勢力の地中海域への進出によって崩壊した。

また西嶋定生氏は、「東アジア世界」を構成する共通要素として、①儒教、②律令制、③中国仏教、④漢字文化、の四つを挙げ、これらの要素によって中国・ヴェトナム・朝鮮・日本の間に築かれた国際的な文化関係と秩序が東アジア世界であるという。(6) また最近、中国の冊封体制が東アジア諸地域の政治的・経済的秩序の形成に大きな役割を果たした点が強調されて、冊封体制を基準として「東アジア世界」を一体的にとらえようという観点が出されている。(7)

しかし、以上のような地域空間設定の基準だけでは、国境を超えて広がる関連地域における軍事的・政治的支配や文化的要素の同時的な結合関係を認めるだけであって、それらが相互関連性以上のもので結合されているとみなす根拠なり指標については、十分に明らかにされていない。

では、イスラム世界全体を有機的に機能する一つの結合体＝世界とみなすならば、その世界を成り立たせるための設定基準なり、在り方、一つの立体的な世界として相互に結びつけている構造をどのようにとらえたらよいだろうか。

国家枠とか狭い地域枠を超えた、ある広がりをもつ歴史的・地理的空間＝場＝世界をどのような基準および指標のもとにとらえるか、という問題は、歴史学における大問題であり、前述した地中海世界や東アジア世界の他にも、様々な議論が展開されてきた。それらの議論を一つひとつ検討することを省き、ここでは「世界」についての私の考え方の概略を述べてみたい。

私は、一九七四年以来、約十五年間、七回にわたって、インド洋の西海域、アラビア海、紅海とペルシャ湾を中心に広域的な航海と貿易活動を続けている三角帆を装備した木造船ダウ(dhow)に関する実地調査をおこなった。(8) この調査の主な目的は、単に航海と貿易の古いシステムをとどめているダウ船の活動実態を明らかにすることだけでなく、以下の二点についての問題を追究することにあった。

(1)　現在のダウ船の活動海域は、紀元前に溯る過去の時代から西アジアの諸地域および地中海世界との、文化的・経済的関係において共通に結びついた歴史展開の舞台をつくり出していた。従って地中海からインド洋西海域までを一体的な歴史的・地域的な共通性をおびた空間としてとらえる。

(2)　海上史の研究は、従来の歴史学では等閑に付されてきた分野である。国家史を基準とした歴史的認識では、海洋は国と国を隔てる境界であり、文化圏の切れ目としてとらえられてきた。つまり、海洋は「閉ざされた世界」として認識されてきたが、それとは逆に海洋は交通上の「開かれた自由空間」、「交流と接触の場」として、その歴史的役割を積極的に意味づける。そして海をとりまく諸地域を一体的にとらえ、その複合的地域空間＝場の歴史的性格を総合的に追究する。

ダウ船に関する実地調査を進めていく過程で、「場」とは何か、「世界」概念をどのように構成するか、という地域論・世界論が、私の研究の焦点となったのである。そして、ダウ船の調査によって得られた具体的な「世界」概念を基礎にして、他の様々なレヴェルにおける地域・生活圏や、文化的・社会的・経済的な共通性をおびた広域的な場、とくにイスラム世界とは何かという問題を考え、いかなる共通基準のもとにそれらをとらえるかという問題に、考察を進めていった。

そこでまず、ダウ船が活動しているインド洋の西海域およびアラビア海やペルシャ湾をとりまく周縁地域——これを一応「ダウ・カルチャーの世界」と呼ぶ——について考えてみよう。

おそらく紀元前に溯る頃から現在に至るまでの、二〇〇〇年以上にわたって、インド洋の、とくにその西海域、アラビア海、ペルシャ湾と紅海の海域を舞台に、三角帆を装備した木造の構造船「ダウ」が航海・運輸と貿易の活動を続けてきた。現在のダウは、五トン程度の小型船から二五〇—三〇〇トンに及ぶ大型船まで様々な様式と規模があって、基本的にはインド洋に卓越するモンスーンと吹送流——モンスーンによって海表面に発生する摩擦流(Monsoon Current)のことで、とくにインド洋の西海域ではその流れが顕著に出現する——を最大限に利用して、航海の安定性と経済性をもってインド洋周縁部の諸地域を結んでいる。三〇〇〇—四〇〇〇キロの長距離の海域にわたって、地域間を直接に結びつけるダウ船の交流は、様々な人間の移動・結合と地域社会の形成を促し、言語(アラビア語・ペルシャ語・インド諸語・スワヒリ語など)の接触、貨幣流通、広域的商業、イスラム教を中心とする精神文化・思想、文物、制度、生活様式や生活のリズム、衣食住の習慣、技術、動植物の分布などに、またマイナスの役割としては虫害や疫病の伝染に影響を及ぼし、雑色の複合と一定の共通性をもった場の形成を促していた。またモンスーンの影響による湿潤多雨の熱帯・亜熱帯性気候や、島嶼・半島と河川や海峡部にみられる海上民的生活などの自然環境・生態条件などが、インド洋周縁部に住む人びとの生活様式に共通性を与えていることも明らかである。

こうして形成されたインド洋をとりまく周縁地域は、単なる軍事的支配と政治的統合の世界ではなく、諸集団の出会いと融合の場、社会的・経済的結合の場であり、要するに共通の生活交流圏というべき場であって、様々な要素が重層・複合・競合しながらも、共有性と共存性をもって一体的に機能している。ダウ船は、人間移動の足であり、物産・文化・情報を運ぶ担い手として、インド洋をとりまく地域を「ダウ・カルチャーの世界」と呼べるような共通性をおびた場として成り立たせている。鋼鉄エンジン船が発達した現在にあっても、なお時代遅れとも思える三角帆を装備したダウ船が広域的に活動を続けていることの理由としては、まずもってインド洋の西海域をとりまく自然地理環境、とくにモンスーンと吹送流、海岸とその内陸部の状況、浅瀬・島嶼・河川などがダウ船の活動に適していることが考えられるが、それにもましてダウ船の定期的な往来を必要とし、それを根強く支えている広域的な社会・生活圏、すなわち「ダウ・カルチャーの世界」がそこに存在しているからであるといえよう。

以上の説明によって明らかにされたように、「ダウ・カルチャーの世界」といった場合、この世界を構成する基本的要素は、①空間、②構造、③時間(歴史展開)の三つに要約される。まず空間は、ダウ船の活動する海(地理的空間)とその往来(水上交通)によって結ばれ、相互に一体的にとらえられるような共通性をおびた広がりを意味する。

空間をつくり上げているのは、構造である。構造は、複数のネットワークの組み合わせと結びつきであると言い換えることができる。つまり複数のネットワークの組み合わせと結びつきによって、空間的広がり、すなわち面が構成されている。

空間の構造としてのネットワークという用語は、比喩的に使われることが多く、また分析的・計量的概念として、一層明確で厳密な用語として取り扱おうとした人類学者や社会学者の間でも、様々な研究目的・テーマやレヴェルのもとで使用されてきた。[9] いずれにせよ、ネットワークという考え方は、広域的結びつきと流動性のダイナミズムを分析する手段として、かなりの有効性をもっているように思われる。なぜならば、ネットワークという用語のアナロジー(類推概念)から、われわれは人間・社会の諸関係(relations)、物産の交換、文化・情報の伝達などにみられる広域的・相互的結びつきの方向性、広がり、波及と連続の度合い——強度・持続性・頻度・分布など——、結びつきの方法・手段、それらの役割、担い手、中継機能、中心と周縁などの、いわゆる連関のメカニズムを総合的に分析することができる。ネットワーク論のもつ有効性は、まさにこの点にあるのであって、国境を超えて生成した広域的地域空間をとらえるための、新しい手段を提供するもので

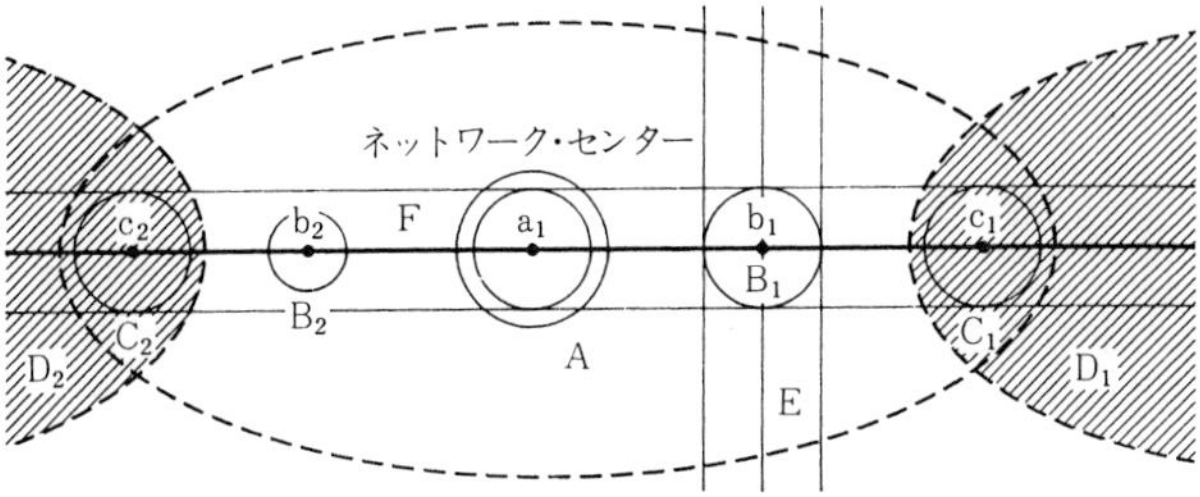

A：中心，B：中間拠点，C：末端(境域)，D：異域世界，
E：分岐ネットワーク，F：交流圏ネットワーク

あるといえよう。さきにも述べたように、イスラム世界、とくに西アジア地域の基本的特徴は、古くから発達した交通・運輸、商品流通、貨幣経済、文化・情報の交流の場であって、多重・多層の人びとが出会い、共存し、住み分けがおこなわれている流動社会であったということである。そうした国際的都市文明と流動社会に対する分析は、国家枠にとらわれる既存の歴史研究のなかでは十分に達成できないであろう。

さて私のインド洋におけるダウ船調査では、ダウ船の往来によって結ばれた主要な交易拠点(港市)間のネットワーク軸を解明することによって、インド洋をとりまく諸地域の共通空間としての成り立ちを想定した。すなわち、その具体的研究の内容は、ダウ船によって運ばれる人間、物産、文化・情報などの移動・接触・交流の諸関係を、長距離間の交通・運輸のネットワークの中心と、中間拠点および末端(境域)との間に成立した諸関係のなかから明らかにしようとしたのである。従って、私がここでいっているネットワークもまた長距離間の交通ネットワークを意味している。

上図は、長距離間の交通ネットワークを図化したものである。中心Aと末端Cとの間には、中間拠点Bと分岐ネットワークEがある。末端(境域C)は、異域世界Dと接することで、境域における接点としての機能をもち、それに基づいて中心を指向した反作用を送信し、中心Aを活性化するエネルギーとなる。またネットワークを中軸として、その周囲には経済的・文化的影響を及ぼす作用領域の広がり、言い換えるならば磁力圏がある。これを交流圏ネットワークFと呼ぶことにする。

では長距離間ネットワークが成立するための条件は何であろうか。ネットワークの本質は、中心と末端(境域)との間に生成した交通上の諸関係であるから、そのネットワークの成立要因としては、つぎの三点が考えられる。

(一) 自然地理環境と生態系の諸条件

海洋・河川・島嶼・山岳・砂漠・土壌・動植物などの分布、それらの自然的生産性と人間生活との関わりから生まれる秩序。長距離間の経済的交換活動の基礎は、地域間の生態条件の差異とそれに基づく生産物の種類・量・質・時間差によって生ずる相互的補完の諸関係によって成立するものである。生態系の差異を基礎とする相互的補完の関係が古代からの人間の移動、物産、文化・情報の交換、交通・運輸を成立させ、持続させてきた。また交通・運輸上の便宜性を成り立たせている条件としては、河川・海洋・島嶼・風・海流・水場などの分布が考慮されなければならない。私は、インド洋におけるダウ船の調査において、長距離間の交通・運輸のネットワークの形成には、とくにその重要な条件の一つがモンスーンであることを知った。

世界の海洋のなかでも、インド洋の、とくにその西海域は、モンスーンが季節的な卓越を示し、海表面に発生する吹送流が一種の海流となって、冬季には時計軸と逆の方向に、夏季には時計軸と同じ方向に強い流れをつくる。従って、モンスーンと吹送流を利用する帆船は十―十二ノットの速度で、安全・確実に、大量な商品と人間を、長距離間・広範囲に運ぶことができる。また、インド洋の北側周縁部には、中緯度の乾燥地帯に都市文明圏と人口稠密地域が分布し、一方、南側周縁部には海洋、島嶼、熱帯・亜熱帯の森林・多雨地域が分布している。この両者の自然地理・生態・人口・文明の差異が基礎となって、インド洋をとりまく地域は、人間、物産、文化・情報の相互交流・交換と補完の諸関係を成り立たせているのである。

㈡　人間の移動・拡散《ディアスポラ》と地域形成

人間の移動には様々な要因があり、またその様態にも差異がみられることは前述した通りである。例えば、何らかの原因によって共同体的連帯関係を維持できなくなったとき、その再編を求めて移動・拡散が起ることが考えられる。また商人・巡礼者・遊牧民・海上民などのように、主体的な移動もある。重要な点は、移動・拡散の過程でいくつかの中間拠点(中継地)がつくられ、それらの拠点間に原郷(出身地)を中心(ネットワーク・センター)とする人的交流のネットワークが形成されること、しかもそれらが歴史的に根強く維持されていくことである。歴史的にみると、人口密度の高い中緯度の都市圏に、何らかの政治的・社会的・経済的変化や、自然災害・飢饉・疫病などが発生すると、大規模な人間移動の流動波が生じ、周縁部に向かって移動・拡散していった。しかも、一時的拡散ではなく、移動と地域形成の過程そのものがネットワーク構造をつくり、そのネットワークを利用して商業や出稼ぎがおこなわれ、巡礼・教育・学問・贈与などによって、ますます地域間の移動・交流の諸関係が補強された。インド洋の周縁部には、ペルシャ湾沿岸地域から東アフリカ・スワヒリ地域への移動、イエメンや南アラビア・ハドラマウト地域から南西インドや東南アジア島嶼部への移動、インド・グジャラート地域から東アフリカ・スワヒリ地域や東南アジア島嶼部への移動などの、出身地(中心)・中間拠点・移住先(末端)を結ぶネットワークがあって、歴史の各時代に重要な機能を果たした。

㈢ 中心的文化(文明)と周縁文化(文明)との関係

強力な中心的文化(文明)は、周縁地域へ強い影響力を及ぼし、文化の中心部へ向かっての吸引力と統合力をもっている。文化の発展段階やその類型は、地域ごとに極めて多種・多様であり、しかも重層的・複合的であるが、ひとたび強力な文化、すなわち軍事的・政治的組織、宗教・思想体系、文物、技術・道具、習慣様式などの文化的制度・組織や手段の出現は、その文化の発生した中心部分から地理的・文化的周縁部に向かって影響を及ぼし、それまでの個別なローカル文化に対して覆いかぶさるように、より強力で、吸引力をもった広域的文化ネットワークを形成する。

例えば、洗練されたイスラム都市文明は、とくにアッバース朝時代に、ペルシャ湾沿岸の諸港市を経てアラビア海とインド洋の周縁部に向かって拡大し、その影響のもとに西アジアの諸都市とインド洋周縁部とを連ねるイスラム文化・経済のネットワークをつくり上げた。もともとアラビア海やインド洋の西海域周縁部では、アラブ系・イラン系の人びとによるゾロアスター教・キリスト教・ユダヤ教、インド西海岸のグジャラート・コンカン・マラバールの諸地域の人びとによるヒンドゥー教・仏教、東アフリカ地域ではクシート系・ナイロート系・バントゥー系・マライ系の人びとの精神文化・言語・習俗・技術といった、多様な人種構成と文化体系があった。しかも一方では、インド洋周縁部は海洋・島嶼に在って、熱帯・亜熱帯圏の広い分布、モンスーンの卓越する気候帯に属することで、人びとの生活文化や習慣などに共通的要素が生まれていた。以上のような基層文化の上に、都市文化、国際商業、イスラムの信仰体系と法規範、アラビア語などが影響し、バグダード・フスタート・カイロ・メッカの諸都市や地中海世界の諸地域と結びついて、十・十一世紀以後にはインド洋周縁部が一体性をもった場「インド洋世界」として機能するようになった。

このように、長距離間の交通ネットワークの形成要因は、自然・生態、人間、文化(文明)という三つであること、それらが統合・結合することで、より強力なネットワークをつくり、形成・拡大・変容の歴史的過程を歩んでいったと考えられる。強力なネットワークは、その周縁部を含めて、ある広がりをもった交流圏ネットワークとして機能する。さらに、交流圏ネットワークがいくつか複数に組み合わさり、相互に影響し合うことで、広い空間を統合する新しいエネルギーをもった磁場が形成されて、面的な広がりをもつ。これが世界構成の基本構造となる空間である。この空間は、一応、短い時間というか、ある時期を想定して理論的に設定したものであって、緩やかに結びついた複合体とでも呼び得るものである。その空間が、長期間にわたって維持される過程で、場または世界としての性格を備えていくものと考えられる。つまり、空間の内部構造である交流圏ネットワークは、時間的経過のなかで強化・分散・統合・切断・消滅などの様々な運動を繰り返すことによって、場の在り方を規定するような共通の文化的・経済的特徴や作用が空間のなかに形成されていくのは当然の成り行きであろう。場の性格をとらえる基準は、場が形成し展開していく過程で、外部からの文化的・経済的インパクトが加えられたとき、また内的変化を被ったとき、その空間を包摂する結合性や秩序がどのように顕在化したか、他の場からどのように認識され、区別されたか、その場を固守していこうとする内的反応があったか、などの諸点が、他の場との比較において検証されることによって明らかにされる。もちろん、場や世界の範囲、結合の程度は一定ではなく、時間の経過と様々な条件のなかで生成・拡大・統合・消滅など変化の複雑な様相を呈することは言うまでもない。

以上、説明してきた世界構成の基本要素は、あくまでも場をとらえるための便宜的指標に過ぎないものであって、私がインド洋西海域におけるダウ船の調査をもとに、「ダウ・カルチャーの世界」とは何か、という問題について考え続けてきた一つの結論である。そして、この結論を基礎として、つぎにイスラム世界を成り立たせているネットワークの基本について考えてみよう。

2　イスラム世界をめぐるネットワークの基本構造

イスラム世界は、無数のネットワークが組み合わさり、また分岐する複合・重層構造の上に成り立っているのであるから、それらを単純・一律に整理し、分析することが不可能であることは言うまでもない。また、こうしたネットワーク論、世界論の考え方そのものが、どこまで有効性を持つか、個々の歴史事実のなかで、どのようにこの理論を適応させていくかは、さらに厳格な検討を必要としている。とにもかくにも、以上の世界論に基づいて、一つの有機的結合体としてのイスラム世界の構成を想定してみよう。

まず、イスラム世界全体の空間をつくり上げているネットワークの基本軸は、①マーワランナフル・ヒジャーズ・マグリブ軸、②イラク・ペルシャ湾軸、③エジプト・紅海軸、の三本のネットワークであると規定できる。すなわち、これら三本の基本ネットワークとその分岐ネットワークが組み合わさることで、イスラム世界構成の基本となる面的広がりをもった文化的・経済的交流関係を共有する活動空間が成立する。そこで、各々の基本ネットワークの中心・中間拠点・末端（境域）および分岐ネットワークの生成の要因、各地点の性格、結びつきの関係などについて説明してみよう。

㈠　マーワランナフル・ヒジャーズ・マグリブ軸ネットワーク

アルタイ山脈に始まり、天山・ヒンズークシ・エルブルズ・ザグロス・タゥルス・レバノンなどのユーラシア大陸を貫く背梁山脈を経て、一方はヒジャーズとイエメンに、他方はマグリブ地方のアトラス山脈とイベリア半島に連なる山岳地帯とその周囲のオアシス、ステップおよび砂漠の組み合わせから構成される、ほぼ類似した自然地理環境と生態条件の分布は、ユーラシア大陸の東端から中央アジア・西アジア・北アフリカの諸地域を結びつける広域間の人間の移動と文化的・経済的交流関係を考える上での重要な回廊であって、この類似する地理的・生態的広がりを空間的にも時間的にも一つのネットワークとしてとらえることができる。とくに、イスラム世界の形成と展開の諸過程において、ホラーサーン・マーワランナフル地方を東端地点(末端)として、イラク・シリア(シャーム)・ナジド・ヒジャーズ・エジプト・イフリーキーヤなどにある中間拠点を経て、その西端地点(末端)をマグリブ・アンダルス地方に置く陸上ルートによる東西間の交通関係がイスラム世界を構成する基本軸のネットワークとして、重要な機能を果たした。

このネットワークは、アラブ・ムスリム軍の大征服運動にともなう広域的な人間移動と地域形成、イスラム文化、アラビア語、経済活動などの普及するなかで、徐々に形成し、やがて相互一体的にとらえられるような有機的機能をもつようになった。大征服運動の結果として、アラビア半島に生活していたアラブ系の諸部族は、東端は中央アジアのマーワランナフル地方に、西端はマグリブ・アンダルス地方の各地に移住した。それにともなって、彼らのもつラクダ牧畜文化もまた普及し、キャラバン隊列の交通・運輸システムを広域的・組織的に広げることを可能にした。注目すべき点は、このネットワーク軸がムスリムたちにとっての精神的な、また文化・経済の諸活動の上での一大センターであるメッカとメディナに求心する巡礼システムのなかで、極めて重要な機能を発揮し、長期的な永続性をもって展開したことである。

ネットワークの末端(境域)の機能をみると、東端地点のマーワランナフル・ホラズム地方には、ネットワーク拠点としてのマルウ(メルヴ)・バルフ・ブハラー・サマルカンド・シャーシュなどの重要都市があって、北方ユーラシアのステップ地帯を東西に移動する遊牧系の諸集団と隣接することで、つねに境域地帯としての文化・経済上の活力を維持した。それらの都市は、北アジア・中国・カスピ海北部・ウラル方面に通じる交通・運輸の要衝地として、またヒンズークシ山脈やアルタイ山脈からの銀地金その他の鉱物資源の集荷地、北方産毛皮や奴隷などの交易市場であった。ヒンズークシ山脈とマーワランナフル地方産の銀は、もう一つの貴金属、すなわちサハラ砂漠の南縁部、ニジェール川に近いガーナやマリ・タクルールなどの黒人王国に集荷・取引されたスーダン金と並んで、イスラム世界の金融と経済活動の発展に大きな活力を与えたのである。このネットワークの東西の両境域に集められた金銀地金《じがね》は、ディーナール貨とディルハム貨に鋳造されて、十六世紀半ば以前の国際金融市場の動向を左右する強い影響力をもった。そしてアッバース朝時代のバグダード、ファーティマ朝・アイユーブ朝・マムルーク朝時代のカイロやフスタートは、金貨と銀貨の流れを調節する国際的金融市場のセンターとしての役割を果たした。

十・十一世紀の世界史的変革期を境に、このネットワークを通じて、トルコ系やモンゴル系の遊牧諸集団、カスピ海南部やコーカサス地方からのダイラム系・アルメニア系・グルジア系・チェルケシュ系、そしてザグロス山脈沿いに東西の牧畜移動を続けるクルド系遊牧民などが西アジア地域に移動・占住し、また各地で地域形成の動きがみられ、それらが相互に接触・衝突と融合を繰り返すことによって、イスラム世界に大きな変貌と変動をもたらした。そうした動きと連動して、アラビア半島内部のアラブ系遊牧民の間にも、七世紀半ばの移動に続く第二の大移動が起って、その一部の集団は上エジプト地方の東部砂漠やヌビア方面に進出して、それらの諸地方にアラブ化とイスラム化の影響を及ぼした。バヌー・スライム(スライム族)やバヌー・ヒラール(ヒラール族)などのアラブ族は、北アフリカ海岸沿いにバルカやタラーブルス(トリポリ)を経て、イフリーキーヤ地方に侵入し、都市と農耕地に壊滅的な被害を与えた。それによって、イフリーキーヤ・マグリブ地方の経済状態は突然の激変を余儀なくされ、政治的・社会的不安の連続に晒されるようになった。

アトラス山脈の山間部やサハラ砂漠のオアシス地域周辺部に居住していたベルベル系の諸部族の間にも、ほぼ同時期に移動と部族統合的な新しい国家形成の動きが認められた。彼らの活動の範囲は、アトラス山脈を中央部に、北は地中海、イベリア半島、東はイフリーキーヤ地方、南はサハラ砂漠を越えて、ニジェール川の流域に至るまでの、かなり広範囲な領域にまたがっていた。東イスラム世界とは違ったベルベル・イスラム国家・社会の形成と展開は、新しい過渡的現象を示唆するものとして注目に値する。

以上のように、東の中央アジアのマーワランナフル地方からホラーサーンへ、そしてイラク、ヒジャーズを通って、西のエジプト・イフリーキーヤ・マグリブに至る陸上ルートを連ねる東西間のネットワークは、十・十一世紀のいわゆる過渡的な「時代転換期」を軸として、イスラム世界内外の諸部族・集団が移動し、地域形成を連続的に展開していく空間的転換軸として重要な役割を果したということによって重視さるべきであろう。このネットワークのセンターに位置するヒジャーズ地方、西側の末端(境域)のイフリーキーヤ地方とマグリブ地方の役割については、本章の「アラビア半島西岸ルートの復活と聖地メッカの経済的繁栄」(第一章第六節)、「アラブ・イスラム帝国の境域地帯」(第二章第四節) および「境域貿易の展開」(第三章第六節) において、説明することにしたい。

(二)　イラク・ペルシャ湾軸ネットワーク

ペルシャ湾岸から始まって、地中海沿岸のシリアおよびアナトリア・キリキア海岸に達する東南から北西の方向に広がる帯状の地域は、その北側に弧を描くように一〇〇〇メートルを越えるザグロス・タゥルス・アマーヌースなどの高い山岳地帯によって縁どられ、それらの山間部を縫ってティグリスとユーフラテスの両河川が流れる。その南側には、平坦なシリア砂漠がアラビア半島内陸に向かって果てしなく続く。この地域の共通する自然地理的景観の特徴は、峻嶺な山岳部、河川、渓谷、農耕地、砂漠が帯状に連なることである。この地域を貫くティグリスとユーフラテスの両河川を利用した水上ルートと、ユーフラテス川西岸沿いのキャラバン・ルートは、インド洋と地中海を結びつける国際交通・運輸の要路＝ネットワークとして重要な機能を果たした。この地域の歴史的性格を要約するならば、つぎの諸点が指摘されよう。

(1)　この地域は、人類の定着農耕と都市集落の発祥地として注目され、肥沃な三日月地帯(Fertile Crescent)が広がる。

(2)　この地域は、ザグロス山脈とレバノン山脈に向かって北上移動を続けるアラビア半島内陸部からのアラブ系、ザグロス山脈の峡谷部を東西に移動するクルド系、マーワランナフル～ホラーサーン・ルートを通じて内陸アジア方面から流れこむトルコ系やモンゴル系などの遊牧諸集団、さらにはカスピ海周辺やコーカサス地方から南下するアルメニア系やその他のコーカサス系の諸集団などの出会い、衝突と融合の境域地帯であった。

(3) 膨脹を続ける地中海世界の様々な政治的・経済的勢力が東に向かって伸張していく際に、この地域は彼らの勢力の交差・集中地となった。一方、エジプトやイラクの大河川および農耕地帯を経済基盤として成立した西アジアの諸国家は、それらの諸勢力を排除するために激しく抵抗・対立し、それによってこの地帯は、つねに相互に独立・同盟・従属その他の複雑な関係が渦巻く軍事的・経済的境域地帯となった。ローマとパルティア、ビザンツとサーサーン朝ペルシャ、ビザンツとアッバース朝などの諸国家間の境界線の形成と変動は、まさにこの地帯をめぐって展開された。

(4) この地域は、インドや東南アジアを原産地とする熱帯・亜熱帯の栽培作物、例えば稲米・砂糖きび・綿花・亜麻・柑橘類(ライム・レモン・オレンジ)・バナナ・芋類などの、西アジア・地中海世界・西アフリカなどの諸地域への中継地であって、それらの移植・伝播ルートと一致する。

(5) この地域は、エジプト・紅海ルートと並んで、地中海とインド洋の両世界を結びつける国際交通・運輸の要路であって、ルートに沿って交通拠点と商品交易・手工業生産のための都市の発達がみられた。ティグリスとユーフラテスの両河川の水運と、ユーフラテス川の西岸沿いに広がる平坦なステップ・砂漠地帯を連ねるキャラバン・ルートは、長距離間を結ぶ交通・運輸の上で最適の条件を備えていた。

これらの諸条件が相互に結びつくことによって、この地域は、つねにダイナミックに展開する多重・多層の人間社会の出会い・衝突と融合、物産の交換や文化・情報の交流する流動性に富んだ共通にとらえられるネットワークとして機能し、つねに世界史的な流れと深く関わってきたのである。
イラク・ペルシャ湾軸のネットワークは、以上述べたイラクからシリア・レバノン・東地中海周辺までの地域を基軸として、次第に東西に拡大・展開したものである。すなわち、その東側はペルシャ湾岸・アラビア海を経てインダス川下流域・グジャラート地方、さらにインド亜大陸の西岸沿いに南下してマラバール海岸・スリランカ・マライ半島・マラッカ海峡を経て中国南部の諸都市を末端（境域）とする。また分岐のネットワークは、ペルシャ湾岸・オマーン・南アラビア・イエメンなどを中継地（中間拠点）として東アフリカ海岸・島嶼を末端（境域）とする。またその西側は、東地中海を横断してキプロス島・シチリア島を経てイフリーキーヤ・マグリブ地方に達し、さらにその末端（境域）はサハラ・オアシス地帯を経由して、ニジェール川の大湾曲部の地域まで及んでいる。このネットワークの成立と維持を促した基本的条件は、エジプト・紅海軸ネットワークの場合と同様に、インド洋と地中海の両世界に広がる異なる自然地理環境と生態系の諸条件を基礎として成り立つ経済的補完関係、文化や価値観の差異によるものであって、西アジアの諸都市は両世界を結ぶ経済的・文化的中継機能を果たした。

イラク・ペルシャ湾軸ネットワークの歴史的成立過程をたどってみよう。アラブ・ムスリム軍による大征服が東方に向かって拡大していくと、イラク地方のバスラ（六三八年）、クーファ（六三八年）とワーシト（六九四年または七〇三年）に軍営地《ミスル》（miṣr/amṣār）が建設された。その後、次第にそれらの都市は交通・運輸と人間移動の拠点、物資の集散地、情報・文化の交流の中心地として重要な役割を果たすようになった。サーサーン朝ペルシャ帝国末期からウマイア朝までに、すでにゾロアスター教徒・ネストリウス派キリスト教徒・ユダヤ教徒たちによる宗教・文化と経済活動は、インド洋周縁部に向かって拡大しており、アッバース朝時代に入ると、彼らの宗教拠点・貿易居留地とコミュニティ間を結ぶネットワークがイスラム世界を構成するネットワークの一部としても相互に作用し合うことで、より広域的で緊密な関係を維持するようになった。カリフ＝マンスール（在位七五四―七七五年）は、マーワランナフル・ヒジャーズ・マグリブ軸とイラク・ペルシャ湾軸の二つのネットワークが交差する交通・運輸の要地バグダードにアッバース朝の新都を建設した。それによって彼は、スンナ派カリフ体制によるイスラム世界の統合と経済的・文化的繁栄を築こうとしたのである。地中海方面では、八世紀前半以来、ビザンツ海軍による強力な軍事的・経済的封鎖が継続しており、その結果、地中海周縁部の政治的混乱はムスリム商人たちの自由交易を妨げていたが、シリア系アラブ、ギリシャ系の人びと、コプト教会派キリスト教徒らの、いわゆる古くからの地中海人たちの海運活動は堅持されていたと思われる。バスラやウブッラなどのペルシャ湾頭の港市、およびクーファやバグダードに活動拠点をもつハワーリジュ派イバーディー（イバード派教団）の商人たちは、すでに七世紀末から次第にイラク・ペルシャ湾軸ネットワークの西側に向かって移動した。まず、彼らはティグリス・ユーフラテス川沿いにシリアに出て、シリア海岸から地中海を渡り、イフリーキーヤ地方のタラーブルス、ジェルバ島、ジャバル・アン＝ナフーサ、ワルグラ、ムザブ、シジルマーサに達し、それらを拠点としてさらにサハラ砂漠を越えて、着実にニジェール川河畔に設置された交易市場と連絡をもっていた。このように、彼らの商業活動と宗教の拠点や移住先は、イラク・ペルシャ湾軸ネットワークの西側の部分と一致している。九世紀半ば以降、アグラブ朝のシチリア島征服、およびファーティマ朝政権の成立によって、地中海世界はイスラム世界の一部として合併され、一挙にインド洋世界とも連続する国際的経済・文化交流の場が成立した。しかし九世紀後半に入ると、このネットワークの中心部に位置する下イラクのサワード地方やペルシャ湾頭の諸地域でザンジュの反乱が発生し、またアラブ遊牧民とシーア・イスマーイール派カルマト教団による革命的な反アッバース朝運動が拡大した。そのために、アッバース朝のカリフ権や政治・軍事力は著しく後退し、やがてはブワイフ朝ダイラム政権に屈服せざるを得なかった。それらの一連の状況はアッバース朝の中央集権体制の崩壊を決定的なものにしてしまい、道路・交通の混乱が生じ、またサワード地方の水路網や灌漑施設を破壊して農業の壊滅的な減産をもたらし、やがてはイスラム世界の経済的・文化的繁栄中心が、バグダードからカイロ・フスタートに移行していく結果を招いた。北アフリカのイフリーキーヤ地方に興って、やがてエジプト・シリア・ヒジャーズなどの諸地方を政治的・軍事的に支配したシーア派ファーティマ朝の台頭は、十・十一世紀以降のイスラム世界のネットワーク構造が、イラク・ペルシャ湾軸とエジプト・紅海軸の二極に激しく分立・競合する関係のなかで展開するようになったことを意味した。

地中海世界を舞台としたイタリア都市商人たちの海運と貿易活動の拡大、十字軍によるシリア海岸への侵攻と移住は、いわばこの二つの対極するネットワークの狭間に打ち込まれた異分子の勢力であって、とくにシリアの諸地方は政治的・軍事的・宗教的対立の複雑に絡まる境域地帯となった。さらにアラブ系やクルド系、内陸アジアから移動してきたトルコ系とモンゴル系、などの遊牧民の諸集団は、この二つのネットワークに加えてマーワランナフル・ヒジャーズ・マグリブ軸ネットワーク、の三つが交差するシリアからジャズィーラの境域地帯を中心に、移住・対立・融合を繰り返した。

㈢　エジプト・紅海軸ネットワーク

地中海世界におけるエジプトの経済的・文化的役割は、ナイル川のもたらす豊かな農業生産、高度で多様な古代文明の発達、そしてナイル川を溯り、ヌビア(スーダン)・エチオピアや紅海を経由してイエメンとインド洋に通じる、交通・運輸と貿易上の位置などによって成立した。このネットワークは、エジプトの諸都市をネットワーク・センター(中心)として、東側においては、ヒジャーズやイエメンからインド洋を横断したのち、一つの末端(境域)はインドのシンド・グジャラート地方に、他の一つの末端(境域)はマラバール地方に達する。そしてこの二つの地でイラク・ペルシャ湾軸ネットワークと交差し、さらにスリランカ・マライ半島・マラッカ海峡を経て中国南部の諸港に到達する。またこのネットワークの西側の末端(境域)においては、イフリーキーヤ・マグリブ地方、そしてアンダルス地方やサハラ砂漠を越えてニジェール川の河畔に到達する。

ナイル川と紅海の水運は、インド洋と地中海の両世界を結びつける国際交通上の掛け橋として、古くから重要な役割を担い、そのルートに沿って交易港・都市・経由拠点を連ねたネットワークの形成と展開がみられた。後述するように、紅海は、その自然地理的条件の特殊性によって船舶の航行に困難が多く、安全航海のシーズンは特定の時期と方向に限られていた。またインド洋のモンスーン航海期と紅海の航海期との間には、大きな時間的な差異があった。そのために、十五世紀以前では、多くの貿易船はインド洋を横断すると、一度、バーバルマンデブ海峡に近いイエメンや、南アラビアのハドラマウト地方の諸港市に寄港した。そこに集められた積み荷の一部は、平底の軽装船ジラーブに積みかえられて紅海を北上するか、または港市で交換取引の後、ラクダの背に積まれてサラート山脈沿いの高原キャラバン・ルート(古代の香料《インセンス》ルートとほぼ一致する)をサヌアー・サアダ・ターイフ・メッカなどの中継地を経て、シリアやエジプト方面に向かった。また紅海を航行したジラーブ船は、アフリカ側の中継交易港バーディウ・スワーキン・アイザーブ・クサイルなどに入港した。積み荷は、そこからさらにエジプト東部砂漠を横断、ナイル川の河畔に出て、ナイル川を下り、地中海に運ばれた。アラビア半島側では、ジッダ・ヤンブゥ・ジャールなどの港が利用された。以上のように、紅海の航行条件の特殊性、インド洋のモンスーン航海期との不連続性などの理由によって、紅海の水運と並んでアラビア半島西岸沿いのキャラバン・ルート、エジプト東部砂漠越えルート、ナイル河川ルートなどが発達し、それらのルートと中間拠点(港市・内陸都市)は狭い地域社会や国家という枠を超えて、ときには国際的な政治関係や経済の動向と深い関わり合いをもって盛衰の歴史を歩んだのである。言うまでもなく、一つの激動する時代として注目される六・七世紀にあって、アラビア半島の西岸近くに位置するメッカのクライシュ商人たちが築いた経済的な地位は、サーサーン朝ペルシャ帝国とビザンツ帝国との政治的・経済的な対立にともない、イラク・ペルシャ湾軸ネットワークの国際的機能が低下したこと、それによってエジプト・紅海軸ネットワークが再興しつつあった好機をとらえて、インド洋と地中海を結ぶ国際的中継貿易に乗り出し、大きな財力を獲得したことに基づいている。クライシュ商業の基盤となっていたネットワークとは、メッカを軸心として、南はイエメン・ハドラマウトに、北はシリア・エジプトの諸都市に通じるエジプト・紅海軸ネットワークの一部であった。

メッカの急激な都市化と商業化にともなって、様々な社会的・経済的矛盾が生まれていた。預言者ムハンマドは、そうしたメッカ社会の矛盾を批判し、彼の主張するイスラム革命を達成することを目指していた。最終的に、彼はクライシュ商業のネットワークを破壊して、メッカの商業富裕者たちに経済的打撃を与えようとしたのである。従って、彼によるメッカ征服(六三〇年)とイスラム革命の成功は、メッカを軸心としたクライシュ商業ネットワークの消滅を意味した。メディナ政権(四大カリフ《ラーシドゥーン》の時代)の後、ムスリムたちの指導者となったムアーウィヤによって、アラブ・イスラム帝国の中心が聖地メディナからシリアのダマスカスに移されたこと、イラク地方の軍営地クーファ・バスラ・ワーシトが急速な経済発展を遂げたこと、またウマイア朝に対抗するイブン・ズバイルの反乱が失敗したことなどによって、二聖地(メッカとメディナ)を含むヒジャーズ地方の政治的・経済的重要性は次第に低下していった。このことは、六世紀半ばころから復活の兆しをみせていたエジプト・紅海軸ネットワークの機能が大きく後退したことを意味している。つまりヒジャーズのカリフ政権(メディナ政権)に代るウマイア朝政権の成立は、サーサーン朝ペルシャ帝国とビザンツ帝国との境域地帯、イラク北部と北シリアの国境における軍事的・経済的障壁を取り除き、イラク・ペルシャ湾軸ネットワークがイスラム世界を構成する新しい基軸として機能し始める発端となったのである。

エジプト・紅海軸ネットワークが再び中心的なネットワーク基軸としての役割を果たすようになるのは、十世紀半ば以降のことである。つまりアッバース朝スンナ派政権の後退とペルシャ湾沿岸部における様々な反乱運動、サワード地方の農業生産の低下とインド洋貿易の不振などにともなって、イラク・ペルシャ湾軸ネットワークの機能が著しく停滞したこと、それとは対照的にマグリブ地方・地中海沿岸部・エジプト・イエメンの諸都市が次第に隆盛となり、それらの諸都市を結ぶ相互間の交通・運輸と商業・文化活動が重要性を増してきた。イフリーキーヤ地方を拠点として台頭したアグラブ朝の勢力は、シチリア島に拡大し(八七八年に征服を完了)、それによって東西の地中海が本格的にイスラム世界のなかに併合されて、地中海世界の機能に本質的な変質をもたらした。さらにエジプトにおけるトゥールーン朝とイフシード朝の成立は、アッバース朝政権から独立した政治・経済体制の成立を物語るものである。以上のような状況変化は、イスラム世界の繁栄中心が徐々にエジプト・紅海軸ネットワークの軸線上に置かれるようになったことに起因しているのである。

イフリーキーヤ地方に興った新しい勢力のファーティマ朝シーア派政権は、ビザンツ帝国から東地中海の制海権を奪い、東に領土を拡大し、九六九年にはイフシード朝支配下のエジプトを攻略すると、フスタートの北東側に新都カイロを建設した。ファーティマ朝によるエジプト征服とカイロの造営は、バグダードを軸心とするイラク・ペルシャ湾軸ネットワークに対抗するエジプト・紅海軸ネットワークの新しい展開を示すシンボリックな出来事であったといえよう。もともとはアッバース朝の政治版図の外縁部に位置したシンド〜イエメン〜ヒジャーズ〜エジプト〜イフリーキーヤ〜マグリブなどの諸地方を相互に結びつける国際的交通・運輸のシステムは、とくにシーア・イスマーイール派の運動を支援する人びとの広範で緊密な情報・文化活動や経済関係によって拡大し、すでに九世紀末ごろには相互に有機的関連をもって機能するようになったと考えられる。ファーティマ朝シーア派政権によるエジプト征服は、このネットワークの統合と拡大に大きく寄与し、その東の末端である、インダス・シンド地方、マラバール地方から、西の末端であるイフリーキーヤ・マグリブ地方、地中海沿岸部とサハラ南縁部までを覆う広域的な地域間の交流関係を成立させた。エジプトをネットワークの中心拠点として、東西に広がるこのネットワークは、ファーティマ朝のあと伸縮の変質と変貌を遂げながらも、アイユーブ朝とマムルーク朝の時代に継承された。これらの各王朝の外交と通商政策の基本は、エジプト・紅海軸ネットワークの機能を保持して、インド洋と地中海の両世界を結ぶ国際的交通・運輸のシステムと、それによる貿易活動の上で大きな影響力を及ぼすことに置かれたのである。「カイロ・ゲニザ文書」に描かれたユダヤ系の人びと、インド洋貿易に活躍した国際商人のカーリミー商人たちの利用した交易ネットワークは、まさにこのエジプト・紅海軸ネットワークによるものであった。

ムスリム側が支配していた地中海を舞台とする海上交通と貿易活動は、数次にわたる十字軍遠征によって、イタリア・南フランス・カタロニアなどの諸都市のキリスト教徒たちに奪われていった。こうした西ヨーロッパ・キリスト教徒たちの地中海における優位性は、船舶の造船と航海技術の問題だけでなく、むしろ陸上支配の原理をそれまでの政治的・経済的にニュートラルな交流と融合の場＝地中海世界に持ち込むことで、海を独占的な支配と領有の場に変質させることによって達成されていったのである。十二世紀半ば以後になると、エジプト・紅海軸ネットワークは、その西側部分を占める地中海世界を失うことで大きな変質を遂げ、その結果として、①上エジプト～東部砂漠～紅海～イエメン～インド洋に通じるルートの重要性が高まった、②マーワランナフル・ヒジャーズ・マグリブ軸ネットワークとの接続関係の強化、の二つの傾向が現れた。

十三・十四世紀は、インド亜大陸・東アフリカ海岸・東南アジア・中国・中央アジア・サハラ南縁部・エチオピア・ヌビア（スーダン）などの、いわばイスラム世界周縁の諸地域において、イスラム化と国家形成、スーフィズムと民衆イスラムの普及、メッカ巡礼、ウラマーたちの学術交流などが進展していった時期としてとくに注目に値する。エジプト・紅海軸ネットワークは、これらの躍動しつつある周縁部・境域地帯と結ばれることによって、イスラム世界の文化的・経済的結合を担う基軸として重要な役割を果たした。

モンゴル軍の西アジア侵攻とイル・ハーン朝の成立は、イラク・ペルシャ湾軸ネットワークとマーワランナフル・ヒジャーズ・マグリブ軸ネットワークの、二つを相互に結びつけて、内陸アジア〜中国〜インド洋〜西アジア〜地中海にまたがる循環ネットワークの完成を目指した新しい動きであった。

地中海における海上進出を果たしたイタリア諸都市の商人たちは、マムルーク朝の軍事的勢力に妨げられて、エジプト・紅海軸ネットワークの東側部分、すなわち紅海・ヒジャーズ・イエメンを経由してインド洋に出るルートを確保することができなかった。そこで彼らは、「モンゴル帝国の平和《パクス・モンゴリカ》」のもとに成立した国際的循環ネットワークを利用して、インド・中国とインド洋周縁部へ達するルートの開発に努めた。

一方、エジプトとシリアを領有したマムルーク朝は、種々の外圧を退けて、カイロをネットワーク・センターとするエジプト・紅海軸ネットワークを国際的交通・運輸システムの中心とするための最大限の努力を払ったと考えられる。すなわちその目的を達成するために、つぎの四つの軍事的・外交的政策を実施した。①キプロス島・キリキア海岸と北シリア方面への軍事遠征をおこなって、イタリア商人たちがイラク・ペルシャ湾軸ネットワーク経由でペルシャ湾とインド洋に進出することを防いだ。②ヒジャーズ地方の支配とメッカのアミール承認権を握った。③紅海の入口付近に大きく政治権力を拡大したイエメン・ラスール朝への軍事・外交の両面での威圧を加えた。④上エジプトとヌビアの諸地方に対する軍事遠征を挙行して、アラブ系とベジャ(ブジャ)系の遊牧民の反乱を鎮圧することに努めた。しかし十四・十五世紀を通じて周期的に襲った疫病・飢饉・天候異変・戦乱・経済危機などによって、マムルーク朝の政治・経済体制が大きく動揺したために、これらの政策を継続的に実行することは不可能となった。ヒジャーズ地方で実質的な支配権を握っていたアラブ・シャリーフたち(預言者ムハンマドの家族の子孫であると主張する世襲的な家系の人びと)や、ハドラマウト・イエメン・バーバルマンデブ海峡周辺などを広く領有したイエメン・ラスール朝は、マムルーク朝に通じるネットワークとは別の分岐したネットワークの開発と支配に乗り出した。また東イスラム世界では、イル・ハーン朝に続いてティムール朝とサファヴィー朝の台頭によって、インド洋〜ペルシャ湾〜イラン高原〜黒海方面と連絡する分岐のネットワークが発達して、イタリア商人たちがインド洋へ進出する新しいルートとなった。

オスマン・トルコの台頭とイスタンブールを軸心とする新しいネットワークの形成は、それまでの、西アジアの諸都市をネットワーク・センターとしてインド洋・地中海・ユーラシア大陸・アフリカ大陸の相互間を結んだネットワーク構造とは、大きく異なっていたのである。十五世紀末、ポルトガル艦隊によって開発された大西洋〜喜望峰〜インド洋のルートもまた、エジプト・紅海軸ネットワークに対抗する新しいネットワークの成立を意味した。

以上、イスラム世界の基本構造となる三本のネットワークについて、それらの中心・中間拠点・末端(境域)、および歴史的展開の過程について概観してきた。その結果として明らかにされたことは、イスラム世界はその世界内部にアジア・アフリカの複雑で多様な自然地理環境と生態条件をもった諸地域を包含しているが、それらの地域的な多様性・異質性が、つねにイスラム世界が一つの全体として相互有機的に結びつくために極めて有効に機能したことである。またイスラム世界の周縁部には、中国・東南アジア・インド・東アフリカ・東ヨーロッパ・西ヨーロッパやサハラ南縁のスーダン地域などの、異質の文化・経済圏＝異域世界が存在し、位置づけられていたことによって、イスラム世界の中心と末端(境域)との間には様々なネットワーク関係が形成し展開したのである。

私は、イスラム世界が一つの世界として成立した時期を八世紀半ば以降に設定した。つまりアッバース朝革命という強力な内的衝撃を経験することで、それまでのアラブ・イスラム帝国という複合体からイスラム世界へと大きく構造転換が起ったのである。この段階において、イスラム世界の内部では軍事的・政治的・宗教的な諸勢力が激しく対立・衝突・離合し続けながらも、広域的な人間の移動、文化的・経済的交流などの流動性のある諸関係を維持することによって、全体として一つの結合体としてとらえられる「世界」を形成した。アラブ・イスラム帝国の形成と崩壊。それに替るイスラム世界の形成。十・十一世紀、十四・十五世紀、十七・十八世紀の変革期を境とするイスラム世界の変質と変貌。これらの時期に内的・外的な衝撃を受けることによって、イスラム世界は一つの世界としてどのように質的変化を受けたか。イスラム世界の変質・変貌の諸過程について、三つの各々の基軸ネットワークと分岐ネットワークがどのように作用し、相互にどのように組み合わさり、全体としてどのような機能を果たしたかについて、具体的な歴史事例のなかから分析していくことが——さしあたり、本書では十世紀末までで本格的な論述は終えざるをえないが——他でもなく、「本論」で取り扱われるべき研究課題なのである。

（1）九・十世紀、アラブ系・イラン系航海者たちが訪れた東アフリカ海岸南限の停泊港は、スファーラ Sufāla とカンバルー Qanbalū であった。その両地の位置比定については、諸説があって決め難いが、スファーラは、東アフリカ海岸のモザンビク近くに、またカンバルーは、マダガスカル島北部、もしくはペンバ島のことであると考えられる。H・N・チテックは、カンバルーをペンバ島と比定している。H. Neville Chittick, 'The East Coast, Madagascar and the Indian Ocean,' *The Cambridge History of Africa*, vol. 3, London, 1977, pp. 190-197.

（2）H. A. R. Gibb, *Studies on the Civilization of Islam* (ed. S. J. Show & W. R. Polk), London, 1969, p. 3（ハミルトン・ギブ、加賀谷寛・内記良一・中岡三益・林武訳『イスラーム文明史』みすず書房、一九六八年、一—二ページ）。

（3）「イスラム化」の意味については、嶋田襄平「イスラム化の諸問題」『「イスラム化」に関する共同研究報告』1、東京外国語大学アジア・アフリカ言語文化研究所、一九六八年、三—一五ページ参照。

（4）Ibn Khaldūn, *Kitāb al-'Ibar*, (ed. 'Abd al-Karīm, 7 vols., Beirut, 1958-1967), vol. 1(1967), pp. 496-501.

（5）太田秀通「地中海世界　総説」岩波講座『世界歴史』1、三九三—三九四ページ。

（6）西嶋定生「東アジア世界の形成　総説」岩波講座『世界歴史』4、一九七〇年、五ページ。

（7）「国家」と「国際」との中間に位置する広域的な地域圏に関する最近の研究では、次の二点が示唆に富む論文としてとくに注目に値する。村井章介「中世日本列島の地域空間と国家」『思想』岩波書店、一九八五年、六月、三六―五八ページ。濱下武志「朝貢貿易システムと近代アジア」『国際政治』日本国際政治学会編8、一九八六年五月、四二―五五ページ。

(8) 拙稿 *The Arab Dhow Trade in the Indian Ocean*, Tokyo, 1976 および「ダウ船とインド洋海域世界」〈シリーズ世界史への問い 2〉『生活の技術 生産の技術』岩波書店、一九九〇年一月、一〇五―一二八ページ。

(9) ネットワークの概念とその使用の仕方については、J・C・ミッチェル編、三雲正博・福島清紀・進本真文訳『社会的ネットワーク――アフリカにおける都市の人類学――』国文社、一九八三年、第一章参照。

第一章　ジャーヒリーヤ時代のアラビア半島をめぐる国際商業ネットワーク

一　問題の所在

三世紀末から五世紀末までの約二百年間は、ユーラシア大陸の諸地域、とくに西アジアおよび地中海やインド洋の周縁部などにおいて、政治体制並びに社会・経済秩序などの多方面にわたる加速度的な変容の時代であって、世界史の動きに連なる一つの「時代転換期」としてとらえることができる。この時期における具体的な変化の状況は、①遊牧民の諸集団の生活状況に大きな変質が起ったこと、②大文明圏の文化的・経済的ネットワークの周縁部への拡大、の二点に要約することができる。まずその第一は、中国の前漢・後漢帝国、インドのグプタ王朝、西アジアのサーサーン朝ペルシャ帝国、そして地中海を「われらの海(Mare nostrum)」として東西に政治勢力を維持していたローマ帝国などのいわば先進的古代文明の影響が、それらの周縁部に位置していた匈奴、鮮卑、鉄勒《てつろく》、柔然、吐谷渾《とよくこん》、エフタル、ゲルマン、フン、アヴァール、アラビア半島のアラブ、サハラ周縁部のベルベルなどの遊牧系諸集団に及んで、彼らの共同体的連帯の再編と文化的覚醒を促し、活発な移動・変革の時期に入ったことである。そして彼らの移動と地域社会の再編を促した社会的・経済的な変化の背景として、当然、自然生態環境の変化による影響もまた見逃すことはできない。

第二は、先進的古代文明圏が相互に交流と融合の諸関係を深めることによって、より広い地域を含む新しいネットワークが成立しつつあったことである。とくに、仏教・キリスト教・マニ教・ユダヤ教・ゾロアスター教などの信仰・文化の伝播によって、広域的な人間移動と地域結合が進展し、それ以後の時代における国際商業ネットワークの展開に大きく寄与することとなった。

このようにして古典的な古代世界が漸次的な変容を示した後、中国では隋・唐による国家体制の統一、西アジア地域ではアラブ・イスラム帝国(the Arab empire)の拡大と成立、また西ヨーロッパでは中世キリスト教社会の体制が成立するようになった。そして十・十一世紀に再び訪れる転換期に向けて、新しい政治的・経済的関係が展開していったのである。

以上の世界観に基づいて考えた場合、七世紀前半から八世紀半ばにかけてのアラブ・イスラム帝国の成立とそれに続くイスラム世界の形成は、アラビア半島に居住したアラブ系諸集団の広域的な移動と地域再編を一つの触媒作用とする、ヘレニズム世界とイラン世界の統合過程で生まれた所産であって、つまり地中海・北アフリカ・西アジア・アラビア海周縁部および中央アジアのマーワランナフル地方にまたがる広大なネットワークの広がりと結びつきの諸作用を受けて、そこに新しい文化的・経済的な共通圏が成立した、と考えることができる。

本章の課題は、四・五世紀の転換期から七世紀半ば—九世紀の政治・経済秩序の安定期に至る、いわば過渡的な時期に相当する六世紀より七世紀初めまでのアラビア半島をめぐる国際情勢を分析することによって、七世紀半ば以後のアラブ・イスラム帝国とイスラム世界形成の社会的・経済的背景と新しいネットワーク形成の萌芽過程を明らかにすることにある。五世紀末から、七世紀初めに預言者ムハンマドが神の啓示を受けるまでの約一五〇年間は、イスラム史における歴史用語では、「ジャーヒリーヤ時代」と呼ばれる。ジャーヒリーヤとは、「無知」「無明」を意味するアラビア語であって、ムハンマドの唱えたイスラム信仰によって、人びとが「覚醒」する以前の状態と対比して用いられる言葉である。

二　新しい境域としてのアラビア半島の地理的位置

政治・社会と経済の動揺する四・五世紀に、比較的安定した政治体制と経済秩序を維持していたのは、東地中海の周縁地域を領有したビザンツ帝国と、メソポタミア平原・イラン高原に勢力を築いたサーサーン朝ペルシャ帝国であった。この二つの帝国の繁栄は、主として都市におけるかなり高度に発達した各種の手工業生産品と豊かな農耕地からの農産物の収入を帝国の財政基盤としていたこと、また内陸アジア・地中海・インド洋を結ぶ国際的な交通・運輸と貿易活動のネットワークの要衝に位置して、東西の遠隔地から様々な物産や情報・文化を集め、活発な国際交易がおこなわれていたこと、の二つの条件に基づいている。その場合、二帝国はティグリス・ユーフラテスの両河川の上流地域(ジャズィーラとアルメニアの諸地方)と北シリア地方との間に位置する境域地帯《スグール》(thaghr/thughūr)に、交易市場と通関のための公的施設を設置して、国際交易の流れを左右するような強い影響力を維持していたのである。

六世紀に入ると、以上の二帝国の政治的・経済的関係は急激に悪化し、五〇二—五〇六年、五二七—五六一年、五七二—五九一年、六〇二—六二九年には北シリアの境域地帯の支配をめぐって長期的な対立と紛争状態に陥り、境域市場における国際交易の活動は、混乱を招いて停止せざるを得なくなった。明らかに、二帝国の衝突原因は単に軍事的・政治的な問題だけではなかった。その根本原因は、ヘレニズム・地中海経済圏とイラン経済圏との接触と融合の諸関係が深まるにつれて、両経済圏を統合して、より広いネットワークを含んだ恒常的かつ健全な国際交易の成立を促す動きが生まれていたことにあった。

そのころサーサーン朝ペルシャ帝国の北方国境地帯では、内陸アジアから移動してきたエフタル系の遊牧諸集団が侵略を繰り返し、またユーフラテス川の西岸、下イラクのフージスターン地方やイラン南部のファールス地方でも、アラビア半島東岸のバフラインおよびアフサー地方から北上移動してきたアラブ系の遊牧諸集団の農耕地帯への侵略・占住が拡大し、帝国内の社会・経済不安はますます高まっていた。そこでサーサーン朝ペルシャ帝国は、とくにペルシャ湾岸の諸地域からインド洋に出る海上交通上の拠点を支配下に入れて、アラビア海とインド洋西海域周縁部に広がるル

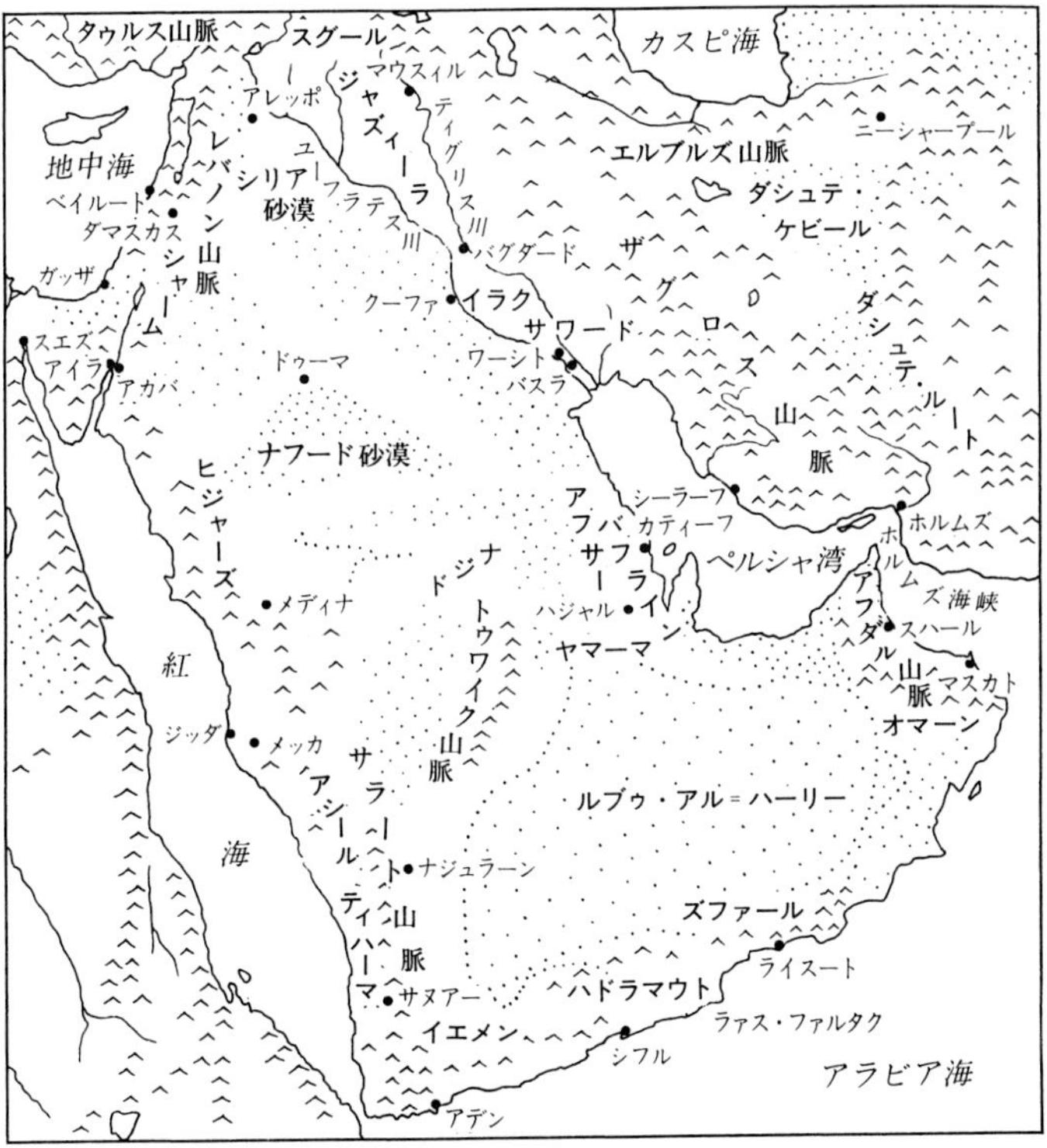

図 3　アラビア半島地形図

アラビア半島は，ユーラシア大陸とアフリカ大陸，そしてインド洋と地中海の接点に位置する．とくに，インド洋の「二つの腕」と呼ばれるペルシャ湾と紅海は地中海世界とインド洋海域とを結びつける回廊として歴史的に重要な役割を果たした．

ートの開発に、帝国の軍事的・経済的政策の中心を置いた。

一方、ビザンツ帝国は、より深刻な状況に置かれていた。サーサーン朝ペルシャ帝国の支配領土内を通過する中国とインド方面との貿易は、北シリアの境域地帯《スグール》の市場活動の停止と内陸アジア情勢の悪化によって、大規模な打撃を受けた。それによって東方からの輸入物産である各種の奢侈品類、なかでも中国産の生糸と絹織物が急激に減少した。中国産生糸と絹織物は、地中海沿岸部の産業都市(スール・ベイルート・アレクサンドリアなど)や首都のコンスタンティノープルで、深紅染め、錦織りや亜麻糸との混紡織り、刺繍などの加工が施され、帝国内の消費にあてられたのみならず、それらの製品の多くはローマ化したヨーロッパ内陸部および北方地域や地中海周縁部の諸部族への下賜品や貨幣の一種としても、また外交上の取引手段としても使用された。従って、中国との貿易の最大の市場である北シリアの境域市場の閉鎖は、ビザンツ帝国の政治的・経済的立場を損なう重大な影響を及ぼしたのである。それゆえにビザンツ帝国は、サーサーン朝ペルシャ帝国とは異なるネットワークの拡大を求めて、紅海、エチオピアのアクサム王国もしくはイエメンのヒムヤル王国を経て、インド洋に進出し、インドの南西海岸やスリランカの諸港に達するルートおよび拠点に対する外交的・経済的な関心を強めた。

ここに至って、以上の二帝国の対立の境域地帯は、従来のように北シリアとティグリス・ユーフラテスの両河川の上流域ではなく、インド洋に出る交通上の要地に位置したアラビア半島の西岸地域および紅海沿岸部に移っていった。そしてアラビア半島が新しい国際関係の上での重要な舞台として、急激に脚光を浴びるようになったのである。

そこでまず、アラビア半島の位置とその自然地理環境・生態条件の特徴について概観してみよう。アラビア半島の東側はペルシャ湾、東南と南側はアラビア海とインド洋、西側はアデン湾と紅海、というように、三方面を海で囲まれ、北側はユーラシア大陸とアフリカ大陸とが交差するイラク、シャーム(シリア・ヨルダン・レバノン・イスラエル・パレスティナ)、シナイ半島とパレスティナ海岸(サワーヒル)において、地中海と隣接している。

半島内には、その全土の三分の二以上にも達する砂漠・ステップ地帯、岩石・砂礫質の多い高原台地と、深く刻まれたワーディー(涸れ谷)が縦横に広がっている。半島南部のズファール・ハドラマウトからイエメン・ヒジャーズ・レバノン・シリアへかけては、ちょうど半島の南西部から西側を縁どるように高度一五〇〇—三〇〇〇メートルに達する火山性のサラート山脈が連なっている。この山脈は、レバノン山脈・タゥルス山脈・ザグロス山脈・エルブルズ山脈やヒンズークシ山脈に続く環状山脈の一部をなしており、山脈に沿って緑地・都市と交通路が分布することから、東西を結ぶ国際商業ネットワークとしての機能を果たした。

サラート山脈と紅海との間には、狭い帯状の海岸低地《ティハーマ》があって、そこは高温・多湿、不毛な荒地であり、ワーディーを流れる水流によって運ばれた砂礫地帯となっている。海岸低地の後は、急勾配で山岳地帯に入る。山脈の東側はルブゥ・アル＝ハーリーの大砂漠、ナジドとヤマーマの高原、さらにアラビア半島の東岸部のアフサー・バフライン地方とペルシャ湾に向かってなだらかな勾配をもって続く。イエメンのナジュラーン地方に始まり、ナフード砂漠の南端までの南北一〇〇〇キロメートルに及ぶ断崖層トゥワイク山脈もまた、アラビア半島の内陸部を特徴づける重要な自然景観の一つである。その断崖に刻まれた無数のワーディーを連ねて、半島東岸のアフサー・バフライン地方からイエメン北部に向かう南北縦断のキャラバン・ルートが通じている。

イエメンやハドラマウトの山岳・高原地帯には、その斜面に夏季の南西モンスーンのもたらす雨雲がぶつかって、豊かな降雨がある。モンスーンのもたらす雨水を最大限に利用するために、傾斜地に設けられた農耕地を囲む石垣、灌漑設備、貯水槽(スハーリジュ)、ダム(サッド)などの高度に発達した土木・建築技術が考案され、イエメン地方における、半島内でも珍しく密集した集村、特色ある王国と都市文明の形成を促すこととなった。

オマーン地方のラァス・アル＝ハッドからペルシャ湾の入口ラァス・ムサンダムにかけては、峻嶮なアフダル山脈が連なり、イエメン山岳部と類似の自然景観をつくっている。ペルシャ湾の東岸地域、バフライン地方に沿って、ルブゥ・アル＝ハーリー砂漠から連続して荒涼とした砂漠地帯が分布するが、アフサー(ハサー)地方には例外的に地下水の湧き出るオアシス地帯がみられる。この肥沃で水量の豊かなオアシス農耕地には、ナツメヤシ樹が密集して植えられ、また十世紀の初めには、インド方面からオレンジ・ライム・バナナ・砂糖きびなどの熱帯・亜熱帯産の栽培植物が移植されるようになった。アラビア半島内部が干魃や飢饉の被害に襲われても、そこでは安全な牧草地・菜園・農耕地が確保された。バフライン地方に広がる砂漠地帯は、さらにユーフラテス川の西岸に沿って北に延び、その北端はシリア砂漠（アル＝バーディィーヤ・アッ＝シャーミーヤ）と繋がりをもっている。このアラビア半島東岸および内陸部からシリア砂漠にかけての地域は、アラブ系遊牧諸集団にとっての移動ルートであって、彼らは夏営地をナジド・ヤマーマ地方に、冬営地をジャズィーラの北部地域やレバノン山脈東麓に設営し、長距離間の平行移動をおこなっていた。彼らは、ペルシャ湾・インド洋と地中海とを結ぶキャラバン運輸や情報活動の担い手としても活躍した。

以上のような多様な自然地理的・生態的諸条件をもったアラビア半島は、ジャーヒリーヤ時代に入ると、サーサーン朝ペルシャ帝国やビザンツ帝国の他にも、外部からの政治的・経済的影響が及び、また半島内部においてはアラブ遊牧民の移動・定住・接触・融合などの内部的刺激を受けた結果として、そこに境域接点としての新しい社会・文化の形成を促すような活力が蓄積されていったと考えられる。

三　サーサーン朝ペルシャ帝国によるアラビア半島進出

サーサーン朝史の代表的な研究者A・クリステンセン（A. Christensen）の著作『サーサーン朝下のイラン』によっても明らかなように[(1)]、従来のサーサーン朝ペルシャ帝国の研究は、総じてその国家の陸上統治の側面だけを対象とし、海上と陸上の両面にわたる軍事・政治・経済支配の全体像を把握しようとする視点がみられなかったといえる。ところが、D・ホワイトハウスによるシーラーフ遺跡の発掘調査によって明らかにされた重要な事実は、サーサーン朝ペルシャ帝国が、その創始者アルダシール一世(在位二二六―二四一年)の時代以後、ペルシャ湾沿岸部とその島嶼部、さらにはアラビア半島東岸のバフライン地方を広く領有しようとする国家的政策に強い意欲を注いでいたことである。(2) そしてシーラーフは、シャープール二世(在位三〇九―三七九年)によって、アラブ系遊牧民の侵入に対抗してペルシャ湾岸の諸地方を防衛すると同時に、アラビア半島へ進出する前哨基地として建設されたことが明らかとなった。この動きは、サーサーン朝ペルシャ帝国が、ペルシャ湾沿岸部を全域的に制圧し、アラビア海とインド洋西海域に至る海上ルートと交易港に対する軍事的・経済的支配を意図していたことを裏書きしている。実は同じような動きは、はやくもサーサーン朝以前のアカイメネス朝ペルシャ帝国およびパルティア帝国に溯る時代から現れていたのである。R・ギルシュマンによるハーラク(カーグ)島と、ブーシフルに隣接する海港遺跡のリーシャフルの考古学的発掘調査、(3) J・C・ウイルキンソンによるオマーン東部海岸のバーティナ地方にあるスハールを中心とするイラン式地下灌漑施設ファラジュの調査、(4) そして文献史料に基づくH・ハサンの先駆的な研究『ペルシャ人の航海の歴史』(5) などは、イラン系の中央権力や文化的・経済的な影響力が、ペルシャ湾を軸として、アラビア半島東岸部、アラビア海とインド洋西海域の沿岸部の諸地方へ拡大する強い傾向を示してきたことを立証するものであるといえよう。

サーサーン朝ペルシャ帝国によるペルシャ湾とアラビア半島への軍事的・経済的な進出の主な目的は、①ナジド・ヤマーマの高原地帯からアフサー・バフライン地方(アラビア半島東岸)、並びに下イラク・サワード地方の耕地やユーフラテス川の西岸地域に向けて波状的に移動・侵入するアラブ系遊牧民に対する防衛、②ペルシャ湾の安全通行と真珠採集権の獲得、③ダーリーンやムシャッカルなどの交易港を経由して、ドゥーマ（ドゥーマ・アル＝ジャンダル）およびパレスティナ地方に達するペトラ・ルートに対する軍事的圧力、④アフサーおよびナジドとヤマーマを経由して、ナジュラーンとイエメンに達するトゥワイク山脈沿いのルート支配、並びにそのルート沿いに分布する金・銀鉱山の開発とイラン系移住者たちの保護、⑤オマーンのイラン系居留地マズーンの支配と統治などにあった。

三世紀の後半、サーサーン朝ペルシャ帝国はユーフラテス川西岸地域に移動してきたタヌーフ族を中心とする南アラビア系の遊牧民たちと交渉関係をもち、辺境の緩衝国ラフム朝国家の成立を認めた。これは、当時、アラビア半島の内陸部からメソポタミアやフージスターン地方の農耕地・都市に向けて絶え間なく移動・占住するアラブ諸部族に対する政治的・軍事的対抗策として、ラフム朝との融和的な並存関係を維持することが必要となったからである。しかし四世紀に入ると、アラビア半島からのアラブ諸部族の移動はさらに激しさを増し、その一部はバフライン地方からペルシャ湾を直接横断して、対岸の南イランのファールス地方とキルマーン地方に及んで、一挙にサーサーン朝ペルシャ帝国の中心部に向かって拡大した。こうした状況のなかで前述したように、シャープール二世はシーラーフに辺境防備の要塞と海軍基地を建設して、ファールス地方の海岸部の防衛とバフライン地方への進攻に備えるに至った。D・ホワイトハウスは、一九六七年から一九七二年にかけてのシーラーフ港市遺跡における考古学的発掘調査を実施した。それによると、シーラーフ遺跡の西端に位置する要塞、西側のワーディーに沿ってめぐらされた周壁と金曜モスクの基層部からは、サーサーン朝期の、とくにシャープール二世の時代に建設された遺構が発掘されたという。(6)

サーサーン朝ペルシャ帝国がペルシャ湾を越えてアラビア半島進出の軍事的拠点としたアフサー(ハジャル・アフサー)地方は、交通・運輸のネットワーク・センターであり、社会的・経済的活動の面からも重要な境域接点に位置していた。そのことの第一の理由は、アラビア半島を横断する四つの主要なキャラバン・ルート(シリア・パレスティナ地方に通じるペトラ・ルート、ユーフラテス川の西岸沿いに北上して、北シリア・アルメニアに通じるシリア砂漠ルート、アラビア半島の西岸に出るナジド・ヤマーマ・ルート、トゥワイク山脈の南麓を通過してナジュラーン・イエメンに出るイエメン・ルート)が交差する交通・運輸の要地であって、南アラブ系のアラブ諸部族は、ナジド・ヤマーマ・ルートとイエメン・ルートの二つのルートを北上・移動して、アフサー地方に集結した。第二の理由は、そこには豊富な地下水脈をもつオアシス地帯が分布していて、内陸部が旱魃や飢饉に襲われても、つねに安全な牧草地や水場があったことである。そのオアシスの周辺部には、ナツメヤシ樹が茂り、十世紀以後には各種の熱帯産栽培植物が移植されて、多くの移住者たちが密集して定着するようになった。またバーレン島(ウワール)からカタル半島に近い海域には、世界でも有数の真珠採集場が分布して、そのことがアフサー地域に特異な社会的・経済的環境を生み出した点を重視すべきであろう。毎年、夏季におこなわれる真珠採集とその取引のために、多数の船舶・海上民・海士《あま》・商人・遊牧民などの人びとが集まって、そこでは情報・文化の交流と複雑な集団・経済状況が絡み合っていたのである。イスラム初期のウマイア朝時代にはハワーリジュ派の活動拠点、九・十世紀のザンジュの乱(八六九―八七三年)やシーア・イスマーイール派のカルマト教団の運動拠点などが、いずれもこの地域を中心として展開していることは、以上のようなアフサー地方の、境域地帯としての種々の異集団の接触・混住、異文化の交流などの、複雑・微妙な絡み合いの状況に起因していると考えられる。

シャープール二世の派遣した第一回のアラビア半島に対する遠征軍は、シーラーフを前哨基地としてまずアフサー地方に達し、そこからナジド高原を越えて、ヤスリブ(メディナ)まで出兵し、ヒジャーズ地方に居住するアラブ諸部族を制圧したといわれている。

メソポタミア南部またはアフサー地方から、ナジド・ヤマーマの高原およびトゥワイク山脈の南麓のワーディーを抜けて、イエメン北部のナジュラーンおよびサヌアーに達するキャラバン・ルートは、イラク地方とイエメン地方とを結ぶ最短のアラビア半島縦断のルートとして古くから開発・利用された。とくに五・六世紀に至って、このルート沿いに金・銀の鉱山が開発されると、メソポタミア南部地域に居住するナバト系農民やイラン系移住者たち(そのなかには、ユダヤ教徒やゾロアスター教徒の人びとが含まれていた)がつぎつぎに進出し、鉱山町や農耕地が拡大していった。十世紀初めに著されたハムダーニーの『金銀鉱物誌』によると、イスラム時代以前のジャーヒリーヤ時代に、イラン(ペルシャ)系ゾロアスター教徒たちがナジド高原にあるシャマーム銀山に一〇〇

○人移住し、そこには彼らの拝火神殿があったこと、またイエメンのサヌアーの銀山でも多数のイラン系移住者たちが居住し、彼らは「鉱山のペルシャ人」と呼ばれていたという。(7)

このようにして、六世紀の半ばには、サーサーン朝ペルシャ帝国の軍事的・経済的な影響力は、ペルシャ湾、バフライン地方、ナジド・ヤマーマ地方を越えて、イエメン北部のナジュラーンやサヌアーに及んで、イラン系移住者たちによる人的交流や文化・経済関係が緊密化する状況がみられた。後述するように、エチオピアのアクサム王国がバーバルマンデブ海峡を越えてイエメン地方に向かって領土拡張をおこなうと(五二五―五三二年)、サーサーン朝ペルシャ帝国のホスロー一世(在位五三一―五七九年)は、ワフリーズの指揮する八艘の戦艦と八〇〇人に及ぶイラン系移住者《アブナー・フルス》たち(Abnā' Furs)を派遣して、イエメン地方を軍事的・政治的に制圧することに成功した。(8) この遠征の目的は、エジプト・紅海軸ネットワークに沿って、紅海とインド洋に向って新しい出口を求めていたビザンツ帝国を牽制し、またビザンツ帝国とアクサム王国とが結びつくことで、紅海周辺部に巨大な政治的・軍事的勢力が成立することを阻止しようとする配慮から生じたものであったと考えられる。明らかに、サーサーン朝ペルシャ帝国はイエメンを拠点として、バーバルマンデブ海峡、そしてさらに紅海と東アフリカ海岸に対する制海権を及ぼすことによって、エジプト・紅海軸ネットワークの機能を喪失せしめ、イラク・ペルシャ湾軸ネットワークを国際的交通・運輸および貿易活動の基軸にしようとすることにあったと推測される。

さて、ホルムズ海峡とアラビア海に面したオマーン地方が、紅海の出口に位置するイエメン地方と並んで、インド洋と西アジアおよび地中海を結びつける、軍事上・戦略上の、また運輸・経済活動上の要衝であることは、今も昔も変わらないといえよう。それゆえにサーサーン朝ペルシャ帝国は、オマーン地方をアラビア海とインド洋支配のもう一つの重要拠点としていた。オマーン地方の代表的な交易港であるスハールとマスカトは、高度三〇〇〇メートルに達するアフダル山脈に遮られて、夏季の南西モンスーンの吹き込みが弱いことから、安全な避難港であり、とくにインド洋を南下して南アラビア・東アフリカやインド亜大陸南西岸の交易港に航海しようとする貿易船にとっての重要な寄港地となった。またオマーンの海岸平野のバーティナ地方と内陸部のニズワやハムラーには、アフダル山脈から引いた灌漑用のファラジュ(falaj)と呼ばれる地下式水溝《カナート》があって、豊かなオアシス農耕地と村落がみられる。このファラジュは、その構造原理において、南イランの各地に古くから発達したカーリーズや、北アフリカのサハラ砂漠の縁辺部にみられるドゥッガーラとよく一致するものであって、山間の扇状地の頂部に設置された水源から幾筋もの地下水溝を緩やかな勾配をつけて掘削し、水溝の末端部を地表に露出させたり、井戸式縦坑によって水を汲み上げることができるようにつくられている。J・C・ウイルキンソンの調査研究によって、オマーン・バーティナ地方に残されたファラジュは、その建設がサーサーン朝ペルシャ時代以前の、おそらくはパルティア王朝(前二四八―後二二六年)とアカイメネス朝ペルシャ(前六世紀―前三三〇年)の時代に、主にイランからの移住者たちによって建設されたことが明らかにされた。[9] イスラム時代の史料からは、こうしたファラジュがいつ頃、だれによって建設されたのか、また改修されたかの史実を得ることができない。十世紀後半の地理学者ムカッダシーによると、バーティナ地方の中心都市スハールはイラン(ペルシャ)人たちによってマズーン(Mazūn)と呼ばれていて、多数のイラン系の人びとが居住しており、ペルシャ語が共通語として使用されていた(10)。またそこは、シーラーフと並ぶインド洋貿易の重要な拠点として繁栄し、中国との海上交通の窓口であった。この事実は、スハールを中心とするオマーンおよびバーティナ地方が、イスラム以前からイラン人のアラビア半島およびインド洋の諸地域への移住と貿易活動の重要な拠点となっていたことを裏づけるものであって、彼らのオマーン移住と長期にわたる社会的・経済的活動を維持する上で、ファラジュの建設と利用が不可欠な条件であったと考えられる。

メソポタミア地方とインドのグジャラート地方およびインダス川流域地方という二つの異なる文化・経済圏を結ぶ交流関係の歴史は古く、すでに紀元前二〇〇〇年から一五〇〇年のシュメール・アッカード王国期に溯って認められる。その直接的交流を裏づける多くの考古学的資料は、近年におけるペルシャ湾岸周辺の考古学的発掘調査が進展するにともなって、蓄積されつつある。ペルシャ湾・アラビア半島東岸・オマーン地方を経由して、アラビア海とインド洋の周縁諸地域へと向ったサーサーン朝ペルシャ帝国の海上進出は、こうした古くからの文化的・経済的なネットワークを背景として、漸次その国家権力と経済的影響力を伸張させることを目指していた。ホスロー一世の統治時代に、サーサーン朝ペルシャ帝国の海上勢力は頂点に達し、インドのグジャラート地方、スリランカ、イエメン地方や東アフリカのザンジュ地方まで及んで、アラビア海とインド洋の西海域周辺の諸地域は、急速にサーサーン朝の軍事的・経済的影響のもとに整備・統合されるに至ったと考えられる。六世紀の人であるエジプトのアレクサンドリアの商人で修道士のコスマス(Cosmas Indicopleustes)は、タプロバンヌ(スリランカ)島がインド・イラン・エチオピアから来る船の寄港地であり、中国(Tzinista)その他から絹織物・沈香・丁香《クローブ》・白檀香などが集まり、他の地域に中継されて賑わっていた交易港(エンポリウム)であったこと、また島にはイラン系のキリスト教徒(ネストリウス派キリスト教徒)たちが居住し、教会を建て、イランから派遣された司教が任命されて滞在していたこと、イラン商人と並んでアドゥレー(アクサム王国の港)やギリシャの商人などがそこを訪問したことなどを記録している。(11) この記述によっても、五世紀末から六世紀の初めにかけて、インド洋のほぼ中央に位置するスリランカ島ではビザンツ帝国・アクサム王国・サーサーン朝ペルシャ帝国からの商人たちが集まり、また中国や東南アジア諸国からの諸物産が中継取引されていたこと、なかでもイラン系の人びとによる文化的・経済的影響が強く及んでいたことを認めることができるのである。こうしたイラク・ペルシャ湾軸のネットワークを経由して、インダス川の河口地帯、グジャラート、インド南西海岸、スリランカなどのアラビア海とインド洋の周縁諸地域に広がる人的交流、文化的・経済的関係は、イスラム時代に入っても継続し、とくにアッバース朝時代にはひときわ顕著であったことを、記録史料より確証され得る。そうしたいわば長期的な相互関係を基礎にして、アッバース朝時代にイスラム世界の文化的・経済的中心がバグダードに置かれるに及んで、ペルシャ湾からインド洋の全域に広がるネットワークがバグダードの繁栄を支える重要な基軸となったのである。

四　ビザンツ帝国による紅海とインド洋への経済進出

ビザンツ帝国の皇帝ユスティニアヌス一世(在位五二七―五六五年)は、サーサーン朝ペルシャ帝国との軍事的対立が激化し、北シリアの境域市場の活動が停止したために、別のルートによるインドおよび中国との貿易関係の開発を求めて、積極的な外交政策を展開した。その第一は、紅海への通路にあたるファラマーを起点に、クルズム・アイラ・シナイ半島・ティーラーン島などを経て、イエメン地方やエチオピアのアクサム王国、さらにはインド洋に達する海上ルートと通過拠点を確保し、いわゆるエジプト・紅海軸ネットワークを掌握することを目指したのである。その第二は、北方ユーラシアのトルコ系遊牧諸部族との使節の交流をおこなって、内陸アジアを通過するステップ・ルートとオアシス・ルートの通行権を獲得することであった。この北方ルートの開発計画は、つぎの皇帝ユスティニアヌス二世(在位五六五―五七八年)の時代に、突厥との間に外交交渉の開始として具体化された。

歴史家プロコピウスによると、ビザンツ帝国はアカバ湾の入口にある軍事・交通上の要衝地イオタベー(ティーラーン島)に、通行監視と税関のための施設をつくった。[12] その目的は、紅海に出没するアラブ海賊の危険の除去、航海条件の厳しい紅海北部海域における安全航海の確保、通過する貿易船の監視と通行税の徴収などにあったといわれる。それらに加えて、死海からアラビア半島西岸にわたる地域を領有した南アラブ系のガッサーン族を利用し、サーサーン朝ペルシャ帝国に味方したラフム朝と対立させた。またガッサーン王国の支配者たちだけでなく、アラビア半島西岸を生活領域とした他のアラブ系諸部族にも、各種の称号・俸給や金品を分与するという懐柔政策がとられた。シナイ半島のムーサー山(モーゼの山)北麓にある聖カテリーヌ修道院付属の要塞は、ユスティニアヌス一世の治世代、おそらく五四八年と五六二年の間に建設されたものと考えられる。こうした修道院のネットワークを利用して、エジプトの東部砂漠、シナイ半島やアラビア半島の西岸に向けてのビザンツ帝国の支配圏を各地に確立していったことも、とくに注目すべき点である。

シリア・パレスティナ地方とイエメン地方とを結ぶ高原キャラバン・ルートのほぼ中程に位置するメッカは、六世紀初めにはヒジャーズ地方の中心的な聖地として、次第に重要視され、そこが文化的・経済的なセンターとなっていた。ビザンツ帝国は、このメッカに対して積極的な外交交渉を求めていた。イブン・ハビーブの記録によると、ビザンツ帝国は、メッカのクライシュ族のウスマーン・イブン・アル＝フワイリスにキリスト教への改宗を勧め、メッカ王の称号を与えたという。(13)また後述するように、預言者ムハンマドの曾祖父ハーシムがシリア地方に滞在したとき、ビザンツ帝国の支配者はクライシュ族の人びとの滞在を認め、身の安全と貿易取引の自由を保障するイーラーフ契約を許可した。それと同時にビザンツ帝国の友好国であったエチオピアのアクサム王国の王ナジャーシーに対しても、クライシュ族の滞在と貿易取引の許可を要請した親書を与えている。(14)これらの史実は、ビザンツ帝国が急速に重要性を増しつつあったメッカとその支配部族のクライシュ族との友好関係を促進することによって、紅海沿岸部の全体に支配力を及ぼすことを意図としていたことを物語るものである。一方、メッカのクライシュ族の人びとは、このような国際情勢の動きを巧みに利用して、次第に国際商業における自己の立場を確立していったのである。

しかし、紅海周辺部に対するビザンツ帝国の政治的・外交的進出や、ガッサーン王国を仲介としたアラビア半島西岸沿いのアラブ諸集団に対する懐柔政策は、必ずしも十分な成果を上げなかったと思われる。その事実は、プロコピウスが記録しているように、ユスティニアヌス二世が使者ユリアヌスをアクサム王国とイエメンのヒムヤル王国の支配者エシムファイオスのもとに派遣して、サーサーン朝ペルシャ帝国の軍事的・経済的勢力を屈服させるための数々の具体的対策を交渉していることによって裏づけられる。(15) すなわちユリアヌスは、アクサム王国にインド貿易を代行させることで、インドとスリランカの市場において中国産の絹布の買い付けをおこない、サーサーン朝ペルシャ帝国に横流しすることなくビザンツ帝国側にすべてを輸送すること、またヒムヤル王国の軍隊を集めてサーサーン朝ペルシャ軍の背後から攻撃を加え、これを一掃することを提案したのであるが、プロコピウスの記録によると、アクサム王国とヒムヤル王国の支配者たちは、実行が不可能であることを知りつつも、このビザンツ帝国側の提案を表面上は受け入れたのであった。なぜならば、すでに言及したように、サーサーン朝ペルシャ帝国の勢力は、ホスロー一世の時代にはアラビア海とインド洋の西海域周縁部の全域に及んでおり、従ってイラン系の商人たちは、中国産絹布を船載してきたインド船が到着する交易港に待ちかまえていて、そのすべての商品を一括購入してしまったのである。そのために、アクサム商人たちの努力にもかかわらず、ビザンツ側の要求する十分な絹布を獲得できなかったのであった。なおコスマスの記録には、ビザンツ帝国の商人たち、なかでもアレクサンドリア出身のギリシャ系商人は、自己の貿易船を使ってクリスマ(クルズム)やアイラから紅海を南下し、アクサム王国の外港アドゥレーに至り、そこで南アラビアや東アフリカ産の乳香・没薬・象牙・動物皮革などや、スリランカやインドの各地から運ばれてきた中継貿易の商品を購入していたこと、ビザンツ商人の一部はアクサム商人と同行してインド洋を渡り、スリランカの市場まで進出したことなどが記録されている(16)。

このように、ユスティニアヌス二世による紅海とアラビア半島西岸ルートの開発、さらにはアクサム王国を仲介するインド洋貿易の拡大の諸政策はいずれも失敗に終わった。なお、コンスタンティヌス一世、ユスティニアヌス一世および二世、ティオドリウスの治世時代のビザンツ貨幣が、南インド・スリランカ・パキスタンの各地から多量に出土している。これらの多くは、六・七世紀に活躍したイラン系商人や、イエメン系アラブ商人たちによって運ばれたものと考えられる。なぜならばビザンツ金貨は、当時の地中海周辺諸国のみならず、インド洋貿易における決済上の基本通貨として広く流通していたからである。イスラム時代に入っても、インド洋貿易は専らディーナール金貨を基本通貨としており、国際通貨としての金貨の流れの方向としては、つねに西アジア・地中海世界からインド洋周縁部、とくにインド亜大陸の諸国へ流出という構造が維持されたのである。

こうした構造は、十六世紀半ばに至るまで根本的な変化はみられなかったといえる。

ビザンツ帝国は、他方で第二の東方貿易政策、すなわち北方ステップ・ルートによる中国との交渉関係の樹立に努力していた。この政策は、第一の紅海経由でインド洋に進出しようとする海上政策と較べるとかなり消極的ではあったが、ユスティニアヌス二世の治世代に、たまたま中央アジアのソグド人のマニアックの率いる使節団がコンスタンティノープルを訪問してきたことが契機となって、突厥を経由して中国貿易を推進しようとする計画が実行に移された。つまりゼマルコスらビザンツ帝国の使節団は、サーサーン朝ペルシャ帝国の妨害を避けて、西トルキスタン地方を経由し、天山山中のウルグ・ユルドゥズ渓谷に居た突厥の王(可汗《カガン》)を訪問したといわれる。しかし、この使節団派遣によって、その後どのように中国との貿易関係が進展していったかについては、史料の上からは明らかにすることはできない。いずれにしても紅海経由のインド洋ルートと同じように、北方ステップ・ルートによる貿易関係もまた中国との間接貿易であって、貿易量や価格は、中継となる諸勢力の政治的・経済的状況の変動によって左右され、つねに不安定であった。ちょうどこの頃、ビザンツ帝国の国内では養蚕技術の導入が積極的に進められた。明らかに、中国産絹布の輸入が高価な中継貿易に頼らざるを得なかったことから、自国生産の発展に最大限の努力が注がれたのである。

紀元後一世紀の後半に著されたと考えられる『エリュトゥラー海案内記』と、六世紀の半ばのコスマスによる『キリスト教徒の世界地誌』という、二つの史料における南アラビア地方およびエチオピア地方に関連する記載内容を比較・検討してみると、明らかな違いが認められる。例えば、紀元前後のころに繁栄したインド洋貿易の中心的な交易港カネーおよびエウダイモーン・アラビアー(アデン)、ムーザ(ムハー)、モスカ(ズファール)などが相次いで衰退したらしいこと、乳香と没薬の産地がハドラマウト地方ではなく、専らソマリア地方に限定されるようになったこと、そしてイエメン系アラブ商人に代ってアクサム商人とイラン系商人が台頭したことなどに注目しなければならない。それらの変化は、おそらく三・四世紀の頃、南アラビア地方を中心とする自然生態環境・政治体制・国際商業ネットワークの変化にともなう、大規模な社会経済の変質現象が起ったことに原因すると推測されるのである[17]。

ローマ帝国の帝政期は、紅海・インド洋を経由するエリュトゥラー海(Maris Erythraei)貿易の隆盛期であった。アウグストゥス帝(在位紀元前二七—後一四年)の治世より以後のローマ貨幣がインドやスリランカの各地で多量に出土していることは、この事実を具体的に裏づけている。紀元前後の約二百年間にわたる、紅海沿岸・イエメン・南アラビアの中継交易港の経済的発達、アラビア半島内陸部を通過するキャラバン・ルートとオアシス都市の成立、アラブ系遊牧民の運輸・通商活動での目覚しい台頭などの新しい動向は、地中海世界全体にわたる平和のなかで文化的・経済的発展が最高の段階に達したことによって、インド洋周縁部からの各種の奢侈品が大量にネットワーク・センターであるローマ帝国内の諸都市に運び込まれ、一方その見返り商品として仲介・加工品類が輸出されたことに原因する。「ローマ帝国の平和《バクス・ロマーナ》」とそれにともなうエリュトゥラー海貿易の繁栄は、三世紀に入ると急激に後退し、その頃からエチオピアにおけるアクサム王国が卓越した政治的・経済的勢力となった。また三・四世紀には、明らかにイエメン地方の山岳農耕地、ワーディー・ハドラマウトの渓谷地帯とその周辺部では、気候変動にともなう飢饉・旱魃、土地の荒廃と生産力の減退、遊牧民の侵入と占住などが連続して起り、社会と経済に大きな変動を招いた。南アラブ系遊牧諸部族の北方への移動は、こうした状況のなかで起った大規模な共同体的再編運動であって、その移動はオマーン、ナジド、ヤマーマ、アフサー・バフライン、ヒジャーズやユーフラテス川の西岸沿いにシリア砂漠を経て、北シリアとジャズィーラ地方にまで及んだのである(後述第二章第三節参照)。

『エリュトゥラー海案内記』の記述によると、乳香や没薬など香料の主要な産地はハドラマウト地方にあったが、一方、コスマスは「アクサムからエチオピアの先端部分まではバルバリアと呼ばれる乳香の地方が大洋(インド洋)沿いに広がる」(18)と述べており、さらに各種の香料・乳香・桂皮・カラモスその他の商品が、アドゥレー・ヒムヤル・小インド(エチオピア)・ペルシャに輸送されているということも述べている。この記録によって、五世紀後半から六世紀には、香料の主要産地はハドラマウト地方での生産が消滅して、代りにその対岸のソマリア地方(バルバリア)で生産されるようになり、その取引の中心市場はアクサム王国の交易港アドゥレーにあったことがわかる。

アクサム王国の支配者層(ナジャーシー)と富裕商人たちの多くは、おそらく南アラビアから移住した人びとであったと思われるが、その王国はイエメンにおけるヒムヤル王国とハドラマウト王国との間の政治・軍事対立が続くなかで、急速にその支配領域を拡大していった。首都のアクサムは、紅海に面した外港のアドゥレー(アドッレ)からキャラバンで八日ほど内陸に入ったところにあって、そこは、エチオピアやヌビア(スーダン)の各地からもたらされる象牙・皮革・金・奴隷・香薬類などの取引センターとして賑わった。当時、アクサム王国は、二大勢力のサーサーン朝ペルシャ帝国とビザンツ帝国との対立・緊張関係を利用しつつ、ときには対岸に位置するヒムヤル王国の疲弊状態をみて軍隊を派遣し、五二五年頃にはヒムヤル王のズー・ヌワースを破って、紅海の両岸、ハドラマウトやオマーンのズファール地方にまで広がる支配領域を獲得した。またアブラハの率いるアクサム軍は、ナジュラーン地方を経て、高原キャラバン・ルートに沿って北上した。『コーラン』の第一〇五章には、この時の遠征軍は、神の恩寵によって遣わされた焼き土の礫に打たれたために退却した、と伝えられている。アクサム軍の遠征が、イエメンからヒジャーズを経てシリアに至る高原キャラバン・ルートと、その中継拠点に対する支配を目的としていたのであるならば、明らかにその計画はビザンツ帝国のユスティニアヌス一世の要請に基づいて実行されたと考えることができる。

五　聖地と年市の形成過程

三世紀後半から五世紀後半にかけての世界史的な規模での変容の諸状況は、アラビア半島内部においても類似して現れており、社会・経済生活に多様な過渡期的性格をつくり出した。この時期における主な動向は、①南アラブ諸部族のアラビア半島北方への移住と、それに続く地域再編成、②紅海ルートに替るペルシャ湾ルートの隆盛と、それにともなう半島内の陸上ルートの再編、③アラビア半島の内陸部へのユダヤ教・ゾロアスター教・ネストリウス派キリスト教の宗教ネットワークの拡大などであった。

六世紀に入っても、いわゆる「戦乱のアラブ時代(Ayyām al-'Arab)」が一部で続き、移動にともなうアラブ諸部族間の統合と分離、水場や牧草地をめぐる相剋・対立がみられた。そして、次第にキンダ族の部族国家に代表されるような大部族による地域統合、オアシス都市民と遊牧民との経済交流、文化・情報の交換と融合などが急速に進展して、アラビア半島がひとつの全体として宗教・文化・経済の各分野で共通する活動圏として機能するようになったと考えられる。人びとの交流と宗教・文化・経済の融合の新しい拠点となったのは、ハラム・ヒマー・スーク・ハウタ・ヒジュラなどと呼ばれる宗教的な聖域、不可侵の緩衝地帯、経済交換の場、保護・管理の場所であった。これらの共通の交流拠点が、いつ頃からいかなる条件のもとに発生したかは明らかでないが、おそらく六世紀以前にもアラビア半島の一部に存在していたことは推測可能である。つまり時代と地域を超えて、複数の部族が領域を接する軍事・政治上の境域地帯、交通の要地、目印となる丘・泉・樹木・岩石、伝説上の古代部族や聖者・預言者の墓地、ワーディー(涸れ谷)の合流点などに、不可侵の中立地、聖地や市場が成立し、その領域内では戦闘行為・殺傷・狩猟などが禁忌《タブー》とされた。アラビア半島で、そうした聖域、逃避の場所や緩衝地帯が急速に発達し、しかも相互関連をもって広域的に分布するようになったのは、おそらく六世紀以後の新しい現象であると考えられる。

ハラムは、一般に偶像崇拝のために神によって選ばれた保護区・聖域としての意味合いが強く、とくにヒジャーズ地方に成立・発達した。メッカは、聖地《ハラム》としてジャーヒリーヤ時代から重要な役割を果たし、イスラム時代に入ると、そこはメディナと並んで二大聖地《ハラマーニ》と呼ばれた。五世紀末に、キナーナ族出身の一支族クライシュは、その族長クサイィに率いられて、聖地メッカを征服した。クサイィは、近隣の諸集団の信奉する多数の偶像をメッカに一括して保管することによって、武力を使わずに他のアラブ諸集団に対する軍事・政治・宗教面での主導権を獲得することができた。これは、クサイィが聖地としてのメッカの機能を高め、ハラムの管理者としての地位を得ることに成功したことに基づいている。

ヒマーの文字通りの意味は、「保護された、禁ぜられた場所」であって、本来は旱魃や飢饉に備えて保護された牧草地や水場を指しており、聖域としての性格をもたなかったものと考えられる。しかしジャーヒリーヤ時代には、ヒマーが諸部族の領域が隣接する中間地帯に生まれた聖なる保護地、また部族間の紛争が解決される協議の場、偶像安置の場(ファルス神やジャルサド神が祭られていた)として、ハラムとほぼ同じような性格をもっていた。なお、『コーラン』のなかでは、ハラムだけを聖地として認めており、ヒマーについては預言者サーリフの逸話にのみ登場する。

ハウタは、主にハドラマウト地方に生まれた聖地観念である。古代からの聖者崇拝とアニミズム信仰を基礎とした、墓地、洞穴、伝説上のホード族やアード族などの遺跡その他が神の保護下にある聖なる囲いの場(ハウタ)として認められていた。そこは、避難所でもあり、また呼びかけの祈り(タァシーラ)によって穢れから自らを守り、免罪を請う祈願の場所でもあった。ハドラマウト地方では、ハウタの管理はサイイドあるいはマシャーイフの称号をもつ世襲的な聖家族によっておこなわれた(19)。

ハラム・ヒマー・ヒジュラ・ハウタなどとほぼ類似した性格・機能をもち、しかもより重要な経済的役割を果たしたのは、スークと呼ばれる定期の年市であった。アラビア語の文献史料のなかには、ジャーヒリーヤ時代にアラビア半島内で発達したスークの場所、スークでの市の開催日、管理者、取引の主な商品や関税などについて詳しく記録したものが残されている。例えばスークの数について、イブン・ハビーブは一二地点、ヤァクービーとタゥヒーディーは一〇地点、マルズーキーは一七地点、またハムダーニーは五〇地点を挙げている(20)。これらのスークの起源がいつ頃まで溯るのか、またいずれのスークが古いかについてはさらに詳細な史料考証の操作が必要であるが、おそらく五世紀末から六世紀初頭にかけてのアラブ遊牧諸集団の定住化、部族間の大連合と相互安全条約による社会情勢の安定化、文化的・経済的交流関係の拡大、オアシス農業の開発などが進んで、スークの成立と発展を促したと考えられる。しかしスークの発達は、何よりも、六世紀半ば以後にサーサーン朝ペルシャ帝国とビザンツ帝国の二大勢力がアラビア半島の各地に進出したことによって、半島内の文化的・経済的交流関係が急激に緊密化したことに起因するのであろう。

ジャーヒリーヤ時代のスークは、地理的位置と交易品の種類に基づいて、つぎの三つに分類することができる。

(1) 国際的ネットワークと結びついたスーク　所在地は、サーサーン朝ペルシャ帝国とビザンツ帝国の境域地帯、ないしは両帝国の政治的・経済的影響の及ぶ地域内にあって、そこでの支配者・管理者は、両帝国から派遣された地方官や任命官である。そこでは、主に国際的商品が取引された。

〔所在地〕イエメン地方のアデン・アブヤン、サヌアー、オマーン地方のスハール（マズーン）、ズバー、東アラビアのムシャッカル、イラク地方のヒーラ、シリア・パレスティナ地方のブスラー、ガッザ

〔主な交易品〕真珠・宝石類・絹織物・染料類・ナツメヤシの実・龍涎香・乳香・没薬・麝香・アロエ（蘆薈）・奴隷・らくだ・牛

(2) アラビア半島内の地方的スーク　所在地は、部族間の境界、交通ルートの要地、聖地・参拝地、ワーディーの合流地、峠などに発達した地方的な物資の集散地であって、そこでは日常消費される食糧品、農業や牧畜の生産品、鉱物、武具、農具などが取引された。

〔所在地〕ヒジャーズ地方のマジャンナ、ウカーズ、ズー・アル＝マジャーズ、バドル、ターイフ、ハイバル、アラビア半島のほぼ中央部にあるキャラバン交通の要地ドゥーマ（ドゥーマ・アル＝ジャンダル）、シリアの聖地・交易市場のダイル・アイユーブ、イエメン地方のジャナド、ナジュラ

ーン、マンニー、フバーシャ、ハドラマウト地方のラービーヤ、東アラビア(バフライン)地方のハジャルなど

〔主な交易品〕　衣服・織物・穀物類(小麦・大麦・モロコシ)・油類(オリーブ・ゴマ)・ナツメヤシの実・酒類・家畜類・乳製品・干魚・皮革・鉱物類(金・銀・銅)・容器・靴・奴隷・コフル(目のまぶたに塗る化粧具)

(3)　特産物交易のスーク　　地方特産の商品、または国際的ネットワークを通じてもたらされる特定商品の取引市場である。スークの所在地とそこで取引される特定商品を挙げると、ミルバド(らくだ)・ハット(ハッティーヤと呼ばれる槍)・ターイフ(ターイフィーヤと呼ばれる鞣革《なめしかわ》)・ウカーズ(奴隷)・ダーリーン(麝香)・ルダイナ(ルダイニーヤと呼ばれる槍)・スハール(スハーリーヤ織物)・ハジャル(ナツメヤシの実)などである。

アラビア半島におけるスークの発達過程を考える上で重要な点は、スークの安全性(滞在、商品保管と取引の自由・安全)、聖域性(武器携帯・窃盗・殺傷・争いの禁止、偶像の安置、祭祀・宗教儀礼の場)やその他の社会的・経済的慣行がスークを利用するアラブ諸部族の間で幅広く承認されて、やがては一つのスークと他のスークとを結びつけるようなスークのサークルがアラビア半島全域を覆うようになったことである。つまりスークの開催日は、アラブ人たちにとって聖なる月のラビーゥ月、ラジャブ月、ズー・アル＝カァダ月、ズー・アル＝ヒッジャ月とムハッラム月を軸として、ドゥーマのスークに始まり、半島内の各地にあるスークを東から南、西と北の順序で巡回するよう

につくり上げられたのである。文献史料の伝えるところによると、アラビア半島のほぼ中心部に位置するドゥーマ(ドゥーマ・アル＝ジャンダル)のスークは、毎年第一ラビーゥ月一日から十五日まで開かれたという。これがアラビア半島における一年のスーク開幕日であって、その後、ハジャル・オマーン・ハドラマウト・イエメン・ヒジャーズ・シリアの各地方のスークをめぐって、一年後には再びドゥーマに戻った。またヒジャーズ地方では、ウカーズ、ズー・アル＝マジャーズ、マジャンナなどのスークが聖地《ハラム》メッカの巡礼日(ズー・アル＝ヒッジャ月七日から十三日)と連動させて開催され、巡礼者たちはメッカ訪問の往路と復路、各地のスークをめぐって、交換取引をおこなった。

ジャーヒリーヤ時代のスークに関するアラビア語史料の記録をもとに、アラビア半島各地のスークの管理・運営面について概観してみよう。スークの管理・統治者の名称は、サーヒブ、アミール、ライースなどであって、一般にはスークを共有する諸部族の間から選出された。その管理・統治者は、スーク全体の管理に参与する権利をもち、とくに徴税官(ʻāshir)や監督官(ḥākim)を任命する権限が付与されていた。徴税官は、スークに参加する人びとから保安税(khifāra)・市場監督税(taqwīm)・取引税(maks, ʻushūr)を徴収した。ブスラー・ガッザ・アイラなどのビザンツ帝国の境域地帯にあるスークでは、ビザンツ皇帝によって派遣された地方官がスークを統制し、その管理者を任命する権限をもっていた。ハドラマウト地方では、有力部族であるキンダ族の族長や聖家族(shaykh)の長がスークに対する強力な統制力を保持していた。またイエメン地方のサヌアーとアデン・アブヤンでは、サーサーン朝ペルシャ帝国の支配下に置かれていたために、イラン系移住者(アブナー・フルス)がスークに対する統治権を行使し、関税の徴収をおこなった。

イブン・ハビーブの記録によれば、ドゥーマの周辺地域にはキャルブ族やジュダイラ・タイィ族などが居住し、彼らの部族長たちがスーク・ドゥーマの共同管理をおこなっていた。(21) ヤァクービーの『歴史』には、ドゥーマの支配者たち(ruʾasāʾ)はガッサーン族とキャルブ族の出身であると伝えられている。(22) スークの長(サーヒブ)がスークの開催期間を宣言し、彼の許可がなければ、そこでの売買取引はできなかった。また最初にその長が必要とするものを購入する先買権をもっており、スークの参加者たちは所定の商品税《マクス》を支払った。ドゥーマでは、キャルブ族がスークの支配権を独占することもあって、市場関税《ウシュール》を勝手に徴収したことから、ジュダイラ・タイィ族との間に管理権をめぐって争いが起ることもあったという。

スークに隣接して居住するアラブ諸部族のすべてが、スークの管理権、秩序・慣習、聖域性を認めるとは限らなかった。従って、スークの管理と聖地性を認めて、その秩序を守る人びと(al-dhādat al-muḥrimūn)とそれを認めない人びと(al-muḥillūn)との間で、スークの支配・管理権をめぐって抗争があった。

ヤァクービーは『歴史』のなかで、「アラブ族のなかには、こうしたスークにやってきた時、聖域を犯す不法行為(maẓālim)をおこなう者たちがいる。彼らは、ムヒッルーン(勝手に振舞う人びと)と呼ばれた。一方、スークでの不法行為を否定して、悪行を打ち破り、流血の事件を防いだり、また聖域性を否定するような罪が犯されることに対して積極的に立ち向かう人びとがいる。彼らは、ザーダ・ムフリムーン（聖域が犯されることを守る人びと）と呼ばれている。ムヒッルーンの人びとは、アサド、タイィ、バヌー・バクル・イブン・アブド・マナート・ブン・キナーナ、バヌー・アーミル・ブン・サァサァの部族である。一方、ザーダ・ムフリムーンの人びとは、バヌー・アムル・ブン・タミーム、バヌー・ハンザラ・イブン・ザイド・マナート、フザイル、バヌー・シャイバーン、バヌー・キャルブ・ブン・ワバラの諸部族である。こうした人びとは、［ムヒッルーンの人びとから］身を守るために武器を携帯している」(23)と説明している。このようなスークの内部が具体的にどのような配置であったかについては、史料的には不明であるが、おそらくイスラム以後の都市構造のなかに、ジャーヒリーヤ時代のスークの基本構造や機能が何らかの影響を及ぼしたと推測される。

アラビア半島内のスークには、アラブ諸部族だけでなく、サーサーン朝ペルシャ帝国やビザンツ帝国からの移住者・商人たちの他に、エチオピアやインドなどの人びとが集まって、言語・宗教・文芸や生活習慣などが接触・融合するようになった。そうした異なる社会・経済・文化との交流が狭い血縁的・地縁的な絆によって結ばれていた半島内のアラブ諸部族にとって、より大きな部族連合、文化意識や国際的感覚に目覚めていく上で、極めて重要な役割を果たしたであろうことは疑いない。

六　アラビア半島西岸ルートの復活と聖地メッカの経済的繁栄

　五世紀後半から六世紀半ばにかけて、アラビア半島・ペルシャ湾・紅海を通過する交通・運輸と国際貿易の覇権をめぐって、サーサーン朝ペルシャ帝国・ビザンツ帝国・アクサム王国の三大勢力が対立と抗争を続けている間に、一つの新しい現象が現れていた。それはアラビア半島の西岸に沿って、シリアからイエメンに通じる南北のキャラバン・ルート(高原キャラバン・ルート)の利用が活発になり、そのルートに沿ったハイダル・ヤスリブ(メディナ)・メッカ・ターイフ・サアダ・サヌアー・アデンなどのオアシス都市が文化・経済交流の中継拠点として急激に発展・変貌しつつあったことである。

　この南北のキャラバン・ルートは、紀元前一世紀前半から紀元後三世紀後半の頃までシリア・エジプトとイエメンとを結びつけていた、いわゆる古代の「香料《インセンス》ルート」とほぼ一致するが、香料ルートは、北イエメンのナグラナ(ナジュラーン)から分岐して、マイーンとマァリブを経てアデン(エウダイモーン・アラビアー)に、そしてさらにシャブワとカネー、あるいはザファールとムハー(ムーザ)に至った。一方、六世紀以後に発達した新しい南北ルートは、ナジュラーンからサァダとサヌアーを経て直接アデンに達した。

　では六世紀以後になって、シリア海岸からサラート山脈の山間部を縫って、ヒジャーズ地方を経由、イエメン地方に出る新しいアラビア半島西岸ルートが急激に成立し、しかもこのルートのほぼ中間に位置するキャラバン中継地のメッカが七世紀前半に開始したイスラム化運動の原点となったのは、何故であろうか。

まず、アラビア半島西岸ルートについて考えてみよう。すでに第一章第二節で説明したように、アラビア半島の南側から西側と北側を縁どるように、火山性の高山地帯サラート山脈が連なり、とくにアシール地方とイエメン地方はインド洋に卓越する夏季の南西モンスーンの影響を受けて高温多雨の気候となる。多様な自然生態条件をもつサラート山脈の山間部は、アラブ遊牧民たちの生活舞台であり、またオアシスやワーディーの周辺部、イエメンとアシールなどの山岳丘陵地は古くから開墾がおこなわれており、村落や農耕地が発達した。以上に加えて、地中海圏とインド洋圏との相異なる自然地理環境、生態条件、社会と文化を結ぶエジプト・紅海軸ネットワークの重要なルートがこのサラート山脈の山間部を縫って通過していることから、キャラバンの中継拠点としての都市や、インド洋の航海ルートに通じる交易港が成立・発達し、そこは外部世界からの多様な人びと・宗教・経済・文化が複雑に影響する交流の場となった。

シリアやエジプトなどの地中海海岸の諸都市とインド洋に面したイエメンのバーバルマンデブ海峡周辺、ハドラマウト地方の交易港とを結びつける交通・運輸の主要なルートは、以上述べたサラート山脈の山間部を通る高原キャラバン・ルートの他に、紅海の海上ルートと、紅海に近い低地地方を経由するティハーマ・ルートの、二つがあった。これらのうち、ティハーマ・ルートはワーディーの氾濫によって複雑に起伏する砂漠や沼沢、高温多湿の亜熱帯地域であるために、大規模なキャラバンによる輸送には不都合であった。

一方、紅海の海上ルートは、遠方からの外部勢力の影響が及ぶ国際交流の要路として機能したが、様々な海上交通上の条件によって、その利用が極めて限定されていたことにも注目すべきであろう。とりわけインド洋と紅海とを結びつけるモンスーン航海の時期と風向が一致しないこと、またジッダより北側の海域には冬季のモンスーン(アズヤブと呼ばれ、紅海の南部海域では南東、または南の風)が全く及ばないことが主な理由で、インド洋で活動する貿易船がバーバルマンデブ海峡を通過して紅海の最奥部に位置するアカバ湾やスエズ湾の交易港に達することは難しかった。さらに、バーバルマンデブ海峡付近、ズカルやダフラクの諸島、ジッダより北側の海域にみられる浅瀬・岩礁、複雑な地方風・渦巻き・潮流、安全な寄港地が少ないことなどによって、海上交通と運輸の条件は極めて悪く、これらの海域は船乗りたちの間では海の難所として恐れられていた。多くの航海書・地理書や旅行者たちの記録にみられるように、世界の海洋のなかでも紅海の、とくにその北側の海域、シナイ半島の沿岸部は航海が難しく、熟練の航海案内人(rubbān)の案内による、視界のよい昼間だけの航海に限られていたといわれる。[24] 以上の理由によって、インド洋を横断してきた大型船は、南アラビアのラァス・ファルタク(岬)を目指して航海を続け、その後ハドラマウト地方の交易港シフルおよびライスートやイエメン地方のアデンに入港するのが慣例であった。それらの港で荷降ろしされた物品の一部は、平底の縫合船ジラーブに積み替えられて、バーバルマンデブ海峡を通過して紅海を北上航海し、また他の積み荷は、交易港の市場で取引されたあと、ラクダの背に積まれて高原キャラバン・ルートを北上し、ヒジャーズ、シリア、エジプトの諸都市に向けて運ばれた。イエメン地方の代表的交易港アデンは、『エリュトゥラー海案内記』には「エウダイモーン・アラビア(幸福のアラビア)」、プリニウスには「富んで幸福なアラビア」、またプトレミーには「アラビアの商業地」などの名でみえることからも明らかなように、インド洋・紅海・内陸のキャラバン・ルートを結びつける中継交易港として隆盛したのである。(25)

以上のような交通・運輸の上からみた立地条件によって、高原キャラバン・ルートが地方的、並びに国際的ネットワークの一部に関わる重要な役割を果たすようになったことは明らかである。なお六世紀においては、高原キャラバン・ルートが通過するアラビア半島西岸地域は、ビザンツ帝国・サーサーン朝ペルシャ帝国・アクサム王国の三大勢力のいずれの勢力からもある程度の地理的距離を隔てた辺境であり、従って力の真空地帯であった点も忘れてはならない。つまりアラビア半島における国際的政治・経済関係の重要な焦点は、バーバルマンデブ海峡の周辺部とイエメン地方にあって、外部からの勢力はいずれも主に海上ルートを通じて直接的接近を競っていたのである。

アラビア半島西岸を南北に貫く高原キャラバン・ルートのほぼ中央部に位置したキャラバン運輸の要地がメッカであった。そこは、ヒジャーズ地方の不毛な火山性砂礫丘陵を縫って複雑に交差するワーディーの谷間(baṭn)に位置しており、紀元後一五〇年頃のプトレミーの地図には、メッカにあたる場所にマコラバ(Macoraba)の地名が記されている。マコラバを古代南アラビア語のマクラバ(「聖地」の意)の転化であると解釈することが正しいとするならば、すでに二世紀の半ば以前から、そこは聖地として、また文化・情報の交流接点として、特別の地位を占めていたものと考えられる。

十世紀後半の地理学者ムカッダシーが説明しているように、メッカの居住環境は「息の止まるような暑さと命を失うほどの[熱]風、雲のように群がる蝿のいる」(26)不健康な場所で、その周辺の山岳地帯やワーディーには農耕地はほとんどなかった。メッカの歴史・地誌に関する多くのアラビア語史料がひとしく記録しているように、この地方の降雨は極めて稀であり、ときに山岳地に降った雨が洪水《スュール》となって谷間のメッカを襲い、カーバ神殿、ザムザムの聖泉、大モスクは水びたしとなり、その後には必ず疫病が蔓延した。メッカだけに限らず、ヒジャーズ地方の多くの都市はつねに飢餓と食糧不足に悩まされ、ターイフ・メディナ・ハイバル・タイマーなどのローカル市場からナツメヤシの実・野菜・大麦・もろこし・油脂などの食糧が一部供給されるほかは、すべてを遠方の諸地域、例えばナジドとヤマーマの高原、イエメン、シリア、イラク、エジプトや紅海を渡った対岸のエリトリアやエチオピア方面から輸入する必要があった。(27)このようにイスラム時代以後のメッカを含むヒジャーズ地方の諸都市の文化的・経済的な発展は、エジプト・シリアおよびイラクの肥沃な農耕地帯や都市との結びつきの拡大を必須の条件としたのである。

メッカの交通・運輸と貿易活動の上での位置は、上述の南北を結ぶ高原キャラバン・ルートの中央部にあっただけでなく、東に向かえばナフード砂漠とナジド高原を越えてアフサー・バフライン地方、ユーフラテス川下流のメソポタミア地方へ通じていた。またメッカは、イスラム時代以前にシュアイバ、その初期にはジャールやジッダなどの外港をもって、紅海ルートによって対岸のアフリカ側のバーディウやアドゥレーなどの交易港と交流関係をもっていたので、生活必需の食料品のほかに、奴隷・金・エメラルド・象牙・皮革・芳香樹脂類や薬物などのアフリカの特産品を、紅海ルートによってメッカの市場に集めることができた。メッカの外港は、イエメンやインド洋の諸地域から来航する大型の貿易船と紅海の北海域で活動する平底のジルバ（ジラーブ）船とが積み荷を交換する中継港としても、重要な役割を果した。このようにメッカは、アラビア半島をめぐる交流上の十字に交差する要地に位置し、またとくにヒジャーズ地方の重要な聖地《ハラム》として、ウカーズ、バドル、マジャンナ、ズー・アル＝マジャーズなどのスークと結びついた巡礼ネットワークのセンターであったのである。

五世紀末、クサイィに率いられてメッカを征服したクライシュ族は、以上のような地理的位置と歴史的事情を最大限に利用して、さらに国際政局と経済状況の葛藤するなかで商業に好都合な中立を守り、周辺の諸部族との同盟関係（ḥilf, ʻahd）を結んで、ひたすら仲介貿易による富の蓄積に徹する道を歩んでいった。なおクライシュ族の起源と彼らのメッカ定住以前の状況については、史料面から十分に解明することが難しい。『ムハンマド伝』の著者イブン・ヒシャームによると、彼らはキナーナという大部族（qabīlat Banī Kināna）から分かれた一氏族（qawm）であって、メッカの東側周辺の荒地にテントを分散して、家畜群を追う遊牧生活を送っていたという[28]。また彼らの一部は、メッカ定住の以前から、ヒジャーズ地方を中心とするキャラバン貿易をおこなっていたようである。五世紀末の頃、クライシュの族長にクサイィが出るに及んで、聖地メッカの管理・支配権をファーザ族とバクル族から奪って、そこに定住するようになった。なおこの時、クライシュ族のすべてがメッカに移って、定住生活を送るようになったのではなく、おそらく彼らの一部は、牧地にとどまって遊牧生活を続け、それまでの部族組織・慣習・秩序を守ったのであろう。そして遊牧のクライシュ族は、メッカに定住し、部族意識や社会的規律を変質しつつあった定着のクライシュ族と様々な交流関係を維持していた。

メッカ定住後のクサイィがおこなった諸政策をみると、クライシュ族が都市化し、仲介商業に向けて進出していった過程が十分に理解される。まず、クサイィは近隣地域に住む諸部族によって崇拝されていた偶像や精霊崇拝の対象物をメッカのカーバ神殿に集めることによって、メッカをヒジャーズ地方の中心的な聖地とした。つまりメッカを聖地として認める人びと(al-dhādat al-muḥrimūn)からそれぞれの部族神を預かり、これをカーバ神殿に一括して保管・管理することは、他ならぬクライシュ族が彼らに対して宗教的・政治的指導権を獲得することを意味したのである。メッカを共通の聖地として認め、これを守っていこうとするイデアは、フムス(ḥums)と呼ばれ、そのイデアが通用する範囲がダール・アル＝フムス(dār al-ḥums)であって、いわばカーバの神々を通して結ばれた精神的・社会的連合体であったといい得る。このダール・アル＝フムスを密接に関連づけている具体的行動が巡礼(ḥajj)であって、クサイィは一年のうちの聖なる巡礼祭日(mawsim al

-ḥajj)に、人びとがカーバ神殿に納められた神々を安全に礼拝できるように、巡礼ルートと水場の確保、メッカにおける滞在の自由と安全、食糧と飲料水の提供などの諸問題を解決するよう積極的な努力をしたのである。

このようにして聖地としてのメッカの地位が高まり、より多くの部族が聖殿カーバに偶像を安置し、従ってダール・アル＝フムスの範囲もまた拡大していった。メッカは、祭礼日に集まる巡礼者その他の人びとによってもたらされる物品の地方的交換市場として賑わっていたが、やがてそこが国際商業に関わる重要な転換が起った。それは、ヒジュラ暦元年(西暦六二二年)からおよそ百年前の六世紀前半、預言者ムハンマドの曾祖父にあたるハーシム・イブン・アブド・マナーフ(アブド・マナーフの子ハーシム Hāshim ibn 'Abd Manāf)の活躍した時代であった。

イブン・ハビーブは、その著書『クライシュ族の情報に関する高雅な書』のなかで、クライシュは、もともと商人であった。しかし彼らの商売はメッカの範囲を越えず、ただ外国人たち(イラン人たち al-A'ājim)が彼らのもとに商品を運んでくると、それを購入して、彼らの間で売却し、また周辺のアラブ族から商品を買い上げるものであった。そうした商売のやり方は、ハーシム・イブン・アブド・マナーフがシリアに出かけて、カイサル(Qayṣar 皇帝の意であるが、ここではビザンツ帝国の地方官)のところに滞在するまで続いていた。……ハーシムは、カイサルに向かっていった。〝王様よ。私にはアラブ商人の仲間たちがおります。もし、あなた様が彼らに［許可の］手紙を書いてお渡しになり、彼らの商売に安全契約をお与えになられるならば、きっと人も羨むほどのヒジャーズ産の皮革や衣服をもたらし、あなた様にお安くお売りするでありましょう。〟そこでカイサルは、ハーシムに通行上の安全契約《アマーン》の書状《キターブ》を書いた。ハーシムは、それを受け取ると、シリア・ルートに沿ったアラブ族の領域を通過するごとに、そこのアラブ長老たち(ashrāf)からイーラーフの契約をした。……ハーシムが死んだ後、アル＝ムッタリブ・イブン・アブド・マナーフがイエメンにいき、そこの王侯たち(mulūk)の仲介を通じてクライシュと商売をおこなうイエメン側商人との契約を結んだ。そして以前にハーシムがおこなったのと同じように、メッカまでの間で通過するアラブ諸部族とのイーラーフの契約をした。アル＝ムッタリブは、アブド・マナーフの長子であった。……アル＝ムッタリブはイエメンから戻る途中、イエメンのラドマーンで死去した。するとアブド・シャムス・イブン・アブド・マナーフがエチオピアの王のもとに出かけて、書状を受け取り、クライシュの商売相手との契約をした。そしてメッカに達するまでの途中のアラブ族とのイーラーフの契約をした。アブド・シャムスは、メッカで死去した。……今度はアブド・マナーフの末子のナウファル・イブン・アブド・マナーフがイラクにいき、クライシュ商人のために「サーサーン朝ペルシャ帝国の王」キスラー(ホスロー)から契約をとった[29]

と伝えている。この文中にみえる「イーラーフの契約」とは何か。イーラーフの用語は、『コーラン』にも、「クライシュのイーラーフを願うなら、冬の隊商、夏の隊商のイーラーフを願うなら、みんなこの家(聖殿カーバ)の主にお仕え申すがよい。もともと彼らに食を与えて飢えから救って下さった「お方」[30]と見えている。この文中の冬と夏の隊商とは、高原キャラバン・ルートを通過して、夏季にシリア地方に、冬季にイエメン地方のそれぞれの交易都市に向かう季節の大キャラバン貿易のことであって、そのキャラバン隊はメッカのクライシュ商人たちによって経営された。

イブン・ハビーブは、「イーラーフの伝承」のなかで、ハーシムはまずビザンツ帝国の地方官から獲得した許可証を利用して、シリアとメッカとの間に居住するアラブ諸部族の長老たちからクライシュ・キャラバンの通行安全を保障したイーラーフを得たこと、また「イーラーフとは、アラブ族の土地におけるクライシュ族の人びとの安全を約束したもので、ヒルフ(協約 ḥilf)とは異なるものである。つまり、クライシュの人びとがアラブ族のために商品を運び、その元手と利益分とをあわせて返済するという条件のもとに、クライシュの人びとの[運営するキャラバン隊の]通過を認めたものである」と述べている。[31]以上とほぼ同じ内容の説明は、ヤァクービーやイブン・サァドによってもおこなわれており、[32]これらの記録を総合すると、イーラーフの契約内容は以下の諸点であったと考えられる。

①キャラバン隊の安全通過の保障を得るために、そのルート沿いのアラブ諸部族と契約し、見返りとして彼らの商品を預かり、その代理販売をおこない、時には必要とする商品の購入を代行する。

②クライシュの経営するキャラバン隊に参加することを望むアラブ族には、一定の負担金(ダリーバ ḍarība またはザカート zakāt と呼ばれた)と安全・防衛のための分担金を支払うことで、

その参加を認める。

③商業拠点(matjar, wajh)での滞在、身の安全、商品の持ち込み・貯蔵などを許可し、保障する契約をする。

これらの内容は、すなわち交通・運輸、滞在と商品の販売を安全・無事におこなうために必要な総合的安全契約であって、相互和平(amān, ṣurḥ,)・防衛協約('ahd)・同盟(ḥibr)・保護契約(ḥimāya)や隣人相互契約(jiwār)などと一部重複しながらも、キャラバン隊の往来と目的地における商売を保障するために不可欠な保障契約を含んでいる点で注目される。なお、このイーラーフに類似した商業契約は、二・三世紀に活躍したパルミラ商人のキャラバン経営にすでにみられる。

イーラーフによって、クライシュ族の商業ネットワークは、シリアのブスラー、ダイル・アイユーブ、ガッザ、サルカー、イエメンのラドマーン、ズファール、イラクのサムマーン、ヒーラ、またエチオピアのナジャーシー王の都(アクサム)などの商業拠点《マトジャル》(matjar, matjar al-wajh)を結んで展開し、このネットワークを利用した国際的キャラバン運輸と中継貿易をおこなうことで、彼らの富財を蓄積していったのである。彼らの取り扱った交易品は、エジプトやシリアの市場からもたらされる油脂・乾ブドウ・酒類・穀物・武器・金属加工品類・衣料品、その見返りの中継品としてラクダ・馬・ろば・乳製品・皮革類・織物、エチオピア産の金・奴隷・皮革・象牙、イエメンやハドラマウト地方からの芳香・樹脂類、明礬・紅玉宝石など極めて多品目にわたっていた。

とくにクライシュ商業の中心は、年に二回実施される「季節の大キャラバン(qāfilat al-mawsim)」、すなわち夏季のシリア方面と冬季のイエメン方面の市場に向かうキャラバン運営と商業活動であった。ほぼ十二月から三月の冬季には、北東モンスーンを利用して、インドや東南アジア方面からの貿易船がイエメンとハドラマウトの交易港に到着した。その船に積載された商品の一部は、それら地方の交易市場で取引されたので、クライシュ族の冬季キャラバンは、そこで商品を購入し、高原キャラバン・ルートを経由、シリア・エジプト方面に運んだ。一方、シリア・パレスティナ海岸の交易港には、多くの貿易船が夏季の西風を利用して、地中海の周辺諸地域から集まってきた。クライシュ族の夏季キャラバンは、そこに運ばれてきた商品を購入することで、今度は高原キャラバン・ルートを南下してイエメン方面に向かったのである。このようにクライシュ商人たちによって経営された季節の大キャラバン隊は、インド洋圏と地中海圏との文明系と自然生態系の相違を基本として、国際間で展開する交通運輸と貿易上のシステムに従って運営されていたのである。

では、クライシュ商人たちは、どのようにして国際的商業活動をおこなう資本を集め、どのような商業形態をもって運営されていたのであろうか。すでに述べたように、クライシュ商人たちは、クサイィの時代にはヒジャーズ地方に限られたローカル貿易をおこなっていた。そして彼らの国際市場への進出は、ハーシムのときに初めて達成された。彼による商業経営の原則は、家族や仲間同志の協同による資本の蓄積(muḍāraba, sharika)と利潤の公平分配であった。この原則に基づいて、クライシュ族のすべての人びとは、女性も含めて積極的にキャラバン運営と商売に関わった。彼らは、つねに旅の安全と商売の成功を聖殿カーバの神々に祈りながら、商権の拡大と資本の蓄積に努めた。そして遊牧時代からの伝統を受け継いだ氏族会議(majlis)や氏族代表者会議(mala')の決定に従って、キャラバンの運営や商売が実行された。P・H・ランマンの説明に従うならば、預言者ムハンマドが誕生した五七〇年頃のメッカは、「商業共和国」と呼び得るような組織体をもち、シリア・エジプト・イエメンやエチオピアなどにある商業拠点とも緊密な情報を保っていたのである。(33)

クライシュ商業の国際的進出とそれにともなうメッカの急激な都市化、彼らのシリア・エジプト・イエメンなどの先進文明・社会との接触、そして商業利潤の追及だけを人生の目標と考える利己的な風潮の高まりは、その当然の結果として伝統的な社会倫理や道徳の頽廃、とくに遊牧社会の中心となった長老制の崩壊と貧富の著しい格差を生じさせた。このような急激な都市化と経済発展にともなう社会的矛盾を孕んだ中継キャラバン都市メッカに、預言者ムハンマドの教説が新しく誕生することとなるのである。

(1) A. Christensen, *L'Iran sous les Sassanides*, Copenhagen and Paris, 1944.
(2) D. Whitehouse, 'Excavation at Siraf : First Interim Report', *Iran*, vol. 6 (1968), pp. 1-22 ; D. Whitehouse & A. Williamson, 'Sassanian Maritime Trade', *Iran*, vol. 11 (1973), pp. 29-49.
(3) R. Ghirshman, *Jazīrat Khārak*, Tehran, 1392.
(4) J. C. Wilkinson, *Water and Tribal Settlement in South-East Arabia*, Oxford, 1977, pp. 7-10, 122-123.

（5） Hādī Ḥasan, *A History of Persian Navigation*, London, 1928.
（6） D. Whitehouse & A. Williamson, *op. cit.*, pp. 33-35.
（7） al-Hamdānī, *Kitāb al-Jawharatayn al-'Atīqatayn al-Mā'i'atayn*,(ed. C. Toll, Uppsala, 1968), pp. 145-149.
（8） al-Ṭabarī, *Ta'rīkh al-Rusul wa'l-Mulūk* (ed. M. J. de Goeje, Annales, Lugduni Batavorum, 15 vols., 1885-89), Ser. 1, pp. 948-950 ; al-Mas'ūdī, *Murūj al-Dhahab* (ed. C. Pellat, 5 vols., Beirut, 1966-74), vol. 2 (1966), pp. 203-205.
（9） J. C, Wilkinson, *op. cit.*, pp. 122-123 ; P. M. Costa & J. C. Wilkinson, 'The Hinterland of Sohar', *The Journal of Omani Studies*, vol. 9 (1987), pp. 13-17, 223-226.
（10） al-Muqaddasī, *Aḥsan al-Taqāsīm fī Ma'rifat al-Aqālīm* (ed., M. J. de Goeje, Lugduni Batavorum, Leiden, 1967), pp. 30, 92, 96.
（11） Cosmas Indicopleustes, *The Christian Topography of Cosmas, An Egyptian Monk* (trans. J. W. McCrindle, London, 1897), pp. 363-370.
（12） Procopius, *Wars* I, p. 20. cf. D. Whitehouse & A. Williamson, *op. cit.*, p. 44.
（13） Muḥammad b. Ḥabīb, *Kitāb Munammaq fī Akhbār al-Quraysh* (ed. Khūrshīd Aḥmad Fāriq, Hyderabad-Deccan, 1964), pp. 175-181.
（14） 後述九九－一〇〇ページ参照。
（15） Procopius, *op. cit.*, p. 20.
（16） Cosmas Indicopleustes, *op. cit.*, pp. 363-370.
（17） *The Periplus Maris Erythraei* (text translation and commentary, L. Casson, Princeton U. P., 1989), pp.

55, 61, 63, 67, 71, 73, 85, 87 ; Cosmas Indicopleustes, *op. cit.*, pp. 38-39, 65-66, 120.

(18) *The Periplus Maris Erythraei.*, *op. cit.*, pp. 67, 69 ; Cosmas Indicopleustes, *op. cit.*, pp. 38, 51, 67.

(19) 聖域としてのハラム ḥaram とハウタ ḥawṭa については R. B. Serjeant, 'Ḥaram and Ḥawṭah, the Sacred Enclave in Arabia', in *Studies in Arabian History and Civilization* (Variorum Reprints, London, 1981), pp. 41-58 参照。

(20) Muḥammad b. Ḥabib al-Baghdādī, *Kitāb al-Muḥabbir*, (ed. Abū Sa'īd Ḥasan, Beirut), pp. 263-268 ; al-Ya'qūbī, *al-Ta'rīkh* (ed. M. Th. Houtsma, Lugduni Batavorum, 2 vols., 1969), vol. 1, pp. 313-315 ; al-Tawḥīdī, *Kitāb al-Amtā' wa'l-Ma'ānisat* (ed. Aḥmad Amīn, Beirut, 3 vols., 1953), vol. 1, pp. 83-85 ; al-Marzūqī, *Kitāb al-Azmat wa'l-Amkanat* (Sa'īd al-Afghānī, *Aswāq al-'Arab fī al-Jāhilīya wa'l-Islām*, Damascus, 1960 より引用), p. 221 ; al-Hamdānī, *Ṣifat Jazīrat al-'Arab* (ed. D. H. Müller, repr. Amsterdam, 1968), pp. 179-180.

(21) Muḥammad b. Ḥabīb, *op. cit.*, pp. 263-264.

(22) al-Ya'qūbī, *op. cit.*, p. 313.

(23) *Ibid.*, pp. 314-315.

(24) 拙稿「東西交渉よりみた紅海とバーバルマンデブ——とくに十五世紀前半の情勢を中心としての考察——」『アラビア研究論叢——民族と文化——』日本サウディアラビア・クウェイト協会、一九七六年、二二七—二二九ページ参照。

(25) *The Periplus Maris Erythraei*, *op. cit.*, pp. 158-159.

(26) al-Muqaddasī, *op. cit.*, p. 95.

(27) F. Mcgraw Donner, 'Mecca's Food Supplies and Muhammad's Boycott', *JESHO* (*Journal of the*

Economic and Social History of the Orient), vol. 20(1977), pp. 249-266.

(28) Ibn Hishām, *Sīrat al-Nabī*(ed. Ṭāhā ‘Abd al-Ra’ūf Sa‘d, Cairo, 2 vols., 1973-74), vol. 1(1973), pp. 108-117.

(29) Muḥammad b. Ḥabīb, *Kitāb Munammaq*., pp. 31-36.

(30) 訳文は、『コーラン』井筒俊彦訳、岩波文庫(改訳)、一九六四年によった。以下、本書における『コーラン』の引用は、すべてこの井筒訳である。

(31) Muḥammad b. Ḥabīb, *Kitāb Munammaq*., p. 33.

(32) Ya‘qūbī, vol. 1, *op. cit*., pp. 280-284 ; Ibn Sa‘d, *al-Ṭabaqāt al-Kubrā*(ed. Iḥsān ‘Abbās, Beirut, 8 vols.), vol. 1, pp. 75-88 ; *Encyclopaedia of Islam*(New Ed.), vol. 3, p. 1093(ĪLĀF)参照。

(33) P. H. Lammens, ‘La Mecque à la veille de l’hégire’, *Mélanges de l’Université St.-Joseph de Beyrouth*, tome 9, fasc. 3(1924), pp. 99-439.

第二章　アラブ・ムスリム軍による大征服運動と新しいネットワークの形成

一　問題の所在

本章では、預言者ムハンマドのクライシュ商業に対する態度、アラブ・ムスリム軍によって引き起こされた大征服運動の社会的・経済的要因、そして大征服によって形成されたアラブ・イスラム帝国(the Arab empire)をめぐるネットワーク構造、交通・運輸の手段と物資の交換関係における変化の諸相などについて明らかにする。ここでは、アラブ大征服の歴史的過程の具体的な叙述を目的としているのではなく、「征服運動」をまず何よりも共同体的連帯の再編を促すための移動運動であるとみる立場に立って、「人間移動」のもつ意味と、そのもたらす結果について、総合的に考えてみたい。移動をめぐる様々な問題の解明は、イスラム世界のもっている基本的性格を理解する上での、不可欠な研究課題といえよう。

イスラム信仰によって規律を与えられたアラブ・ムスリム軍による大征服運動は、モンゴル族やその他の遊牧諸部族による移動・征服と国家形成の過程とは根本的に異なっていた。それ故に移動によって成立したウマイア朝時代のアラブ・イスラム帝国は政治的・社会的な対立と危機に遭遇しながらも、それらの困難を乗り越えてアッバース朝時代に受け継がれ、イスラム世界としての文化的・経済的結合体を形成するに至ったのである。

すでにウマイア朝のカリフ＝アブド・アル＝マリク（在位六八五―七〇五年）の治世代に、アラブ・イスラム帝国の軍事的・政治的版図は最大限に拡大し、東側はインダス川に沿ったシンド地方、北側は中央アジアのマーワランナフル地方に、西側は北アフリカのマグリブ地方からイベリア半島のアンダルス地方とピレネー山脈の南にまたがる広大な地理的領域を一つの政権下に収めるようになった。これらの東西の境域《スグール》地帯は、単にダール・アル＝イスラーム（Dār al-Islām「イスラムの家」を意味し、イスラム法の支配する世界のこと）とダール・アル＝ハルブ（Dār al-Ḥarb「戦争の家」の意味で、異教徒の法の支配する世界のこと）とを区切る軍事的・政治的・宗教的対立の場とか辺境とかではなく、異なる自然生態系や異文化・経済の交流する接点として重要な機能を果たした。その境域地帯から中心部に向かって異なる文化・社会集団・情報や物品が頻繁に流れ込んでくることによって、アラブ・イスラム帝国全体が一つの歴史的世界として形成・展開し、やがてアッバース朝時代になってイスラム世界の成立が促されることとなった。

そこで本章の第四節（「アラブ・イスラム帝国の境域地帯」）では、アラブ・イスラム帝国の境域地帯となった、①ビザンツ帝国と北シリア、②シル川流域のマーワランナフル地方、③インダス川流域のシンド地方、④アンダルス地方、の四つの地域に注目し、それらの境域としての性格について分析する。

アラブ・ムスリム軍による大征服運動は、明らかに地中海世界をめぐる交流構造に大きな変化をもたらした。シリア・パレスティナ海岸からエジプト・マグリブ・アンダルスの諸地方に及ぶ地中海の東・南・西の三方面がアラブ・イスラム帝国の軍事的・政治的な勢力下に置かれたことは、地中海の、とくにその東方海域にいかなる構造変化をもたらしたのであろうか。

ここで、ピレンヌ・テーゼをめぐる問題を取り上げ、そのイスラム史研究の立場からの再検討が必要になってくる。周知のとおりH・ピレンヌは、メーロヴィンガ朝フランク王国の末期まではローマ帝国の時代から継続してきた地中海を舞台とする広範な国際貿易が存在していたが、その後、アラビア人の地中海への侵入(Arabergefahr)という外側からの衝撃によってその貿易関係が断絶し、その結果としてカーロリンガ朝時代における商業・交易の停滞と農業生産を中心とする中世ヨーロッパの誕生を促した、と説いた[1]。この問題に関連して、とくに重視すべき点は、七世紀の半ば以後、エジプト産の小麦が、紅海を経由してヒジャーズ地方の聖地メッカとメディナに輸送されるようになったことである。ローマ帝国以来の広範な地中海を舞台とする国際貿易のネットワークは、その沿岸部のエジプト・シリア・チュニジアにある穀倉地帯において生産される穀物(小麦・大麦)・オリーブ・ナツメヤシの実とその加工品類を中心とする「重量もの商品」の流通と海上輸送を基盤として成立していたが、アラブ・ムスリム軍による大征服運動の結果として、これらの地中海

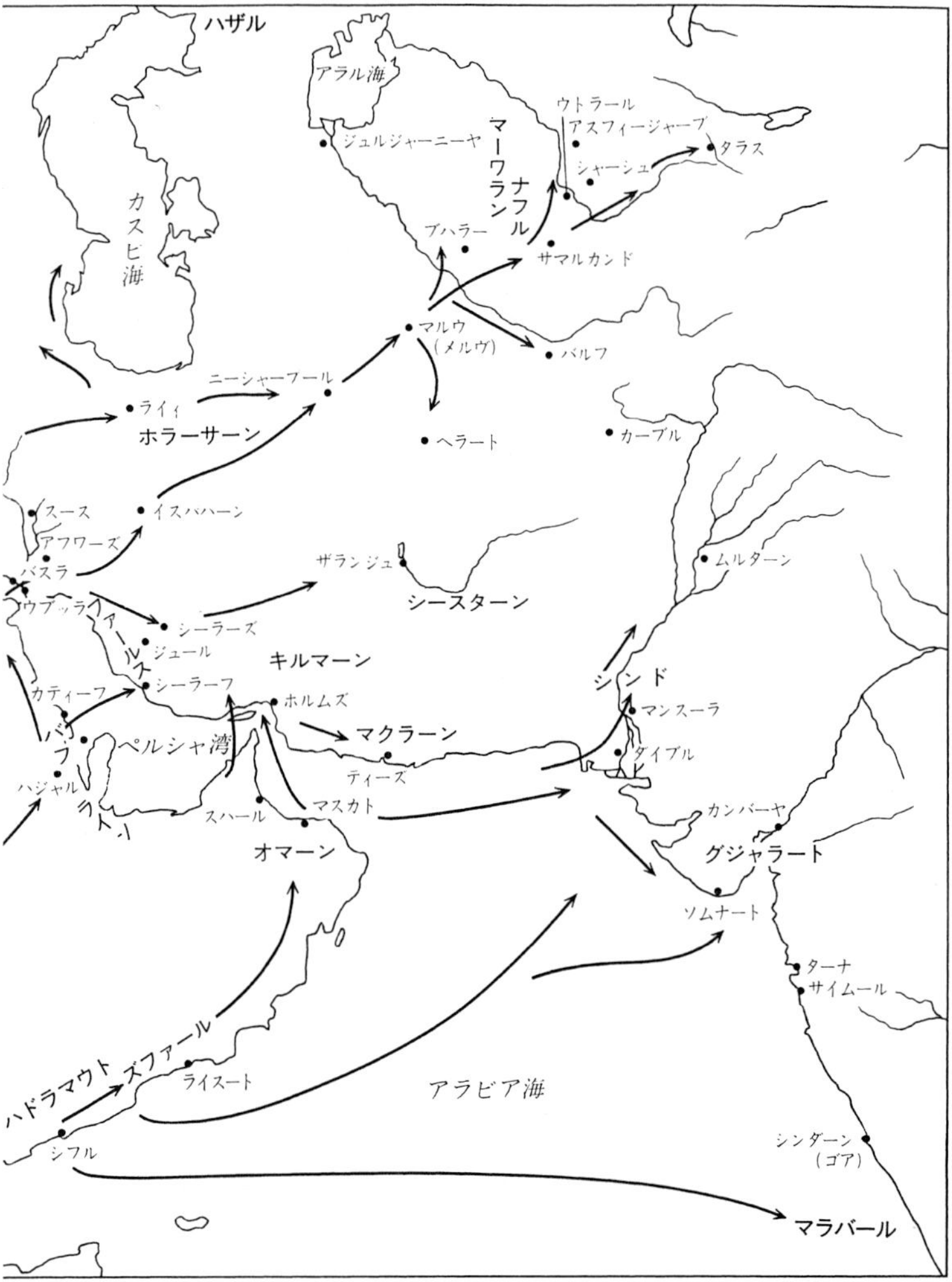
ハザル
アラル海
ジュルジャーニーヤ
マーワランナフル
ウトラール
アスフィージャーブ
タラス
シャーシュ
カスピ海
ブハラー
サマルカンド
マルウ
(メルヴ)
バルフ
ニーシャーフール
ライィ
ホラーサーン
ヘラート
カーブル
スース
イスパハーン
アフワーズ
バスラ
ウブッラ
ザランジュ
シースターン
ムルターン
ファールス
シーラーズ
ジュール
キルマーン
シンド
カティーフ
シーラーフ
ホルムズ
マンスーラ
バフライン
ペルシャ湾
マクラーン
ダイブル
ハジャル
ティーズ
スハール
マスカト
カンバーヤ
オマーン
グジャラート
ソムナート
ターナ
サイムール
ハドラマウト
ズファール
ライスート
アラビア海
シフル
シンダーン
(ゴア)
マラバール

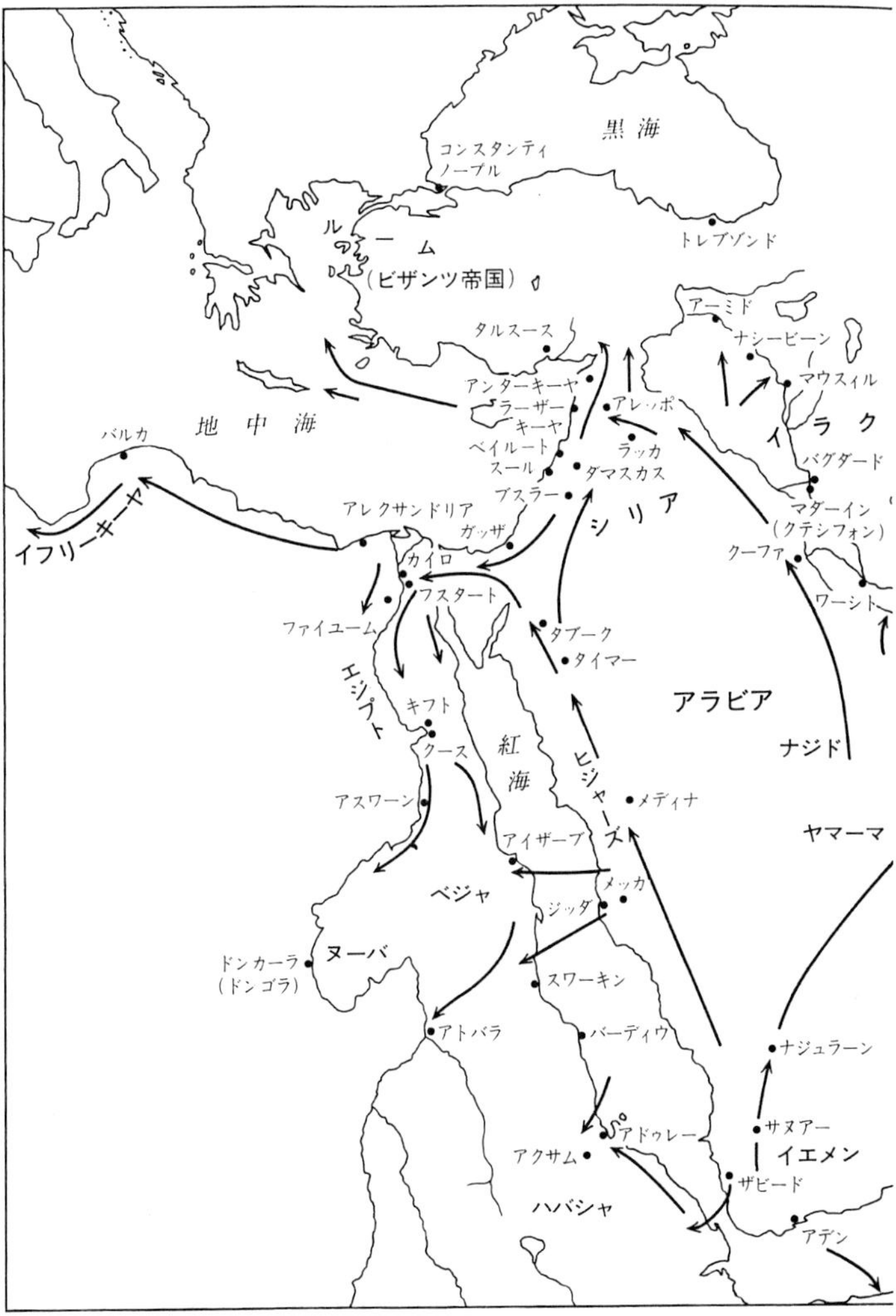

図4 アラビア半島およびその周辺のアラブ系諸部族の移動(4,5-11世紀)

沿岸部の主要農耕地帯がすべてアラブ・ムスリム側の勢力下に入り、地中海の、とくにその東部地中海における海上運輸と貿易関係に根本的変容をもたらしたと考えられる。

ビザンツ帝国は、東地中海におけるアレクサンドリア・アッカー・スール・タラーブルス・アルワード島・キプロス島・ロードス島などの重要拠点をつぎつぎに失ったが、九世紀前半においてもパレスティナ海岸やナイル・デルタの諸都市を襲撃して、ムスリム側に脅威を与えていた。従って七・八世紀において、アラブ・イスラム帝国と西ヨーロッパのフランク王国との間を隔てていた地中海における大きな軍事的・経済的障碍は、ビザンツ帝国であったと考えられる。

アラブ・ムスリム軍による征服・移動活動が進行する過程で、軍事的・政治的活動の中心は、聖地メッカ・メディナからシリア地方のダマスカスに移り、ウマイア朝カリフ政権が成立した。では、なぜシリアのダマスカスが新しい政権の中心となったのであろうか。またウマイア朝カリフ政権の政治的意図が失敗に終わり、アッバース朝革命を経て、イラクを中心とするイスラム世界の成立へと時代が展開していったのは、いかなる事情によるものであろうか。この問題に関連して、まずシリア地方が国際商業ネットワーク構造の上で占めている位置と役割を明らかにしなければならない。

二　クライシュ商業の崩壊とムハンマドの勝利

預言者ムハンマドが新しく説いたイスラム理念は、クライシュ族のメッカ定住と商業社会の発展にともなう、遊牧時代の部族慣習と血縁原理の崩壊、個人主義の台頭、経済格差の拡大、社会道徳の喪失などの傾向を是正して、新しい都市的理念による理想社会(ウンマ・ムハンマディーヤ ummat muhammadiya)を確立することにあった。その新しい都市理念は、クライシュ族の遊牧時代の部族的伝統の復活を望むものではなく、また地中海世界に古くから発達した古典的な都市共同体理念でもなかった。

ムハンマドは、経済基盤としての商業の重要性については十分に認識していたので、クライシュ族の商業活動を全面的に否定しようとするのではなく、商業が規律と正当性をもっておこなわれるという前提のもとでは、これを奨励したのである。彼自身も若い頃から商人として活躍していたので、メッカ都市の繁栄の生命が、人びとの国際商業への積極的な参加にあり、もしその活動が停止すれば日々の食糧さえも自給できないメッカ都市の特殊事情を、十分に認識していたことは明らかである。

『コーラン』の章句にみる啓示の内容を分析することによって、ムハンマドのクライシュ商業に対する態度は、つぎの三つの段階にわたって変化していったことが分かる。

㈠　警告の時代

初期のメッカおよびメディナ啓示にみられるもので、この時期のムハンマドは、量目・利息・契約などの不正行為や金持ちの利己的な態度を戒め、また孤児に対する救済を説く。例えば、『コーラン』第四章第六節から第八節において、「金持ならば欲を慎め。貧乏者なら適度に使え。そして[預かっていた］財産を相手に渡す時には、正式に証人を立てよ。やがて、アッラーがおひとりで全てを清算し給う」とある。第六章第一五三節には、「孤児の財産［の保管者になった場合］は、その子が成年に達するまで決してそれに手を出してはいかん。もっとも改善してやるためならよいが。また［取引の際は］枡目や目方は公平にはかること。我らは、誰にも無理な重荷を負わせたりはしない。それから、何か意見を吐く時には、たとえ相手が近い縁者であっても、必ず公平な態度をとるようにせよ。またアッラーとの契約は必ず果たすよう。さ、これがお前たちに対するアッラーの御命令。これもみなお前たちに反省させてやろうとしてし給うこと」とある。さらに、第七章第八三節でもほぼ同様に、シュアイブの言を引用して、「これからは量目や目方をごまかしたりせず、また人の財産を損じたりすることのないよう」と、商業の不正行為を戒めている。とくにムハンマドは、当時のクライシュ商業が富裕者たちだけのヒルフ（協約）によって独占的に経営されていたことに強く自制を求め、ハーシムの時代の商業の原点に戻ることを説いている。そこには、こうした状況に何らかの修正がなされなければ、ヒジャーズ地方を中心に、フムス規範とイーラーフ（いずれも前述）によって維持されていたクライシュ・キャラバンの運輸と中継貿易のシステムが全面的に崩壊するであろうとの深い危惧があった。富裕者のなかには、ウスマーン・イブン・アッファーンのように、ムハンマドのこの警告に耳を傾ける者もいたが、大部分のクライシュの人びとの反応は冷たかった。そして、彼と教団への迫害が始まった。

(二)　クライシュ商業に対する拒否の時代

メッカを脱出して、メディナに移ったムハンマドが、メッカのクライシュ商人たちと激しく対立し抗争した時期である。この時期のムハンマドは、商業そのものが精神生活のうえで障害になることを強く説いている。第二七章第三七節に、「〃とっとと持ち還れ。我らは抗うすべもない大軍をもって彼らに攻め寄せ、彼らを打ちのめし、惨澹たる有様にして［邑《むら》から］叩き出してくれよう〃と言った」とあって、暗にクライシュ族の商業キャラバンを攻撃して、メッカに経済的な脅威を与える必要性を説いている。

メディナの自然地理・生態系および社会的条件は、メッカのそれと大きく異なっていた。メッカとその周辺部では農業生産はほとんどなく、つねに他の地域からの輸入に依存していたのに対して、メディナは比較的水量の豊かなオアシス地帯に位置しており、都市というよりは農園と畑地に囲まれたなかに集落や砦が点在した。とくにメディナの南側には、肥沃な耕地が広がって、いちじく・杏・桃・ぶどう・野菜などの他に、十二世紀以後になるとオレンジ・バナナ・レモンなどの、インド方面原産の果実が栽培されるようになっていた。そこの住民はナバート（ナバト）と呼ばれる農民が多く、さらに、おそらく紀元後三・四世紀以後に移住してきた、ユダヤ教徒のクライザとナディールと呼ばれる人びとであった。ユダヤ教徒は、農業灌漑・工芸・武器製造における秀れた技術をもって、メディナの農業開発と都市の産業発展に大きく寄与した。紀元後三・四世紀以後、ユダヤ教の人びとは、タイマー・ヒジュル・ハイバル・ファダク・メディナ・ターイフ・ナジュラーン・アデンなどの、アラビア半島西岸ルートに沿って点在するオアシス都市に定住し、彼らの共同体間に移動、情報交流、生産と物品の流通関係などのネットワークを張りめぐらしていった。このようにしてユダヤ教徒たちの移住によって成立したネットワークは、ナバテア系アラブ商人たちの活動が後退した二世紀後半以後、徐々にシリアとイエメンとを結ぶ運輸と商業活動の上で重要な役割を果たすようになったものと考えられる。そして六世紀に入って、メッカを中心とするクライシュ族の新しい商業ネットワークが成立したことが、必然的にメディナを軸心とする既存のユダヤ教徒たちの商業ネットワークとの間に対立と抗争を生じさせたことは当然であった。メディナ社会を構成したもう一つの特徴は、南イエメン・アラブ出身のハズラジュ族やアウス族がここに移り住んで、ユダヤ系支配層(mulūk)の統治・管理下に置かれていたことである。このように六世紀のメディナは、農民・都市商業民・遊牧民などの異なる生業形態、様々な人種・宗教・文化を含む多重・多層の複合社会であった。こうした社会的・経済的環境のなかに、ムハンマドは新しく迎えられたのである。ユダヤ教徒たちがムハンマドを迎えた狙いは、彼の商業的手腕と、統率者としての秀れた能力を利用して、メッカを中心とするクライシュ族の商業ネットワークに打撃を与え、メディナを中心とする運輸と貿易の支配権を強化することにあったと考えられる。ムハンマドは、すでにメッカ商業のなかで豊富な経験と秀れた才覚を発揮しており、彼の商業的手腕はアミーン(amin「信頼のおける者」の意)と呼ばれて、クライシュ商業において重要な役割を果たしていたのである。

メディナに移住したムハンマドは、そこの住民に対して彼の宗教的な主張を強制することなく、専ら穏健な指導者、調停・仲介者の地位にとどまった。しかし、やがてムハンマドは、ユダヤ教徒の支配者たち(ムルーク)との間に決定的な軋轢を生じ、メディナ社会から彼らを排除しようとする積極的な行動に出た。おそらくムハンマドには、ユダヤ教徒たちが望むようなクライシュ商業の破壊によって、メディナを中心とする独占的な商業ネットワークをつくろうとする意図はなかったものと思われる。すなわち彼の目標は、メッカ社会の現状を改革して、ハーシムの時代の理想——資本の公平分配、貧者・弱者への救済、協同の原則——に近づけることにあった。『コーラン』の初期メディナ啓示、第六二章第九節と十節に、「これ、お前たち信徒のもの、集会の日(金曜日)の礼拝に人々を呼ぶ喚び声が聞こえたら、急いでアッラーのお勤めに赴き、商売なぞ放っておけよ。その方が身のためにもなる。と言うても、お前たちにはよくわからないかも知れないが。礼拝が終了したら、方々に散って、今度は大いにアッラーのお恵みを求める(商売に打ちこむ)がよい。但し、繰り返し繰り返しアッラーを念ずることだけは忘れぬよう。そうすれば必ず商売繁昌しよう」と述べて、ここでも商売そのものを禁止するのではなく、イスラムの教えを守り、金曜日の礼拝の勤めを果たす者には、神の恩寵によって商売がうまくゆくことを説いている。また、クライシュ商業を破壊すれば、ムハンマドと一緒にメディナに移住したムスリムたちにもその経済的影響が及ぶであろうと心配する人びとには、つぎのような忠告を与えている。「もし、お前たち、自分の親、子供、兄弟、妻、部族、それから自分が手に入れた財産、不景気になりはせぬかと心配な商売、気に入った住居——このようなものがアッラーや使徒や、また神の道での闘争よりもずっと大切に思われるようなら、よろしい、いずれアッラーの裁断が下るまで待ってみよ。アッラーは邪悪な人間は決して導いては下さらぬ。」

（第九章第二四節）

㈢　信仰と商売の共存を説いた時代

ムハンマドのメディナ時代最後と思われるメディナ啓示第二章第一九四節では、巡礼中であっても商売をおこない、儲けを得ることが許されることをつぎのように説明している。「汝らが神様にお恵みをおねだりするのは罪ではない。だがアラファートからみんなでどっとやって来て、聖なる立場《たてば》（カーバ神殿）まで来たらそこでアッラーを念ずるのじゃ。かつて迷妄の道を彷徨していた汝らを正しきに導き給うたことを思って」とある。また第二章第二七六節から第二八三節では、利息取《リバー》得の禁止、貸借関係を結ぶ場合の契約証文、証人や担保品預りなど、実際の商売のやり方と公正な取引をおこなうために必要な指示が詳細に述べられている。「アッラーは商売はお許しになった、だが利息取りは禁じ給うた。」「これ、信徒の者、お互い同士、一定の期限つきで貸借関係を結ぶ場合には、それを書面にしておくのだぞ。誰か書式を心得た者に双方の間に入って間違いのないように書いて貰うこと。」「だが若し旅先で、書き手もいない場合には担保品を取っておく方がよい。」

メッカとメディナから出た道がシリア街道と合流する交通の要地に、バドルという地点がある。そこは紅海からも近く、ジャーヒリーヤの時代にはスークの開催される場所として知られていた。六二四年、この地で、三百余人を率いたムハンマドの軍隊は、メッカ・クライシュ族のキャラバン隊を襲撃して、そのキャラバンを護衛した七百余の軍を破った。これがムハンマドによるメッカに対する本格的な戦闘行為の開始であって、その後、フダイビーヤの和平（六二八年）に至るまでの約四年間にわたって，クライシュ族の対シリア向けのキャラバン貿易は深刻な打撃を受けた。そこでクライシュ商人たちは，方向を転じて，エチオピアとイラクの貿易への転換に努力した。イラクとのイーラーフ関係は，ハーシムの時代，アブド・マナーフの末子のナウファルの努力によって，サーサーン朝ペルシャ帝国の王キスラー(ホスロー)との間で結ばれていた。しかしヒジャーズ地方からナジドとヤマーマの高原を越えて，下イラク地方に出るキャラバン・ルートは，途中の道路状況，旅の安全保障や市場の開発などの点で多くの難問があった。とくに，古くからラフム朝のヒーラ出身の商人たちがヒジャーズ地方にも進出して，影響力を及ぼしていた。しかしラフム朝勢力は六世紀後半には衰退して，アフサー・バフライン地方からナジド地方にかけての一帯は諸部族の対立する不安定な浮動状態にあって，交通状況は混乱していた。しかも，クライシュ商人たちは，イラクの交通事情については不案内であったと思われる。こうした事情について，歴史家ワーキディーはその著書『預言者の軍事遠征の書(Kitāb al-Maghāzī)』のなかで，つぎのような記録を残している。

クライシュ族は，神の使徒(ムハンマド)と彼の仲間たち[の攻撃]を恐れて，心配しながらもシリア・ルートを往来していた。彼らは，商人集団であった。従って，[メッカ大商人の一人の]サフワーン・イブン・ウマイア(Ṣafwān b. Umayya)は，語った。〃そもそもムハンマドと彼の仲間たちは，われわれの商売先き(matjar-nā)に損害を与えてきた。彼の仲間たちはしきりにシリア・パレスティナ海岸地方(al-sāḥil)に出かけており，一方そこの人びとも彼ら[の滞在]

を許可したので、ムハンマドと一緒にすでに彼らの多数が進出している。従って、私はあの連中にはどうしたらよいのだろうか。どのように対処してよいのか分からない。もしこのままの状態が続けば、このわれわれのところに居て財産を減らすだけだ。ただただわれわれは商売のために夏にシリアに、冬にエチオピアの地に出かけること[でしか生きる道はないの]だ。〃すると、アスワド・イブン・アル＝ムッタリブ(al-Aswad b. al-Muṭṭalib)は、彼にいった。〃それならば、シリア・パレスティナ海岸から他に方向を変え、イラク・ルートをとりなさい。〃サフワーンは〃イラク・ルートについては、私は知らない〃と反論すると、アブー・ザムア(Abū Zam'a)は〃よろしければ、そのルートを通るある盲目の案内人の情報に従って、私があなたを案内しましょう〃と答えた。(2)

さて、エチオピア方面とのイーラーフ関係は、すでにアブド・シャムスによって開かれ、奴隷・金・象牙や皮革などがメッカ市場に運ばれた。とくにエチオピア産の動物皮革は、メッカやターイフなどで鞣革《なめしがわ》加工されて、シリア方面に輸出された。またメッカ住民のなかには、エチオピアに移住して生活するものがいた。メッカの人びとは、ジャールやシュアイバなどの港から、おそらくアクサム系のエチオピア商人やビザンツ商人たちの所有する貿易船に便乗して紅海を往来していたと考えられる。ワーキディーには、「[ヒジュラ暦九年(西暦六三〇年)]メッカ地方の海岸、シュアイバの住民が船に乗ったエチオピアからの人たちを目撃した、との報告が神の使徒(ムハンマド)のもとに届いた。預言者は、それを知ると、アルカマ・イブン・ムジャッジズ・アル＝ムドリジー('Alqamat b. Mujazziz al-Mudliji)を三〇〇人と共に派遣した。そこでアルカマは、その海の島まで出かけ、彼らを攻撃した。その結果、彼らはその島から逃走した」[3]とある。つまり、ムハンマドは、メッカのクライシュ商人と交易関係をもっていたエチオピア船の入港を阻止することによって、メッカに経済的な打撃を与えようとしたのである。

このようにして、ムハンマドの率いるメディナ軍は、メッカを基軸として四方に通じる交通・運輸のルートとその拠点をつぎつぎに攻撃し、その結果としてクライシュ商業のネットワークは大きな打撃を受けた。これに対して、クライシュ商人たちは、アラブ遊牧民の支援を得てキャラバン隊を護衛する軍隊を編成することで反撃した。一方、ムハンマドはメッカとの戦闘の過程で、次第に強力な指導権を発揮してウンマ共同体の組織を固める一方、それまでメディナの社会と経済の運営に中心的な役割を演じていたユダヤ教徒たちの権威を排除していったのである。

六三〇年、ムハンマドはメッカを無血征服した。では、ムハンマドはメディナへの移住から九年、バドル戦からわずか六年のうちに、何故、メッカ征服という大事業を達成することができたのであろうか。すでに説明した事実によって明らかなように、ムハンマドはクライシュ商業の内情に通じた秀れた商人であり、またメッカ都市の経済的基盤の脆弱性についても十分に熟知していた。ムハンマドのクライシュ・キャラバンに対する奇襲攻撃は、彼らの商業活動を混乱に陥れ、とくに食糧供給を停止させたことで、メッカの生活基盤を根底から崩す危険性を孕んでいた。ここにムハンマドの戦略的な勝利があった。メッカの住民たちが日々消費する穀物や野菜類は、その近郊の農耕地では生産不可能であって、その一部をターイフおよびハイバル、ヤマーマやイエメンの諸地方、またエジプトやシリアなどの遠隔地からキャラバン隊によって輸入しなければならなかった。またメッカは、しばしば水不足に悩まされ、時にはジッダ方面からキャラバンで飲料水を補給することもあった。ヒジュラ暦前後のメッカの都市人口を推測することは、史料の上から困難であるが、六世紀後半以後の急激な人口増大によって、当然、それに見合う十分な食糧輸入が不可欠となったことは言うまでもない。ムハンマドは、とくにシリア・ルートを攻撃して、ガッザ、ブスラー、ダイル・アイユーブなどにあったクライシュ商人たちの商業拠点(matjar, wajh al-matjar)との交易関係を寸断しようとした。クライシュ商人たちの商業拠点は、具体的にどのような施設・規模と機能をもっていたのであろうか。文献史料の記述からは確認できないが、商業拠点はクライシュ商人たちが常駐する商業居留地ではなく、滞在と倉庫を兼ねた一般の宿泊施設であって、そこに滞在する間に彼らは市場で取引をおこなったものと推測される。従って、ユダヤ教徒たちや中央アジアのソグド系商人たちのように、キャラバン・ルートの拠点や貿易目的地に移住集落や都市内の居住区画をつくって、強固な人的・情報交流のネットワークを広げていくのとは異なっていた。つまりクライシュ商人たちは、メッカを軸心として、フムス規範とイーラーフの保障を得て遠隔地へのキャラバン・ネットワークを拡大したのであって、ネットワーク・センターとしてのメッカの吸引力の低下は、そのネットワーク全体の崩壊を意味した。

六世紀末から七世紀初めにかけて、クライシュ族の商業活動は、一部の富裕商人たちによる独占的な商業経営によって繁栄を続けていたが、すでにハーシム時代の社会理念は失われ、貧富の差がますます拡大し、また遊牧系諸部族との対立・抗争も高まっていた。ムハンマドのクライシュ富裕者たちに対する警告は、このような時期に強く発せられたのであった。やがて彼は自ら武力によってメッカの生命線であるシリアとイエメンを結ぶキャラバン・ルートを破壊し、クライシュ商業に対する決定的な打撃を加えた。ムハンマドは、メッカ征服の後、イスラム信仰によって規律を与えられた新しいネットワーク再建への大事業に着手したのである。

三　アラブ系諸集団の移住と地域形成

六三二年、預言者ムハンマド没後、アラブ・ムスリム軍はシリア・エジプト・イラクなどの古代オリエント世界の諸地方に大々的な征服運動を展開していった。彼らの移動・征服の本質および目的は何であったのだろうか。これをジャーヒリーヤ時代以前から繰り返されてきた南アラブ系諸集団によるシリア地方やメソポタミア地方への波状的な移動・定住の運動であるととらえるならば、明らかに恒常的な歴史現象の一つであるといえる。一方、その征服運動は、イスラムの教えによって規律を与えられ、征服に続く計画的な軍営地《ミスル》(miṣr/amṣār)の建設によって領土を拡大し、ウマイア朝時代になると東側はインダス川の河畔のシンド地方、北側は中央アジア、西側はマグリブ・アンダルス地方に及ぶアラブ・イスラム帝国をつくり上げたという意味において、十三世紀のモンゴル族による征服と異なって、歴史上、新時代の開幕を告げるものであった。

アラブ系諸集団の大征服事業に秩序と統制を与えて、より大規模の拡大を達成させたのは、初代カリフのアブー・バクル(在位六三二―六三四年)であった。彼は、ムハンマドの後継者、メディナ政権の新しい首長として、当時のアラブ諸部族間の動向、社会・宗教と経済の諸状況を鑑みて、大征服の事業を決定したのであろう。もちろん、ムハンマド没後、メディナ政権から離脱したアラブ諸部族や偽預言者たちに対するリッダ戦(メディナ政権から離脱した人びとに対する反撃の戦い)がその征服活動の初期における重要な動機であったことは否定できない。また大征服の直接的原因として嶋田襄平氏が解釈したように、下イラクのサワード地方に対する軍事行動については、アブー・バクルによって派遣された遠征軍がアラブ系遊牧民の略奪行為に触発されて拡大した、いわば偶然の産物として、またシリア方面に対しては通商キャラバン・ルートの確保に深い関心をもっていたムハンマドの遺志に基づく遠征の拡大である、と考えることもできる(4)。さらにムハンマド時代からの歴史事実に即して総合的に判断するならば、アブー・バクルによる大征服事業の決定は、クライシュ商業の崩壊以後メッカの経済生活が危機に陥っていたこと、メディナへの人口集中、そしてムハンマド没後のアラブ遊牧諸部族との契約関係の解消と政治的対立などの状況に対する総合的な解決策として下されたものであり、イスラム信仰拡大の戦略でもあったとみるべきであろう。つまり、アラブ・ムスリム軍による拡大と征服の本質は、宗教的主張と結びついた経済的・社会的要求であって、それらを移動にともなう共同体的連帯の再編の過程で達成することが目標とされていたのである。

そこで、このようなアラビア半島から外部世界に向けられた「移動」とは何かという問題について、総合的に考えてみる必要があろう。人間の移動には様々な様態があり、またそのもたらす意味と結果は多方面にわたっているので、移動現象をどのように研究対象として分析するかは、歴史学だけでなく、人類学・社会学・言語学などの諸分野でも大きな関心事であって、しかもそれらの諸分野が学際的に考察すべき重要な問題である。

移動の原因・範囲(領域の内と外、季節的)、移動の規模(単身・家族・集団・年齢構成)、時間的規模(突発的・季節的・長期・短期)、移動の過程と戦略(多集団との衝突、共存、融合)、原郷と移住先との諸関係(分裂的移動、母集団の移動、両地間の文化的・経済的関係)、移動のもたらす社会的・経済的影響(血縁・地縁原理の崩壊と新しい社会集団の形成、市場、ネットワーク、都市、国家との関わり)などの諸問題は、相互に関連し合い、一つの移動現象を構成しているとみることができるのである。

本書の序論において説明したように、西アジアの諸地域は、三大陸の接点、インド洋圏と地中海圏との中間地帯に位置していることから、国際的交通ルートと運輸・貿易活動の要衝地、都市文明と流通経済の発達、多方面からの諸集団の流入・衝突と融合、そして一方では限られた農耕地と農業生産、広大な乾燥・ステップ地帯の分布、遊牧・家畜生産を生業とする諸集団の存在、などの自然地理的・生態的環境や、社会・経済条件の影響を受けて、移動性・流動性を社会の本源的な性格とした地域であった。

アラビア半島内でも、南アラビアのアシール・イエメン・ハドラマウトなどの諸地方には、山岳農耕地帯と村落が分布し、またインド洋と地中海とを結ぶ国際交易ルートに沿って中継都市の発達が古くからみられた。従って、そうした人口を多く集めた南アラビアの諸地方が自然生態的諸条件の急変、国際的交通ルート、貿易活動の変化や人為的衝撃を被った場合、その影響は、人間移動の流動波となって各地に波及していった。その流れの一つは、バーバルマンデブ海峡を越えてエチオピア地方へ、他はインド洋周縁の各地域に、そして大部分の流れは、オマーン、アフサー・バフライン、ナジド、ヒジャーズ、シリアやイラクの諸地域に向かったのである。

イスファハーニー(Abu'l-Faraj 'Alī al-Isfahānī)の『歌の書(Kitāb al-Aghānī)』に記録された伝承によると、アッラーがイエメンのマァリブの人びとに対してダムの決壊を命じられた時、彼らの首長は立ち上がって、「酒とパンを、秩序と統治者を、そして綿織物と絹織物を望む者は、さあ、ブスラーとアル＝フファイルの地へ。そこはシリアの土地。ガッサーンの人びとが住むところ」と人びとに向かって移動を呼びかけたといわれる。(5) この伝承からも明らかなように、南アラブの諸部族にとって、レバノン山脈の東麓、イラク・サワード地方、ジャズィーラ地方などは、移動によって彼らの集団の再編と生活を新たに甦らせるための目的地であった。M・A・シャアバーンの研究結果が示しているように、(6) アラブ諸部族の大征服運動によって、アラビア半島から移動した人びとのなかには、南アラブ系の多数の移住者たちが含まれていた。彼らは、主にアラブ戦士たち(al-muqātila)に従って行動する増援軍(al-madādiyyūn)であって、軍営地《ミスル》や農耕地に定住したといわれている。このようにアブー・バクルの時代以後に展開したアラブ諸部族の大征服は、実質的にはアラビア半島内でも人口のうえで圧倒的多数を占める南アラブ系諸集団による大規模な移住・植民運動であって、その運動は歴史的に繰り返されてきた南北移動の一つであったととらえられる。その大征服は、結果的にみると以上に述べた通りであるが、預言者ムハンマド没後に成立したメディナ政権を承認しない他のアラブ族に対する軍事行動、つまりリッダ戦の時期と一部重複しており、またアラブ遊牧民たちの秀れた軍事戦闘力を利用することで、彼らに略奪の機会を与え、さらにはメディナ政権に向けられていた政治的・経済的不満の一切を解消しようとした総合的戦略であったとみてよかろう。ムハンマドによって破壊されたクライシュ商業の交易ネットワークは、それ以後も復活することがなかった。中継貿易による生計手段を奪われたメッカ住民は、次第にムハンマドの教えを受け入れてムハージルーン(al-muhājirūn メッカなど外部からの移住者で、ムハンマドの教えを受け入れた人びと)としてメディナの地に移住し、そこでアンサール(al-anṣār 預言者ムハンマド時代のメディナの住民で、イスラムの教えを受け入れた人びと)たちの経済的保護を受けるようになった。またウカーズ、マジャンナ、ズー・アル＝マジャーズなどのヒジャーズ地方のスークも、深刻な経済危機に直面し、市場ネットワークは崩壊していたと思われる。ジャーヒリーヤ時代に繁栄していたアラビア半島内のスークは、東アラビア海岸に近いハジャル、下イラク地方のミルバドを除いて、いずれも経済的機能が停止していた。またさきにも述べたように、ビザンツ帝国とサーサーン朝ペルシャ帝国との国境地帯にあったシリアの境域市場は、六世紀半ば以後、閉鎖の状態が続いた。

以上のように、アラビア半島の全体を覆う経済活動の衰退傾向のなかで、スークに替る新しい経済活動の中心と、それを結びつける新しいネットワークの成立を希求する動きが高まっていたことは確かである。アラブ系諸集団による大征服運動は、そうした変動しつつあった経済事情を背景として拡大していったのであり、結果的にはイラン世界とヘレニズム世界の経済的・文化的統合によって、西アジア地域を軸心とした、より広大な国際商業ネットワークの成立を促す契機となったのである。

アラブの大征服が単に遊牧民の略奪行為に触発された一時的・突発的な現象ではなく、長期的・戦略的な移動と地域再編を目指した事業であったことは、各地の交通・運輸と軍事上の要地への軍営《ミスル》地建設、またカリフ－ウマル（在位六三四—六四四）の施策に代表されるようなイラク・サワード地方とエジプト・ナイル川の沿岸部に対する積極的な農業政策——重要な農耕地を戦利品《ガニーマ》として兵士たちに分割することを禁じ、ハラージュ税の土地として引き続いて農民たちの所有にとどめたこと、灌漑用のダムや水路の建設に投資をおこなったこと——などの諸事実が端的に物語っている。(7)

食糧の安定供給は、メディナ政権にとって最も重要な経済政策であって、アラブ戦士たちが農耕地帯に入って灌漑施設を破壊することは、農業生産額を低下させる恐れがあった。また彼らが戦利品として獲得した土地に定着し、戦列から離れることは聖戦活動を進める上での大きな妨げであった。そこで軍事要地にアラブ軍の駐屯する軍営地を建設し、そこを征服地における統治の拠点とし、また聖戦を拡大していくための軍事活動の前哨基地や物資の補給地としたのである。代表的な軍営地としては、イラク地方のバスラとクーファ、ウマイア朝時代に総督ハッジャージュ・イブン・ユースフによって建設されたワーシト、イラン・ファールス地方のシーラーズ、シリア地方のラムラ、エジプト地方のフスタート、そしてイフリーキーヤ地方のカイラワーンなどが挙げられる。これらの軍営地は、いずれも交通・運輸と戦略上の要地にあって、建設当初は天幕や、バスラおよびクーファのように、ナツメヤシの樹や葦などで組み立てた簡単な建物があったに過ぎなかった。その中央にはモスクと広場があり、周囲には出身部族単位の軍営区――ヒッタ、ハーラ、マハッラ、また軍営区の区画数によってフムス、ルブゥ、スブゥなどと呼ばれた――が、方形または円形に配置された。バスラでは、カイス、アズド、タミーム、バクル、アフル・アル＝アーイラ（ヒジャーズ地方の高地に住んだ人びと）の、五つのアラブ族がテントを分けて住む軍営区（フムス khums）が、またクーファでは七つの軍営区（スブゥ subʽ）に分かれていた。フスタートでは、町の中央にあるアムル・モスクを取り囲んで、部族単位の地区（ヒッタ khiṭṭa）に区分され、おのおののヒッタにも地区のモスクが配置されていたという。フスタートの町のナイル川に近い所には、三つの外人区（ハムラー al-ḥamrāʼ）があって、アラブ軍と一緒にシリア地方から移ってきたキリスト教徒やユダヤ教徒たちが居住していた。この外人区は、やがてフスタートにおける商業と手工業の中心地として繁栄するようになった。

六九四年から六九七年にかけて、イラク総督ハッジャージュ・イブン・ユースフは、新たに軍営地ワーシトの建設を命じた。つまりそこは、クーファ・バスラ・アフワーズの三地点を結ぶ頂点に位置する治安上の要地として、またサワードの農耕地に対する統治の拠点として築かれたものである。ワーシトは、アラブ大征服運動の初期に建設された多くの軍営地とは異なって、その町の建設当初から様々な地域から移住してきたアラブ系諸集団、宗教を異にする人びと、各種の職業集団などが計画的に配置された街区(マハッラ)に居住することによって、交易が栄え、手工業生産も盛んにおこなわれて、新しいイスラム商業都市として急速に活況を呈するようになった。

イブン・サフル・アル＝ワーシティーの『ワーシト史』によると、ワーシトの町はイラク地方の五年分のハラージュ税(イスラム法において定められた地租税)を出費して、ティグリス川を挟んで東側――ここにはサーサーン朝ペルシャ帝国時代に建設されたカシュカルの旧市があった――と西側に建設された(8)。町は、城塞、大モスク、市場《スーク》――城塞の前の広場にあった――、商業・手工業地区《キトア》、居住区、墓地に分かれており、さらに町の周囲には外壁と二重の外堀がめぐらされていた。商業地区の人びとは、職種の違いによって区画された場所に住み、それぞれに両替商が配置された。そこには、呉服商・食料品商・薬種商・雑貨商・果実商・真珠宝石商・両替商などの店舗が並び、また手工業の職人や日雇い人たちの地区があって、それらは市場のある広場の左右と中央に配置された。なおワーシトには、クーファ、バスラやシリア地方から移されてきた名望家たちが多数居住していたが、ナバト農民やアラム人などのサワード地方の人びとは、町の内部に居住することが許されなかったようである。

以上、軍営地は単にアラブ戦士たちだけに許された軍事拠点だけでなく、フスタートやワーシトの町に代表されるように、軍隊の駐留地、行政・経済活動と情報交流の総合機能を果たすイスラム都市として大きな構造変化を遂げることとなった。それは、ウマイア朝後期以後の新しい現象であって、やがてアッバース朝時代におけるイスラム都市の繁栄を築く基礎となったのである。

アラブ遊牧民たちは、戦士《ムカーテイラ》として征服活動に参加したが、彼らの本来の遊牧生活は引き続き重要な生活基盤として重視されていたようである。つまり彼らは征服先の諸地域で、戦時体制の終息にともなって、アラビア半島内でもともと遊牧生活を送っていた居住地と自然地理環境の類似した土地を選んで移り住み、ラクダ・羊・山羊などの家畜飼育と畜産加工の生活を送るようになった。また軍事上の要地や境域地帯には、防衛任務の目的でアラブ遊牧民の移住が進められ、部族単位ごとに牧地が与えられた。マーワランナフル地方のシル川流域、ホラーサーン地方、シンド地方、レバノン海岸、エジプトのデルタ地域周辺、上エジプト、バルカ地方やアンダルス地方の高原地域などには、ヒジャーズ地方やナジド高原に居た様々な遊牧諸集団やイエメン系アラブ人たちが移り住んだ。また彼らは、アラブ・ムスリム軍による征服活動によって拡大した版図を舞台に、広域的なラクダ運輸や通信連絡の業務に活躍したことが注目される。そこでこうした状況に関連したマクリーズィーの記述を、つぎに引用してみよう。マクリーズィーはその著書『エジプト地誌』のなかで、キンディーの史料『エジプト統治』に基づいて、つぎのように述べている。

アル＝ワリード・イブン・リファーア・アル＝ファフミーによるエジプト統治の時代、つまりヒジュラ暦一〇九年(七二七／七二八年)に、カイス族がエジプトに移された。それ以前にはファフムとアドワーンを除いて、カイス系の人びとは誰も居なかった。イブン・アル＝ハブハーブは、[カリフ]ヒシャーム・イブン・アブド・アル＝マリクに使者を派遣して、数戸のカイス族をエジプトに移住させるようにと要請した。そこでヒシャームは、彼らの内の三〇〇〇戸とその監督署(dīwān)とを一緒にエジプトに移すことを許可した。ただし、フスタートには住まないようにとの条件をつけた。そこでイブン・アル＝ハブハーブはカイス族を率いて、ナイル・デルタ東岸地方に来て、分散・移住させた。別説によると、……イブン・アル＝ハブハーブが遊牧民たちに呼びかけると、一〇〇戸のナダル族と一〇〇戸のサリーム族が集まってきた。そこで、彼はビルバイスに移住させ、彼らに農業を命じた。彼はウシュール税の一部を喜捨のための資金として運用し、その金を彼らに貸付けた。彼らは、その資金を元手にラクダを購入した。こうして彼らは、[エジプト産の]食糧をクルズムに運ぶ輸送業をおこなうようになり、ある男は一カ月で一〇ディーナール以上を儲けた。つぎに彼は、彼らに馬を購入するように命じた。ある男に小馬を買わせると、その馬は一カ月もたたない内に乗馬できるほどに成長した。なぜならば、彼らの牧草地は飼育に申し分ない良い条件を備えており、ラクダや馬のためにまぐさを準備する必要もなかったからである。そうした情報が彼らの間に広く知れわたると、[他のカイス族も]つぎつぎに移住してきた。五〇〇戸の遊牧民家族がやって来て、同じように定住し、さらに一年が過ぎると、また別の五〇〇〇戸が集まってきた。こうして「カリフ」マルワーン・イブン・ムハンマドの治世代（在位七四四―七五〇年）までには、ビルバイスのカイス族は一五〇〇〇戸にも達した。……マルワーンの死去の頃には、彼らの数は三〇〇〇〇戸にも増えて、「新しく」来住してくる遊牧民たちとの間に対立関係が生じるようになった。(9)

以上によって明らかなように、アラブ・ムスリム軍の大々的な征服運動を契機として開始されたアラブ系諸集団の移動は、移住・植民と新しい地域形成を促し、マーワランナフル・ヒジャーズ・マグリブ軸を中心とする広域的ネットワークの成立を促したのである。

四　アラブ・イスラム帝国の境域地帯

アラビア語のサグル（thaghr）、その複数形スグール（thughūr）の意味は、「隔てられた場所」、「敵と対峙する戦闘の場」、「辺境の砦、要塞」、「宗教活動の拠点」、「河口」、「港・泊・入江」などである。つまりサグルは、地理的・政治的・軍事的・文化的な境域にあたる「場」であって、そこは隔離された「場」であるが、同時に異なる人間社会・文化・経済の絶え間のない出会い・衝突と融合の接点でもあるといえる。十三世紀の地理学者ヤークートは、その地理辞典『諸国集成』のなかで、イスラム世界における重要なスグール（境域地帯）として、北シリア境域地帯（Thaghr al-Shām, Thughūr al-Jazīra）、シル川流域のアスフィージャーブ境域地帯（Thaghr Asfījāb）、ダイラムに近いフラーワ境域地帯(Thaghr Furāwa)、イベリア半島のアンダルス境域地帯(Thaghr al-Andalus)の四つを挙げている。(10) 彼によって挙げられたこれらの主要な境域地帯は、アラブ諸部族による大征服運動によって形成されたアラブ・イスラム帝国の境域地帯と一致しており、またその後の歴史展開においても絶え間ない軍事的・民族的・宗教的な衝突と融合の要地であった。以下では、これらのスグール(境域地帯)の状況を考えてみよう。

北シリア境域地帯は、レバノン山脈・タゥルス山脈とザグロス山脈の高山帯がぶつかり、その渓谷・山間部にはティグリス川・ユーフラテス川・セイハーン川・ジェイハーン川などが蛇行して流れる。その北側はタゥルスの山岳地帯、南側はシリア砂漠に向かって急勾配の斜面が続き、やがてアラビア半島の内陸部に続く大平原が広がる。この境域地帯は、古くからユーラシア大陸、アラビア半島や地中海などの各地から諸民族が流れ込み、対峙・衝突・融合の地であり、そこには要塞・砦・防壁・関所・市場集落が形成された。ギリシャとアカイメネス朝ペルシャ帝国、ローマ帝国とパルティア帝国、ビザンツ帝国とサーサーン朝ペルシャ帝国やイスラム系の諸王朝(ウマイア朝・アッバース朝・ハムダーン朝・ファーティマ朝・マムルーク朝など)がこの境域地帯を挟んで対峙・衝突を繰り返した。またアラブ系・クルド系・トルコ系・モンゴル系などの遊牧民たちにとっての重要な牧草地が山間や峡谷に点在した。さらにアルメニア系やコーカサス系などの諸民族が北側から移住して、農業・鉱山業・手工業や商業などに従事した。

カリフ=ウマルとウスマーンの治世代まで、アラブ・ムスリム軍とビザンツ軍との国境線は、アンターキーヤ付近にあった。そして六四五年以後になると、アラブ・ムスリム軍は、小アジアのキリキア地方に深く進出し、アダナやマッシーサの諸都市に対して聖戦を繰り返した。バラーズリーがその著書『諸国征服史』のなかで、シリア境域地帯(al-Thughūr al-Shāmiya)へのアラブ・ムスリム軍の進出によって、ビザンツ帝国の辺境都市が要塞化し、人口が減少したことを伝えて、次のように説明している。「イスカンダルーナとタルスースとの間には、ルーム(ビザンツ帝国)の要塞と軍事拠点がある。……時には、住民たちはそこを離れ、恐怖のためルーム地方に逃亡した。また敵対する戦士同士が連れてこられる場合がある。[ビザンツ帝国の皇帝]ヘラクレスは、ムスリムたちが侵攻してこないように、アンターキーヤとルーム地方との間の居住地に、アンターキーヤから移動の際に、住民たちを移したという。[11]」このように無住化したビザンツ帝国とアラブ・イスラム帝国の境域地帯には、その後、インドのズット族、アラブ系やイラン系の人びとの移住が進められ、また十世紀半ば以後にはアルメニア系やトゥルクマーンたち、十三世紀にはモンゴル系遊牧民の移動・占住がおこなわれて、複雑な民族対立がつくり出され、政治的に不安定な地帯となった。

アナトリア境域地帯でのビザンツ帝国との間の戦乱は、アッバース朝時代に入っても続き、とくに七七八年、カリフ＝マフディーの時、アル＝ハサン・イブン・カフタバ・アッ＝ターイーはホラーサーン・マウスィル(ジャズィーラ)・シリア・イエメンなどの諸地方から集められた混成部隊を率いて中部アナトリア地方のタルスース近郊まで進攻し、そこに城塞と居留地を建設した。

アラブ・ムスリム軍が進出した北の境域地帯は、マーワランナフル地方の、とくにシル川流域周辺にあった。マーワランナフルの諸地方には、フェルガーナ・アスフィージャーブ・シャーシュ・イーラーク・ソグド・ホラズム（フワーリズム）などがあって、その東側には峻嶺なパミールの西端部が突然にとぎれて、茫漠としたキジル・クム砂漠とカラ・クム砂漠が続く。パミール峡谷と砂漠地帯との間にシャーシュ・サマルカンド・バルフ・ブハラーなどのオアシス都市と農耕地が、またシル川とアム川はほぼ平行してその砂漠地帯を貫流し、アラル海に注ぐ。シル川を越えると、トルコ系遊牧諸部族の活動する大ステップ地帯が東西に広がる。アム川の下流域は、ホラズム（フワーリズム）地方と呼ばれて、沢山の支流に分かれてヒヴァの大三角洲を形成している。七世紀から十世紀、十三世紀から十六世紀には、アム川の一支流はカスピ海に注いでいたといわれる(12)。

マーワランナフル地方に対するアラブ・ムスリム軍の進出は、後述するシンド地方への征服活動とほぼ平行しておこなわれ、カリフ－ウマルの治世代には、はやくもアム川上流のトハラーまで達し、さらにカリフ－ウスマーンの時にはサマルカンドに近い要地マーイムルグに攻撃を加えた。その後、この方面に対する攻撃は一時中断した。シル川河畔のアスフィージャーブ地方やフェルガーナ地方への進出は、ハッジャージュ・イブン・ユースフによってクタイバ・イブン・ムスリムがホラーサーン総督として任命された以後のことである。すなわちクタイバは、トハラーとブハラーを征服すると、さらにソグド地方の全域に精力的な征服活動を続け、七一四年にはシル川の河畔に達し、シャーシュやアスフィージャーブまで踏み込んだ。

H・A・R・ギブが主張するように、クタイバによる中央アジア征服の目的はソグド人による貿易活動の中枢部にあたる諸都市を奪い、それを根拠地としてトゥルファン地方からイリ渓谷地帯に至る重要な内陸キャラバン・ルートを支配することにあったと考えられる[13]。すなわちマーワランナフル地方は、天山北路・南路、北方のステップ・ルートが合流して、西アジアおよびインド方面に通じるキャラバン運輸と交易の要地にあって、サマルカンド・ブハラー・シャーシュ・アスフィージャーブ・ホラズム（ジュルジャーニーヤ）などの中継都市が成立し、そこのソグド系商人たちは古くから内陸アジアのキャラバン交易に活躍した。クタイバによるシル川流域への征服活動の三年前、七一一／七一二年には、ムハンマド・イブン・アル＝カーシムがインド洋の海運と貿易活動の要地、シンド地方の交易港ダイブル（デーバル）を征服しており、従ってほぼ同時期に海上と陸上の交通・運輸上の要衝地がアラブ・イスラム帝国の支配下に置かれたのであって、北と東に向かって新しい国際的な商業ネットワークが着々と形成されつつあったことを示している。

しかし七一四年の夏の終わり、ハッジャージュの訃報に接したクタイバは、急遽、遠征行動を中止して、部下の軍隊を解散させ、自らはマルウ（メルヴ）に引き返した。これによって、アラブ・ムスリム軍は、シル川の南河畔を北の境域として、北方アジアや中国への進出は停止した。こうしてシル川流域のシャーシュ・アスフィージャーブ・ファーラーブ・ウトラールなどのオアシス都市は、マーワランナフル・ヒジャーズ・マグリブ軸ネットワークの北方先端部（末端）として、異民族・文化・経済の出会いの境域となった。七・八世紀、シル川の北側には、北方のステップ地帯から西進してきた、グズ・トルコ族が冬営地を構え、やがて彼らはこの境域地帯における文化接触によってイスラム化し、西アジア地域に進出することとなるのである。つまり八世紀初めにおけるトルコ諸部族とアラブ・イスラム帝国との境域地帯は、シル川河畔の線上にあったが、やがて十一世紀半ばになると、その境域地帯は北シリア境域地帯まで南下することで、西アジアの諸地域のトルコ化が著しく進行していった。

カスピ海の南西海岸とエルブルズ山脈との間には、サフィーデ・ルード(川)のつくるデルタ・沼沢地、狭隘な渓谷や山間地帯のダイラム・マーザーンダラン・ギーラーン・ムーガーン・アッラーン・シールヴァーンなどの諸地方がある。その山間部や峡谷には、森林や山岳牧草地が多く、様々な山岳民や内陸アジア方面から移動してきた遊牧民が居住する世界として知られている。これらの諸地方は、峻嶺な山岳地帯という自然地理的条件によって、他の世界から隔絶されていたことから、様々な地域から流れ込んできた集団・小国家や文化がそこに分散・蓄積されて、特異な境域地帯を形成した。八世紀には、サーサーン朝ペルシャ帝国の後裔といわれる小国家が同盟を結び、唐朝の支援を求めて使節を派遣したという(14)。従って、八世紀初めにイスラム教でも異端派とされるアリー派やザイド派の人びとがダイラム地方を拠点として活躍した。また十世紀半ばにバグダードを攻略して、東イスラム世界の新しい盟主となったのは、ダイラム地方出身のブワイフ集団の人びとであった。

さて、ヤークートは指摘していないが、アラブ・ムスリム軍によって拡大された重要な東の境域地帯は、インダス川沿いのシンド地方とインド・グジャラート地方を含むシンド境域地帯(Thaghr al-Sind)であった。イスラム以前から、この境域地帯の交易港ダイブル・ターナ・カンバーヤ・ソムナートなどを中継地として、下イラク・フージスターン・ペルシャ湾岸地域とインド南西海岸のマラバール・スリランカ・マルディブ群島などを結ぶ海上交通・運輸と貿易活動が盛んにおこなわれており、それらの相互間にはイラン系・アラブ系の人びとによる文化的・経済的交流のネットワークがあって、インドとイランやヘレニズムの諸文明を結びつける重要な基軸としての役割を果したと思われる。ペルシャ湾の最奥部に位置するウブッラ(アポログスー)からバスラの付近は、イスラム以前から「インドの境域」や「インドの地」と呼ばれ、またカールーン(ドゥジャイル)川を溯ったフージスターン地方のシュシュタル(トゥスタル)やジュンダイシャープールは、インドの諸科学(医学・天文・哲学・化学・数学など)を交流する学術センターとして有名であった。

カリフ＝ウマルは、バフライン地方(東アラビア海岸)の総督アル＝アラーゥ・イブン・アル＝ハドラミーとオマーン地方の総督ウスマーン・アッ＝サカフィーに命じ、まずペルシャ湾周辺およびホルムズ海峡に近い要衝地キシム島(アバルカーワーン)を軍事制圧することによって、インド方面に通じる海上ルートを確保させた。そして総督ウスマーンは、彼の二人の弟アル＝ハカムとアル＝ムギーラを派遣して、インダス河口に近い軍事的・宗教的拠点のダイブルとグジャラート地方のターナに赴かしめた。その後、何度か海上ルートによるシンド地方への攻撃がおこなわれ、さらにマクラーン海岸やカンダハル経由の陸上ルートによる遠征隊が送られた。とくにウマイア朝カリフ＝ムアーウィヤは、地中海への積極的な海上進出と平行して、大規模なアラビア海周縁部に対する遠征を準備した。そのために彼は、六六四年、アル＝ムハラッブ・イブン・アビー・スフラをシンド境域地帯に派遣した。アル＝ムハラッブは、ムルターンからカーブルに至るインダス川流域に軍を進めた。つぎにカリフ＝ワリード一世の治世代(在位七〇五—七一五年)、イラク総督ハッジャージュ・イブン・ユースフの命令を受けたムハンマド・イブン・アル＝カーシムは、シンド地方への本格的な征服を開始した。『チャーチュ・ナーマ』、バラーズリーの『諸国征服史』、ブズルクの『インドの驚異の書』などの史料が伝えるところによると、ハッジャージュがシンド地方の征服に着手するようになった直接的な理由は、サランディーブ(スリランカ)島からイラク地方を経由してメッカに向かった商人の船がダイブル沖合を通過したとき、マーイド(マイド)と呼ばれる海賊がこれを襲って、ムスリム商人と女たちを捕虜とした事件への報復であるという(15)。この事件が史実を伝えたものであるならば、ハッジャージュは、ペルシャ湾とインド西海岸を経てサランディーブ島に至る海上ルートの安全および貿易関係の維持に強い関心を抱いていたことが明らかとなる。ムハンマド・イブン・アル＝カーシムによるシンド遠征に先立って、オマーンのウバイド・アッラーフ・イブン・ナブハーンとブダイル・イブン・タフファの率いる艦隊が派遣されたが、二人は敵の反撃にあって討死した。

ムハンマドは、海上ルートによる物資の補給と、自らはマクラーン地方南部の山岳地帯を踏破して、インダス川の河口付近に迫り、七一一(七一二)年には難攻不落として知られたダイブルの要塞を攻略した。ダイブルは、グジャラート地方のターナ・カンバーヤ・ソムナートなどと並んでアラビア海・インド洋の海運と貿易活動の要地であり、またヒンドゥー教徒や仏教徒たちの聖地として古くから知られていた。現在、パキスタンの首都カラチの北東約六五キロメートル、ガロ・クリークに沿って、バンボール(Banbhor)遺跡と呼ばれる堅固な要塞・都市址と船着場跡が残されている。ここがかつてのダイブル(デーバル)の址であると比定されているが、まだ確証は得られていない。(16)ムハンマドの率いるムスリム軍の攻撃によって、ダイブルの要塞と都市は破壊されたが、その後、急速に復興・発展していった。十世紀半ば頃に記録されたイブン・ハウカルの『大地の姿(Ṣūrat al-Arḍ)』によると、「ダイブルは、ミフラーン(インダス)川の東岸に、海に沿って位置する。そこは商品取引の一大センター(matjar 'aẓīm)、多くの地方と交易関係をもち、この地方とその他の地方の港」(17)とあって、インド洋の海運と貿易活動の拠点として繁栄していたことがわかる。ムハンマドによるダイブル攻略の後、アラブ・ムスリム軍は急速にインダス川流域の諸都市を制圧した。とくにインドの宗教・文化活動の中心都市ムルターンの征服は、アラブ・ムスリム軍にとって、いわば神秘的な存在として知られていた巨大な混合世界であるインド文化圏との本格的な出会いの機会を与えたのである。

つぎにイベリア半島のアンダルス境域地帯であるが、ここは三つの境域地帯に分類される。その第一は、高地境域地帯(al-Thaghr al-A'lā)であって、北側はピレネー山脈の南麓で、バルセロナ・アラゴン・ナヴァッラなどのキリスト教王国の諸地域が分布し、南側はエルボ川、東側はカタロニア山地と地中海で、サラゴーサ・レリダ・トゥデイラなどの境域都市があった。その第二は、中部境域地帯(al-Thaghr al-Awsat)であって、タホ川上流、グレドス山脈とグァダラマ山脈の北麓に囲まれた高原地域、その中心都市としてはタラヴェラやトレドなどがあった。そこは、レオン王国と対峙する境域地帯であった。その第三は、底部境域地帯(al-Thaghr al-Adnā)であって、北側にエストレラ山脈とガータ山脈があり、ドゥワイラ川とテジョ川の両河川の流域に広がり、中心となる境域都市はサンタレン・リスボン(ウシュブーナ)・バダホスなどであった。そこは、やがてポルトガル王国と対峙する境域地帯となった。

イベリア半島へのアラブ・ムスリム軍の進出は、ウマイア朝カリフ＝ワリード一世の治世代、七一一年から本格的に開始された。この年は、ちょうど、シンド地方のダイブルがムハンマド・イブン・アル＝カーシムによって征服された時と一致している。西境のアンダルス征服が東境のシンド征服とどのように歩調を合わせて実行されたかについては、明らかでないが、いずれにしても、東西の境域地帯での異文化接触と移動・定着の過程は、アラブ・イスラム帝国の単なる地理的領域の拡大だけでなく、その文化的・経済的活動の新しい展開に他ならず、境域地帯から流れ込んでくる文化・経済融合のエネルギーが中心部に位置する西アジアの諸都市・社会へ強く影響力を及ぼすこととなった。

アラブ・ムスリム軍による北アフリカ地域の征服には七〇年以上もかかったが、アンダルス地方は、七一一年に始まってわずか三年という速さで一応完了した。つまり北アフリカ・イフリーキーヤ地方の総督ムーサー・イブン・ヌサイルのマワーリー(解放奴隷)でタンジャの地方官であったターリク・イブン・ズィヤードは、約七〇〇〇人のベルベル系ムスリムとシリアから派遣されたわずかのアラブ系戦士(ムカーティラ)を率いて、七一一年五月にジブラルタル海峡を渡った。まず西ゴート国王ロデリックの率いる大軍を撃破し、大挙してコルドバとトレドを陥れた。翌年の七一二年、総督ムーサーもまた自ら一万八〇〇〇人のアラブ系戦士を率いてジブラルタル海峡を越えると、セヴィリア・メーリダ・トレドを陥れて、ターリクの軍と合流した。その後、この両軍は北進を続け、サラゴーサで軍を分かつと、ピレネー山脈の南麓沿いの境域地帯を東西に進んだ。その後もアブド・アル＝アジーズ・イブン・ムーサー、アッ＝サマフ・イブン・マリク・アル＝ハウラーニー、アル＝フッル・イブン・アブド・アル＝ラフマーンなどのアンダルス総督たちによって、アンダルス南東部およびナルボンヌから南フランス・ゴール地方、さらに西地中海のサルディニア島・バレアレス諸島やコルシカ島などに進出した。地中海の東海域でもこれとほぼ同時期に、アラブ・ムスリムの海軍が活躍しているので、東西の地中海において、ほぼ一致して大規模な征服活動が進行し、地中海におけるビザンツ帝国の海上支配に大きな打撃を与えたのである。

アラブ・ムスリム軍によるアンダルス征服と移動・定着の過程において、ピレネー山脈南麓のエルボ川とタホ川にまたがる境域地帯には、複雑な自然生態系、アラブ・ベルベル・フランク・バスク・スラブなどの様々な民族の移動と集住、定期市の形成、イスラム教・キリスト教・ユダヤ教などの多様な信仰と文化、政治的・軍事的緊張関係の持続などの境域的性格が形成・拡大していった。境域地帯の性格は、新しい政治・文化・経済の動向を鋭敏に感じ取り、つねに他地域に先行して機能するエネルギーを蓄えていることであって、そこがイスラム世界の西の文化的・経済的活動の中心として、またキリスト教ヨーロッパ勢力がイスラム世界に対する敵意に燃えて、レコンキスタから大航海時代へと新しい歴史の展開を示す原点となった場所であったことは、とくに注目に値する。

アンダルス征服の結果として、実質的に移動・占住をおこなった大多数の人びとは、ベルベル系の諸部族であった。ウマイア朝政府は、シリア系アラブ人たちのアンダルス定住を推進して、ベルベル移住者たちの移動に制限を加えようとしたが、その結果として両者の間に対立と差別の感情が高まった。七四〇年、アンダルス地方の各地でベルベル系ムスリムによる大規模の反乱が発生した。その根本原因は、少数派特権支配層であるシリア系アラブ人に対する不満や税制上の差別にあったが、彼らの反乱運動が、異端とされたハワーリジュ派の一派であるイバード教団(イバーディー)によって組織化されたことが注目される。ベルベル人のハワーリジュ派運動は、アンダルスだけでなく、北アフリカやサハラ・オアシス地域を広域的に無政府状態の混沌に陥れた。彼らのハワーリジュ派運動はベルベル族独自なものであったが、イバーディーヤ(al-Ibāḍīya イバード主義)の名前がつけられていることから、イラク地方のバスラを拠点にペルシャ湾岸に拡大したイバーディーヤの運動と何らかの文化・情報と人間交流があったことが推測されるのである。M・A・シャアバーンが説明するように、両者の関連を直接的に証明するような文献史料がないために、その事実を断定することはできない。(18) しかしアッバース朝時代に、バスラのイバード教団の商人たちがペルシャ湾・インド洋・シリア・北アフリカからサハラ・オアシス都市やニジェール川の河畔に至るまでの東西にわたる広域的な商業と情報上のネットワークを張りめぐらしていたことの事実から判断するならば、すでにウマイア朝末期に、バスラ商人たちを通じてイバーディーヤの思想がベルベル社会にも影響を及ぼしていたことが十分に考えられる(19)。いずれにしても彼らの反乱は特定のアラブ支配層に対する抵抗運動であり、異端とされた少数派のイスラム運動が、東はマーワランナフル・ホラーサーン・ダイラム、西はマグリブやアンダルスなどの境域地帯を中心として発生し、やがてそれが中央に向かって拡大していったのである。

アンダルス地方の諸都市が、境域地帯の性格・機能を生かして経済的・文化的に特異な発展と繁栄を遂げるのは、ウマイア家のアブド・アル＝ラフマーン一世(在位七五六―七八八年)によって西のウマイア朝(後ウマイア朝)がコルドバを都として建設されて以来のことであり、とくに九・十世紀を中心とする時代であった(後述第三章第六節参照)。

五　地中海世界の構造変化とその影響

ウマイア朝の創始者ムアーウィヤは、彼がまだシリア総督であったとき、カリフ－ウマルに対して、キプロス島に攻め入ることを提言した。これをウマルは、地中海における海上航海が危険であることを理由に拒否したといわれる。歴史家タバリーは、そのことに関連してつぎのような興味深い記録を残している。

ムアーウィヤは、地中海への聖戦を主張する手紙をウマルのもとに送って、〝敬虔なる信徒の長（カリフ）様よ。そもそもシリアには、ある村があり、そこの住民はルーム（ビザンツ帝国）の犬たちの吠声や彼らの雄鶏の鳴き声を聞いて［怯えて］おります。ルームの奴らは、まさに［シリアの］ヒムス海岸の目の前におります〟と、告げた。そこで、ウマルは忠告者として［のムアーウィヤの］その件［の報告］を重視したので、とりあえずアムル（'Amr b. al-'Āṣ）のもとに手紙を送って、〝私にその海のことについて説明せよ。そしてその報告を返答せよ〟と、尋ねた。アムルは、〝敬虔なる信徒の長（カリフ）様よ。茫漠たるところ（海）にまめ粒のようなものに乗って、ただ空と水だけしかないところに乗り出すようなもの。彼ら（船に乗る人びと）は小木片の上の虫けらのようなもので、ひとたび［海が荒れて］傾けば御陀仏。万が一助かっても身の毛も逆立つ思いに違いありません〟と、返答した。……そこでウマルは、ムアーウィヤにつぎのような手紙を書いた。〝私が聞いたところでは、シリアの海（地中海）は広さにおいてはこの大地よりずっと長大だという。毎日毎夜、海は絶えず大地を飲み干してしまおうと、神に許しを求めている。なのに、どうして私が軍隊をこの呪わしい異教徒の海に任せられようか。神かけて、私としてはルームの獲物よりも安全の方がより好ましいのだ[20]〟

以上の記録によれば、砂漠の民であるアラブ・ムスリム軍は海を恐れて、地中海への進出をためらったことになる。ところがヒジュラ後三〇年足らずの内に、ビザンツ帝国の海軍を東地中海で破り、アルワード・キプロス・クレタなどの島々を占領して、八世紀初めにはコンスタンティノープルを包囲するまでに至ったのは、なぜなのであろうか。アラブ・ムスリム軍の地中海進出は全く意図されなかった偶然の出来事であったのか。またその目的は何であったのか。さらに彼らの地中海進出が地中海世界をめぐる政治・経済と社会の諸情勢にどのような影響を及ぼしたのであろうか。本節では、これらの問題に最も関連の深いピレンヌ・テーゼに対する再検討を通じて、新しい境域地帯としての地中海世界の性格と機能を中心に考えてみたい。

ヒジャーズ地方の砂漠や山岳地帯を生活圏としていたアラブ人が海に関する経験や知識に乏しかったことは、『コーラン』のなかに海や航海についての具体的な語彙が少なく、また初期のアラビア語文献史料における船舶・航海用語の多くが純粋にアラビア語起源のものでないことによっても明らかである。クライシュ商業の繁栄時代、彼らはエチオピアとの交易のために紅海を船で渡ることがあっても、彼ら自身が船を所有し、操ったとは考えられない。しかし一方、クライシュ商人たちのなかには、ガッザとアレクサンドリア、シリアの地中海の交易港、紅海の港シュアイバやイエメン地方などで、海上交易の重要性に対する十分な認識を得ていた者があったことも事実であろう。後述するように、ヒジャーズ地方、とくにメッカの慢性的な食糧不足を補うために、エジプト産穀物、その他の食糧を、フスタートからトラヤヌス運河を通り、クルズムに出て、紅海を南下し、メディナの外港ジャールに至るまで、すべて海上ルートによって輸送していたことは、彼らがいかに海上交易の重要性を理解していたかを端的に示している（第二章第六節参照）。

遊牧民にとって重要な経済基盤の一つは、キャラバン運輸の経営であって、陸上ルートは港市を軸として海上ルートと共通の運輸・貿易システムのなかで有機的に機能していることから、彼らが陸上と同時に海上の諸状況について強い関心を抱いていたことは当然であろう。またアラブの大征服活動に参加した戦士やその支援部隊のなかには、イエメン系・オマーン系・シリア系のアラブ諸集団やエジプトのコプト教会派キリスト教徒たちが含まれていた。彼らは、秀れた航海者・船大工として古くから知られていたのであり、実際にアラブ・ムスリム軍の地中海進出を支援した人びとであった。

七世紀前半、地中海のほぼ全域はビザンツ艦隊による強力な軍事的・経済的統制下にあった。従って、上述したタバリーの記録にみえたように、老練な指導者カリフ－ウマルは、アラブ側にはビザンツ海軍に匹敵できる十分な船の準備と海の経験がないことを十分に知っており、そのことによってムアーウィヤの軽率な軍事行動を諫めたのが事実であろう。

アラブ・ムスリム軍は、エジプトとシリアの各地を征服したが、アレクサンドリアからシリア・パレスティナ海岸の諸都市は、その後もビザンツ海軍による度重なる侵略に悩まされ、アラブ側との間で占領と奪回が繰り返されたので、経済活動は停滞し、農耕地の荒廃を招いた。以上の状況のなかで、ムアーウィヤはカリフ位がウスマーンに移ったときから、地中海への積極的な軍事行動を開始した。つまり彼は、六四九年、念願のキプロス島攻略に成功すると、六五五年には小アジアのキリキア地方の沖合いで約五〇〇艘からなるビザンツ艦隊に対してほぼ壊滅的な打撃を与えた。この「帆柱の戦い(Dhāt al-Ṣawālī)」と呼ばれる海戦は、アラブ・ムスリム側がビザンツ艦隊を撃破した最初の戦いとして、歴史に残る大事件であった。この海戦では、アレクサンドリア出身のコプト教徒、アッカーやスールのシリア系アラブと一部のギリシャ系などの人びとからなる船員・舵手・漕ぎ手たちが大いに活躍した。つまり提督・司令官・戦士などは、アラブ戦士たちであり、一方、実際に船を造り、操船した人びとは、地中海の海上民のコプト教徒、シリア系アラブ人やギリシャ人たちであった。

「帆柱の戦い」の後、六年にしてムアーウィヤは自らカリフたるを宣言し、シリアを本拠とするウマイア朝を創設した。シリアは言うまでもなく、地中海世界の要地にあって、ムアーウィヤはこの世界を中心舞台として東西に広がる新しいアラブ・イスラム帝国の統一を目指していたことが推測される。その必要からも、キプロス島征服に続いて、ウマイア朝時代、アルワード・ロードス・クレタなどの島々、アナトリア・キリキア海岸といった東地中海の軍事・海運上の要衝地への進出が始められた。そして七一七年から七一八年には、遂にビザンツ帝国の首都コンスタンティノープルを包囲するまでに至ったが、その攻略には失敗した。一方、コンスタンティノープル包囲とほぼ時を同じくして、西地中海ではアラブ・ムスリム軍がイベリア半島を席巻したあと、七一九年に南フランスのゴール地方に進出し、七二〇年にはシチリア島の一部、七二四年にはサルディニア島に攻撃を加えた。これに対してビザンツ海軍は激しく抵抗し、ロードス島からアドリア海、イタリア南部、シチリア島に至る地中海中央部の海上権を保持しようと努めた。

さて以上のようなアラブ・ムスリム軍による地中海世界への進出に関連して、まず研究上の出発点としなければならない基本的問題がピレンヌ・テーゼであることは言うまでもない。ピレンヌ・テーゼの内容について、ここで改めて説明する必要はないが、要するにその論点の中心は、メーロヴィンガ朝フランク王国時代の商業は古代ローマ帝国時代から引き継いだ地中海を舞台とする大商業の性格をもっていたが、続くカーロリンガ朝が成立した八世紀以後になると、地中海の航海は終息し、流通経済、商工業と都市人口もなくなって、西ヨーロッパ北部および内陸地方を中心とする販路のない農村経済が広く展開していったこと、その変化の根本原因がムスリム勢力の地中海進出にともなう「地中海的統一世界」の破壊である、と結論づけたのである。(21) 古代世界の終焉と中世ヨーロッパの発端に関するピレンヌ・テーゼは、すでに多くの研究者たちによって、その理論的構成および細部にわたる矛盾・批判点が指摘されてきた。しかし、H・ピレンヌ(Henri Pirenne)提唱のこのテーゼは、(1)学界論争を広く展開させ、夥しい数にのぼる批判論文によって、中世社会経済史の研究を大きく進展させたこと、(2)西ヨーロッパのみならず、ビザンツ帝国とイスラム世界を含む壮大な歴史的世界と多角的視野に立つ歴史研究の必要性をわれわれに認識させたこと、の二点からみても大きな学問的功績を果たしてきたということができる。

ここでわれわれが彼のテーゼを考える前提条件として、つぎの諸点については明確な歴史的事実として認める必要があろう。

(1) 原因は何であれ、八世紀に入って、西ヨーロッパ・キリスト教世界の政治的・経済的活動の中心は地中海の沿岸部を離れて、ロワール川からライン川までの地方を覆うカーロリンガ朝の領有下に移り、まさにこの地方に現代の西ヨーロッパ文明が呱々の声をあげた。

(2)　五―十一世紀に、西ヨーロッパ世界は経済活動が極端に乏しく、とくにアラブ・ムスリム軍の地中海進出が開始されたのとほぼ同時期、あるいはそれ以後において、ますますその孤立化と農業化への道を歩み始めた。一方、イスラム世界では、これとは対照的に、都市が著しく発達し、流通経済と商業の広域的活動が華々しく展開し、東は中国から西はマグリブ・アンダルス地方、さらにサハラ南縁部までを覆う一つの広大な経済交流圏を形成した。

(3)　八世紀初め頃には、アラブ・ムスリム軍はピレネー山脈を越えて、ゴール地方に進出し、地中海の東(シリア・エジプト地方)、南(イフリーキーヤ・マグリブ地方)と西(アンダルス・イベリア半島)の三つの方面がアラブ・イスラム帝国の政治的・軍事的領有下に入った。

では、以上の三つの歴史的事実を相互にどのように関連づけるべきか。果たしてH・ピレンヌのいうように、ムスリム勢力の地中海進出がその交流構造に根本的変化をもたらしたのか、そのことと西ヨーロッパ・キリスト教世界で起きた問題とをどのように関連づけるべきか。さらに重要な点は、共通の歴史舞台となる中世地中海世界をどのようにとらえたらよいのか。ビザンツ帝国の地中海世界における軍事的・経済的役割をどのように位置づけるか。こうしたピレンヌ・テーゼを考えていく際の、いわば基本的問題を詳しく検討することが必要となってくる。

こうした諸問題について、イスラム研究者側からの見解を述べる前に、まず地中海の海上史を専門とするA・R・ルイス(Archibald R. Lewis)の説を紹介する必要があろう。A・R・ルイスは、地中海の古典的統一世界を破壊したのは、アラブ人ではなくビザンツ帝国であったと説く。[22]すなわち、ムスリム勢力が本格的に地中海の交通・運輸と貿易活動に進出したのは九世紀半ば以降のことであって、それ以前のとくに八世紀初めから後半にかけての時期――メーロヴィンガ朝からカーロリンガ朝への移行期――に地中海を支配した最大の勢力はビザンツ帝国であった。ビザンツ帝国はその強力な軍事力と経済手段を使って、ウマイア朝勢力の地中海進出を阻止したが、これが契機となって伝統的な地中海の経済交流のパターンであったシリア・エジプトと西ヨーロッパとの間の貿易関係を破壊に導いた。ウマイア朝の衰亡は、他ならぬビザンツ海軍による地中海封鎖によって引き起こされた、と説いた。A・R・ルイスは、ビザンツ帝国の地中海(とくに東地中海)における軍事的・経済的支配権を極めて重視して、西側におけるメーロヴィンガ朝フランク王国と同時に、東側のウマイア朝の衰亡とも関連づけようとした点でユニークな見解であって、さらにこの説の是非をめぐってビザンツ側とイスラム側の両史料を十分に検討していく必要があろう。

さて、イスラム研究者たちはピレンヌ・テーゼについて、どのように考えてきたのであろうか。これまでのイスラム研究者による地中海研究の関心は、専らムスリム勢力の地中海進出の過程について、イスラム地理・歴史関係の文献史料を収集・分析する試みがなされてきた。しかしムスリム側だけでなく、ビザンツ帝国や西ヨーロッパ側を含めて広い視野から中世地中海史をとらえようとする積極的な研究関心は極めて少なかったといえよう。従って、ピレンヌ・テーゼに対する関心も薄く、イスラム文献史料に基づいて、これを検討し、また批判しようとする試みはまだ十分になされているとはいえない。

E・アシュトゥール(Eliyahu Ashtor)は、『中世における近東の社会経済史(A Social and Economic History of the Near East in the Middle Ages)』および「ピレンヌ・テーゼに関するオリエンタリストからのいくつかの見解(Quelques observations d'un orientaliste sur la thèse de Pirenne)」のなかで、ピレンヌ・テーゼについて、つぎのように結論づけている。(23) イスラム文献史料を検討した結果、地中海における定期的で大規模な貿易はアラブ人(ムスリム)の地中海進出によって断絶したと考えられるので、彼のテーゼは十分に支持できること、つまり十世紀半ば以前には西アジアのムスリム側とキリスト教西ヨーロッパ側との間には偶発的な貿易だけしか存在しなかった、と。ヨーロッパ史家のなかには、アラブ・ムスリム軍の地中海征服が原因で西ヨーロッパと西アジアとの間の通商関係は完全に中断したと考えるピレンヌ・テーゼを誤りとする説もあるが、E・アシュトゥールは、アラブ著述家たちの記録史料によって判断する限り、ムスリムとビザンツの両勢力は地中海の東部と中央部の海岸部や都市を侵掠して争い、戦利品を奪うなどの激しい戦闘状態が続いたこと、従って西アジアと南ヨーロッパ間の定期的な貿易は二五〇年間にわたって不可能な状態にあった、と主張する。こうした状態は、九世紀後半になっても続き、ビザンツ海軍の反撃が東地中海の拠点タラーブルス・ダミエッタ・キプロス島などにおいて繰り返された。事実、九・十世紀に著されたイスラム地理書のなかに、西ヨーロッパ・キリスト教世界に関する地理的知識が著しく乏しいのは、両国間に直接的交流がなかったからである、と。さらに、ピレンヌ・テーゼ批判者のなかには、ムスリム側と西ヨーロッパ側との貿易関係は断絶したのではなく、貿易ルートが変化したこと、とくに北方ルート経由になったと主張する説があるが、これにも反論して奴隷と毛皮を中心とする北方貿易は西ヨーロッパとの直接的な交流を示すものではなく、貿易ルートが変化して交易が継続したと考えることはできない、と説明している。

以上の説とは異なって、D・C・デネト(Daniel C. Denneth)とC・カーエン(Claude Cahen)は、地中海の東西間の経済関係はムスリム勢力の進出以後も断絶することなく続いた、と主張する。D・C・デネトは、その論文「ピレンヌとムハンマド(Pirenne and Muhammad)」のなかで、アラブ勢力の地中海進出が古代末期の頽廃した地中海世界に新しい活力を与え、創造力に富む文化的・経済的発展をもたらした、とその肯定的役割を強く指摘して、つぎのように結論づけている。

七世紀にも、八世紀にも、アラブ人が西方の商業に対して地中海を閉鎖することを欲したり、あるいは現実に閉鎖したりしたことを証明する証拠は、何もない。イスラーム教は、キリスト教に対して、完全に異質の信仰としてではなく、好敵手として、敵対していたのである。そして回教徒は、常にキリスト教徒よりも寛容であった……。西方の衰頽――いわゆる中世――は、多くの内的な、そして社会的・政治的諸制度と著しい関連のある、諸原因の複合体に由るものであった。[24]

この見解は、H・ピレンヌだけでなく多くの西ヨーロッパ研究者たちが考えたように、アラブ人を野蛮な遊牧集団とみなすのではなく、彼らは文化的・経済的活動においても積極的関心を抱いていたのであって、地中海の支配と独占を意図したのではなかったこと、西ヨーロッパ・キリスト教世界の衰退原因は、むしろそれ自体の社会内部に問題があった、と主張した点において注目されよう。D・C・デネトの見解は、C・カーエンによってほぼ完全に受け継がれている。彼のピレンヌ・テーゼに対する主張を要約すると、以下の通りである。(25)

(1)　アラブ征服にともなって、地中海地域が政治的に二分され、略奪と海賊行為が一時的に商人たちの活動を奪ったとしても、そのことが原因で商業関係が決定的な打撃を被ったとはいい難い。むしろ重大なことは、エジプト産穀物の流れの方向が従来のようにコンスタンティノープルではなく、アラビア半島の聖地(メッカ・メディナ)に向けられるようになったことに付随する本質的な貿易構造の変化である。

(2)　A・R・ルイスの主張するように、ビザンツ帝国の経済戦略が地中海の軍事的・経済的緊張を高めたのは事実であろう。

(3)　八・九世紀にわたって、ビザンツ帝国は地中海の中心部で戦略的に重要な地位を占めていたが、アラブ勢力の拡大するなかで、東西間の貿易関係は徐々に進展した。こうした状況のなかにあっても、西側の市場的生産は乏しく、見返り商品としては奴隷(スラブ系)が唯一のものであった。両世界を結ぶ国際貿易を担っていた代表的商人としては、ユダヤ系商人ラーザーニーヤ(al-Rādhāniya)とルース商人が活躍したが、その他の商人の活動については明らかでない。

(4)　アラブ地理学者たちには、南イタリア地方を除いて、西ヨーロッパの地理的知識が乏しかった。これは両者間に交渉関係が途絶えていた証拠とは必ずしも断定し難い。国家使節の交流やチュニジア地方とイタリアとの間の緊密な交流があったことは事実である。

(5) M・ロンバール(Maurice Lombard)やS・ボーリン(Sture Bolin)は、ピレンヌ・テーゼに反論して、西ヨーロッパ側とイスラム世界との間に活発な貿易関係があったことを、貨幣の交換関係によって立証しようとした。その際に、西ヨーロッパのカーロリンガ朝のマンクース貨の存在によって、イスラム世界と西ヨーロッパ側との間に活発な経済交流があったと考えた。しかし、これらの貨幣は健全な交易の結果として西ヨーロッパ側にもたらされたのではなく、おもに戦利品として集められ、退蔵されたものが多い。

(6) S・ボーリンは、カーロリンガ朝のディナリウス銀貨とアラブ貨幣の価値変動との相関関係を詳細に分析することによって、東西間の密接な交易関係の証拠としたが、貨幣分布圏は政治的・宗教的領域とは必ずしも一致しない。また、貨幣交換率の変動が東西間の経済交流の存在を直接的に反映するものでもない。

以上の諸事実を分析した後で、C・カーエンはこの問題について、つぎのように結論づけている。地中海の内的交流関係は、アラブ人の進出によっても決して完全に途絶したのではなかった。しかし二、三世紀間にわたって、同時期のムスリムたちの商業拡大が専ら東の方向に起ったことと比較すると、地中海では確かに断絶がみられた。十世紀、とくに十一世紀になると、本物の交流関係が直接的に、しかも緊密に展開した。イスラム世界の経済的隆盛がこのことと大いに関連していることとは疑いの余地がない。こうした状況のなかで、かねてからムスリム側の諸国家に煩わされずに、より東への経済的進出を目指していたイタリア商人たちの活躍が開始された。

一方、A・S・エーレンクルツ(Andrew S. Ehrenkreutz)は、ピレンヌ・テーゼについて、別の観点から検討しようと試みている。彼は、その論文「ピレンヌ・テーゼに関する別のオリエンタリストの見解(Another Orientalist's Remarks concerning the Pirenne Thesis)」の中で、ピレンヌ・テーゼを検討する前に、まず中世初期におけるアラブ支配下の西アジア経済発展の性格とその結果について、さらに十分に研究を深める必要があること、またアラブ・イスラム経済のなかで地中海はもはや国際的な経済交流の舞台として古代と同じような重要な役割を果たさなくなっていたこと、の二点を指摘している。つまり、アラブ人がビザンツ帝国とサーサーン朝ペルシャ帝国の政治版図を統合して、西アジアを広く覆う共通の国際市場をつくり上げ、さらに都市の発達やカリフたちの経済政策によって遠隔地貿易の発展を促したことから、西ヨーロッパ市場や地中海を必要としない新しい貿易構造が成立したのである、と述べている(26)。

すでに指摘したように、ピレンヌ・テーゼに対するイスラム研究者たちの関心は、概して薄く、未だ十分に論議が尽されているとはいい難い。今後、さらにイスラム史側からの積極的な研究、それは地中海史を単に征服史とか、軍事的・政治的関係のなかでみるのではなく、イスラム世界全体、さらに西ヨーロッパ、ビザンツ帝国、黒海、ユーラシア・北欧、サハラ南縁のスーダン地域、インド洋海域などを含めた広域的・多角的な視野のなかから究明していく必要があろう。

以上、ピレンヌ・テーゼをめぐるイスラム研究者たちの諸見解を紹介するのに紙数を費やし過ぎたが、最後にムスリムの地中海進出に関連する私なりの今後の研究の見通しを総括して置きたいと思う。

第一点は、ピレンヌ・テーゼを検討する際に、まず考察すべき点は、問題の舞台となる地中海世界とは何か、海上という共通の活動舞台、歴史展開の場をどのようにとらえたらよいか、それが陸上における国家的広がりや支配、地域社会によって区切られる領域とはどのように異なるのか、といった問題である。多くの古典研究者たちは、古代ローマ帝国の崩壊と共に地中海世界は消滅したと主張する。しかし、地中海とその周縁部を包括する自然地理・生態系と人間活動の舞台は、古代ローマ帝国の崩壊以後も様々な歴史的な変化、国家の興亡、文明の形成と展開、人間の移動と流入・衝突などの外的刺激を受けながらも、その独自の構造と機能を持ち続けることで、他の世界に対して大きな役割を果たしてきたといえよう。つまり、有機的結合体としての地中海世界は、古代以後も継続してとらえられるのではないか。そのことによって西ヨーロッパ・ビザンツ帝国・イスラム世界というそれぞれ異なる政治・宗教・経済圏のなかでのみ歴史を解釈しようとする既存の狭い国家枠や地域枠に基づく認識への挑戦が可能となるのではないだろうか。ピレンヌ・テーゼのもつ最大の功績は、まさにこの点に関する警告として解釈すべきであろう。海上という活動圏は、陸上とは異なって、国家的勢力・集団・宗教・イデオロギー・法規範・言語などの差異と対立を超えて、ニュートラルな交流を可能にする共通媒体として機能したことである。つまり、海とそれによって結びつけられた地域空間＝海域は、陸上で問題となるような領有・支配と独占といった領域支配の観念が適応しにくい、いわば自由交流圏として、歴史的に重要な役割を果たしてきたといえよう。七・八世紀のムスリム勢力による地中海進出期に、ビザンツ帝国との間に軍事的な対立が激化しても、両者の間の経済的・文化的交流関係が全く途絶したとは考え難い。国家間の軍事的・政治的対立は、海上民や商業民の活動にはむしろ好都合な条件を提供した。

第二点は、地中海とその周縁部は、自然的にも歴史的にも一つの共通世界としての性格をもっていた。しかし同時に、地中海の中央部を貫くキプロス・クレタ・シチリア・マヨルカ・バレアレスなどの島々によって区分される北と南の海域、またイタリア半島・シチリア・チュニジアによって区分される東と西の海域に区分され、それぞれの海域は、西ヨーロッパ・ビザンツ帝国とアラブ・イスラム帝国およびイスラム世界との関わり方に地域的・時代的差異があって、単純・一律に取り扱うことはできない。

第三点は、経済的・文化的により高度に発達したムスリム側にとって、西ヨーロッパ・キリスト教世界は経済交流の相手として甚だ魅力に乏しかった。ムスリム側の中心的関心は、西ヨーロッパよりもサハラ南縁のスーダン地域にあった。スーダン地域からもたらされる金地金《じがね》は、アッバース朝時代にはバグダードに運ばれて、東方のマーワランナフルやチベット地域からの銀地金と共に、イスラム世界の金融市場を左右するような重要な役割を果たした。西ヨーロッパとの貿易においては、ムスリム商人ではなく、ユダヤ系商人たちがアンダルスやゴールの境域市場でスラブ奴隷・毛皮・刀剣などを購入した。しかも、これらの商品の大部分は、ムスリム商人たちによって西トルキスタン〜ブルガールやカスピ海〜ハザル経由のルートで運ばれてきたので、東イスラム地域の人びとにとって必ずしも西ヨーロッパ市場の必要性はなかったといえよう。

第四点は、八・九世紀において、ビザンツ海軍の東地中海における反撃は激しく、シリア海岸やナイル・デルタ地域までも彼らの侵略を受けた。一方、アッバース朝は専らインド洋周縁部との経済的交流に関心があったために、ビザンツ海軍と対抗して地中海に進出しようとする積極的な意欲はなかったと思われる。なおトレブゾンド・アダナ・タルスースなどの黒海と東地中海の境域市場やコンスタンティノープルでは、ムスリム商人・アルメニア系キリスト教徒たちが訪れてビザンツ側との交易活動が継続した。

第五点は、西地中海では、アンダルスとチュニジアとの間の文化的・経済的交流関係が八世紀前半から盛んにおこなわれ、その影響はカタロニアや南フランス地方の人びとにも及び、他のヨーロッパ地域に先がけて都市化と商業化の動きがそれらの地方にみられた。

第六点は、かつて地中海世界を結びつけていた大規模な海運活動による穀物貿易は、チュニジア・エジプト・シリアがいずれもムスリム勢力のもとに入ったことで終息した。このことによる影響は多方面に及び、地中海の交流構造を大きく変えた。

第七点は、西ヨーロッパ世界の内陸化は、古典ローマ文明の周縁部への波及、とくにゲルマン人のキリスト教化とローマ化にともなう必然的帰着であるとみることができる。すなわち、ゲルマン人の活動は地中海世界を媒介として国際的交易ネットワークと結びつく構造ではなく、むしろヨーロッパ内陸部の農村・牧畜経済を中心とする傾向をもっていた。従って、地中海は、彼らにとっては異域接点の一つとして位置づけられていたと思われる。その異域接点＝境域には、宗教的・文化的活動のセンターである教会・修道院・巡礼地が配置されることで、ヨーロッパ・キリスト教社会の内的安定を維持しようとした基本構造が生まれた。境域は、異文化・社会と接する緊張の場であって、同時にイスラム世界の先進的文化の流入する窓口でもあった。西ヨーロッパの勢力がこの境域を越えて、イスラム世界への拡大を開始したのは、十一世紀後半以後のことである。それはヨーロッパ内部の農業生産の増大にともなって人口が増大し、イスラム社会・文化に対する恐怖と劣等の意識が激しい敵対と反発の意識へと転換していく過程で起ったのである。

六　エジプト産小麦の流通構造

豊かな穀物生産地を近くに控えた一部の都市を除いて、古代や中世の多くの都市は、その主要食糧の供給を近郊の農村部だけでなく、かなりの遠隔地にある、限られた大規模な農業地帯からの定期的な食糧輸送によって支えられていた。従って、穀物の生産量や集荷・取引・流通と運輸の諸状況がつねに国際経済の動向を左右するような大きな影響力を及ぼし、ときには国家間の対立・抗争、そして都市の繁栄と衰亡を決定した。

地中海の周縁部における穀物、とくに小麦の主要産地は、エジプト・ナイル峡谷、シリア(北部はアレッポ付近およびヒムスと地中海沿岸部、中部はバァルバク高原、南部はハウラーン、ゴラン高原、トランス・ヨルダン)、チュニジア(北部と中部高原)の三つの地域であった。古代ローマ帝国は、これらの穀倉地帯に対する軍事的・政治的・経済的支配と海上輸送システムを確立することによって、地中海世界の統一を完成しようと努めたのである。ビザンツ帝国もまた、古代ローマ帝国の政治的・文化的継承者として地中海支配に乗り出し、とくにエジプト産の良質小麦を首都のコンスタンティノープルに集荷するための輸送艦隊を組織した。

すでに前節(第五節)で説明したように、七世紀半ばに入ると、これらの地中海周縁部の穀物産地がすべてアラブ・ムスリム軍の支配する領域に組み込まれ、それが契機となって、地中海をめぐるネットワーク構造が大きく変化したことは言うまでもない。

軍事的征服は、必ずしも明確な一つの目的をもって実行されるのではなく、様々な要因と偶発的な事件とが重なって拡大・進行するものであるから、アラブ・ムスリム軍のエジプト征服が初めからエジプト産穀物を獲得することを目的にしていたとは断定し難い。しかしアラビア半島の、とくに農業自給力のないヒジャーズ地方に住むアラブ人たちが、イラクのサワード地方やシリア地方と並んで、ナイル川の河畔に広がる肥沃な農耕地帯に対して強力な憬れを抱いていたことは明らかであろう。結果的には、アラブ・ムスリム軍によるエジプト征服がエジプト産穀物をヒジャーズ地方に運び、その慢性的な食糧不足を解消する最良の手段となった。こうして、かつてローマ帝国やビザンツ帝国の穀物倉庫であったエジプトは、アラブ・ムスリム軍による征服後、ヒジャーズ地方の、とくにメッカやメディナの人びとにとっての穀物倉庫となったのである。

バラーズリーの『諸国征服史』が伝えるところによると、

ヒジュラ暦二一年(六四一/六四二年)、[カリフ]ウマル・イブン・アル＝ハッターブはアムル・イブン・アル＝アースに書簡を送り、メディナの住民たちが[食糧不足に]困っている情況を伝え、[エジプト地方の]ハラージュ税として集めた穀物を海上ルートでメディナに輸送するように、と命じた。それに答えて食糧と一緒に油類が[ヒジャーズ地方に向けて]運ばれることとなった。[それらの食糧が]ジャール[港]に着くと、サァド・アル＝ジャーリーがそれらを一括管理するために受け取った。その後、メディナにある倉庫(dār)に置かれ、量目を計って人びとに分配された。このような輸送は、第一次内乱のときに一時中断されたが、ムアーウィヤとヤズィードの時代にも続けられた。

とある。(27)ヤァクービーによると、アムルによって送られた食糧は、三〇〇〇イルダッブ(エジプトでは一イルダッブが一九七・七リットルの容量に相当する)、クルズム港から二〇艘の船団で運ばれたという。(28)エジプト征服の指揮官アムルは、その後も定期的にヒジャーズへ食糧輸送を続けるために、「アムニス・トラヤヌス運河」と呼ばれた運河を改修・整備して、フスタートからビルバイス・ティムサーフ湖・ビター湖を経由し、紅海の港クルズムに通じる水上輸送ルートを完成させた。その後、この運河は「敬虔なる信徒の長(カリフ＝ウマル)の運河(Khalīj Amīr al-Mu'minīn)」と呼ばれ、アッバース朝カリフ＝マフディーの治世代の七八〇年までは、ここを通ってエジプト産穀物が定期的にヒジャーズ地方に運ばれた。マクリーズィーによると、アッバース朝の第二代カリフ＝マンスールの時、アリー派(シーア派初代イマーム＝アリーを支持した人びと。シーア・アリーの党派)のムハンマド・イブン・アブド・アッラーフ・ハサンがメディナを占拠したので、カリフはエジプトの地方官にあてて書簡を送り、クルズムの運河(＝カリフ＝ウマルの運河)を埋め立てて、エジプト産穀物がメディナに輸送できないようにする命令を出した。これによって運河は埋め立てられ、ナイル川・紅海とヒジャーズ地方とを結ぶ海上輸送ルートは閉鎖された。(29) しかしその後もヒジャーズ地方向けの穀物輸送は、その一部はアカバ経由の陸上キャラバンによって、またクルズムからシナイ半島沿いに紅海を南下して、ジャールやジッダに達する海上輸送によって続けられた。ヤァクービーによると、十世紀初め、クルズム港はヒジャーズ向け穀物取引の重要な根拠地として賑わい、富裕な商人たちがそこで活動していた。(30)

十世紀後半の地理学者ムカッダシーは、ヒジャーズ地方に向けて輸出される小麦がマシュトゥールという町で製粉・加工されることを伝えて、「マシュトゥールには、聞くところによると、製粉工場が三六〇カ所あるといわれている。ヒジャーズで消費される食糧、つまり小麦粉と乾燥パン(ka'k)の大部分は、ここから運び出される。その年のある時期、私はそれを数えてみると、ラクダが毎週、運び出す積み荷が三〇〇〇荷にも及んだ。そのすべては、穀物と製粉加工されたものであった」と述べている。[31] マシュトゥールは、マシュトゥール・アッ＝タワーヒーン（製粉工場のマシュトゥール Mashtūr al-Ṭawāḥīn）、またはマシュトゥール・アッ＝スーク（市場のマシュトゥール Mashtūr al-Sūq）と呼ばれて、ナイル・デルタのシャルキーヤ地方、ビルバイスの南西に位置して、製粉加工工場の町として知られた。

上エジプト地方のマンファルートやアスユートの周辺地域は、良質の小麦生産地として有名であった。集荷された小麦は、そこから穀物輸送船《ハンマーラ》(ḥammāla)に積んでナイル川を下り、フスタートに近いブーラークやマクスの船着場に集められた。荷は、船着場に隣接するエジプト地方官の管理する倉庫に一時的に貯蔵された後、ナイル川の増水期にカリフ－ウマルの運河またはラクダ・キャラバンによって、マシュトゥールまで運ばれ、そこで製粉加工された。キンディーの伝える記録によると、八世紀初めに、ビルバイスとクルズムとの間の穀物輸送には、カイス系アラブ族のラクダ・キャラバンが活躍していた。[32] 彼らによるキャラバン輸送は、カリフ－ウマルの運河が埋め立てられた九世紀後半以後、さらに一層重要性を増したものと考えられる。十世紀半ば、クルズムでは到着するキャラバン隊の積み荷一荷につき一ディルハムの通関税が課せられていた。クルズムの市場では、商人たちによって穀物取引がおこなわれるが、とくにコプト系商人が穀物貿易に活躍した。彼らは、カリフ－ウマルの時代、すでにメディナの市場で小麦や干しブドウの商売をおこなっており、それに対して取引税が課せられていたことがわかる。

スエズ湾と紅海を南下する海運は、四月半ばから七月にかけて卓越する北風（シャマーリー al-

Shamālī, Rīḥ al-Shamāl)をとらえておこなわれた。クルズムでは、穀物は出航の時期を待って港の倉庫に保管された。紅海の北側海域における船の航行条件は、珊瑚礁の暗礁があり、また逆風や渦巻きが多いために極めて悪く、熟練の航海案内人《ルッバーン》(rubbān)を雇っても航海は昼間だけに限られていた。穀物船は船団を組んで出帆し、シナイ半島に沿ってスエズ湾・紅海を南下し、順風であれば二〇日から二五日の航海でヒジャーズ地方の港ジャール、またはジッダに到着した。ムカッダシーによれば、クルズムとジッダとの間の航海日数は、順風で二五日間、逆風であれば六〇日間を要した。(33)ジャール港は、メディナまでキャラバンで二日から三日の距離にあって、カリフ－ウマルの治世代にはそこに穀物貯蔵用の要塞が建設された。ヤァクービーは、九世紀半ばから後半にかけてのジャール港について、「ジャールには、商人たちの船とエジプトから食糧を運んでくる船が入ってくる」(34)と述べているが、十世紀以降になると、次第にジッダに海運と貿易活動の中心が移っていった。ジャーヒリーヤ時代と預言者ムハンマドの時代には、メッカの外港はシュアイバであったが、カリフ－ウスマーンは、シュアイバに代ってジッダに活動の中心を移したといわれている。ヤァクービーの時代には、ジッダはエジプトからメッカに運ばれる喜捨《サダカ》の商品や食糧が荷降ろしされて、すでに重要な地位を占めるようになっていた。その後、イスラム世界の宗教的・経済的センターとして、メッカの重要性が高まるにつれて、その外港としてジッダは、エジプト・ヌビア(スーダン)・イエメン・インド方面とを結ぶ国際的海運と貿易活動の拠点となった。

クルズムからジャールやヤンブゥおよびジッダに達する穀物の海上輸送は、十一世紀半ばまで続けられたが、とくに十字軍勢力がナイル・デルタ地域、パレスティナ海岸やシナイ半島にまで侵攻してくると、その輸送は困難になった。そこでナイル川中流のクースおよびイスナーやアスワンからエジプト東部砂漠を越え、紅海沿岸のクサイルとアイザーブに出て、紅海を横断し、ジッダに至る別のルートが盛んに利用されるようになった。とくにアイユーブ朝スルタン＝サラーフ・アッ＝ディーン(在位一一六九—九三年)の治世代から、マムルーク朝スルタン＝バイバルス(在位一二六〇—七七年)の治世代の末までの約百年間にわたって、アレクサンドリア・カイロ・フスタート・クース・アイザーブ・ジッダを結ぶ陸上と水上の連続ルートが、国際的交通・運輸と貿易活動の幹道として重要な機能を果たしていた。しかし十四世紀以後になると、シリア・パレスティナ海岸における十字軍の脅威がなくなったこと、また上エジプト方面におけるベジャ系やアラブ系遊牧諸集団の反乱や交通遮断などによって、次第にアカバ経由の陸上ルートと、スエズおよびトゥールから紅海を下りヤンブゥとジッダに至る海上ルートの利用が重要となってきた。ハリール・イブン・シャーヒン・アッ＝ザーヒルの『マムルーク研究と諸道解明の要覧(Kitāb Zubdat Kashf al-Mamālik wa Bayān al-Ṭuruq wa'l-Masālik)』によると、十五世紀初めのジッダには、毎年百艘以上の大型船が商品を積んで到着すること、二万ディーナールの関税収益があること、またヤンブゥでもトゥール海岸を経由して穀物が毎年運ばれ、それに課せられる関税は毎年、三万ディーナールにも及んだ、という。[35]

以上のように、イスラム時代以後、かつて地中海世界の軍事的・経済的統一を支えた重要な柱であったエジプト産穀物は地中海を渡ることなく、代って紅海を経由してヒジャーズ地方に運ばれ、さらにアッバース朝時代にはユーフラテス川を通ってバグダードまで輸送されて、増大するその都市人口を支える役割を果したのである。

地中海を隔てた南北間に再び活発な海運活動が再開するのは、イスラム世界側がアナトリア地方や黒海沿岸部からの多量な木材輸入を必要とするようになった、十一世紀半ば以後のことであった。すなわち主にイタリア都市商人たちは、木材輸送に適した大型のラウンド・シップの開発によって、地中海における新しい海の担い手として急速に活躍するようになった。なお地中海南部海域のシリア・エジプトとイフリーキーヤ・マグリブとを結ぶ東西間の長距離航海は、九世紀前半から急速に復活し、とくにファーティマ朝がエジプト進出した十世紀半ば以後には、インド洋にまたがる広域的交流圏を形成するようになった。

七　ウマイア朝衰退の経済的要因

歴史的シリア（アッ＝シャーム）とは、現在のシリア・レバノン・ヨルダンとイスラエルの領土にほぼ相当し、西側は地中海、東側はレバノン山脈に続くシリア砂漠、メソポタミア北部のジャズィーラ地方、中央部は東・西のレバノン山脈のつくる山岳・高原・峡谷地帯、北側はタゥルス山脈と北シリア境域地帯、南側はアカバ湾・シナイ半島・ナフード砂漠などによって囲まれた地域である。

この地域は、アラビア半島の付け根、ユーラシア大陸とアフリカ大陸との接点、しかも地中海とインド洋とを結ぶイラク・ペルシャ湾軸ネットワークとエジプト・紅海軸ネットワークの通過する国際的交通・運輸と貿易活動の要衝地に位置していることから、古来、様々な国家権力の興亡、都市文明と流通経済の発達がみられた。

シリア総督のムアーウィヤは、新しい政権の中心をヒジャーズ地方ではなく、ウマイア家が多年にわたって勢力を維持してきたシリアの地に移した。農業生産に乏しく、しかもアラブ系諸部族の間の対立、様々な政治運動の続くヒジャーズ地方よりも、華々しい都市文明の伝統をもち、しかも国際的交通・運輸の要地のシリアを新しいアラブ・イスラム帝国の拠点とする方が政治的・経済的に有利であるとのムアーウィヤの戦略的判断があったと思われる。しかも、それに加えて、シリア・パレスティナ海岸に防備態勢を配備し、海上艦隊を地中海の各地に派遣することによって、ビザンツ艦隊に対する軍事上の優位な立場を築くことも期待されていたのであろう。では、イラクの事情はどうであったか。エジプトのナイル峡谷地帯と並んで、イラクのサワード地方は豊かな農業生産の中心地であり、メディナのアラブ支配者層のなかに、サワードの農業開発に強い関心を抱く人びとがいたことも事実である。またホラーサーン・マーワランナフル・シンドなどの境域地帯に派遣されるアラブ戦士たちの前哨基地として、クーファやバスラなどの軍営地《ミスル》の重要性はますます高まっていた。こうした軍営地は、単に軍事的機能だけでなく、すでに活気にあふれた文化的・経済的活動の新しいセンターとして大きく発展しつつあった。このようにイスラム世界の形成と統合を支えるにふさわしい文化的・経済的活力は、ウマイア朝成立の前後の頃から、すでにこうしたイラクの諸都市に萌芽し始めていた。しかしムアーウィヤは、むしろこうした時代の流れに逆らうように、活力を失いつつあったヘレニズム文化・思想の中心地シリアをウマイア朝政権の中心に置いたことは注目に値する。つまりムアーウィヤにとって、ウマイア家に敵対するアリー派や諸部族・党派が集まり、さらにマワーリー問題(マワーリーとは被護民のことであり、非アラブ・ムスリムであるマワーリーの急激な増加によって、保護者であるアラブの有力者との間で対立・摩擦が引き起こされた)でも混乱の渦巻くクーファやバスラに、新しい政権の場を移すことはできなかったのである。

最近のP・クローネやM・クックの『ハガリズム研究』に示されているように、様々な文化の重積と交流の要地シリアを中心とするウマイア朝政権の成立は、イスラム教の独立宗教としての発達と思想形成に重大な貢献をしたことが考えられる(36)。ヒジャーズ地方に誕生した、いわば粗削りのイスラム信仰は高度文明の交流の地シリアにおいて、一神教的先進文化のキリスト教やユダヤ教、さらにギリシャ思想と本格的な接触を果たし、その過程で、深い影響を受けることとなった。ヘレニズム文化の伝統は、とくに北シリアの境域地帯に分布する諸都市——ハッラーン・アンバール・ウルファ(エデッサ)・アンターキーヤ(アンティオキア)など——に色濃く継承されていた。境域地帯は、異質文化・思想の接触と継承の場としても重要な機能を果たしたのである。このようにアッバース朝時代のイスラム神学とその思想体系の急速な形成・発展に先行する時期における、シリアの地での多様な異文化接触が重要な意義をもっていたことを忘れてはならない。

さてムアーウィヤは、シリアの地をアラブ・イスラム帝国の中心とするために、地中海への積極的な進出を計画した。すでに本章の第五節で述べたように、ムアーウィヤはカリフ-ウマルの治世代から、アラブ・ムスリム艦隊を編成してビザンツ帝国への攻撃を主張していた。アラブ・ムスリム艦隊はウマイア朝以前に、すでに「帆柱の戦い」でビザンツ艦隊に勝利し、その後もキプロス島・ロードス島・クレタ島などの東地中海の要衝である島々をつぎつぎに占拠していった。ウマイア朝時代に入ると、シリア海岸のアッカーやスール、エジプトのフスタートに近いナイル川の中洲ラウダ島、イフリーキーヤ地方のチュニスなどに造船基地が建設されて、東地中海の制海権をビザンツ帝国から獲得するための準備が着々と進められた。一方、ビザンツ帝国側の反撃もまた激しく、首都コンスタンティノープルに対するアラブ・ムスリム艦隊の包囲を解いただけでなく、キプロス島、シリア海岸、ナイル・デルタの要地ダミエッタ(七〇九―七一〇年、七三六年、七三九年)およびティンニース(七一九―七二〇年)に攻撃を加えた。マクリーズィーによると、七三九年、ビザンツ艦隊は三六〇艘を率いてダミエッタを攻撃し、殺戮と略奪を繰り返し、ムスリム軍との間に激しい戦闘が続けられたという。[37] とくに東地中海の海上交通と戦略上の重要拠点キプロス島をめぐる両軍の攻防戦は、ウマイア朝のほぼ全時期を通して続けられ、最終的には七四七年から七四八年にかけてのキプロス沖の海戦で、アラブ・ムスリム艦隊は撃退された。

ビザンツ艦隊による侵略によって、シリア・パレスティナ海岸の諸都市は経済活動が停滞し、古くから住んでいた多くのギリシャ系の人びとはアナトリア海岸やビザンツ帝国の領内に逃亡したために、無住の国境地帯となった。こうした無住化した海岸部には、ウマイア朝の政策によって、アラブ系・イラン系やインドのズットと呼ばれる集団が集められて、都市や農耕地の再建が進められた。ヤァクービーは、その著書『諸国の書(Kitāb al-Buldān)』のなかで、つぎのように記録している。

レバノンとサイダーには、クライシュ系とイエメン系の人びとがいる。ダマスカス軍管区の海岸地区の一つイルカ(Kūrat ʻIrqa)は、歴史ある町であったが、今ではそこには移住民(nāqila)のイラン人と[アラブ系の]バヌー・ハニーファのラビーア部族が住んでいる。アトラーブルス(タラーブルス)の町、そこの住民はイラン人。かつて、[カリフ-]ムアーウィヤ・イブン・アビー・スフヤーンは、彼らをその地に移した。そこには、彼らの持っている驚異的な規模の港があり、その港は一〇〇〇艘の船舶が収容可能である。ジュバイル(ビブロス)・サイダー・ベイルート、それらの地区の人びとはすべてイラン人である。ムアーウィヤ・イブン・アビー・スフヤーンがそれらの地に彼らを移住させたのである。(38)

またバラーズリーによると、北シリアのアンターキーヤでは、インドから移されたズット族が町に居住区《マハッラ》をつくった。(39) ウマイア朝とビザンツ帝国との間の東地中海覇権をめぐる激しい抗争によって、明らかにシリア・パレスティナ海岸やアナトリア境域地帯では、都市の要塞化もしくは無住化が進んで、定期的で自由な海運と商業活動はおおむね停止していたと考えられる。すでに本章第五節で述べたように、海上を通じての人間の交流関係は、たとえ戦争状態が続いたとしても完全な断絶があったとは考えられない。しかし戦争状態の長期化や度重なるビザンツ艦隊によるシリア海岸への侵入が、平和的な交易関係に大きな打撃を与え、そのために国際的ネットワーク・センターとしてのシリアの立場を危機的な状態に陥れたことは明らかであろう。この点は、シリアの地を中心として、東西に広がるアラブ・イスラム帝国の統合を達成しようとしたカリフ・ムアーウィヤの計画と相矛盾する結果を招いたのである。すなわち東側に広がるネットワークは、イラク総督のハッジャージュ・イブン・ユースフと彼の部下たちの活躍によって、シンド地方とマーワランナフル地方まで広げることができた。また西側では、イフリーキーヤ総督のムーサー・イブン・ヌサイルとその部下のアンダルス支配者たちによって、アンダルス・南フランスから地中海西海域の島々まで征服活動を拡大した。しかし肝腎の東地中海の海域では、一時はコンスタンティノープルを包囲するまでビザンツ帝国領内に進攻したが、ビザンツ艦隊の反撃に遭って後退し、シリア・パレスティナ海岸が両勢力の対峙する軍事的境域地帯となった。それによってシリアとイフリーキーヤ・マグリブ・アンダルスの諸地方に通じる地中海の東西を結ぶ長距離航海はおおむね消滅した。この意味において、A・R・ルイスがすでに説いたように、東地中海におけるビザンツ艦隊の反撃は、ウマイア朝の外的発展を阻害し、政治的・経済的要地としてのシリアの立場を危うくし、強いてはその国家衰亡に導く一つの重要な理由となったことが十分に推測される(40)。

ウマイア朝は、カリフ＝アブド・アル＝マリク(在位六八五―七〇五年)の治世代に、行政と統治機構が整えられて、領域内の支配体制が強化された。とくに首都ダマスカスと地方都市とを結ぶバリード(駅逓)制度の確立や、アラブ式貨幣の鋳造、度量衡の改革などが実施されて、広大なアラブ・イスラム帝国の版図内における交通・運輸のネットワークと貿易活動の発達に大きな刺激を与えることとなった。このバリード制度は、アッバース朝時代に入ると、さらに整備・拡充されて、バグダードを中心としてイスラム世界の境域地帯にまたがる交通・運輸のネットワークを発達させた。本来、バリード制度は、国家の軍事・政治と財政上の目的で設置されたものであるが、公道の安全維持、ラクダ・馬・ラバによる定期的な輸送、橋・水場・監視所・キャラバンサライ・倉庫などを含む総合的な交通・運輸の施設が設置されることによって、一般の人びとにとっても遠距離間の移動や物品の交換を迅速かつ安全なものとする便宜を増大させたことは言うまでもない。以上のようなカリフ＝アブド・アル＝マリクによる諸政策は、それまでの征服活動と戦利品獲得の時代が終わって、占領地に対する本格的な行政統治と経済発展による、国家の安定と繁栄を目指す新しい状況が開始されたことを意味していた。そして何よりも、ウマイア朝の政治的支配領域が東側はシンド地方、北側はマーワランナフル地方、西側は大西洋沿岸、ピレネー山脈までの中央アジア・西アジア・北アフリカとイベリア半島にまたがる広大な地理的空間を占めたことによって、古代的・地中海的な国際交易社会を超えた新しい文化的・経済的交流の場が開かれたわけである。

ウマイア朝時代における経済状況の位置づけの問題は、現存するアラビア語の地理書・旅行記の記録内容が主にアッバース朝時代の状況を伝えたものであり、ウマイア朝時代に関する具体的な流通経済の活動を知る記録史料が少ないことからも、未だ不明な点が多い。ウマイア朝は、独占的な専売制や高率市場税などを設けて、個人の商業参加に対する国家的な規制を加えることはなかった。確かに、商人たちの軍営地《ミスル》内への定住が禁止されたり、マワーリーたちの自由行動には数々の制限が加えられていた。しかし征服事業の遂行や占領地の長期的支配に必要な、食糧・家畜・衣料品や軍事物資の集積、軍営地に住むアラブ戦士とその家族たちへの生活必需品の供給のためにも、自由な商活動の発展が期待されていたことは言うまでもない。また戦利品として獲得された物品の一部は、インド方面に商品として輸出されることもあった。

ウマイア朝は、交通・運輸ルートの安全を守り、物資の輸送と商人の往来による交易を活発化することに特別の関心を払っていたと思われる。ハッジャージュ・イブン・ユースフは、アラブ遊牧民や盗賊が交通ルートを阻害した際には、直ちに命令を下してその危険を除かせ、インド・グジャラート沖の海賊に対しては、ダイブルへ艦隊を派遣した。河川交通では、ティグリス・ユーフラテスの両河川を下って、ペルシャ湾に出る水上ルートの安全保持と船による物品の輸送のために、バターイフ(湖沼・沼沢地帯)の危険な場所には蘆造りの監視小屋が設けられた。ホラーサーン地方では、征服地にキャラバン隊の宿泊所《ハーン》が、またエジプトのフスタートにはカリフ－マルワーンとカリフ－ヒシャームによってカイサーリーヤ(商品の保管と交換取引のための公的な場所 qaysāriya)が設置されて、ラクダ・山羊・羊・食料品・衣料品と武器などの交換・取引が営まれた。バラーズリーの報告によると、カリフ－ヒシャームは、シリア海岸の造船所をアッカーからスールに移すと、そこには同時にフンドゥクと倉庫(mustaghill)を建設した。[41] このフンドゥクが、十一世紀以後、とくにファーティマ朝領内やマグリブ地方の各地に多く設置された商館・商人宿と同じ機能をもったものであるとすると、ウマイア朝がすでに地中海貿易振興への努力をしたことが考えられる。

すでに述べたように、クーファ・バスラ・ワーシトやフスタートなどの軍営地には、常設の市場《スーク》が設置されて、次第に商業都市としての機能をもって目覚しい発展を遂げるようになった。クーファでは、すでにカリフ・ウマルの治世代に市場が設けられていて、そこには小売り商人たちが店舗と廻廊を構え、町の一万人のアラブ戦士たちに必要な穀物を準備させたという。クーファだけに限らず、多くの軍営地内の市場は商人や手工業者たちが彼らの職種ごとに配置され、居住区についても街区ごとに区分されていた。そこには、地方総督の任命する市場監督官(ʿāmil ʿalā al-sūq, muḥtasib)や地区長(ʿārif)と呼ばれる役人が居て、管理をおこなっていた。彼らの任務は、市場内における警察権の行使、紛争の解決、徴税、正当な取引や社会慣行の維持などであったが、商工業の活動に制限を与えるためのものではなく、むしろ初期イスラム都市の健全な発達に大きく寄与したと考えられる。彼らは、アッバース朝以後、専らムフタシブという名称に統合されて、その職務権限はとくに市場の商業・手工業の監督、社会慣行の維持などに重きが置かれた。ワーシトでは、職種ごとに分けられた街区《キトア》に両替商(ṣayrafī)が配置されて、商業と金融活動が円滑におこなわれる役割を果たしていた。両替商は、単に貨幣の交換だけでなく、国家の徴税組織の一端を担っており、また通貨の発行と信用制度を確立し、国際的商業の発展に必要な資金の貸付、手形の発行および交換などの金融業務をおこなった。こうした街区内および市場内の両替商は、国家による経営ではなく、私設の金融機関であって、金融業務に関する豊かな経験と広いネットワークをもった非アラブ系の人びと、とくにユダヤ教徒・イラン人・コプト教会派キリスト教徒あるいはインド出身の人びとが重要な役割を果たした。またヒジャーズ地方の富裕なアラブ人たちのなかには、戦利品や俸給として支給されたアターの一部をこうした両替商に貸付けて、資金運用をおこなう人びともいた。ウマイア朝時代、バスラの経済的繁栄の基礎は、おそらくヒジャーズ出身のアラブ富裕者たちからの多額な資金の流入によって支えられていたとみるべきであろう。ウマイア朝政府に反旗を翻したヒジャーズの名門出身のイブン・ズバイルは、メディナ・アレクサンドリア・フスタート・クーファ・バスラなどにこうした金融機関の支店網(khiṭaṭ)を設けて、莫大な資産を獲得した。

ジャーヒリーヤ時代に繁栄したアラビア半島内の定期の年市(スーク)は、アラブ征服にともなう運輸と貿易システムの変化の影響を受けて消滅したが、バスラに近いミルバドだけは唯一の例外であって、バスラに付属する市場として繁栄を維持した。ミルバドは、その地理的位置が、ちょうど砂漠とメソポタミアの緑地との境域地帯にあって、半島内のアラブ系遊牧民がそこに集まり、サワード地方に住む都市・農業の定住民たちとの間に物品の取引と情報の交換がおこなわれた。つまりそこでは、遊牧民のもたらすラクダ、乳製品や毛皮と、農耕民によるナツメヤシの実や穀物とが交換された。歴史家タバリーによると、そこは皮鞣《なめし》業者たちが集まる場所であるという。(42) ミルバドのような定期市は、フージスターン地方のアフワーズ近郊や上メソポタミアのマウスィル(モスル)

などにも残されていたが、家畜市を除いて、大規模な定期市はイスラム都市内の常設市の発達にともなって、次第に消滅していったと考えられる。

さて四代カリフ時代からウマイア朝にかけての、初期イスラム時代に活躍した国際的な商人とは、どのような人びとであったのか。また彼らの商業組織・規模と特徴はどのようなものであったのか。以下では、初期イスラム時代における商人の具体的な活動状況について、わずかな情報史料によって知り得た諸点を述べてみたい。

アラブ・ムスリム軍による征服活動が継続し拡大している地方では、おそらく自由な経済活動は停止し、人びとの往来にも厳しい制限が加えられていたが、さきにも述べたように、軍の遠征のために必要な各種の軍事物資・食糧の調達のための、また獲得された戦利品を買い上げる商人たちが存在したことは確かであろう。S・A・アリーは、その著書『ヒジュラ暦一世紀のバスラにおける社会経済制度』のなかで、そうした初期の商人の多くは一緒に戦っていた戦士であり、指揮官と親しい関係をもち、ときにはスパイ行為を託されることもあった、と述べている(43)。彼らは、軍隊の装備と遠征に必要な資金を貸付けたり、戦利品を地方の市場やバスラに運び、貯蔵と売却をおこなって大きな利益を得ていたという。初期イスラム時代における大規模な商業活動は、こうしたアラブ・ムスリム軍の征服活動と結びついた、一部の特権アラブ商人たちによっておこなわれた。歴史家バラーズリーは、ワーキディーの情報を引用して、つぎのような興味深い事実を伝えている。

アブド・アッラーフ・イブン・カイス・イブン・マフラド・アル＝ディザキーはシキッリーヤ

(シチリア島)を獲得して、宝石をちりばめた金・銀の偶像を戦利品として得た。すると彼はそれをムアーウィヤのもとに送った。ムアーウィヤは、それをインドへ向けて運ぶために、バスラに回した。なぜならば、それらはインドでは高値で売却されるからである。(44)

つまり以上の記録は、カリフ＝ムアーウィヤ自身が戦利品の一部をバスラの商人に委託して、インドに売却していたことを示している。

ヒジャーズ・シリア・イラクに居住するアラブ支配層・高級官僚や一部の戦士たちは、戦利品や属州から徴収される税やアター(功労者への年金、およびアラブの軍人・官僚に対する俸給)による収入などによって、急激に富裕化した。彼らは、そうした財産の一部を、都市内の家屋や店舗などの不動産、サワード地方の農業開発、運河の開鑿、灌漑事業に投資したり、商人・金融業者への貸付などの資金運用をおこなった。富裕層の人々による奢侈品への需要が次第に高まったことも考えられる。また征服活動の沈静化、交通・道路事情の安定、領土の拡大が国際的規模での商業活動の発展に大きな活力を与えた。そして何よりも、ビザンツ帝国とサーサーン朝ペルシャ帝国との軍事的・経済的対立によって、六世紀半ば以来、長期間にわたって遠隔地からもたらされる物品の流通システムが混乱状態にあったことによって、西アジア地域や地中海沿岸部の諸都市の間に国際商業の再開を待望する動きが高まっていたことも事実であろう。

以上のような諸状況のなかで、新しく登場した商人層は、かつてアラビア半島西岸ルートのキャラバン交易に活躍したアラブ系の人びとではなく、ウマイア朝政府から異端とされたイバード派商人、アリー派シーアの人びと、ユダヤ教・ネストリウス派キリスト教・コプト教会派キリスト教などのズィンミーや、イラン系マワーリーなどの人びとであったことが注目される。彼らは、いずれも強固なコミュニティーの結束力と広域的な情報ネットワークを生かして、資金の出資・運用、情報交換、商品の購入と販売をおこなって、アラブ・イスラム帝国の内外にまたがる国際商業に活躍するようになった。

ハワーリジュ派のイバード教団の文献によると、八世紀初めに、バスラとオマーン地方出身のイバード派の商人アブー・ウバイダ(Abū 'Ubayda 'Abd Allāh b. al-Qāsim)とナザル(al-Naẓar b. Maymūn)の二人が中国を訪れたことが知られる。彼らは、インド洋の海上ルートによってオマーンのスハール、シンド地方のダイブル、マンスーラ、スリランカ、マライ半島のカラ(カラバール)などを経由して南中国の貿易港・広州に達し、そこで沈香木を購入した。[45] イバード派の人びとによるミッション活動と商業のネットワークは、中国方面だけでなく、東アフリカやシリア、イフリーキーヤ、さらにはアトラス山中の諸都市、サハラ・オアシス地帯にまで及んだ。『ザンジュの書(Kitāb al-Zunūj)』に残る伝承によると、カリフ＝アブド・アル＝マリクの時代、アラブ系移住者たちが東アフリカ海岸に居留地を建設したことが知られている。[46] この伝承は、アブド・アル＝マリクの没後、イバード派の人びとが弾圧されて、各地に逃避したことの歴史的事実を反映したものと考えられる。彼らはとくに軍営地から急速に商業活動の中心地として繁栄しつつあったペルシャ湾頭のバスラを拠点にイラク・ペルシャ湾軸ネットワークに沿って、東西に活動拠点を広げていった。

彼らの西側の重要拠点は、イフリーキーヤ地方のジェルバ島、ジャバル・アン＝ナフーサ山中の諸都市、ファッザーン地方のザウィーラなどにあって、アッバース朝時代になるとサハラ砂漠を越えてニジェール川の河畔まで達した(後述第三章第五節参照)。彼らの商業活動の実態は、史料的には明らかでないが、インド洋貿易では香辛料・薬物・象牙・木材(チーク材・ココヤシ材)を、またサハラ貿易では対インド貿易で需要の高かったスーダン金の輸入をおこなっていた。

イブン・フルダーズベがその書『諸道・諸国の書』のなかで伝えているユダヤ系商人のラーザーニーヤ(tujjār al-Rādhānīya)の記録は、[47]その内容から考えて明らかに七世紀末から八世紀初めにかけての状況と一致している。すなわち彼らは、イバード派商人たちと並んで、イスラム初期における国際商人の代表的類型であると考えられる。彼らの活動圏は、イバード派商人の活動した範囲よりも広大な地域に及んでおり、西側ではフランク王国(メーロヴィンガ朝末期からカーロリンガ朝初期)とビザンツ帝国と結びつき、東側ではインドと中国、さらには内陸アジアを横断してカスピ海の北側のハザルを経由、ビザンツ帝国の首都コンスタンティノープルに達する海上・陸上の両ルートを循環する国際交通・運輸と貿易のネットワークであった。では、このような広大な商業とコミュニティーのネットワークを彼らはどのようにして築くに至ったのか。さきにも述べたように、彼らの移動・植民のネットワークは、おそらく三・四世紀以後、アラビア半島の西岸ルートに沿って、ヒジャーズ・イエメン・エチオピアに向かって拡大していったものと考えられる。そして五・六世紀になると、そのネットワークの末端は、インド洋を横断してスリランカ・インド・マライ半島にまで及び、七世紀末には南中国の窓口である広州にまで達した。一方、西側では、H・ピレンヌの説明にあるように、彼らは六世紀から七世紀の初めに、地中海沿岸部の諸都市においてシリア人やギリシャ人と並んで、海上貿易商(transmarini negociatores)として幅広く活躍していたことが知られている。(48) カスピ海北岸地域から内陸アジアへの彼らの進出は、ハザル族の上層部が八世紀初めにユダヤ教化した頃であると考えられる。

イラン系ネストリウス派の人びとは、すでにサーサーン朝ペルシャ帝国の時代に、ハーラク(カーグ)島・リーシャフル・カタライエ(カタール)などのペルシャ湾岸の港を拠点に、インド南西海岸・スリランカ・マライ半島のカラ(カラバール)の各地に宗教拠点と貿易基地を設けた。そしておそらく八世紀初めには、彼らの遠東のネットワークの末端は、中国の広州に達した。中国側の文献史料によると、七世紀末から八世紀半ばにかけて、中国の広州・温州・揚州にはインド(婆羅門)・イラン(波斯)・インドシナ(崑崙)などの諸地域から多くの外国船(中国では「舶」と呼んだ)が入港して、インド洋貿易が次第に活況を呈するようになっていた。また七八一年建立の「大秦景教流行中国碑」が示しているように、ホラーサーンと内陸アジアを経由して、中国に至る彼らの文化的・経済的ネットワークが存在していた。(49)

さてコプト教会派キリスト教徒たちによる商業活動は、東地中海・紅海沿岸やヒジャーズ地方の各地において活発な役割を果たした。さきに述べたように、エジプト産穀物の集荷とヒジャーズ地方への輸送および仲介取引には、彼らが最も重要な地位を占めていた。従って、メディナの市場では、彼らに対して特別の市場税が課せられていた。

シリアの地を政権の中心とするウマイア朝政権は、ちょうど、古代ローマ帝国が達成したと同じように、地中海世界を軸心として、東西にまたがるアラブ・イスラム帝国の国家的統合と文化的・経済的繁栄を築こうと努めたのである。しかしウマイア朝は、ビザンツ帝国との東地中海をめぐる攻防戦において決定的な勝利を収めることができなかった。一方、アラブ至上主義を貫くための征服活動は、アラブ戦士たちの軍事的役割が低下するにともなって、各地でイラン系・ベルベル系やマワーリーたちの主導権のもとに展開していった。北アラブ人、南アラブ人、ギリシャ人、イラン系マワーリー、コプト教会派キリスト教徒やユダヤ教徒など、様々な人種・社会構成・文化体系・経済生活の重層するシリアの地は、やがて政治的・社会的・経済的矛盾が激しく噴出する葛藤の焦点となっていった。

(1)　H・ピレンヌ他著、佐々木克巳編訳『古代から中世へ——ピレンヌ学説とその検討——』創文社、一九七五年、三—三〇ページ。
(2)　al-Wāqidī, *Kitāb al-Maghāzī*(ed. M. Jones, Cairo, 3 vols. 1966), vol. 1, pp. 197-198.
(3)　*Ibid.*, vol. 3, p. 983.
(4)　嶋田襄平「イスラム世界の成立」『イスラム帝国の遺産』(東西文明の交流3)、平凡社、一九七〇年、一六ページ。
(5)　al-Isfahānī, *Kitāb al-Aghānī*(ed. R. E. Brünnow, Leiden, 21 vols., 1888), vol. 19, p. 95.

(6) M. A. Shaban, *Islamic History, A. D. 600-750*, Cambridge, 1976, pp. 31-36.

(7) 後述、三二四ページ参照。

(8) Ibn Sahl al-Razzāz al-Wāsiṭī, *Ta'rīkh Wāsiṭ* (ed. Kūrkīs 'Awwād, Baghdad, 1967), pp. 43-46.

(9) al-Maqrīzī, *al-Khiṭaṭ* (ed. Būlāq, 2 vols.), vol. 1, p. 80 ; Muḥammad b. Yūsuf al-Kindī, *Wilāyat Miṣr* (ed. Ḥusayn Naṣṣār, Beirut, 1959), pp. 98-99.

(10) al-Yāqūt, *Kitāb Mu'jam al-Buldān* (ed. F. Wüstenfeld, 6 vols., Leipzig,, 1866-70), vol. 1(1866), pp. 927-930.

(11) al-Balādhrī, *Kitāb Futūḥ al-Buldān* (ed. Ṣalāḥ al-Dīn al-Munajjid, 3 vols., Cairo, 1956-58), vol. 1, p. 194.

(12) G. Le Strange, *The Lands of the Eastern Caliphate*, London, 1905, pp. 443-444.

(13) H. A. R. Gibb, *The Arab Conquests in Central Asia*, Ams Press(New York), 1970, pp. 49-53.

(14) サーサーン朝ペルシャ帝国の崩壊とアラブ・ムスリム軍の中央アジア侵攻という状況のなかで、カスピ海南岸部タバリスターン地方の諸国は、中国唐王朝との外交関係を求めた。こうした事情については、前嶋信次「カスピ海南岸の諸国と唐との通交」『東西文化交流の諸相』、東西文化交流の諸相刊行会、一九七一年、一〇三—一二八ページに詳しい。

(15) al-Balādhrī, *op. cit.*, pp. 534-535 ; Buzurk b. Shahriyār, *Kitāb 'Ajā'ib al-Hind* (ed. Van der Lith, Leiden, 1883), pp. 156-157 ; 'Alī b. Ḥāmid al-Kūfī, *Chāch-Nāmah* (ed. Dā'ūdpota, Delhi, 1939), pp. 72-73 ; M. H. Pathan, *History of Sind*, vol. 3(Arab Period), Hydarabad Sind, 1978, pp. 155-159.

(16) F. A. Khan, *Banbhore : A Preliminary Report on Recent Archaeological Excavations at Banbhore*, Karachi, 1963.

(17) Ibn Ḥawqal, *Ṣūrat al-Arḍ* (ed. J. H. Kramers, Lugduni Batavorum, 1967), pp. 322-323.

(18) M. A. Shaban, *op. cit.*, pp. 151-152.
(19) 後述、三〇五—三〇八ページ参照。
(20) al-Ṭabarī, *op. cit.*, vol. 1, pp. 2821-22.
(21) H・ピレンヌ「経済的対照——メーロヴィンガ王朝とカーロリンガ王朝——」、佐々木克巳編訳『古代から中世へ——ピレンヌ学説とその検討——』創文社、一九七五年、一五ページ。
(22) Archibald R. Lewis, *Naval Power and Trade in the Mediterranean A. D. 500-1100*, Princeton, 1951, pp. 95-97.
(23) E. Ashtor, *A Social and Economic History of the Near East in the Middle Ages*, California U. P., 1976, pp. 105-107 ; E. Ashtor, 'Quelques observations d'un orientaliste sur la thèse de Pirenne', *JESHO*., vol. 13 (1970), pp. 188-189.
(24) D・C・デネト「ピレンヌとマホメット」佐々木克巳編訳、前掲書、九九—一〇一ページ。
(25) C. Cahen, 'Commercial Relations between the Near East and Western Europe from the VIIth to the XIth Century', in *Islam and the Medieval West* (ed. Khalik I. Semaan), State Univ. of New York, 1980, pp. 1-25.
(26) A. S. Ehrenkreutz, 'Another Orientalist's Remarks concerning the Pirenne Thesis', *JESHO*., vol. 15 (1972), pp. 94-104.
(27) al-Balādhrī, *op. cit.*, p. 253.
(28) Ya'qūbī, *op. cit.*, vol. 1, p. 177.
(29) al-Maqrīzī, *op. cit.*, vol. 1, p. 71, vol. 2, pp. 109-111, 139-144.
(30) Ya'qūbī, *Kitāb al-Buldān* (ed. J. de Goeje, Lugduni Batavorum, 1967), p. 340.

(31) al-Muqaddasī, *op. cit.*, p. 195.

(32) al-Maqrīzī, *op. cit.*, vol. 1, p. 80.

(33) al-Muqaddasī, *op. cit.*, p. 215.

(34) Ya'qūbī, *Kitāb al-Buldān*, p. 313.

(35) Khalīl b. Shāhīn al-Ẓāhirī, *Kitāb Zubdat Kashf al-Mamālik wa Bayān al-Ṭuruq wa'l-Masālik* (ed. P. Ravaisse, Paris, 1894), p. 16.

(36) P. Crone & M. Cook, *Hagarizm, The Making of the Islamic World*, Cambridge U. P., 1977, pp. 83-90, passim.

(37) al-Maqrīzī, *op. cit.*, vol. 1, p. 214.

(38) Ya'qūbī, *Kitāb al-Buldān*, p. 327.

(39) al-Balādhrī, *op. cit.*, p. 192.

(40) 前述一五三—一五四ページ参照。

(41) al-Balādhrī, *op. cit.*, p. 140.

(42) al-Ṭabarī, *op. cit.*, vol. 1, pp. 2378, 3120, vol. 3, p. 22.

(43) Ṣāliḥ A. 'Alī, *al-Tanẓimāt al-Ijtimā'īya wa'l-Iqtiṣādīya fī al-Baṣra*, Beirut, 1969, pp. 264-265(佐々木淑子訳「ヒジュラ一世紀におけるバスラの社会経済制度」『イスラム世界』17、一九八〇年、三一三ページ)

(44) al-Balādhrī, *op. cit.*, p. 278.

(45) T. Lewicki, 'Les premiers commerçants arabes en Chine', *Rocznik Orientalistyczny*, vol. 11(1935), pp. 173-186.

(46) *Kitāb al-Zunūj* (ed. E. Cerulli, *Somalia, Storia della Somalia*, vol. 1, Rome, 1957), pp. 235-236.

(47) Ibn Khurdādhbeh, *Kitāb al-Masālik wa'l-Mamālik* (ed. J. de Goeje, Lugduni Batavorum, 1967), pp. 153-155.

(48) アンリ・ピレンヌ著、中村宏監・佐々木克巳訳『ヨーロッパ世界の誕生——マホメットとシャルルマーニュ——』創文社、一九六〇年、一〇四—一一〇ページ。

(49) 桑原隲蔵『蒲寿庚の事蹟』岩波書店、一九三五年、四八—四九ページ、バッヂ著・佐伯好郎訳補『元主忽必烈が欧州に派遣したる景教僧の旅行誌』、春秋社、一九四三年、五七—六〇頁参照。

第三章　アッバース朝の成立と国際商業ネットワークの形成過程

一　問題の所在

八世紀半ばから十世紀半ばまでの約二百年間におけるイスラム世界を特徴づけた大きな潮流は、何よりもまず各地における都市の発達、迅速で安全な都市間を結ぶ交通・運輸システムの成立、遠隔地間の人的移動、物品の流通、文化情報の交換、商人・手工業者の活動、農業における商品作物の栽培などの進展のもとでの、一つの結合体としての巨大な文化的・経済的交流圏の形成である。この交流圏の形成は、従来のアラブ・イスラム帝国という部族的・軍事的複合体とは違って、まさにイスラム世界というべきものへ大きく構造転換が起ったことを端的に物語っている。

イスラム世界におけるこうした現象は、同時代に平行する西ヨーロッパ・キリスト教世界が都市人口の減少と商人階級の没落に代る農村経済へと移行しつつあった状況とは、極めて対照的であった。イスラム都市と商業の発達の徴候は、第二章で説明したように、すでにウマイア朝後期の軍営地《ミスル》を中心としてみられたが、アッバース朝革命による社会的・文化的融合化を契機として、イスラム世界各地に普遍化する現象となった。アッバース朝革命による新しい国家の成立は、単にウマイア朝からアッバース朝への政権の交替ではなく、スンナ派カリフを頂点とする没部族・没階層の、一つの神政国家の建設を目指したという意味において、イスラム世界の根本的体質転換であったといえよう。つまりダマスカスからバグダードへの政権中心の移動は、地理的位置の移動以上の意味、言い換えるならば神政国家の長カリフの即位と新しい都市「マディーナ・アッ＝サラーム（平安の都＝バグダード）」の建設というシンボリックな行為によって、新しい時代の開幕を示すことにあった。アッバース朝スンナ派政権の軍事的・政治的な勢力は、その成立当初から急速に衰えて、各地に小独立国が興成し、またカリフ＝ムゥタシム（在位八三三―八四二年）の治世以後になると、トルコ系マムルーク軍人の台頭と権力抗争、シーア諸派やハワーリジュ派の社会運動、アラブ系遊牧諸集団の侵略、ザンジュの反乱（後述）、イスマーイール派カルマト教団（後述）の社会・政治運動の展開、などが次々に発生した。そうした諸状況にもかかわらず、バグダードを中心とする文化的・経済的繁栄は、イスラム信仰を富と権威、そして連帯のシンボルとして、アジア・アフリカの各地域に住むムスリムたちに強く認識させていく上で大きな力となった。しかも、没部族・没階層の原則はムスリムだけに限らず、イスラム世界内のズィンミーやその他の異教徒たちにも及んで、彼らが広く文化的・経済的活動を展開する道を拓いた。このように、イスラム世界の形成は、王朝・社会集団・階層や宗派・宗教を超えた熱狂的大衆エネルギーに支えられた時代潮流のなかで達成されていったといえよう。

広大なイスラム世界の諸地域は、バグダードをネットワーク・センターとして、相互に迅速で安全な海上・陸上を連ねる有機的交通・運輸網と流通経済システムによって結びつけられ、そのネットワークのもつ結集力は、アッバース朝前期の二〇〇年にわたる長い間、圧倒的な影響力をもって作用したのである。アッバース朝カリフの統治権を認めなくなった諸属州においても、人びとの文化的・経済的要求は、バグダードに向けて指向するネットワークの交流関係を断ち切ることはできなかった。そして九世紀に入ると、イスラム世界は文化的・経済的交流関係を基盤とした一つの巨大なユニットを形成するようになり、それ以前とは比較できない程の規模と結合性をもった有機的交流圏が成立した。イスラム都市の発達は、まさにこの結合性をもって機能する広域的な共通交流圏を基盤としたものであると考えられる。

本章の課題は、まず八世紀半ばに至って急激に発達したイスラム都市の性格とその具体的な都市の分布状況、アッバース朝の繁栄を支えたイラク・ペルシャ湾軸ネットワークの基本構造、その軸心としてのバグダードの機能、ネットワークの広がりの方向・中間拠点(経由地)・異域世界との接点(末端＝境域)、物品の流通関係と担い手などについて具体的に究明し、それらを通じてイスラム世界の広がりと結びつきの様態をとらえることにある。この問題に関連して、とくにイスラム都市の経済と金融活動を支えた金銀地金の流入、流通経済の発達、都市人口の集中に伴う農業生産の増大、という三つの基本問題が明らかにされる必要があろう。

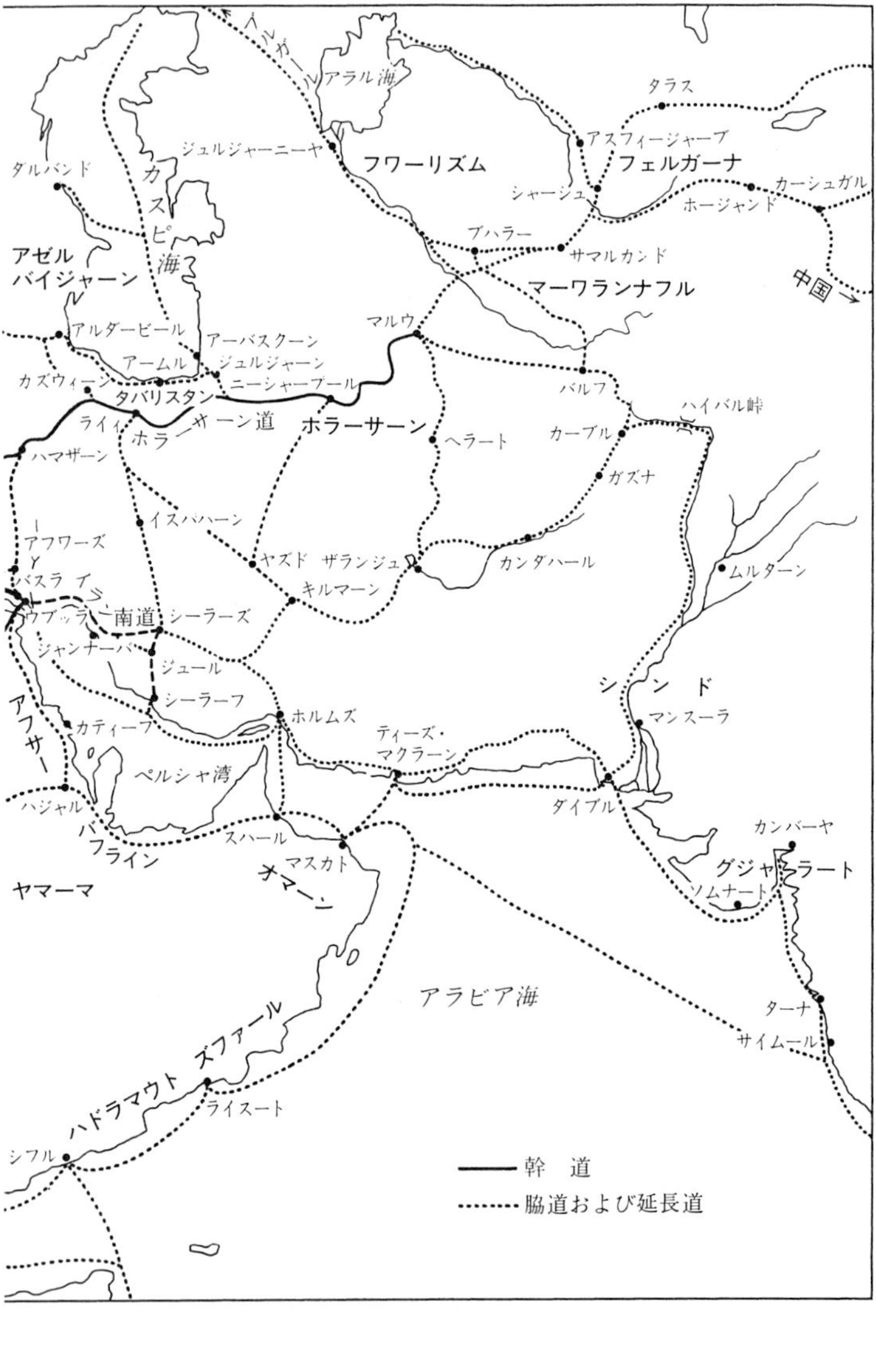
ブルガール
アラル海
タラス
カスピ海
ジュルジャーニーヤ
フワーリズム
アスフィージャーブ
フェルガーナ
ダルバンド
シャーシュ
カーシュガル
ホージャンド
アゼル
バイジャーン
ブハラー
サマルカンド
中国
マーワランナフル
マルウ
アルダービール
アーバスクーン
アームル
ジュルジャーン
カズウィーン
ニーシャープール
バルフ
タバリスタン
ハイバル峠
ライイ
ホラーサーン道
ホラーサーン
カーブル
ヘラート
ハマザーン
ガズナ
イスパハーン
アフワーズ
ヤズド
ザランジュ
カンダハール
ムルターン
バスラ
イラク
キルマーン
ウブッラ
南道
シーラーズ
ジャンナーバ
ジュール
シンド
アフサー
シーラーフ
ホルムズ
マンスーラ
カティーフ
ティーズ・
マクラーン
ペルシャ湾
ダイブル
ハジャル
カンバーヤ
バフライン
スハール
マスカト
グジャラート
ヤマーマ
オマーン
ソムナート
アラビア海
ターナ
ズファール
サイムール
ハドラマウト
ライスート
シフル
幹　道
脇道および延長道

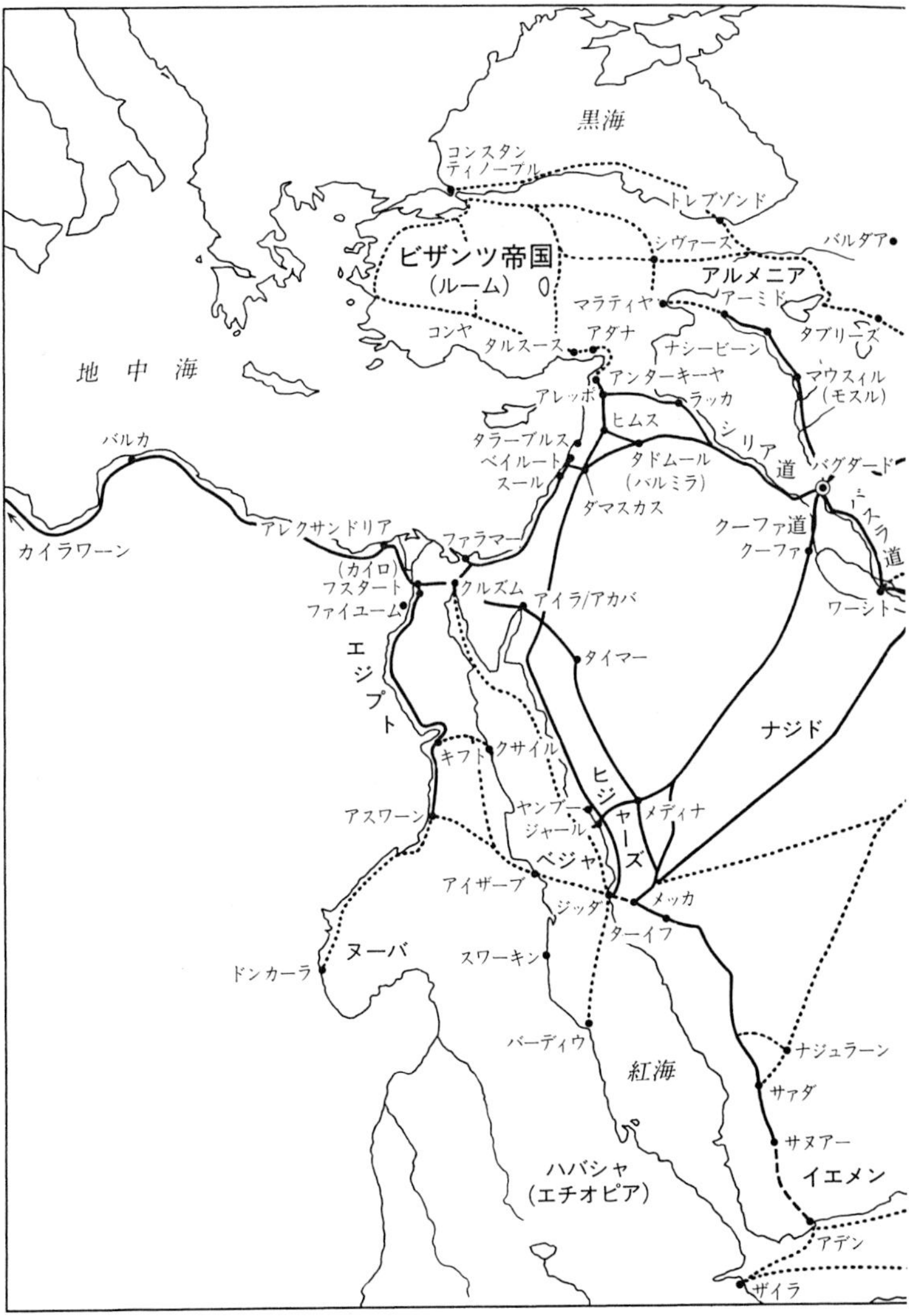

図5　バグダードを中心とする四つの道

農業関係では、とくに下イラク・サワード地方の問題がある。この地域では、ティグリス・ユーフラテスの両河川の河床位の高低差を利用した流下灌漑と運河、バターイフ沼沢地の干拓、干満差を利用した灌漑用ダムの建設などによって、すでにサーサーン朝ペルシャ帝国時代から農業開発が進行し、とくにアッバース朝政権の成立とバグダードの建設が引き金となって急速に農業生産が増大した。新しく開墾された農地には、小麦・大麦・米・もろこし・豆類・ナツメヤシ・砂糖きび・亜麻・綿花などの多種多品目の作物が栽培されて、膨脹するバグダード、その他のイラク諸都市の人口を養うようになった。以上のように、農業生産の増大、新しい農業技術と品種の導入、資本投資の形態や流通構造に関連する諸問題もまた重要な研究対象となる。

バグダードの穀倉地帯として重要なサワード地域は、河川・砂漠・山岳・海などの、異質な自然地理環境・生態系が複雑に交差する、いわば境域地帯に位置していたといえる。従って、この地域を舞台として各方面からの様々な人間の移動・占住が進み、文化・思想・経済関係の交流と衝突が渦巻き、また社会的・文化的矛盾や不満を抱いた反体制運動や異端的文化・思想が新しい時代潮流を模索して様々な運動を展開していた。九世紀後半に発生したザンジュの反乱、イスマーイール派カルマト教団の社会運動の展開、ハワーリジュ派の台頭、アラブ系遊牧民の反体制運動との連携、および都市・農村への侵入などは、いずれもティグリス・ユーフラテスの両河川の下流域、サワード地域からペルシャ湾頭の地域を中心として展開した。これらの一連の事件は、アッバース朝政権、とくにバグダードの繁栄を支えていた基盤をつぎつぎに崩していった。急激な都市化にともなう様々な矛盾は、都市の中心部よりも、むしろこうした周縁の境域地帯、河川の下流域、海港都市において、具体的な運動となって拡大したことに一つの特徴があった。すなわち、富裕な商人・中産階級の台頭と所得格差、人口の稠密化、食糧価格の変動、手工業者たちの労働条件の悪化、徴税負担の増大、異端派や都市のアイヤールーン(al-ʻayyārūn 仁俠・無頼の徒)による暴動の発生などの都市内部で起った社会的・経済的矛盾と混乱、さらには九世紀後半から十世紀半ばにかけての時代を特徴づけたトルコ系マムルーク軍人の台頭と抗争であった。サワード・ペルシャ湾岸地域の具体的な状況を追究することによって、バグダードがインド洋海域の交流圏と分離し、イラク・ペルシャ湾軸ネットワークの全体的機能が弱体化していく過程が明らかにされるであろう。

二　イスラム都市の性格とその発展過程

イスラム都市の発展は、アッバース朝時代の著しい特徴の一つであり、アラブ軍営地《ミスル》の諸都市だけに限らず、サーサーン朝ペルシャ帝国時代から発達してきたイランとイラクの諸都市、中央アジアのオアシス都市、地中海沿岸部の諸都市などが中核となって、周壁・城塞を拡大し、さらにモスク・常設市場《スーク》・広場・街区・マドラサ(学院)、また郊外居住地《ラバド》や菜園地などを新しく建設することによって、イスラム都市としての基本的構造と機能を整えていった。

イスラム都市の性格・構造と機能については、古くはG・E・グリュネバウム、G・ル・ストレンジ、L・マシニョン、J・ソーバージェなどの代表的なイスラム学者たちによって研究が積み重ねられてきた。最近では、カリフォルニア大学のI・M・ラピダス、オックスフォード大学のA・ハウラニ、S・M・スターン、さらにプリンストン大学においてL・カール・ブラウンなどが代表となって、イスラム都市研究の国際的シンポジウムが開催され、研究が深められている。(1)わが国でも、一九八八年度から文部省の科学研究費に基づく重点領域研究「比較の手法によるイスラムの都市性の総合的研究」と題する全国的規模での研究プロジェクトが組織されて、二五の研究テーマについての共同研究が進められている。これらの一連のイスラム都市研究や国際的シンポジウムにおける中心的な研究課題および論点を要約すれば、つぎの通りである。

(1) 都市の形態および機能的特徴についての分析研究　モスク・市場・フンドゥク(商館、または商人用の宿泊施設)・広場・城塞・周壁・市門・街区・マドラサ・ハーンカー・病院・ハンマーム(公衆浴場)などの形態・位置関係とその行政・宗教・文化・社会面での機能について、主に文献史料をもとに分析・研究しようとしている。バグダードについては、G・ル・ストレンジ、J・ラスナー、S・A・アリー、アレッポについては、J・ソーバージェ、またカイロについてはM・クレルジェやJ・L・アブー・ルゴドなどの研究が注目される。(2)

(2) 都市内の地域共同体意識、街区の自治や法的特権、職人・商人集団、ギルド論、ズィンミーその他のエスニック・グループ、宗教集団に関する研究　この分野の研究関心の出発点は、ローマ・ヘレニズム都市や十一世紀以後の西ヨーロッパ中世都市と比較し、共通点と相違点を追究することに始まり、それによってイスラム都市の特徴をとらえようとしている。G・E・グリュネバウムは、都市の歴史的発展過程を分析することによって、イスラム都市を、ギリシャ・ローマ時代の都市にみられたような古典的市民共同体意識に基づく都市理念や、サーサーン朝ペルシャ帝国時代の政治的都市と違って、「ムスリムにとっての宗教的義務と社会的理想を十分に実現するためのセトゥルメント」であると規定した。[3] 彼の主張によれば、イスラム都市は、ムスリム共同体の理想(ウンマ・ムハンマディーヤ)を実現するための、すべてのムスリムたちに等しく開かれた場であって、特定の都市・人びとに限定された法的特権や市民意識・自治意識は基本的には存在しないこと、また都市内のモスク(十一世紀以後はマドラサ・リバート・ザーウィヤの役割をも含む)が宗教・社会と教育の面で中心的な役割を担い、市場《スーク》が経済活動の面で中心的機能を果たしていると結論した。G・E・グリュネバウムの主張は、一般には「イスラム都市＝モスクと市場」という単純なモデル論として批判的に理解されているが、彼の総合的な分析と鋭い直感力に裏づけられたイスラム都市論に対するアプローチは、I・M・ラピダスやC・カーエンなどによる本格的なイスラム都市研究への道を拓かせた。都市の職業集団であるギルドについては、古くはL・マシニョンによるイスマーイール派カルマト教団を事例とする研究があり、その後、B・ルイス、C・カーエン、I・S・シャイフリー、アンドレ・レモンなどによって、ムスリムの職業集団(サンフ・ターイファ・ヒルファなど)をヨーロッパ中世ギルドと同一に考えるべきかどうかという議論が展開された。I・M・ラピダスは、マムルーク朝後期のカイロ・ダマスカス・アレッポの三大都市をとりあげて、マムル

ーク朝支配者と都市内の様々な社会層との諸関係(ネットワーク)について社会学的分析を試みた。(4)

(3) 国家と民衆を結びつけ、都市の宗教・文化・社会活動の上で指導的な役割を果たしたウラマー層を中心とする都市研究　ウラマーは、イスラム都市社会の知的活動を支えた中心的存在であって、しかも彼らの学術・教育活動、情報交流のネットワーク、広域的な移動性に基づいて、国家官僚や裁判・法治組織とも結びつきつつ、都市の宗教・文化・社会活動において中心的な役割を果たした。そうしたウラマー論をめぐって、最近多くの研究が積み重ねられ、イスラム都市の分析についても新しい視野が拓かれてきた。アンダルス地方を中心としたウラマーの広域的活動を究明したD・ウルヴォイの研究、R・W・ビュリエット、C・F・ピートリーやI・M・ラピダスの研究およびイエルサレム大学で開催されたウラマーに関する国際シンポジウムでは、イスラム都市とウラマーの社会的・文化的役割に関する研究が深められている。(5)

(4) 都市と農村との機能的分担および相互関係についての研究　アラビア語では都市はミスル、マディーナ、バラド、田舎・農村はカルヤ、リーフなどの用語で呼ばれたが、それぞれの言葉の区別は厳密ではなく、また都市的施設の代表とされたモスクと市場も十一・十二世紀以後になると農村部にも存在するようになる。このように都市・農村の区別の基準は曖昧であり、都市と農村との機能的相違は明確に区別することはできない。両者の構造・人口数や規模だけでなく、相互の構成員の種別と移動、物品の生産と交換関係、国際市場や遊牧社会との関わりなど、相互有機的に広い視野に立った研究が進められている。

(5)　都市の民衆生活史、都市の総合誌の研究　　イスラム都市の特徴をある枠組をもとに理論的に規定・分析しようとする立場とは違って、膨大な文献史料のなかから各々のイスラム都市の歴史・経済生活・衣食住・芸能文化など、民衆のいきざまを総合的に記述しようとすることに力点が置かれている。こうした研究傾向が西ヨーロッパ諸国における社会史研究の影響を受けることによって、さらに多方面にわたる生活側面が研究の対象とされるようになった。M・M・アフサンは、アッバース朝前期のバグダードにおける社会生活を克明に描き、B・M・ファフドによるバグダード民衆誌に関する研究もまた注目される。[6]「カイロ・ゲニザ文書」にもとづくS・D・ゴイテインの研究『地中海社会――カイロ・ゲニザ資料に描かれたアラブ世界のなかのユダヤ社会――』もまた、都市生活の全体像を十分な明瞭さをもってとらえることの必要性をわれわれに提示したといえる。都市誌の総合的研究は、ヒジュラ暦一世紀のバスラに関するS・A・アリーの研究、ワーシトに関するA・マァーディィーディィーの研究の他、ダマスカス・ブハラー・カイロ・クース・サヌアーなどの各都市について試みられている。[7]

(6)　西ヨーロッパ中世都市、ビザンツ都市や中国の城郭都市との構造的・機能的な比較研究　　オックスフォード大学中近東史グループの主宰によるコロキャム『イスラム都市』、H・A・ミスキミン、A・L・ウドヴィッチらによる『中世都市』などにおいては、東西の各地域における中世都市の発達史、構造的特徴や諸制度について、比較・分析を目的として検討されている。[8]しかし、これらの研究は様々な中世都市の特徴を素描するだけにとどまっており、総合的な比較・分析が試みられる段階には至っていない。また最近、イスラムという枠組のなかで、独自の都市研究の方法論と視点を追究すべきであるとの立場から、R・B・サージェントを主宰とするイスラム都市の比較研究のためのシンポジウムが開かれた(9)。

さて、以上のようなイスラム都市論をめぐる、主に文献史料に基づく研究と並んで、イスラム都市を人類学的に、また建築学的・考古学的に調査・研究する試みが各方面で進められている。考古学的発掘調査についていえば、イラクのサーマッラーやクーファの発掘、イランのグルガーン、またペルシャ湾沿岸のシーラーフ・バフライン島・ジュルファール・スハール、東アフリカ海岸のスワヒリ都市群(マンダ島・キルワ島・ゲディ)、エジプトのフスタート・クース・クサイル・トゥール、地中海沿岸部ではチュニジアのマフディーヤとカイラワーン、スペインのコルドバに近いザフラーなどのイスラム都市遺跡である。これらの都市発掘の第一の目的は、言うまでもなく都市の形態的研究にあるが、発掘調査の過程でこれまでに明らかにされてきた一つの重要な事実は、発掘の出土品、例えば陶器・陶磁器・金属製道具類・ガラス製品・装身具・貨幣などについて、それらの形態・材質・文様・技法が多種多様であると同時に、相互に文化的影響を受けたものや、遠隔地から輸入された国際的商品が多く見出だされていることである。とくに、三上次男博士による貿易陶磁器に関する総合的研究によって明らかにされたように、多くのイスラム都市遺跡から、中国唐末期以後宋・元・明・清にわたる中国製・ヴェトナム製・タイ製の陶磁器が多量に出土している(10)。

以上のような考古学的発掘調査を通じて、イスラム都市間および異文化圏に属する諸都市間との文化的・経済的交流関係は、限られた地方的関係ではなく、国際的規模での広がりと結びつきを維持していたことが一層深く理解されてきたのである。すなわち、一口にいえばイスラム都市の基本的性格は、一大交流センターとしての機能であり、そこには血縁・地縁・部族・宗教・文化の違いを超えて、開かれた融合の場が成立していたといえよう。G・E・グリュネバウムがすでに説いたように、イスラム都市はモスクと市場という宗教的・経済的機能を核として、さらにその核が網の目のように張りめぐらされた国際的な交通・運輸のネットワークを骨格に、広く他の諸都市や異域の文化圏と有機的に結びつき、相互に活力を得ていたのである。アッバース朝時代に入ってからのイスラム都市の発展は、バグダードという巨大な文化的・経済的センターが建設され、そのセンターに求心的に集約されていく国際的規模での交通・運輸網と商業活動が、諸都市の有機的連環システムを生み出し、相互の繁栄を築いたからに他ならない。イスラム信仰・アラビア語・イスラム法による保障やメッカ・メディナ巡礼もまた、広域的に多数の人びと・もの・文化・情報の移動と交流を可能にし、その中間拠点としてのそれぞれのイスラム都市の活動を著しく促進させたことは言うまでもない。そしてインド洋沿岸地域、北方ユーラシア、ビザンツ帝国、地中海沿岸部、サハラ南縁のニジェール川流域などにネットワークの末端(境域)を置くことで、イスラム世界は巨大な一つの文化的・経済的交流圏を形成したのである。つまり、中心と末端との間には、人間の移動や文化・情報の交流、生産・流通・分業と消費を相互に補完し合う諸関係が成立し、その中間拠点としての都市は、繁栄を享受することとなった。イスラム信仰とその文化体系は、アッバース朝革命以後、ムスリムだけに限らず、ズィンミーその他の人びとや集団の自由を保障し、イスラム都市を軸とする人びとの国際的規模での移動と交流を可能にしたのである。

以下では、アッバース朝前期における主なイスラム都市を挙げ、それらの都市の繁栄した地理的・経済的諸条件について概観してみよう。

㈠　イラク・ペルシャ湾沿岸地域の諸都市

バグダードを中心として、ティグリス・ユーフラテスの両河川と運河網を通じて結ばれた諸河川都市、ペルシャ湾頭の諸都市およびイラン・ザグロス山脈の山間部の諸都市であって、つぎの四つの地域に活気溢れた諸都市が成立・発展した。

(1)　バグダード近郊都市　　サーマッラー・タクリート・アンバール・クーファなど。サーマッラーは、バグダードの北一四〇キロメートルのティグリス川左岸に位置し、八三六年から八九二年までの約五五年間にわたって、バグダードに代るアッバース朝の首都として栄えた。イブン・イムラーニーによると、カリフ－ムタワッキル(在位八四七―八六一年)の治世代、サーマッラーにはインド・中国・トルコ・ザンジュ(東アフリカ海岸)・エチオピア・マグリブなどの境域地帯からもハラージュ税が集められて、当時の世界帝国の政治的・経済的な一大センターであったことが分かる。(11)タクリートはチグリス川左岸の小都市であるが、良質の毛織物や蜂蜜をバグダードに輸出した。ユーフラテス川左岸近くにあり、ヒジャーズ道の始点に位置するクーファは、軍営地《ミスル》として発達した。そこは、シーア派の活動拠点として知られ、バスラとは文化・経済の上で強い対抗関係をもった。

(2)　下イラク・サワード地方の諸都市　バスラ・ウブッラ・ワーシト。バスラは、クーファと並ぶ軍営地であり、ヒジャーズ道・ファールス道(イラン南道)やペルシャ湾・インド洋の海上ルートの要地であって、交通・運輸と文化および貿易活動のセンターとして栄えた。ウブッラは、サーサーン朝ペルシャ帝国の時代からのインド洋交易の基地であり、ワーシトは、サワード地方の穀倉地帯の集荷と取引センターであり、河川交通の要地であった。

(3)　フージスターン地方の諸都市　アフワーズ・スース・トゥスタル・シーニーズ・ジャンナーバ・マフルーバーンなど。これらの都市はドゥジャイル川とカルハ川による豊かな水運、ダム・運河と肥沃な土壌による米・砂糖きび・綿花・亜麻などの熱帯産商品作物の栽培、都市における絹・亜麻織などの各種の織物産業、製糖加工、陶器窯業がイスラム以前からすでに発達しており、アッバース朝時代にはさらに多くの資本と手工業者を集めて、繁栄した。とくに、シーニーズ・ジャンナーバ・マフルーバーンなどのペルシャ湾沿岸の都市は、特殊な亜麻織の名産地であり、これらの製品は水運によって、バグダードとシリア・エジプトやインド洋の諸地域に広く輸出された。

(4)　ペルシャ湾沿岸部の諸都市　シーラーフ・ハーラク島・ウワール(バフライン)島・ホルムズ・カティーフ・スハールなど。ペルシャ湾の最奥部は、水深が浅く、インド洋航行の船舶には危険なために、川船による輸送がおこなわれた。従って、吃水の深い大型船はハーラク・ウワール・キーシュ・キシム・ジャルーン(ホルムズ)などの島嶼、またはホルムズ海峡付近の港に寄港し、そこから積み荷は小型平底船でイラク方面に、またはキャラバン隊によってイラン海岸からザグロス山脈を越えて内陸に運ばれた。シーラーフとスハールは、アッバース朝前期におけるインド洋交易の一大拠点として繁栄し、また真珠採集の基地およびその取引センターでもあった。

(5) イラン高原の諸都市　シーラーズ・イスパハーン・ヤズド・カーシャーン・シールジャーン・キルマーンなど。ザグロス山脈の山間部に広がる峡谷部(ビーハ)には、すでにイスラム時代以前からイラン文明の中心地として、イスタフル・ジュール・ヤズドなどの重要な都市が発達した。それらの都市はペルシャ湾岸とホラーサーン地方とを結ぶザグロス山脈越えの南北ルート、イラク地方とキルマーン・シジスターン・シースターンなどの諸地方とを結ぶ東西ルートとの十字の交点に位置した。アッバース朝時代になると、イラン高原の諸都市はイラク地方とホラーサーンおよびマーワランナフル地方という異なる政治・経済圏の中間に位置して、交通・運輸と貿易・地方産業によって繁栄した。

(6) 上メソポタミア・ジャズィーラ地方の諸都市　マウスィル(モスル)・アーミド(ディヤールバクル)・ラッカ・ハッラーン・シンジャールなど。ティグリス・ユーフラテス、ハーブール、サルサルなどの諸河川と運河沿いに発達した境域地帯の諸都市であり、イスラム以前から独自の固有文化をもっていた。それらの都市の周辺地域は、小麦の名産地として知られ、サワード地方と並んでバグダードの人口増加を支える穀倉地帯であった。またそこはシリアやアルメニアの諸地方に通じる交通要地であるとともに、シリア砂漠の遊牧民たちとの出会いの場でもあった。

(二) ホラーサーン・マーワランナフル地方の諸都市

ブハラー・サマルカンド・バルフ・マルウ（メルヴ）・ライィ（レイ）・ニーシャープール・トゥースなどの代表的なオアシス都市。ヒンズークシ山脈の西端、アム川・シル川とソグド川の流域地帯には、古くからカナート灌漑による農耕・牧畜地帯と境域市場としての交易都市が発達した。ゾロアスター教・仏教・マニ教などの宗教・文化伝統が強く残存したので、イスラム化が遅かったが、九世紀半ば以降、シーア派イスラム信仰の民衆への普及と深化、またイラン的文化伝統の復活や手工業・交易の発達にともなって、これらの諸都市は急速に繁栄した。これらの諸都市においては、北方からのトルコ系遊牧民の侵略を防衛するために、旧市街は強固な塁壁によって囲まれていたので、新たに発達した新市街はその外側の郊外都市（ラバド）となり、二重都市を形成した。V・バルトリドの推定によると、九・十世紀のサマルカンドの都市人口は五〇万人に達したという。[12] ヒンズークシ山脈とチベット高原に産する鉄・銀・宝石類・アンチモニー・水銀・麝香、北方ユーラシアからの鉄・奴隷・家畜・乳製品・毛皮・染料・各種森林資源などは、これらの諸都市に集荷された後、イスラム世界の各地に仲介取引された。また、この地方は北方ユーラシアの草原地帯、中国やインドに通じる交通・運輸の要衝地にあって、とくにソグド系とホラズム系のイラン商人たちが各方面で活躍した。カスピ海とエルブルズ山脈との間のマーザーンダラーン・ダイラム・ギーラーンの諸地方においても、付近の農・漁産物・森林資源を集め、また絹・亜麻織物や木工加工などをおこなうアームル、サーリーヤ、ジュルジャーンなどの諸都市が発達した。アーバスクーンは、カスピ海航海の要地として知られた。

㈢　シンド地方の諸都市

ダイブル・マンスーラ・ムルターンなどのインダス川沿いの河川都市とカンバーヤ・ターナ・サイムール（チョウル）のグジャラート地方の交易港。これらの諸都市は、広大なヒンド（インド亜大陸のヒンドゥー教・仏教世界）との境域地帯であり、またインド洋の海上運輸・貿易活動の要地として繁栄した。インダス川を溯り、ハイバル峠を越えるとカーブル・ガズナ・バルフ、さらにはマーワランナフル地方とも連絡した。

㈣　シャーム（大シリア）と北シリア境域地帯の諸都市

レバノン山脈山間部からヨルダン峡谷に南下する地溝帯および地中海東海岸には、歴史的に古くから諸都市が発達した。イスラム時代初期、東地中海がビザンツ帝国と対峙する軍事境域となると、アンターキーヤ・タラーブルス・ベイルート・アッカー・スール・ガッザなどの港は一時的に荒廃したが、アッバース朝時代には次第に復活し、エジプトやイフリーキーヤの諸港との海上運輸で盛況を取り戻した。一方、アレッポ・ハマー・ヒムス・ダマスカス・アスカラーン・ラムラなどの内陸都市は、イラクとエジプトおよびイフリーキーヤの諸地方とを結ぶキャラバン運輸の要地にあり、またビザンツ帝国支配時代に停滞していた名種の都市産業（織物・ガラス・金属加工産業）も復活した。

㈤　エジプト・ナイル峡谷の諸都市

地中海に臨むダミエッタ・アレクサンドリア・ラシードなどは、八世紀から九世紀初めまでビザンツ艦隊による度重なる侵略によって被害を受けたが、九世紀半ば以後になるとシリア海岸およびイフリーキーヤ・マグリブ地方との海上交通と貿易活動が活発におこなわれるようになった。アレクサンドリアと並んで、ナイル・デルタ地域のティンニース・ダビーク・ダミエッタ・シャター・ブーラ・アフワーンは、亜麻織物の名産地として古くから知られ、その製品はイフリーキーヤ・マグリブ地方、イタリアやサハラ南縁部のニジェール川流域の諸地域にまで広く輸出された。バビロンに隣接して建設された軍営地フスタートは、ナイルの河川交通の要地にあって、エジプト産小麦の集荷・取引と各種手工業、またイフリーキーヤ地方の諸都市に通じる交通・運輸と貿易の中継地として、急速に繁栄するようになった。そこは七四九／七五〇年、フスタートの北側にアスカル、八七二年にはトゥールーン朝支配のもとでカターイゥの町が建設されて、ナイル川の河畔からムカッタムの丘陵地に連なる大都市に成長していった。十世紀前半、イフシード朝末期にエジプトを訪問したバグダードの地理学者イブン・ハウカルは、フスタートの町の規模はバグダードの約三分の一に及び、その広がりは、一ファルサフ(約六キロメートル)、そこの家屋は五階から七階建ての高層造りで、一軒に二〇〇人の住民が住んでいること、また町は船を連ねた浮橋によって、対岸のジーザ(ギザ)の町と連絡している、と説明している。(13) 十世紀後半になると、バグダードの荒廃とは対照的に、フスタートとカイロ(九六九年建設)は、イスラム世界全体の文化的・経済的センターとして発展した。ナイル川峡谷に沿って、重要な都市が分布していたが、ファイユームはフスタート近郊の農業後背地として、またファイユーム式陶器・細工物などの手工業生産地としても知られた。

アスユート・ウシュムーナィン・キフト・アスワーンなどは、グレコ・ローマ時代からの伝統をもった都市であって、アッバース朝時代には、馬・ラバ・小麦・果実類・アカシア材や各種の織物などの生産・集荷地として知られた。またそれらの都市はナイルの河川交通、および紅海やヌビア・オアシス地帯(ワーハート)に通じる交通・運輸の要地であった。とくにアスワーンは、ヌビアとの境域都市《サグル》、ワーディー・アッラーキーの一帯に産するエメラルド・金・銅などの集散地として知られた。

(六) イフリーキーヤ・マグリブ地方の諸都市

バルカ・タラーブルス・カイラワーン・チュニス・ワフラーン(オラン)・ファース・シジルマーサ・マッラーケシュなどの重要な都市が、アトラス山間部および地中海沿岸部に発達した。アラブ・ムスリム軍による征服以前に、アトラス山間部の農耕地および都市は、広範囲にわたって荒廃していたといわれる。大征服以後、イエメン・アラブ系とイラン系の人びとが多数移住して、オアシス農耕の新技術がもたらされたこと、十世紀半ば以後には熱帯・亜熱帯産の有用作物が導入されたことや、サハラ貿易の拡大、繊維産業の発達などの影響がこれらの都市の文化的・経済的発展に大きく寄与したものと考えられる。とくに宗教・文化センターとしてのカイラワーンと地中海の海港チュニスは、東方イスラム(マシュリク)地方に通じる窓口であり、サハラ南縁、地中海世界、極西マグリブやアンダルスの諸地方との交流接点として重要な位置を占めていた。

(七) アンダルスの諸都市

グァダルキビール川とその支流に沿ったクルトゥバ(コルドバ)・イシュビリーヤ(セヴィリア)・ガルナータ(グラナダ)、タホ川河畔のトゥライトゥーラ(トレド)・ウシュブーナ(リスボン)、エブロ川のサラクーサ(サラゴサ)などの内陸河川都市と、西地中海沿岸のバルセロナ・バレンシア・ダーニヤ(デニア)・アリカンテ・カルタヘナ・アルメリア・マラガなどの海港都市。これらの都市は、アンダルス地方の豊富な農産物・畜産品・鉱物・森林資源を集める交易都市として発達した。十世紀半ば、イブン・ハウカルはコルドバの町について、そこがイラク・シリア・エジプトにあるいずれの都市にも優る繁栄を示し、鉄・水銀・鉛・織物・スラブ奴隷・皮革製品などがエジプト・メッカ・イエメンの各地方に輸出されていると、報告している。[14] 後ウマイア朝のハカム二世(在位九六一―九七六年)とヒシャーム二世(在位九七六―一〇〇九年)の治世代には、コルドバの町には七つの城門と二一の郊外地区(ラバド)があって、三〇万人の人口を擁したといわれる。地中海の中央部にあって、東西の文化・経済の交流と融合の地となっていたシチリア島においても、とくに十世紀初め以後、バラルム(パレルモ)・シラクサ・マッシーニー(メッシーナ)などの海港都市が、イスラム世界交流圏の一部に組み込まれて発達した。イブン・ハウカルやムカッダシーは、十世紀半ばのパレルモが地中海の海運と貿易活動の中心地となって、商人たちが集まり、商業市場・手工業生産と文化活動が躍進しつつあった情況を伝えている。[15]

三　ネットワーク・センターとしてのバグダードの位置と役割

アッバース朝カリフ政権は、ホラーサーン常備軍とディーワーン制（ディーワーンは行政機関の庁・局を意味し、官僚機構の中心である）を基礎とする高度に中央集権化された統治機構をもとに、東側はホラーサーン・マーワランナフル地方から西側はエジプト地方とマグリブ地方にまたがる広大な政治領域をその支配下に収めることに成功した。しかしながら、一つの統一体としてのアッバース朝国家は脆弱であり、スンナ派カリフ政権に反撥する政治的・思想的動きが帝国内の各地に発生し、辺境部では半独立王朝が相次いで建設されるなど、権力の分散化の傾向はますます激しくなった。こうした対立と緊張が続いていたにもかかわらず、バグダードをネットワーク・センターとする文化的・経済的交流関係の絆は著しく促進されて、その作用を受けてイスラム世界全体が一つの共通する文化的・経済的ユニットを形成するようになったことは極めて注目に値する点である。

すでに前章で説明したように、ウマイア朝時代、下イラク地方の軍営地のクーファ・バスラ・ワーシトなどは経済発展と人口増加によって、ヒジャーズ地方やシリア地方の諸都市に対抗するイスラム世界の新しい重心として急速に発展した。アッバース朝の新都は、そうした経済的趨勢と交通・運輸上の条件に恵まれた下イラク地方に選ばれることは明らかであった。ホラーサーン地方は政治・社会が安定せず、またシリア地方は政権の奪回を求めるウマイア家の人びとが、聖地メッカ・メディナでは指導者の交替を要求する諸勢力の台頭など、様々な政治的不安材料が渦巻いていたので、アッバース朝カリフ政権はそれらの地方に政権の中心を置くことはできなかった。

アッバース朝の初代カリフ＝サッファーフ(在位七四九―七五四年)は、首都を最初はクーファの近郊に、のちにアンバールに移した。第二代カリフ＝マンスール(在位七五四―七七五年)は、まずクーファに近いハーシミーヤに都を定めたが、戦略上の理由からこれを中止した。マンスールは、単にアッバース朝政権にとっての戦略的防衛の要地と行政中心地にとどまらず、イスラム世界を結びつける国際的メガロポリスの建設を構想し、その地を旧サーサーン朝ペルシャ帝国の首都マダーイン(クテシフォン)に近いティグリス川の西岸に選んだ。それがバグダードであった。一説によると、イスラム以前のバグダードは、一年の初めに各地から商人たちが集まって大市《スーク》が開催され、そこで税金が徴収されており、また近くにはキリスト教修道院やゾロアスター教徒の墓地(ティグリス川の東岸)があったといわれる。おそらくそこが地理的好位置にあることから、市場、寺院、聖廟(バーグは「偶像」、ダードは「人」または「贈られたもの」の意)、税関、異人の会同する場になっていて、異文化交流の接点として古くからの境域であったと考えられる。[16]

地理学者イブン・アル＝ファキーフ・アル＝ハマザーニーは、カリフ＝マンスールが新都選定のために、旧サーサーン朝ペルシャ帝国の王都マダーインに近いティグリス川の西岸を訪れたとき、そこの村長(ディフカーン)がカリフに説明した会話を引用して、つぎのように記録している。

カリフ様、あなた様は今、サラート[運河]とティグリス川のもとに立たれています。ユーフラテス川を通じてマグリブ地方から、またシリアやエジプト、その他の諸地域から物資があなた様のもとに荷揚げされます。また、ティグリス川を通じてインド・中国・シンド・バスラ・ワーシトから新奇な品々が運ばれてきます。アルメニア・アゼルバイジャーン、それに隣接した地域の物資がターマッラー［川］を通じて運ばれてきます。ビザンツ帝国（ルーム）・アーミド・マイヤーファーリキーン・アルザン・ジャズィーラの境域地帯《スグール》、ジャズィーラ・マウスィル・バラド・ナシービーンからシリア高原まで、ティグリス川を通過して物資が集結いたします。あなた様はちょうど、河川の中間におられますので、敵が攻撃してきても橋と堤防がありますし、もし橋を壊し、堤防を切ってしまえば、敵は侵入してくることはできません。あなた様はティグリス川とユーフラテス川の両河川の中間におられますので、渡河することなくしては誰一人として東からも西からも到着できません。あなた様は、バスラ・クーファ・ワーシト・サワードのいずれの地からも中間の距離におられますので、陸上・海上と山岳地から近いことになります。［以上の説明を聞いて］マンスールは、その［バグダードの］地がますます気に入って、そこに［新都を］建設するように命じた[17]。

バグダードはティグリス川を下れば、下イラク・サワード地方の肥沃な穀倉地帯があり、そこを越えるとペルシャ湾とインド洋世界に達し、またイーサー運河を通ってユーフラテス川を溯り、ラッカやアレッポを経由すれば地中海世界に、シリア砂漠を横断すればヒムスやダマスカス方面とも連絡した。そして東側はホラーサーン・マーワランナフル地方と、西側はヒジャーズ・エジプト・

イフリーキーヤ・マグリブなどの諸地方とを結ぶマーワランナフル・ヒジャーズ・マグリブ軸ネットワークの中央に位置する、まさにイスラム世界の十字の要地にあったのである。七六二年、マンスールはここに三重の城壁で囲まれた円型都市「マディーナ・アッ＝サラーム（平安の都）」を造営した。この円型都市は、あくまでもカリフの居城であり、またアッバース朝の中央集権体制を維持するための軍事・行政・財務を司る官僚機構のセンターであった。やがてカリフ＝マンスールの構想通りに、バグダードは円型都市とその周囲を含めて活力にあふれた文化・経済活動の一大センターとして発達し、八世紀半ば以後のおよそあらゆる時代のイスラム世界史の動きと関わる最も重要な存在となったのである。

確かに、アッバース朝カリフ政権の戦略的防衛の要地であるとともに行政・財務機関の所在地であったことがバグダードに特権的な性格を賦与し、とくに広大な諸属州から送られてくるハラージュ税やその他の諸物資を集めることによって、他のどの都市にもない経済上・金融上の繁栄を保障したことは明らかである。しかし、バグダードがアッバース朝国家領域内だけにとどまらず、広くイスラム世界の文化的・経済的ネットワーク・センターとしての役割を果たし、その大きな繁栄を築くに至った要因は何であったのであろうか。以下では、その主な要因について考えてみよう。

(1)　東西のアラブ・イスラム帝国境域での征服戦争、それに続くアッバース朝革命前後の混乱が終息し、各地域の社会・経済情勢が安定してくると、人びとの間に経済交流の需要が高まり、バグダードが陸運・水運の中心、商品・金融・消費などの分野で中心的な役割を果たすようになった。

旧サーサーン朝ペルシャ帝国の経済圏は、ホラーサーン街道とペルシャ湾を経由するインド洋の海上ルートによって復活し、またティグリス・ユーフラテスの両川を通じて北シリア境域地帯、シリア、エジプト、マグリブとも結ばれることで、旧ビザンツ帝国の経済圏をも統合し、それによってバグダードが東西イスラム世界の中心機能を果たすようになった。

(2) アッバース朝革命以後、ウマイア朝時代に抑圧されていたマワーリーたちの地位が向上したこと、そして他宗派・他宗教の関係者たちの国家行政や文化・経済活動への積極的な参加が可能となり、彼らの文化・経済・技術的能力が高度に発揮された。とくにイラン系・シーア諸派・ユダヤ教・キリスト教諸派・ゾロアスター教などの商人・手工業者たちは、彼らの洗練された技術・才能、資本、人的・情報的に幅広いネットワークを利用することによって、イスラム世界を舞台にして広域的に活動した。バグダードという強力なネットワーク・センターの成立・発展が、彼らの統合と活動に力強い推進力となったのである。

(3) 七六六年にバグダードの円型都市が完成した後、その人口増加は驚異的な急成長を遂げた。活力溢れる過剰人口をもったことが、消費都市として、また商品・物資の大量集散地として、手工業生産などの経済発展にあらゆる意味でプラスとなった。バグダードの人口は、カリフ＝マンスールの治世代に、すでに「三万のモスクと一万の浴場」を必要とするほどの急激な人口増加を示し、最盛期のハールーン・アル＝ラシード(在位七八六—八〇九年)やマァムーン(在位八一三—八三三年)の治世代には、推定一五〇万人から二〇〇万人を数えたといわれる。(18) アル＝ハティーブ・アル＝バグダーディー(アブー・バクル・アフマド)の推定によれば、浴場の数は六万軒、各浴場で働く従業員数(風呂たき二人、水汲み人・ごみ収集人・監視人各一人)を五人とすると浴場従業員の総数は三〇万人、各浴場の周囲には五つのマスジド(モスク)があり、マスジドの総数は三〇万カ所、各マスジドに五人が礼拝に出かけると、一五〇万人の人口に達する。[19] また、カリフ＝ムクタディル(在位九〇八—九三二年)の治世代の浴場数は二万七〇〇〇軒、ブワイフ朝のムイッズ・アッ＝ダウラ(在位九四五—九六七年)の時代には四〇〇〇軒から五〇〇〇軒であったといわれる。バグダードを構成する主な都市人口は、①支配権力者層を形成するカリフとその側近の高官・従臣・官僚・書記・警察・軍隊とその家族・親族たち、②都市の経済・生産活動を担う商人、手工業者、建設技師、大工、輸送・サービス業者、③遊牧民・流民・巡礼・旅行者、近郊の農民などの移住者および一時的定住者、④ウラマー・法曹界、その他の専門職の知識人たち、⑤家内奴隷・単純労働者たち、などであった。円型都市の北側に位置するハルビーヤ地区には、大マーケットを囲んで、バルフ・マルウ・ブハラー・カーブルや、その他のソグド地方出身の軍人とその家族が、出身地やエスニック・グループごとに街区《ハーラ》をつくって居住し、各街区の管理は街区長(カーイドまたはライース)が担当した。彼らの移住がバグダードと東部イランや中央アジアとの人的交流および文化・経済関係を強める上で大きな役割を果たした。バグダードの円型都市造営の際には、優秀な大工・土木技術者や各種の職人・労働者など総数一〇万人に及ぶ人びとがシリア地方やマウスィル・バスラ・クーファ・ワーシトなどの諸都市から徴用された。彼らの多くは、都市の完成後もバグダードに住み着いて、その人口の重要な構成員となった。このように、イスラム世界の各地から集まった様々な人びとが、アッバース朝という国家枠を超えた人間移動のネットワークを築いたのである。

(4) バグダードの周辺地域には、肥沃な農耕地帯が広がり、上メソポタミア・ジャズィーラ地方や下イラク・サワード地方からも、水運を使って大量の食糧を供給することができた。巨大な経済・消費都市バグダードの発展の歴史は、つねにイラク農業の生産性と密接な関連をもって展開した(下イラク・サワード地方の農業については、本章第八節で詳しく述べる)。

(5) バグダードの円型都市の南側に位置したカルフ地区は、河川運輸と商工業活動の中心地として急速に人口を集め、ローカルな定期市から出発して、イスラム世界の一大商業センターへと発展した。七七四年、カリフ-マンスールは円型都市内にあった商工業部分を人口過密と治安上の理由から、カルフ地区に移した。これがカルフ地区の急激な発展の基礎となったが、その歴史は古く、すでにサーサーン朝ペルシャ帝国の王シャープール二世(在位三〇九—三七九年)の時に建設されたといわれる。その位置は、ティグリス川とユーフラテス川とを結びつけるイーサー運河とサラート運河に挟まれ、東側はティグリス川によって区切られて、東西に細長く約二ファルサフ(約十二キロメートル)、南北に一ファルサフ(六キロメートル)にわたって広がっていた。カルフ地区に住む商人や手工業者たちは、同業種の集団(ヒルファまたはサンフ)をつくって、居住区・手工業区・市場区などで生活した。彼らの居住区は街区(ハーラまたはマハッラ)に分かれ、慣習法(スンナまたはウルフ)に基づいて街区長(カーイドまたはライース)や集団の長(ライースまたはウスターズ)が統率した。市場区では、市場監督官（ムフタシブ）が不正販売や量目・品質の不正などの商道徳上の行政指導と監督をおこなった。バグダードにおける大市場は、運河の岸辺、橋のたもと、船着場や円型都市に通じるクーファ道とバスラ道の大路に沿って分布し、果物市場、衣料品・呉服市場、食料品市場、穀物市場、書籍・文具市場、奴隷市場、家畜市場、香辛料・薬物市場、金融・両替商などが軒を連ねた。このように、イスラム都市の経済的機能については、都市の一定地区に専門的商品を取り扱う常設市が組織的に配置されて、礼拝と信仰の中心であるモスクと並んで、都市における文化的・経済的役割を保障したことに大きな特徴が認められる。大市場は、一部は円型都市内から市場を移転するときに計画的に新設されたが、スーク・アッ＝サラーサーゥ（火曜市）のように、バグダードの建設以前からあった古い定期市がもとになって常設市として発展したものもあったし、また街区《ハーラ》内にあった中小の市場（スーク・アル＝マハッラ）が発展・拡大したものもあった。国家による市場地区の指定は、都市の警備・治安と行政管理の上からおこなわれたが、また商業税や店舗税の徴収を効果的におこなうことを目的とする行政的な措置でもあったといえよう。カリフ－マンスールは、カルフ地区の商業活動を振興させるために、一切の市場税（ガッラ）を徴収しなかったといわれている。カリフ－マフディーの治世代、つまり七八三／七八四年になると、店舗ごとにハラージュ税の名目で市場税が徴収された。なお、初期の税制では、市場税・商品取引税や通行関税に関する一定の名称はなかった。雑税（マクス）は、法学上の見地から違法であると解釈され、土地税と同じくハラージュ税や店舗貸料（ガッラ）の名目で徴収された。カルフ地区には、ホラーサーン地方(ブハラー・サマルカンド)・フージスターン(スース・トゥスタル)・下イラク(バスラ・クーファ)などの諸地方出身のシーア派を信奉する商人たちが多く居住し、市場での商工業に活躍した。アル＝ハティーブ・アル＝バグダーディーは、その著書『バグダード史』のなかで、カルフ地区の住民の大部分はシーア派ラーフィダ教団の仲間たちであって、スーク・アル＝アティーカにはアリーを奉るモスクがあった、と伝えている[20]。

カルフ地区の重要な機能は、ティグリス川とイーサー運河の交差する地点に荷を揚げ降ろしする河岸と、運河・堀川に沿って設けられた倉庫・埠頭などの運輸と集積・貯蔵の設備があることであって、そこは遠距離間の交通・運輸と貿易活動のネットワーク・センターの位置にあったのである。ワーシト・バスラ・マウスィルなどからの穀物は、ティグリス川とサラート運河を通ってバーブ・アッ＝シャイール(Bāb al-Sha'īr)の船着場(マルファウ)に集められた。タービク運河とイーサー運河が合流する地点はマシュラアト・アル＝アース(Mashra'at al-Ās)と呼ばれ、そこではティグリス川とユーフラテス川の川船が出会い、荷を揚げ降ろす船着場と河岸《かし》が設けられて、商人たちの倉庫や市場が立ち並んでいた。ユーフラテス川の水上運輸は、ラッカ付近までは相当に盛んであるが、アンバールを通過すると航行の難しい沼沢地に入る。そのため、船は途中からイーサー運河を利用してティグリス川に出た。一方ティグリス川は、アルメニア地方の港ジャズィーラ・イブン・ウマルからマウスィルを経由してバグダードに達し、さらに下るとワーシト付近で通行可能なバターイフの沼沢地に入り、バスラまでは安全な航行が続く。ペルシャ湾頭のウブッラからアッバーダーンにかけては、ティグリス川の堆積作用と干満による潮流・渦巻きと浅瀬の危険が多いために、灯台(ハーシャーバート)が設置されて、夜間の船の安全を守った。このようにバグダードは、ユーフラテス・ティグリスの両河川とイーサー運河の三本の水運体系によって結ばれた水上交通の要地にあって、川沿いの諸都市・農村との有機的な経済関係を深めることによって相互の繁栄を達成したのである。船による水上輸送は、陸上キャラバンによる輸送と較べると、かさばりもの・重量物の商品をより大量に、しかも廉価に輸送することができるために、一大消費地バグダードが必要としたジャズィーラ地方とシリア地方の小麦・綿花・家畜、下イラク地方のナツメヤシの実・米・亜麻・砂糖・豆類などの生活必需品、商人・手工業者にとって必要な原料・商品を多量に集荷・取引することができた。エジプト産小麦は、ラッカとアンバール経由で、ユーフラテス川とイーサー運河を下って、カルフの船着場に輸送された。バグダードに住む一般庶民の食糧である大麦・ナツメヤシの実・米・ヒンミス豆(ヒヨコ豆)などはフージスターンとバターイフ(サワード)地方から、塩干し魚はヴァン湖、羊肉は春季にはアラブ遊牧民から、また秋季にはザグロス山地やファールス地方から商人たちを通じて集荷された。また洗剤用の粘土はメッカとバグダードの中間にあるアジュフルから運ばれた。バグダードがイスラム世界の境域地帯から様々な特産品を集める一大市場であったことについては、本章第六節で詳しく説明したい。

ティグリス川西岸の円型都市、ハルビーヤ地区やカルフ地区の急速な発展にともなって、その対岸の東岸にも新市街が拡大した。東岸のバグダードでは、ルサーファ・シャンマーシーヤ・ムハッリムなどの地区が徐々に建設され、西岸との間にはティグリス川を渡る浮き橋が架けられて、渡し船の往来で賑わった。カリフ＝ムゥタミド(在位八七〇―八九二年)の治世代には、ティグリス川の渡し船に従事する船人《ふなびと》(水夫)は三万人、毎日の収入は九万ディルハムにも達したといわれる。[21] アッバース朝の首都は、八三六年から八九二年までの約五五年間にわたって、バグダードの北一四〇キロメートルほどのところにあるサーマッラーに移された。しかしその後、再びバグダードにカリフの居城が戻されると、東岸のバグダードがむしろ政治・経済の中心として繁栄するようになった。九二四年から九二五年に、イスマーイール派カルマト教団の反乱軍がクーファの町を侵略したとき、クーファに近いバグダードの西岸の住民たちは動揺し、その多くの人びとは東岸に移住した。バグダードの東岸にも多くの大市場が発達し、とくにカリフ＝マフディーによって建設されたスーク・アル＝アタシュはカルフ地区から移された多くの商人たちが集まって賑わい、また上橋に隣接したスーク・フダイルには中国から輸入された珍しい商品が多くみられたという。

バグダードの繁栄は、カリフ＝ハールーン・アル＝ラシードの治世代にその絶頂期を迎えたが、その後、政治的動揺、マムルーク軍人の抗争、アイヤールーン(仁俠・無頼の徒)の暴動、流民、過剰人口と食糧不足および物価の高騰などの不安な要素が次第に増大していった。サーマッラー時代のバグダードでは、ティグリス川の洪水、トルコ系マムルーク軍閥の抗争、アイヤールーンによる放火・暴動などが続発したが、商工業の中心地としての活動を維持していたようである。しかし九世紀後半に入ると、下イラクのサワード地方とペルシャ湾岸地域を中心として拡大したザンジュの反乱、それに続くイスマーイール派カルマト教団による社会運動の展開は、アッバース朝カリフ政権の全体制を揺るがし、それまでのバグダード経済の繁栄を支えてきた交通・運輸、流通経済、商工業と文化・情報のネットワーク・センターとしての機能を喪失させた。すなわちペルシャ湾頭の諸地域やサワード地方で起ったザンジュの反乱は、農業と水運の動脈であった運河網の荒廃を引き起こし、農業生産の低下とペルシャ湾・インド洋に通じる海上運輸と貿易活動の全面的な中断をもたらした。さらに、カルマト教団によるペルシャ湾〜アラビア半島東岸〜ユーフラテス川東側〜シリアに通じる別ルートの開発と利用は、バグダードを経由せずにインド洋と地中海の両世界が結ばれる新しいネットワークの形成を意味した。

以上のような政治的・経済的な危機状況のなかで、バグダードを拠点としていた大商人・金融業者、その他の富裕者たちは、次第に商品・財産をもってシリア・エジプト・マグリブの諸地方に移住することで、変革の時代を巧みに生き延びようと努めた。ブワイフ朝によるバグダードの征服は、アッバース朝スンナ派カリフ政権の威信を完全に失わせ、反体制運動の展開や地方における独立王朝の形成をますます助長することとなった。十世紀後半のバグダードの状況について、地理学者ムカッダシーは、「かつて、バグダードは壮麗であったが、現在ではすでに崩壊が進み、社会秩序が乱れ、昔日の栄光は失われてしまった。……いまやミスル・フスタートがかつての[繁栄時代の]バグダードと同じであって、私はイスラム世界のなかで、フスタートほど素晴らしい町を知らない。一方、マシュリク地方(サーマン朝)でも横暴・不正行為がまかり通っている(22)」と説明している。それは、まさに十・十一世紀の時代転換期を境にして、イスラム世界の繁栄中心が、イラク・ペルシャ湾軸ネットワークのバグダードからエジプト・紅海軸ネットワークのフスタートおよびカイロに移行しつつあったことを物語っている。

四　長距離交通と貿易ルートの発展過程

アッバース朝は、その広大な政治版図の支配・統治の目的から、バグダードに向かって集中し、またバグダードから放射するバリード(駅逓)網を張りめぐらすことに努めた。バリード制度は、すでにサーサーン朝ペルシャ帝国やビザンツ帝国において、またウマイア朝カリフ＝アブド・アル＝マリクの治世代にも一部で試みられていたのであったが、アッバース朝はそれらの既存の交通・情報システムを統合し、より広域的に組織化することによって、全イスラム世界にまたがる規模に発展させた。駅逓制を意味するアラビア語のバリード(barīd)の語源は、おそらくアッシリア語に溯り、「駅逓馬」を意味するギリシャ語のベレドス(beredos)、ラテン語のヴェレドゥス(veredus／veredarius)とも共通する。九七七年に編纂されたフワーリズミーの『諸学の鍵(Mafātīḥ al-'Ulūm)』によると、バリードはペルシャ語からの借用語であって、駅逓組織そのものだけでなく、駅逓用のラバや使者《ラスール》、さらに宿駅《スイツカ》の間の距離(一ファルサフ)の意味としても用いられたという(23)。

アッバース朝が国家の統治手段としてバリード制度をいかに重視したかは、国家の重要な行政機関の一つとして全国のバリード網を統治・管理するバリード庁(ディーワーン・アル＝バリードDiwān al-Barīd)を設け、その長官(サーヒブ)の任命はワズィールではなく、カリフによる直接の勅任によったことからも理解できる。つまりバリード制度は、アッバース朝の中央集権体制を確立するための軍事・政治・財政制度の中核にあったのである。そしてバリード網の確立が、バグダードを文化的・経済的中心とする、東側のマーワランナフルやシンドの諸地方と、西側のエジプトやイフリーキーヤ・マグリブ地方に及ぶイスラム世界を繋ぐ公私の海上・陸上の交通・運輸、国際商業や巡礼活動の発展にあたって重要な役割を担い、さらにはその幹線から分岐するローカル交通網とイスラム世界の外部(異域世界)に通じるネットワークとの連絡を促進したことは言うまでもない。

アッバース朝のバリード網といわれるものは、バグダードの円型都市の四つの城門を起点とする四街道――バスラ道・クーファ道・ホラーサーン道(街道)・シリア道――によって構成される道路交通網と宿駅制度であって、宿駅(マハッタ、シッカ、リバート、マルカズ・アル＝バリード)は東イスラム圏では原則として二ファルサフ(一二キロメートル)、西イスラム圏では四ファルサフ(二四キロメートル)ごとに配置され、その総数は九三〇地点に及んだ。各々の宿駅では、バリード庁の長官によって任命された駅逓長(サーヒブ・アル＝バリード)が、運輸と通信業務を管掌するとともに、その重要な任務として地方総督・徴税官・カーディーなどの行動を監視し、また地方の地理・物産・民情・物価などの情報を中央のバリード庁長官に報告したのであって、そうした情報はカリフにも伝えられ、国家の政治的・経済的情勢を判断する重要資料とされた。また宿駅ごとに、管理役人(murattabūn, muwaqqʻīn, furwaniqūn)・急使(fuyūj, fūrāniq, suʻāt)・騎手・糧食・馬・ラバ・ラクダ・伝書鳩などが用意されて、公用の通信連絡をはじめ、貨客の往来の便宜をはかり、護衛をおこなった。交通上の要地には、監視所(marṣad, marāṣid, maʼṣir)・キャラバンサライ(manzil al-qāfila, kārvansarāy, ḥawānīt)・道標・水場などを設けて交通の安全を確保することに努めた。とくに、バグダードとハマザーン・ライィ・マルウ(メルヴ)・ブハラーを結ぶホラーサーン街道のバリード網は、アッバース朝の内陸アジアおよび中国辺境部に対する軍事的・政治的支配を十全なものにするために、最も重視された。そこでは、二ファルサフごとの宿駅・ハーン・監視所・街道を警備する治安警察官(ʻummāl al-muʻāwin, ṣāḥib al-aṭrāf waʼl-ʻummāl al-muʻāwin)が配置されて、旅行者や通過荷物の取り調べをおこなった。

カリフ＝マンスールは、国内の治安状態や経済状況を把握して、国家体制の安定をはかるために、バリード制の普及に努力し、各地の駅逓長には毎日の情報を報告させたといわれる。その後のカリフたちもバリード制の充実に努め、九世紀半ばにはその支配領域のほぼ全域を覆うバリード網を完成させた。しかし現在まで残された文献史料からは、バリード制が国家直轄の管理・統制のもとでどのように具体的に運営されていたかについては明らかでない。九・十世紀を中心として編纂・著述された、いわゆる「道里地理書《マサーリク》」には、バグダードのバリード庁に集められた公的資料をもとにして、当時のイスラム世界の道路網・里程・宿駅・地理・物産と各州の租税額が記録されており、これらの史料を通じてアッバース朝のバリード網の全体像を知ることができる。道里地理書には、イスラム世界だけでなく、その境域地帯を越えて中国・インド・北方ユーラシア・アルメニア・ビザンツ帝国・フランク王国、サハラ南縁のスーダン地域、東アフリカのザンジュ地方、インド洋海域周縁部などについての交通・地理・物産・民族などの概要が記録されており、まさにバグダードをネットワーク・センターとして、当時の巨大な国際交通・運輸と貿易システムが具体的に機能していた状況をわれわれに伝えてくれる。そこで以下では、イブン・フルダーズベ、イブン・ルスタ、ヤァクービー、イブン・アル＝ファキーフ、クダーマ・イブン・ジャアファルなどの代表的な道里地理書に基づいて、アッバース朝初期におけるバリード網を概観してみよう。

(1)　ホラーサーン道　　バグダードの東門であるホラーサーン門を起点として、エルブルズ山脈の南麓沿いにフルワーン・ハマザーン・ライイ・ニーシャープール・マルウ（メルヴ）を結ぶ直轄の路線であり、さらに、①アム川を渡り、ブハラーとサマルカンドやシャーシュ地方の諸都市を経て、トルコ族居住のステップ地域へ至るルート、②アラル海に近いホラズム地方のジュルジャーニーヤ（グルガンジュ）を経由し、カスピ海の東側のウスティ・ウルトのステップ地帯を北上して、ハザル王国のイティルやヴォルガ・ブルガール王国へ至るルート、③サマルカンドやフェルガーナ地方からタリーム盆地を経て中国に至るオアシス・ルート、④ヒンズークシ山脈を越えてインダス川の上流からシンド地方の諸都市に至るルートなどによって、境域や異域世界に通じていた。

(2)　バスラ道　　バグダードの南門であるバスラ門から南に向い、ペルシャ湾頭に近いバスラに至るルート。このルートは、ティグリス川および運河とバターイフの沼沢地を通過するもので、平底の川船(ドゥーニジュ、ザルーク、サンブーク)が使われた。イブン・ルスタによると、サーサーン朝ペルシャ帝国時代、船はインド地方からペルシャ湾を通過してティグリス川を溯り、マダーイン(クテシフォン)まで達したという。カリフ＝マンスールによるバグダード建設の後、バグダードとバスラとを結ぶ水運は、サワードやフージスターン地方の農産物をバグダードの市場に回漕するための幹線として盛んに利用された。マダーインの南、ティグリス川が大きく湾曲する地点にあるカイル、沼沢地《ハウル》に入る手前のカトルやハワーニートなどの要地には、船の往来を監視し、通行関税を徴収するための船番所(maʾṣir, kūkh)が設けられた。また河口に近いウブッラとアッバーダーンとの中間に位置する水上交通の難所では、川に設置した木造の番所で夜間に篝火を焚いて、船の安全航行に備えた。バスラ道は、①バスラを出発点とする海上交通がペルシャ湾・アラビア海・インド洋に広がる、②ワーシトから東に向う脇街道によって、アフワーズ・アッラジャーン・シーラーズやキルマーン地方に至り、いわゆる「イラン南道」と結ばれ、③バスラを経由したのち、巡礼道《ダルブ》として、アラビア半島のナジド・ヤマーマ地方を通り、メッカに向かう、というように三つに分かれた。

(3) クーファ道　バグダードの西門であるクーファ門を出て、ユーフラテス川の左岸近くにあるクーファを経て砂漠地帯に入り、ナジド高原を通過してメディナ・メッカに至る。さらに道は、アラビア半島の西岸沿いの高原キャラバン・ルートを南に下って、ターイフ・サァダ・アデンなどに通じた。クダーマ・イブン・ジャアファルによると、ターイフに近いサファルと呼ばれる砂漠中

の宿駅には、駅逓長のための二軒の番所と二つの井戸があった。(24)

(4) シリア道　バグダードの北門であるシリア門から出て、イーサー運河とユーフラテス川を溯り、シリア・エジプト・イフリーキーヤ・マグリブの諸地方に通じる最長の陸上ルートであって、さらに本街道から分岐して境域地帯に達するいくつかの重要な道があった。例えば、①ティグリス川を溯って、マウスィル・ナシービーン・アーミドからアルメニア地方やビザンツ帝国領内に至る道、②ラッカ・アレッポからアンターキーヤ・タラーブルス・ベイルートなどの地中海沿岸の諸港に出る道、③ダマスカスから南に下り、タブーク・メディナ・メッカに向かう巡礼道、④エジプトのフスタートからナイル川を溯り、ヌビア地方との境域都市アスワーンに至るナイル道、などである。本道のシリア道は、バグダードを出ると、イーサー運河を通ってユーフラテス川に入り、アンバールとラッカに達した。ラッカからアレッポ・ハマー・ヒムス・ダマスカスに入る迂回道、ユーフラテス川沿いのダーリーヤから分岐して、シリア砂漠を横断し、ルサーファ・サラムヤ・ヒムス・ダマスカスに達する古いキャラバン・ルートもあった。ダマスカスは、四方に通じる交通路の要地であり、本道はラムラ・ファラマー・フスタートに至り、さらに西方に向かいバルカ・タラーブルス・カービス(ガーベス)・カイラワーン・チュニスに達した。バリード網の先端部はカイラワーンにあったが、道はさらにアトラス山脈の山間部を通って、極西マグリブとアンダルス地方の諸都市へ、またサハラ砂漠を横断してガーナ王国の境域地帯に達していた。

アッバース朝によるバリード網の整備は、同時に私的な交通・運輸、文化交流、国際商人による貿易活動にも大きな恩恵、並びに影響を与えた。宿駅の整備と道路ネットワークの発達は、あくまでも公用が優先するが、メッカ巡礼隊や季節の大キャラバン隊の安全通行を保障することによって、多くの人びとの長距離間の移動、私的な通信、物産の運搬を促進した。メッカ巡礼隊の通過にあたっては、国家・支配者たちによって道路の安全、水場・食糧・駄獣の確保、遊牧民との輸送・保護契約の締結などが細心の努力を払っておこなわれた。従って商人その他の旅行者やウラマーたちは、巡礼キャラバン隊に合流して移動するのが一般的であった。旅行者たちが辺境地域の宿駅や大都市を出入りする際には、支配者による厳しい監視や通行税の徴収を要求されることが多かったが、通過公証制度の実施は、エジプトなどの一部の地域を除いてほとんどおこなわれなかった。十世紀後半、ブワイフ朝のアドゥド・アッ＝ダウラは、シーラーズにおいて通行証《ジャワーズ》を所持していない旅行者の出入りを厳しく禁じたといわれる。この時期には、バリード制は全域的に解体し、商人の移動や物品の輸送・流通活動にも重大な危機が起こり、都市の市場の混乱と物価高騰をもたらしていた。こうした危機的状況のなかで多くのバグダード商人たちは、巡礼キャラバン隊に混じってシリアやエジプト方面に逃れた。

バリード網に沿った交通要地には、商人の宿泊施設・水場・倉庫などが配置され、仲介商人・輸送業者や駄獣が集まった。S・D・ゴイテインによる「カイロ・ゲニザ文書」の研究が明らかにしたように、十一世紀前半から十二世紀にかけて、公的なバリード制に倣った私的な商業通信網が北アフリカ〜エジプト〜シリア〜アラビア半島〜イエメン〜インド西海岸の間に張りめぐらされていた。(25) こうした私的なバリード網がアッバース朝初期に存在したかどうかは明らかでない。しかし国際商業においては、絶えず遠隔地との通信連絡によって、各地の物価や市況の動向、自然環境の変化と穀物の収穫状況、治安状態などに関する情報を迅速・適格に把握することが必要であったことは言うまでもない。タヌーヒーが伝えているように、バグダードの投機的商人は飛脚や伝書鳩による通信連絡をおこなって、商品を買占めて莫大な利潤を得ていた。(26) また商業取引による金銭貸借や旅行中の費用は、多くの場合、旅行手形・小切手・為替などによって支払われた。商人や両替商たちが、こうした国際的金融組織を効果的に運営するために、遠隔地間に独自な情報通信網を張りめぐらしていたことは明らかである。シーア派ラーフィダ教団、ハワーリジュ派イバード教団、シリア系およびコプト系キリスト教徒、ユダヤ教徒、ゾロアスター教徒などは、各地にある彼らのコミュニティ間を結ぶ、独自の運輸・通信・金融と販売の組織網をもっていた。

アッバース朝時代の史料からは確認できないが、マムルーク朝のスルタン－ナースィル(在位一二九四―一二九五年、一二九九―一三〇九年、一三〇九―四〇年)の治世代には、国家による公的なバリード網を一般の人びとも利用できたことや、時には商人による私的な運輸が公的利用に優先したことによって、国家の緊急連絡が滞るという弊害も生じていたという。

交通・運輸のネットワークは、海・陸の両道が有機的に結びつくことで、長距離間を安全・迅速に、しかも定期的に、多くの人間、物品と情報・文化の移動と交流を可能にした。陸上交通における輸送の手段は、ラクダ・馬・ラバ・ロバであって、車輌は都市部とその周辺の一部を除いて、遠距離間の運輸には使用されなかった。砂漠・山岳・平地などの道路の条件によって、これらの駄獣が使用される割合は異なるが、砂漠・ステップ地帯の長距離運輸には、ラクダが乗用・輸送用として欠くことのできない重要な役割を担った。R・W・ブリエの研究によると、ラクダの飼育は、紀元前三〇〇〇年から二五〇〇年に南アラビアのハドラマウト地方において、採乳の目的で始められたという。[27] その後、紀元前二〇〇〇年から一五〇〇年には、乳香貿易の急激な発展にともなって、南アラビア地方と地中海沿岸部とを結ぶ長距離間のラクダ編成によるキャラバン運輸が開始され、セム系遊牧諸部族の軍事的・政治的進出と経済発展を促す重要な契機となった。アラビア半島で生まれたラクダ文化は、七世紀におけるアラブ・ムスリム軍による大征服活動にともなって、東側は中央アジアやシンド地方から、西側は北アフリカ・サハラ地域・イベリア半島にまたがる乾燥地帯に広がった。このようにして広大なイスラム世界を相互に結びつける共通の運輸手段として、ラクダ隊列のキャラバン交通網が成立し、国家の公的な輸送・通信と情報の伝達だけでなく、巡礼者や商人たちの移動や物資の交換関係を飛躍的に高めた。ラクダ飼育と輸送業におけるアラブ系遊牧民の活躍は目覚ましく、アラビア半島・シリア・エジプト・ホラーサーン・マーワランナフル・シンド・イフリーキーヤなどの諸地方において、彼らは長距離運輸に深く関わるようになった。ラクダの名産地は、南アラビアのシフル・マフラ地方であったが、エチオピア・ブジャ(ベジャ)・ヌビア(ヌーバ)などの辺境地域からも多量に集められた。シンド地方のムルターンとマンスーラは、ラクダの集荷地として知られ、またマクラーン地方に住むミーズと呼ばれる遊牧民はラクダをホラーサーン地方に輸出した。イブン・ハウカルによると、ホラーサーン街道では、ハマザーンとバグダードとの中間にあるサーワという町に多数のラクダ業者たちが住み、マーワランナフル地方の人びとをメッカに運んでいた。(28)

馬もまた重要な輸送手段であって、中央アジアのトハーリスターンとフッタル、アラビア半島のバフライン地方やハドラマウト地方などが名馬の飼育地として知られた。それらの馬は、十一世紀以後、アデン・ミルバート・シフルや、ペルシャ湾のキーシュ・ホルムズ・カティーフ・スハールなどから船でインドの南西海岸の諸港に運ばれた。馬は、専らインド内陸部のヒンドゥー系国家によって輸入され、北から侵入してくるアフガン系やトルコ系の軍隊に対抗するための騎馬軍隊の編成に使われた。ラバは、とくに山岳地帯の輸送に適し、アルメニア産ラバはホラーサーン・イラク・シリアなどの地域に需要が高かった。荷車の利用は、おもに都市と近郊農村部とを結ぶ近距離の輸送手段として利用された。人夫の担ぐ荷台や籠は、メッカ巡礼の際に砂漠や山岳地帯で使われることがあった。

キャラバン隊の規模や一日の移動距離は、その編成の目的、積み荷の種類、道路状況や季節などの条件によって大きく異なっていたが、大キャラバン隊では一日平均で二五キロメートルから三〇キロメートルの移動距離(平均四―五ファルサフ)であって、その一日の距離に合わせて水場・停泊地とキャラバンサライが配置されていた。十八世紀の半ば、ペルシャ湾岸のクウェイトとアレッポとの間(約一六〇〇キロメートル)を、ラクダ・キャラバン隊は六〇日から七〇日で横断し、そのラクダの数は二〇〇〇頭から三〇〇〇頭、多い場合は五〇〇〇頭にも達したという。とくにインド洋のモンスーン航海期に合わせてイエメンやペルシャ湾沿岸の諸港で編成される「季節の大キャラバン隊(qāfilat al-mawsim)」は、ラクダ頭数や積み荷の種類・量が多く、そのキャラバン隊の通過にともなって内陸部の諸都市の商業活動が活発におこなわれた。地中海沿岸部およびサハラ地域でも、大キャラバン隊の移動は、地中海の海上航海・運輸と連動しておこなわれた。つまり地中海の東海岸では、夏季の西風に乗って到着する船舶に合わせてキャラバン隊が編成され、またイフリーキーヤ・マグリブ地方では冬季の船が活動できない時期に、シジルマーサからカイラワーン経由でエジプト方面に、また夏季には船の出航に合わせてキャラバン隊がチュニス・カービス(ガーベス)・タラーブルスなどから出発し、二カ月から三カ月をかけて、エジプトのフスタートに着いた。

メッカの巡礼月に合わせて移動する巡礼キャラバン隊は、バグダード・ダマスカス・タイッズ・フスタートの四地点を起点としてメッカに集結した。メッカ巡礼キャラバン(rakb)の編成は、国家的な公式事業であって、カリフによって任命された巡礼隊長(amir al-ḥaji)が巡礼隊を統率し、カーバ神殿のキスワの献納や宗教的儀礼をおこなった。バグダードには、ホラーサーン地方やマーワランナフル地方からの巡礼キャラバン隊が集まり、イラクの巡礼キャラバン隊と合流してクーファ道とバスラ道を通ってメッカに向かった。一般に、巡礼日の二カ月前、すなわちシャッワール月初めに巡礼キャラバン隊は、バグダードを出発した。アッバース朝時代、こうした巡礼キャラバン隊によってどの程度の数の巡礼者たちや物産がメッカに集まったのであろうか。この点について依拠すべき詳しい文献史料はないが、イブン・アル＝ジャウズィーによると、ヒジュラ暦四〇六年サファル月末(一〇一五年七―八月)、メッカで飢えと水不足のため巡礼者たち二万人が死亡し、六〇〇〇人は無事であったがラクダの尿水や馬勒(馬のくつわ・おもがい・手綱)を食べて命を繋いだという。[29] またミスカワイフの『諸民族の実践の書(Kitāb Tajārib al-Umam)』によると、ヒジュラ暦三五四年(九六五年)、アラブ遊牧民のバヌー・スライム(スライム族)がマグリブ・エジプト・シリアの巡礼キャラバン隊を襲ったとき、そのキャラバン隊には巡礼者の他に商人、移住・亡命者、そして約二万荷(ḥiml 一荷は約二七〇キログラム)にのぼる多量の商品(その内、エジプトの小麦粉一五〇〇〇荷)、アラブ人の商品一万二〇〇〇荷、その他にも袋詰めの現金などが含まれていた。[30] このようにメッカ巡礼にともなうキャラバン隊の移動は、ムスリムたちにとって、国家や血縁・地縁社会などの狭い枠を超えて、ウンマ共同体の一員としてイスラム世界全体のなかで広範な文化的・経済的活動を展開していく上で、極めて重要な役割を果たしたのである。

またインド洋において、大規模な海上交通・運輸の発達がみられ、しかもその交通ネットワークのシステムが西アジアのキャラバン交通と連動して有機的に機能したことがとくに注目される。アッバース朝成立以後の時期は、バグダードを中心としたインド洋の海上交通と貿易の拡大期であって、バグダードの文化的・経済的繁栄を支えた一つの重要な基盤がインド洋とその周縁部に広がる境域と異域世界、東アフリカ・インド・東南アジア・中国などであったといえよう。その具体的内容については、本章の第六節で詳しく考察することにしたい。

五　商人層の活躍と手工業生産の発達

イスラム都市の興隆を支えた強い力は、商人《タージル》(tājir)として分類される市民層であった。彼らは活動の拠点を都市内の商業中心地＝市場に置いたが、その経済活動の範囲は、東側は中国から、西側は大西洋の岸辺に至る巨大な経済圏を舞台としていた。都市はいかなる商人にとっても開かれた場であって、西ヨーロッパ中世都市のように、自治的特権を主張して他者を排除したり、また特許状を要求して取引上の優位性を確保するようなことはしなかった。つまり、世界経済の担い手としての商人とイスラム都市とは不可分の関係にあったし、また彼ら商人はイスラム思想・文化の発達と拡大の上での強力な推進役でもあったのである。商人たちは次第に経済的・社会的地位を高め、九世紀に入ると、アッバース朝国家との穀物取引・金融貸付や奴隷売買などによって莫大な利潤を得た富裕商人層《タージル》が台頭するようになった。しかしこうした商人たちが、団結してギルド的な集団をつくったり、政治的発言権の強化をはかったりはせず、むしろ教養ある富裕な都市の社会上層者としての地位にとどまったことに大きな特徴があった。E・アシュトゥールは、富裕商人たちを中心とした市民層を「新ムスリム・ブルジョア層」としてとらえて、アッバース朝時代を特徴づけた最も重要な潮流であると説いた(31)。

H・J・コーヘンの研究によれば、イスラム諸学に関する著名なウラマーたちの伝記史料を分析すると、九世紀のイスラム思想家たちの六〇・六パーセントが商人であり、そのうちの三分の一が織物商人によって占められていた。(32) 彼ら商人たちの関心は、所得と資本の蓄積という俗的活動に加えて、イスラム信仰と文化への寄与という精神的・文化的な側面に注がれていたのである。マムルーク朝時代、大商人たちが蓄えた富をモスクやマドラサなどの宗教・教育施設に費やしたのは、商業がムスリムたちの宗教的義務を果たすための手段の一つであり、両者が両立し得るものであると考えられていたからに他ならない。では、アッバース朝時代に入ってからの商人層の台頭は、いかなる条件のなかで達成されたのであろうか。さらに、商業に対する国家の態度、大規模に組織化された市場構造・生産・手工業部門、商人の類型と商業形態などの諸問題についても考えてみなければならない。

さきにも述べたように、西アジア地域はその自然地理的な諸条件や生態系の諸条件の影響を受けつつ、他の地域に先駆けて歴史的に古くから都市的・商業的世界として発展した。そのために、多くの人びとが進取的気性と秀れた商才をもって商業活動に生計を求めた。さらに、各々の都市では、専門化した手工業が発達し、独自の生産物を創り出して広範囲に販売した。また手工業生産に必要な様々な原料も近くから調達されるものばかりではなく、ときには一種の地域的あるいは国際的分業に基づいて、各地から原料や半製品が集積され、製品化された。このように商業と手工業とが密接に結びついて、都市の総合的発展に大きく寄与していたのである。ウマイア朝後期に征服と移動の幕が閉じられた結果、軍営地内の小売業、アラブ貴族層を対象とした奢侈品貿易、国家の必要とする軍事・必需物資の調達などで、職業的に専門化した商人層が出現したことは言うまでもない。そうした状況のなかで、八世紀半ば以後になると商業の発展の上で大きな転換期が訪れた。何よりもまず、アッバース朝政権による政治的安定、バグダードの建設、バリード網による交通・運輸網の整備、都市人口の増加、金銀地金の流入にともなう貨幣経済の普及と物価の安定などの総合的条件の重なり合いのなかで、土地による生産から切り離された都市住民が競って商工業に生活の手段を求めるようになった。彼らは、都市内の市場、都市と農村、都市間、さらにはイスラム世界の境域市場との間を往復して、商品を買い集め、仲介・販売・加工生産・投資などに活躍した。当時の一般的風潮としても、商行為を卑下するような社会的偏見は全く見られなかった。むしろ、ハナフィー派の法学者シャイバーニー(八〇五年歿)やジャーヒズ(八六九年歿)などの理論家たちは、商行為による利潤追及をイスラム信仰の上から正当化しようとする積極的な主張をおこなっている。[33]

イスラム都市の住民構成は、旧住民に加えて、都市建設のために各地の都市から集められた手工業者、職人、労働者、軍人、農村その他からの移住者、奴隷、遊牧民からの定住者、宗教および教育関係のウラマーなどであって、出身地・階層・集団構成・伝統文化などの異なる様々な人びとが寄り集まって、新しい市民層を形成した。こうした市民層が商業および手工業の担い手であり、同時に各方面からの物品の輸入を必要とする最大の消費者たちでもあった。つまり都市には多重・多層の人間、異なる文化をもった人びとが集まり、多様な衣食住文化を発達させ、広域的な商業需要を高めたのである。また都市は、イスラム信仰と文化活動のセンターであって、そこに新しい文化産業を発達させた。中国からの紙・墨、香薬料、礼拝用絨毯、敷物、各種の織物・被衣、家具、装身具、陶器・磁器などを扱う店舗が、モスクに近い都市の中心部にある市場に配置された。

本章の第六節でも説明するように、イスラム世界の経済圏は、サーサーン朝ペルシャ帝国とビザンツ帝国の二つの経済圏を統合しただけでなく、北側の北方ユーラシアの森林・ツンドラ地帯から、南側のインド洋周縁部の熱帯雨林地帯、サハラ南縁のサヴァンナと森林地帯に至る、広大で多様な自然地理・生態系のもとにあった諸地域が異域世界を形成し、バグダードをネットワーク・センターとする、中心と周縁との間の相互的経済交換のシステムが確立していたのである。遠隔地間の物産の交換は、ある特定地域における豊饒時の余剰生産が不足地域に流れることによってではなく、あくまでも自然生態条件の相違に基づく生産条件(生産物の品目・量・時間・品質)から生じる相互補完の諸関係によって成立したととらえることができる。西アジア地域は、三大陸と二大海(インド洋と地中海)の接点、中緯度の乾燥圏、そして古くからの都市文明と流通経済の発達、人口稠密などの諸条件によって、より遠方の、異質の文明圏や自然生態系が存在する四方の異域世界との文化的・経済的交流関係を希求してきた。このようなイスラム経済圏の成立によって、西アジアの諸都市の本来的な機能、すなわち流通・仲介・加工生産と消費、情報・文化センターの役割が最大限に発揮される機会が到来したのである。

西アジア地域の諸都市が発達を遂げるためには、まず膨大な都市人口を支えるのに十分な、潤沢な食糧供給が必要であったことは言うまでもない。とくに乾燥地帯における穀物生産地は、限られた大河川の流域に分布したので、都市の盛衰は農産物の安定供給を維持できるかどうかにかかっていた。何といっても、ティグリスとユーフラテスの両河川やナイル川などの大河川に沿った平野が小麦・大麦などの主要穀物の生産地であって、それらの地域での穀物の生産量の増減がイスラム世界全体の物価動向に大きく影響を及ぼした。もし、河川の水位が平年よりも低い場合には(ナイル川の場合、平年作の水位は十六ズィラー)、商人たちによる穀物の投機買いが起こり、他の物価にまでも影響し、経済全体に不安材料を提供した。アッバース朝初期の時代の気象条件は、十一世紀半ば以後の状況と比較するとかなり安定しており、旱魃・飢饉や疫病の発生率が少なかったこともイスラム都市と商業の発達に好都合な条件を提供した。メソポタミア地域の穀物不作のときには、チュニジア・エジプト・アルメニア・ビザンツ帝国・インドなどの諸地域からも輸入された。小麦以外では大麦・米・豆類・モロコシが一般都市民の重要な日常食であって、これらはインド・イエメン・ヌビアからも運ばれた。このように西アジア地域におけるイスラム都市の発達は、その食糧供給のために、都市周辺部の農村地帯からの輸送だけでなく、かなり遠隔地からの輸送を不可欠な条件としており、熱帯産商品作物の栽培、農産物をめぐる投機的経営、土地投資、穀物輸送などが都市経済のなかの重要部分を占めていたことに注目しなければならない。

さて、商人たちが一都市・一国家の領域を出て、他の都市や遠隔地の市場との間を自由に往来して商活動をおこなうためには、①国家・支配者の商人に対する態度、②外地での紛争や、死亡した際の遺産に対する法的保障の問題、③よそ者の商人に対する各都市の受け入れ方、等の諸条件が解決される必要があろう。商人や手工業者たちは、もともと他の地域に生活手段を求め、出生地を出て移動生活を送り、移動によって自らの経験を養い、また幸運に恵まれれば富を蓄積することができた。いかに冒険心に富んだ彼らであっても、国家・支配者による厳しい移動制限や商工業活動への重い課税が押しつけられれば、彼らの活動する舞台は狭められたであろう。実際には、アッバース朝国家の経済政策はおおむね開放的であって、一定の関税および市場税を支払うことによって商人・手工業者たちは国境を越えて移動することができた。国家は都市の文化的・経済的繁栄に貢献するためにも、商人および手工業者たちを市場区に集めて、経済生活の躍進に努めた。国家の財政基盤は、あくまでも農産物による収入にあって、都市における商工業・運輸・鉱山採掘・特産物生産などに対する課税について、必ずしも一定の法理論や課税制度が確立していたとはいえない。イスラム法においては、原則的には通行税・物品税・市場税などの雑税(maks/mukūs)を不当税とみなしていたために、国家・支配者たちはザカートやハラージュの名目で課税するように配慮したと思われる。このように、農業以外の税制度の不整備が、アッバース朝以後の急激なイスラム都市の繁栄、とくに商業活動の隆盛を支える原動力となったともとらえることができよう。後述するように、こうした状況のなかで、都市と農村との間の富の格差および大商人・富裕者層の致富《ちふ》に対する不満の増大と社会的批判運動の展開が、九世紀後半以後の大きな歴史の潮流となったのである。

国家・支配領域の境界、渡河地点・港・島・峠、砂漠に踏み入る最後のオアシスなどには、通行税および関税徴収のための関所(ma'ṣar/ma'āṣir)が設置されて、通行人、荷物やラクダ・ラバ・船などに通行税や物品税が課せられた。また港では、国家所有の物品倉庫に一定期間にわたって商品を保管することが義務づけられて、その倉庫料《ガッラ》の名目で課税された。通行税・関税の税率は、各地の支配者たちによって恣意的に設定された。九世紀半ば、インド南西海岸のクーラム・マライ港では、中国向けの商船(al-sufun al-Ṣiniya)からは一〇〇〇ディルハム(一ディーナル＝一〇ディルハムとすると一〇〇ディーナールとなる。これは船一艘分の関税のことと思われるが、記録の上からは明らかでない)、その他の船からは一〇ディーナールから一ディーナールの船舶関税が徴収されていた。また十世紀後半、ジッダ港では小麦に対する関税はラクダ一頭分(一荷＝約二七〇キログラム)の積み荷に〇・五ディーナール、エジプト産亜麻織布一梱につき二―三ディーナール、ラクダ一頭分の毛織物には二ディーナールと関税が規定され、クルズム港では一律ラクダ一頭分の商品すべてに一ディルハムの関税が課せられていた。マーワランナフル地方の境域地帯では、アム川を渡るときに男奴隷一人当り七〇―一〇〇ディルハム、トルコ人女奴隷二〇―三〇ディルハム、ラクダ一頭の積み荷につき二ディルハム、通行人の荷物には一ディルハムが課税された。

八・九世紀のアッバース朝下において、通行証によって旅行者の往来を制限する制度は存在しなかったと思われる。スライマーンとアブー・ザイドによる『中国・インド情報』には、中国における通行証制度が詳しく記録されている(34)。この事実は、九世紀の半ばの東イスラム世界では、通行証が極めて稀であるか、その制度そのものがなかったことを物語っている。しかし、エジプト地方では、コプト教会派キリスト教徒やアラブ系遊牧民による反乱が相次ぎ、治安状態が極めて不安定な状況にあったことから、すでにウマイア朝時代から旅行者には登録証《シジッラ》(sijilla)の携帯が義務づけられて、出生地を勝手に離れることが厳しく制限されていた。トゥールーン朝時代にも、エジプトを離れる者は、同伴する奴隷であっても記録し許可を求めなければならなかった。一方、東イスラム世界に旅行許可証の制度が広く導入されたのは、十世紀後半、ブワイフ朝スルタン＝アドゥド・アッ＝ダウラの治世代になってからのことであったが、とくにシーラーズでは、旅行者が通行証《ジャワーズ》(jawāz)を保持していない場合、その出入りが禁じられた。地理学者ムカッダシーが伝えているように、十世紀後半になると、東イスラム世界の各地で恣意的な通行税および商品関税の制度が設けられて、人びとの自由往来と商業活動が次第に困難になった。(35) とくに、下イラクのフージスターン地方からペルシャ湾頭とアラビア半島東岸(バフライン地方)に至る地域は、アッバース朝・イスマーイール派カルマト教団・ブワイフ朝ダイラム政権の三つの勢力がぶつかり合う境域地帯になっていて、バスラやクーファをはじめとして、その他のバターイフ地方でも通行者に対する厳しい監視がおこなわれ、商品には重税が課せられたために、運輸や商業活動は著しく妨げられた。ムカッダシーは、バスラにおける状況をつぎのように説明している。

カルマト[教団]についていえば、彼らは独自にバスラ門に税関(diwān)をもっている。一方、[ブワイフ朝]ダイラム[政権]もまた別の税関を設けて、羊一頭に四ディルハムの税を課した。税関の門は、昼間の一時間だけしか開かなかった。巡礼者たちが[メッカ巡礼から]戻ってくると、彼らの身につけた所持品やアラブ・ラクダについても課税された。こうした状況は、クーファやバグダードでも同様であって、巡礼者の所持品から六〇ディルハム、大型荷車(カニーサ)もしくは呉服一荷に付き百ディルハム、小型車(アンマーリーヤ)には五〇ディルハム——バスラとクーファでは百ディルハム——が徴収された(36)。

ブワイフ朝は、国家財政の基盤を農業収入以外の分野に拡げ、都市における各種の市場税・家畜税・手工業税などを新設し、さらには交通要地に税関網を配置して税収入の増加に努めた。とくに手工業者に対しては製品価格の一部を税として徴収した。サムサーム・アッ＝ダウラ(イラクとイラン地方における在位九九〇—九九八年)は、バグダードとその近郊で織られている絹織物と亜麻織物の衣服に対して、その価格の一〇パーセントを徴収するように命じた。それによる税収入は、一〇〇万ディルハムにも及んだが、手工業者たちからの猛烈な反対運動が起ったために、一時その税を撤廃せざるを得なかった。また、ブワイフ朝はペルシャ湾岸の国際港シーラーフとスハールの他、マクラーン海岸、シンド地方やイエメンにまでもその軍事的・政治的影響力を及ぼすことによって、インド洋貿易を国家統制下に置こうと努めた。そのために自由な商業活動を妨げられた商人・富裕者および手工業者たちは、上イラク、シリア、エジプトやイエメンの諸都市に逃避・移住することで、新しい自由な活動の舞台を求めた。

以上によって明らかなように、十世紀後半に至って社会的・経済的状況は急激に変化したが、それ以前の八世紀半ばから十世紀半ばまでの約二百年間は、商人および手工業者たちは、都市内では国家によって指定された市場区で売買と生産加工をおこない、また移動に際しては交通の要地に設置された税関および関所で通行税を支払うことで、イスラム世界全域にわたって自由に活動の舞台を広げることができたのであり、従って大規模な商業に乗り出そうとする商人たちにとって、国家および地方の支配者たちが設定した境界や恣意的な関税は大きな障害にはならなかった。彼らは国家の運営するメッカ巡礼のキャラバン隊(rakb)と合流して旅を続けることによって、道中の安全が保障され、保護・防衛のための経費を安価に負担して行動することができた。メッカ巡礼は、商人に限らず様々な人びとが、出生地を離れ、学問、商売、文化・情報の交換その他の目的のために、イスラム世界全体を舞台として移動するダイナミズムを生み出すシステムとして、また経済と流通活動の躍進に大きく貢献したといえよう。

商人が自分の本拠地以外の場所で商売をおこなう場合、①自前の建物と支店網とをもって代理人《ワキール》を派遣し、自らは本店に留まる、②商人が自ら商品をもって移動し、各地に販路を開拓していく、③複数の仲間と一緒に資本と仕事を分担することによって、商取引をおこなう、などの様々な経営形態があり、規模も様々であった。また後述するように、資本と事業の分担、利潤と損失の割合や条件などの組織内容にも、それぞれの特徴をもった経営がおこなわれたことは言うまでもない。他方、外地で死亡した商人の遺産処分、権力者によるその商品没収、金銭上の紛争、犯罪、損害賠償、漂流物占取権など、商業活動が大規模化・国際化するのにともなう、国家領域・文化領域を超えた遠隔地間での様々な紛争が発生した。そこで国際的規模にわたる秩序だった法的保障が必要となってくることは当然の成りゆきであろう。異なる国家内にある私有財産が没収されたり、商人の自由・安全・通行の権利が犯されたときには、まず商人はその件を自分の拠点にしている国家・支配者に訴えた。国家は、多くの場合、外交関係によってそうした問題を解決しようと努めた。しかし何よりもまず、イスラム法の各学派による基本的解釈に基づいて、イスラム商人たちの行動に法的保障が与えられていたことは、彼らが国際的規模で行動を展開する上で大きな力となっていたのである。

インド洋周縁部・ペルシャ湾沿岸地域ではシャーフィイー派法学が、またマグリブ地方、サハラ・オアシス地域、エジプト、地中海周縁部ではマーリク派法学が広く受け入れられていた。従って、商業に関わる法律違反の諸問題は、それら学派のカーディー法廷において処理され、その決定には政治権力者であっても従わざるを得なかった。外地で死亡した商人の遺産処分をめぐって、遺産相続人と当該の支配者との間には、しばしば対立が起った。遺産相続人はこれをカーディー法廷に訴え、遠隔地の支配者に対して制裁を加えた事例がいくつかの文献史料に散見する。またイスラム世界の境域地帯において、イスラム教・ユダヤ教・キリスト教などの異なる宗教・諸派の商人たちが都市内に居住する場合、現地の支配者によって居留地内の自治権が認められることが多かった。居留地では、各々の宗教・出身地の代表者によって構成される委員会がつくられて、居住地内における貿易取引上の問題、商品・財産の安全や保障の問題、犯罪行為などが処理された。イブン・バットゥータによると、十四世紀の中国の主要都市にはムスリムの居住する社会があって、その社会内の法律関係を裁くカーディーと、政府とムスリム社会の間をとりなすシャイフ・アル＝イスラーム(shaykh al-Islām)が住んでいるという。(37) 十世紀初め、インド西海岸の交易港サイムールでは、フナルマンと呼ばれるムスリム居留民の審判人が司法上の権限と市場取引に対する監督をおこなった。ヴォルガ川の河口に近いハザル王国の首都イティルは、川を挟んで二つの地区に分かれ、一方の河岸にはハザル王とその家臣・軍隊が、他方の岸辺にはムスリム・ユダヤ教徒・キリスト教徒などが居住していて、彼らから選ばれた代表者一〇人が構成する評議会のもとで自治が守られ、行政問題が処理された。このように、イスラム世界の内外に広域的な商業活動を展開していたムスリム商人たちにとって、イスラム法が彼らの財産・生命と滞在の安全を保障する上での大きな力をもっていたのである。

さて、さきにも述べたように、イスラム都市は、人間・物品・情報・文化が出会う接点として機能し、イスラム世界を共通の交流圏として結びつけるネットワーク・センターとしての大きな役割を担っていた。そして都市は、モスク、広場、市場、ハーン、フンドゥク、カイサーリーヤ(倉庫兼取引場を含む商業用施設)、ダール・アル＝ワカーラ(とくに商人頭もしくは行政官の管理する倉庫兼取引場)などを通じて外的ネットワークおよび他の都市と結びつき、網の目のように張りめぐらされた都市と外的ネットワークの統合がイスラム国際経済の成立と発展を支えていたのである。都市の商業と手工業活動の中心は、常設の市場《スーク》であった。また手工業の仕事場としては、市場内の店舗と仕事場を併設したハーンの他に、製造所・倉庫と居住地をかねた街区(ハーヌート、マハッラ)があった。一般に市場は、商業活動がおこなわれる時間帯以外の礼拝の時間や夜間には、無住の空間となった。一方、西ヨーロッパ中世における遠隔地商業の最も重要な拠点は、定期的に開かれる大市であった。大市は、恒常的な市場取引が未発達の段階、つまり都市内の常設店舗が形成されていない時期における、仮設屋台の並ぶ市場である。大市が開かれる場所は、都市内の大聖堂前の広場とそれに続く一筋道、街道、城門の外側の周壁に沿って分布した。

西ヨーロッパ中世において、年市および週市などの定期市が都市のなかに組み込まれ、常設市場として成立・発達するのは、十一世紀から十二世紀の経済生活の復興期であり、まず地中海の沿岸部やフランドル地方の諸都市でみられるようになった。しかし、フランス・イギリスおよびドイツの内陸部では、十六世紀に入っても定期市が重要な商業活動の中心地であった。(38) 一方、イスラム世界では、ウマイア朝の時代から都市内の指定された街区に常設の市場区が職種ごとに配置された。初期の常設市場は、石の囲いとナツメヤシの樹葉やマットで日覆いした簡素な設備に過ぎなかったが、八世紀初めにはレンガや石造りの建物であるハーンが設置された。イスラム都市の急激な発展にともなって、ジャーヒリーヤ時代にアラビア半島内の交通要地に生まれた年市《スーク》はいずれも消滅した。サーサーン朝ペルシャ帝国時代にあったバグダードのスーク・アッ＝サラーサーゥ(火曜市)やバスラのミルバドは、イスラム以後は都市内の常設市場のうちに編入された。文献史料によっても、定期市に関する記録は極めて限られている。例えば、フージスターン地方のアフワーズ近郊のアスカル・ムクラム周辺部、ジャズィーラ地方のマウスィル、マーワランナフル地方のシル川流域やアンダルス地方のエブロ川流域など、主に境域地帯における開催の記録が残されている程度である。

例えば十世紀半ばの地理学者イブン・ハウカルによると、マウスィル近郊にはスーク・アル＝アハド(Sūq al-Aḥad)、つまり「日曜市」と呼ばれる町があって、そこでは農民とクルド系遊牧民たちが集まって市が開かれたという。[39] ムカッダシーは、マウスィルがスーク・アル＝アルバアーゥ(水曜市 Sūq al-Arbaʻāʼ)と呼ばれていたことを報告している。[40] 十世紀後半のペルシャ語地理書『世界の境域(Ḥudūd al-ʻĀlam)』は、マーワランナフル地方のブハラー近郊のタヴァーヴィスでは年一回の市(bāzār)が開かれたことを伝えている。[41] ナーブルシーの『ファイユーム史(Taʼrīkh Fayyūm)』によっても、十二世紀のファイユーム地方の三六〇カ村のなかで、定期市をもつ村はわずか一村のみであって、村経済は完全に都市の市場経済圏のなかに統合されていたことを証拠立ててくれる。[42] このように、都市の市場商人たちは、近郊農村だけでなく、彼らによる国際間の商業ネットワーク網によって、本来は大市や週市が果たしていた機能を都市内の常設市場に取り込むことに成功したのである。

以上のように、常設市場の発達、ハーン、カイサーリーヤ、外国人居留地《マハッラ》などの設備によって、イスラム都市は移動する商人および手工業者たちに対する強力な吸引力を持つようになった。なおイブン・ハウカルによると、十世紀半ば、ニーシャープールでは、商人および手工業者の店舗・仕事場・倉庫と居住部屋が一緒になった総合施設は、フンドゥク(funduq)と呼ばれた。そこには、商人、資産家、手工業者の親方、熟練工たちが、寝泊まりしながら製品を生産し、同時に商売を営んだ。[43] 従来の通説では、フンドゥクとは、地中海沿岸部にみられる商館・商人宿のことであり、ファーティマ朝時代にマグリブやエジプトの各地に多く分布したと説かれているが、手工業生産の仕事場を兼ねた商人と手工業者の宿泊所が、すでに十世紀半ばにホラーサーン地方のニーシャープールに存在したことは注目に値する。国家・支配者たちもまた、都市内のこれらの公共施設を積極的に建設することによって、外来者を招き入れることに努めた。さらに市場の監督官(ムフタシブ)が、市場内の公正な取引を図り、量目のごまかしを防ぎ、その他の社会的秩序を守るために国家側から任命されて、都市の商業と手工業生産の正常な発展に尽力したことも重要な点であろう。

一方、商人・手工業者たちは、同職集団を組織し、同職・同業者の生活保護、不正防止、品質の向上、宗教上の礼拝・儀礼、慈善・社交上の行為、為政者や外敵に対する抵抗運動などで、共同体的な団結意識を持つようになった。とくに手工業者たちは、同職集団が集まって団結し、親方(ustādh)・職人(ṣāni')・徒弟(mabda')の階級制を設けて、生産品の規格化、不正品の防止、原料の仕入れと販売などを進めるための組織をもっていたと思われる。こうした職業別の同職集団を、アブド・アル＝ラフマーン・アル＝シーラーズィーは四〇種、イブン・アル＝ウフッワは六〇種、またイブン・バッサームは約八〇種にものぼる職種(ḥirfa)に分類して、それぞれの職種の性格と社会的に守るべき規律を述べている。[44] しかし、それらが具体的にどのような組織と運営形態をもっていたかについては不明な点が多い。イスラム世界における職業集団は、基本的には、中世ヨーロッパ社会における自治権をもったツンフト組織とは明らかな相違点があり、概して団体としての独占的・閉鎖的性格が弱く、外来の商人・手工業者を排除したり、価格の統制、販売の独占、団体としてその特権的主張を、国家・為政者に要求することはなかった。なぜならばウマイア朝やアッバース朝初期における職種集団の形成は、市場の秩序を目的として国家の統制によって組織されたものであって、仲間同志の自主的な意識や要求の中から発生したものではなかったといえる。つまり、市場や居住区が国家の統制によってイスラム都市内の一定地区に配置されたのと同様に、軍営地《ミスル》の建設にあたって同職・同業者たちは市場内の定められた場所に集められ、アーミル・シャイフ・ムフタシブなどと呼ばれる市場監督官が彼らの生産・販売と社会倫理などを管理・指導した。やがて彼らは、同一地域内に住む宗教・宗派・出身地などを同じくする仲間同志の意識、社会的・経済的な危機現象のなかで、独自の結合意識と組織を順次形成するようになったと思われる。バグダードのカルフ地区におけるシーア派の商人・手工業者たちや、九世紀末から十世紀半ばにかけて発生したイスマーイール派カルマト教団では、サンフ・ヒルファ・ターイファなどと呼ばれる同業組合が登場した。彼らは、十二世紀後半以後に現れるスーフィー教団と結びついたフィトヤーン、もしくはフトゥッワと呼ばれる結社と類似した組織をもっていたことに特徴があった。

　外来商人と各々の都市を結びつける重要な仲介機能は、販売取次人(simsār)、仲介人(dallāl)、競売仲買人(wāsiṭ, dallāl, munādin)などと呼ばれる仲介商人たちによっておこなわれた。西アジア地域の諸都市では、古くから情報と人的ネットワークを商売の直接の対象とする専門的な仲介・情報業が活躍し、流通経済の発達の上で重要な役割を果たしたことが注目される。

　アッバース朝時代以後の国際商業の発展は、以上に述べたような国際的に移動する商人と都市内の市場商人・手工業者・仲介業者たちを結ぶ、人的・情報ネットワークが最大限に機能することによって達成されたということができる。当時の商業経営上の特徴を要約するならば、①取扱い商品の多種多様性、②商品輸送における陸上・海上ルートの併用、③各地に商品デポ・支店の設置、④兄弟や宗教・宗派の仲間による協同経営、⑤多様な商業テクニック(合資・協同)、⑥境域地帯に通じる遠隔地貿易の展開などであろう。こうしたイスラム商業の基本的な特徴は、十世紀半ば以後のファーティマ朝・アイユーブ朝・マムルーク朝の各時代の商業においても共通してみられた。つまり商人たちは、市場価格の変動や交通事情・政情変化などによる危険や損失を最小限にとどめるために、一種類の特定商品に集中させずに、多種・多品目の商品を様々な輸送手段を使って分散輸送したこと、多様な方法で資本を集積し、兄弟・血縁を中心とする強い信頼の絆に基づいた商業経営をおこなっていたことが分かる。都市内や地域内の商売をおこなう小規模の商人とは違って、遠隔地貿易を営む旅商人や総合卸売りの大商人たちは、以上のような特徴をとくに強くもっていた、といえよう。アッバース朝時代のイラク商人を代表するイブン・アル＝ジャッサースは、宝石・奴隷・絨毯などの各種の高級品を取扱い、しかもアッバース朝やエジプトのトゥールーン朝の宮廷・有力者たちと直接取引する御用商人であり、また銀行家として活躍し、政治的影響力の増大にも腐心した。

先にも述べたように、都市の市民層の人びとは、条件が許すならばつねに商業活動によって利潤を得ようとする進取的な商才を備えていた。従って、学者であり、土地所有者であり、同時に商人でもある、いわば多角的な職業人が多く、人びとを必ずしも単純に商人として類別することは難しい。しかし、イブン・アル＝ジャッサースのように国際的規模で活躍する大商人、都市の常設市場の小売り商人、自分でつくった製品を売る商人、農村地帯を巡回する行商人、あるいは問屋商、倉庫業者、仲介業者などのように、商売の規模や性格によってある程度の分類が可能であることは言うまでもない。

ディマシュキーは、その著書『商業美徳に関する提要の書(Kitāb al-Ishārat ilā Maḥāsin al-Tijāra)』のなかで、商人を、①ラッカード(rakkāḍ)、②ハッザーン(khazzān)、③ムジャッヒズ(mujahhiz)の三つの類型に分類している。[45] なおここで商人といっているのは、市場の小売り商(bāʿa, sūqa)ではなく、多くの資本を集めて国際的規模で商売を営む富裕商人《タージル》層のことを指している。この商人の三分類は、必ずしもディマシュキーの理論的解釈によるものではなく、他の文献史料にもそれらの名称がしばしば登場してくることから、十一世紀半ば以前の商人類型を考える基本的な枠組であった、と考えることができる。そこで以下では、これらの商人たちの性格について考えてみよう。

(1) ラッカード(rakkāḍ)　遍歴商人のことであって、その商用旅行の地理的範囲によって、諸国間を定期的に移動する、都市と農村との間を移動する、他国に移動し、そこに数年間滞在して、本拠地に住む家族・友人・親類との間を往復する、の三つの類型に分類される。遠隔地間を移動する商人は、旅商(tājir al-safar)とも呼ばれて、商品を携えて自分も旅をしたのである。交通の不定期性、政情不安と輸送上の危険、市況の変化などのために、商人は自分の商品と一緒に行動し、また販売相手との直接交渉によることが商売成功の最良の手段と考えられていた。「カイロ・ゲニザ文書」には、ラッカードは明らかに専門用語として現れている。そこでは、上エジプト地方で織物を売り歩く商人、行商人の意味である。(46) またナーブルシーによる『ファイユーム史』では、農村で織物原料(綿花)を買い集めて、地方都市(ファイユーム)に運ぶ商人として現れている。(47) 基本的には、ラッカードは、都市内に倉庫を持たず、また各地に自己の代理店舗がないために、後述するハッザーン、すなわち蔵商と協同して、商品の保管や市場価格・政情・交通事情などについての情報連絡を緊密にする必要があった。また各地での商品の売却と購入のためには、多くの場合、販売取次人・仲買人・競売人などの仲買商人たちを利用した。こうした仲買商人たちは、各々の都市にいて、遠隔地から集まってくるラッカードのために委託販売をおこなった。委託された商品は、協同の競市で売られた。またハッザーンはラッカードから商品の販売を委託されると、不在のときにも市況をみて有利にその商品を売りさばいた。ファーティマ朝時代には、ダール・アル＝ワカーラがラッカードたちの商品を預かり、ワカーラの長であるワキールがそれを売却した。イブン・バットゥータは、インド洋の交易港ズファール(ミルバート)・ザイラ・ムガディシューなどでは、到着する商人たちに現地の仲買人が争って集まり、「親友(ṣadīq)」の契約を結ぶことを要求した、と記録している。(48) つまり、「親友」の契約を結んだ商人＝客人(ḍayf)は仲買人＝主人(ṣāḥib)の家に宿泊し、その間に仲買人は現地の市場で委託された商品を売却し、また必要とする商品を購入するのである。

これは、境域地帯の市場に進出していく、冒険的な旅商人たちの商業活動の実態を伝えた記録として極めて興味深いものといえよう。またヴォルガ川の河畔に達する北方貿易でも、その途中のトルコ人居住地帯では、通過するムスリム商人とトルコ人との間で「親友(ṣadīq)」の契約が結ばれたことが知られている。つまり、ムスリム商人はトルコ人から宿泊用テント・食糧・馬・ラクダの提供を受ける代りに、トルコ人に衣料・粟・干しぶどう・胡桃などを贈った。この場合、ムスリム商人とトルコ人とは客人と主人の「親友」契約を結ぶことで、贈与交換をおこなっているに過ぎないが、境域地帯における商業関係の一定型を示している。(49)

(2)　ハッザーン(khazzān)　文字通り「蔵商」、「貯蔵する者」であり、都市に倉庫を構え、市況に応じて農産物その他を大量に購入・売却することによって、その差益を入手しようとする投機的な商人である。この種の商人は、各地の市場価格・交通事情・天候・政情などについていち早く情報を収集し、分析することによって、商品売買の好機をとらえることが必要であった。そのために、ラッカード・支店網・代理人・使者などと協力して各地の情報を集め、商売を有利に進めた。ファーティマ朝時代には、ハッザーンはラッカードの委託販売人・取次人の役割を果たした。とくに穀物は、天候と交通路の状態や政情によってその価格が大きく上下したために、しばしばハッザーンの重要な投機対象となった。アッバース朝は、租税として集められた穀物をこうした大商人たちに入札方式で売却した。ハッザーンたちは、購入した穀物を自らの倉庫に貯蔵して、市況をみながら好機に売却することで莫大な利潤を得ていた。マムルーク朝時代には、ハッザーンによる穀物買い占めが厳しく禁止されていたが、ナイル川の水位の異常に際して、彼らは競って穀物の投機買いに走った。またハッザーンは、カリフ・高官・富裕者たちとの高級品の取引をおこなっていた。マスウーディーによると、カリフ－ムゥタディド（在位八九二―九〇二年）は、ハッザーンに対して高級品質のダビーキー織物とスース特産の織物を納入するように命じたといわれる(50)。

(3) ムジャッヒズ(mujahhiz)　アラビア語のジャッハザは、「装備する」、「準備する」の意味であって、そこから派生して需要の高い商品・原料を各地に配備された代理店から仕入れて独占的に販売する、いわば現代の総合商社・輸出入問屋にあたると考えられる。つまり彼らは、代理店網を各地に設けて遠隔地間の輸出入取引をおこない、とくに綿花・毛皮などの原料や、織物・香辛料・薬物料などの重要商品を扱った。従って、資本と販売網を確保し、原料と道具を手工業者たちに貸与して生産をおこなわせ、その上で製品を引き取って売却することもあった。

このように商人と手工業者とは不可分に結びついており、とくに織物工業の場合、資本力のある商人が原料の調達から完成品の販売までの管理者であることが多かった。ムジャッヒズは、必要に応じて代理店を通じてインド産茜染料・イエメン産明礬・タバリスターン産サフランなどを、織物工業の中心地のバグダード、下イラクやフージスターン地方の諸都市に供給するために輸入した。ウズリーによると、アンダルス地方のセヴィリア産の良質綿花を輸出入問屋《ムジャッヒズーン》の仲間たち(al-mujahhizūn)が仕入れて、イフリーキーヤ地方に輸出し、また砂糖や染料の栽培の管理にあたった(51)。ディマシュキーによると、この類型の商人が心得なければならない点は、信頼できる有能な代理人を派遣して、代理店での経営を合理的におこなわせることであったという[52]。代理人は、現地に在住して、主人に代って経営の全権を委託され、また本店からの指令によって商品の買付けをおこなった。商品の輸送は、専門の運輸業者や協同経営の仲間たちに委託する場合もあったが、代理人自らが専用の船やキャラバン隊を雇って商品と一緒に旅することが多かった。インド洋では、バスラ、シーラーフやオマーン地方のスハールなどに在住する商人たちが、代理店をインドのサイムール、カンバーヤ、ダイブル、ターナ、クーラム・マライなどに設けて、大規模な商業取引をおこなった。バグダードは、輸出入問屋の集合する一大センター(‘uyūn al-tujjār al-mujahhizīn)であって、彼らの所有する倉庫にはつねに各地の商品が満ち溢れていたといわれる。彼らは次第に国家もしくは支配者階級との経済関係を緊密にし、国家の財政機構の上でも重要な役割を担うようになった。国家は、財政状態が悪化すると、彼らから強制的に資金貸付を要求したり、それに応じない場合は財産没収(muṣādara)をおこなった。ヒジュラ暦三二三年(九三四/三五年)、ワズィール-アブー・アリーはマウスィルに戻ると、小麦粉を商う問屋商人たち(al-mujahhizūn)から、その地方の穀物を彼らに割り当てるという条件で四〇万ディーナールの前借りを要求した。またヒジュラ暦三八四年(九九四/九九五年)には、イブン・マーサルジスは倉庫を強制的に開けさせて、問屋商人や船荷業者(al-baḥriyūn)の所有物を没収した。

以上のように、ディマシュキーの説明する国際的規模で活躍する大商人《タージル》の他に、都市の市場では仲買人、代理販売人、呼び込み人、各種の小売り商人や両替商などの人びとがいた。小売り商人は、スーカ・バーア・シラーなどと呼ばれて、指定された市場区に職業別の店舗《ハーン》を設け、商いをおこなった。バスラ・クーファ・ワーシト・サーマッラーなどでは、市場の店舗は国家によって建設されたので、商人たちは賃借料を支払った。バグダードにおける店舗に対する商業税(営業税)の総額は、七八三年のカリフ＝マフディーの時には、一一九〇万ディルハムにも達した。店舗では、店主《サーヒブ》の他に、手代《ムアッリム》・書記《カーティブ》(会計、通信連絡係)・丁稚《サビー》などが働き、仲買人や問屋を通じて仕入れた商品や、手工業者・農民その他から直接購入したものなどが売られた。また店舗で製品を造って売る、生産者兼商人であることもあった。路上、広場やモスクの前などには、行商人(ṭawwāfūn)が商品を持ち歩いて売った。彼らは町の中だけでなく、近郊の農村部や遊牧民たちの夏営地や季節的な漁村にもでかけて商売をおこなった。

国家や大商人たちを相手とする大規模な両替商の他に、市場や地区《マハッラ》ごとに市場商人や手工業者たちを相手とする小規模の両替商がいた。両替商は、各種の通貨の両替業務だけでなく、商人および手工業者への事業資金の貸付《キラード》、共同運営のための合資の仲介、利益配当、送金業務など、都市における金融活動の中心的役割を果たした。

地区の市場には、ムタサッビブーン(mutasabbibūn)、バッカーラ(baqqāla)と呼ばれる雑貨小売商が存在した。彼らは特定の商品を扱うのではなく、市民たちが日常生活のなかで必要とする衣料品や雑貨類を商った。十二・十三世紀のエジプト・ファイユーム地方の農村には、薬種商・反物呉服商・木綿商などの店舗があったことが知られているが、こうした店舗がアッバース朝時代初期の農村部にも存在したかどうかは、史料の上からは確認できない。都市からの巡回行商人《タウワーフーン》、農村の生産物(とくに亜麻・木綿など)を買い入れる旅商人《ラッカード》、大工(khashshāb)、鍛冶屋(ḥaddād)などが都市・農村・遊牧民野営地・漁村を往来する商人および手工業者として挙げられる。

商人たちは、相互に資本を貸し、労務を提供し合うことによって、資金のない若者たちが事業に着手したり、大規模な遠隔地貿易に積極的に乗り出す機会を与えていた。彼らによる合資や労務交換による協同の商業経営にあたっては、商業活動の発展と大規模化にともなって、種々の組織と形態のものが設定された。しかも商業に対する経営参加は、商業活動に携わる商人の間だけでなく、国家・王族・高級官僚・軍人・両替商・富裕地主などの投資家たちにも広く及んだ。すなわち、直接的に商業活動をおこなう商人と投機的利潤を目的として参加する出資者とが、相互に経営する会社組織《ムカーラダ》の事業であった。当時、商業への投資がかなり一般化し、ときには大きな利潤が得られたが、事業の失敗によってすべての資金を失うだけでなく、莫大な負債を残すこともあった。アッバース朝時代のイスラム法学者たちは、商業の協同組織、資本の分担、利益配分、損失、資金の運用方法、責任や権利の委譲などについての法学論争を激しく展開している。この事実は、商業への投資とそれにともなう利益配分や破産問題などが、当時の大きな社会問題となっていたことを裏づけてくれる。興味深い点は、商業の協同経営をめぐる諸問題が、イスラムの四大法学派の学者たちの間で、次第に実例研究から離れて理論的な法学論争に移っていったことである。従って、イスラム法学者たちの残した法学書のなかにみられる商業経営の組織および内容が、必ずしも実際におこなわれていたことを伝えるものであると断定することはできない。

法学者たちによって一般に認められた商業における協同組織には、①合資協同経営(sharikat al-mufāwaḍa)、②イナーン経営(sharikat al-ʻinān)、③ローン経営(sharikat al-ujūh, sharikat al-mafālīs)、の三つの類型があった。

第一の型は、二人の協同者が同じ比率の資金(原則として現金によるが、四大法学派の一つのハナフィー派法学者たちの主張では、物品＝商品による参加も認められた)を出しあい、協同事業をおこなうものであるが、自分の持分資本の範囲内であれば、資金の運用および商売の自由選択権が認められた。また事業代行者(wakāla, wakīl)がもう一人の協同者(sharīk)＝資金提供者(kafīl)の了解を得て、資金を一つにして商品の購入と販売をおこなうこともできた。その場合、利潤と損失とは折半された。

第二のイナーン経営は、資金の分担率に応じて利益配分と責任分担をおこなうもので、取扱い商品は一種類の場合、多種類の場合、また長期的協同契約と一回の事業のための契約もあった。シャーフィイー派は、この協同経営を基本原則としている。

第三のローン経営は、事業に参加する商人たちが、全く資金がなくても、投資によって集められたクレジット資金をもとに協同の事業をおこなう形態である。なお第一、第二の型の協同事業においても、一部のクレジット資金による参加は認められていた。資金は、両替商《サッラーフ》からの貸付資金にもよるが、多くの場合はキラードまたはムダーラバと呼ばれる相互貸与契約によって出資者から資金の提供を受けた。つまり、出資者と商人とが相互に資金と労務とを提供しあうという参与契約を結び、利潤はその出資額に応じて配分されるのである。一般には、資金の提供を受けた複数の商人が協同事業をおこなうのであるが、一人の商人が二人以上の出資者から多額の資金を集めて、大規模な事業に乗り出すこともあった。出資者と事業をおこなう商人とは、契約の仲介者である証人(shāhid)を立て、貸与の契約条件が詳細に定められた。すなわち、契約者の人数、契約目的、相互貸与の内容と貢献度(現金・物品・財産・労務の区分とその割合)、利潤の分配率と損失の負担、契約期間、出資金の返済の方法と時期、事業内容などについてである。ディマシュキーによれば、事業をおこなう商人は、契約に従って生じた損失についてはそれを補償する義務はなく、資金の提供者だけが損失を負担することもあった、と説明されている。

以上に述べたような、法学者たちの議論の対象となったいわば公式の協同組織とは別に、兄弟血縁間の協同事業、特定の宗教・宗派や同郷の団体などの相互信頼によって結ばれた商業経営も活発におこなわれた。法的補償と金銭補償の不安定な世界では、伯叔父・父親・兄弟を中心とする血縁的な協同事業が遠隔地商業においても一般的にみられた。例えば、父親が息子をブルガールの商業旅行に派遣したり、兄弟が協同でインド洋貿易をおこなった。ペルシャ湾の国際交易港シーラーフの商人たちは、東アフリカ・インド・東南アジア・中国の諸港市との大規模な海上貿易をおこなって、莫大な利潤を獲得したことで知られている。彼らの商業形態は多様であり、とくにキラードやムダーラバによる出資によって船を建造し、船団を組んで商用航海をおこなった。インド洋の航海は、モンスーンと吹送流（モンスーン・カレント）を最大限に利用するために、航海の時期・目的地・取扱い商品をほぼ同じくした商人の協同運輸組織が成立した。十一世紀半ば頃から、紅海とインド洋を横断してインド～イエメン～エジプトとを結ぶ海上貿易で急激に活躍するようになった、カーリム（al-Kārim）またはカーリム商人（tājir al-Kārim）と呼ばれる商人組織は、もともとはシーラーフ商人たちの協同運輸組織と同じように、モンスーン航海のために組織された商用航海のための運輸船団であったと考えられる。その後、カーリムたちは、カーリミー（al-Kārimī）、カーリミー商人（tujjār al-Kārimī）と呼ばれる一種の商人組合に近い組織体をつくり、十五世紀の後半に至るまで長期にわたって活躍し、マムルーク朝やイエメン・ラスール朝の国家財政にも大きな影響力をもつほどの財力を獲得するようになった。

海上貿易は、危険率が高い代りに、一度成功すれば莫大な利潤を手にすることができるために、投機の対象としてはかなり一般化した。ムカッダシーによると、アデンを出航するときの一ディルハムは一ディーナールにもなって戻ってきたともいわれた(53)。さきにも言及したように、アッバース朝時代、インド洋の海上貿易によってもたらされた熱帯・亜熱帯産の諸物産、中国産の工業製品などは、西アジア・地中海世界の諸都市の生活と文化に重大な影響力を及ぼした。従って、ウブッラ・シーラーフ・バスラ・スハールなどのペルシャ湾沿岸の国際交易港には各地から商人たちが集まり、大規模な投資と貿易取引がおこなわれた。

このような西アジアと地中海世界の諸都市における熱帯・亜熱帯産の諸物産に対する需要の高ま

り、ペルシャ湾の諸港市からの商用航海の展開が、組織的な海上企業の発達を要求するようになったことは言うまでもない。船舶を建造し、船団を編成し、海外での商品売買と代理店経営などがおこなわれる諸過程で、資本主・船主・船舶経営者《ナーホダー》・商人・代理人を相互に結びつける様々な組織形態と合資の契約関係が生まれた。しかもキャラバン隊による陸上企業とは違って、海上貿易には嵐による難破・投荷や海賊の略奪などによる積み荷の損失および人命の危険が極めて高かった。天候条件によって積み荷の輸送や取引が大幅に遅れたり、停止する場合もあって、商品価格の変動が激しかった。船舶の建造に莫大な資金と技術が必要なことは言うまでもない。さらに航海には秀れた技術と経験をもつナーホダー(船舶経営者)や操舵長・船員を雇用しなければならなかった。以上のような海上航海と貿易の特殊条件のなかで、海上企業の協同や合資の契約関係は、陸上企業の場合よりも厳密な形で発達した。文献史料に現れた事例によると、船舶を自らの資金で建造し、商品を積み込んで海上貿易に乗り出すような富裕な商人もいたが、通常は、①一人の商人が積み荷と一緒に、しかるべき船に便乗し、商売に出かける、②数人の商人が協同する、③ローン合資によって船倉の一部または船を貸し切る、④自らは船に乗り込まずナーホダーあるいは他の商人を代理人《ワキール》とする、⑤キラード(相互貸付)によって出資者(出資者が船主と同一である場合と、船主への投資者となる場合とがあった)から多額の資金の貸付を受け、船舶の建造と海上貿易を協同でおこなう、などがみられた。一人もしくは数人の船主によって建造された船舶は、ナーホダーと呼ばれる実際の船舶経営者に全権が委託された。ナーホダーは、信頼が重んじられたので、船主がナーホダーを兼ねるか、また船主とナーホダーが血縁や婚姻関係によって結ばれていることが多かった。ナーホダーの権限は、絶大であって、船員の雇い入れ、寄港地の選択、委託積み荷の売却と購入、船客の呼び込み、航海中の争議の調停、嵐のときの投荷、座礁の際の船の遺棄の決定権など、船に関するすべての責任と運営権を委託されていた。従って、船主や商人たちは秀れたナーホダーを雇い入れて、海上貿易を有利におこなおうと努めた。ナーホダーのなかには、自らの専用船を買い、委託商品と船客の輸送、商人たちの代理人としての海外での商取引などを多角的におこなって、大輸送業者として成功する者もいた。

商人仲間の合資による協同運営《シルカ》・相互貸付《キラード》の企業的事業にしても、アッバース朝時代には広範な層の人びとが海上貿易に参加し、大きな利潤をあげていたと思われる。相互貸付や相互参与《ムダーラバ》による海上貿易の企業形態は、インド洋貿易だけでなく、十世紀半ば以後の地中海における商用航海の拡大にともなって、各地でみられるようになった。とくに、イタリアのジェノヴァやヴェネツィアで十一世紀以後に発達するコメンダ(commenda)という組合的企業は、明らかにこの相互貸与や相互参与に起源が求められる。

六　境域貿易の展開

アッバース朝時代の商業において何よりもまず目を惹くのは、イスラム世界内部の地域間の商業活動と並んで、その辺境に置かれた境域市場に各地の商人たちが進出して、西アジア市場との間に活発な物産の交換関係が展開したことである。中央アジアのシル川河畔やヴォルガ川中流域のブルガール、アラビア海・インド洋を横断して到達する東アフリカ海岸・インド南西海岸・スリランカ・東南アジア沿海部・南中国沿海部、またティグリス・ユーフラテスの両河川を溯ったアルメニアやビザンツ帝国との国境地帯、ナイル川上流のヌビア貿易の拠点アスワーン、アンダルス地方、サハラ砂漠南縁のニジェール川流域などの、アッバース朝の首都バグダードから遠く隔たった非イスラム世界と接する境域地帯に重要な市場が形成された。異域世界との接点は、時には政治的・軍事的・宗教的に対立・衝突する危険な場所であったが、長期的に相互の交流関係が遮断されることはなく、イスラム世界の中心部で消費される諸物産を集め、またイスラム世界内で生産・加工された商品が取引される活気あふれる境域市場として、極めて重要な役割を果たした。つまり中心と周縁との間には、異なる自然生態系、人間の移動、文明の質や発達段階の差異などを基礎として生まれた相互の経済的・文化的補完関係が成り立つことによって、遠隔地間の交換活動を著しく促進し、また境域市場からもたらされる豊かな物産がイスラム世界中心部の諸都市の経済発展を引き起こしたのである。その貿易では、単に高級な奢侈品だけでなく、農産物・工業原料・労働力・貨幣地金《じがね》(とくに金と銀)などの国家・社会と経済を成り立たせている基本的商品が取り扱われた。そうしたイスラム世界経済の内と外との関わり、外に向かって拡大するエネルギーは、経済面だけに限らず、イスラムの文化・思想・社会が異域世界へ拡大する推進力となった。以下では、イスラム世界の四方に配置された境域市場の状況を概観してみよう。

(一) 中央アジアのシル川河畔およびヴォルガ川中流域における境域市場

ホラーサーン街道の末端(境域)に位置するマーワランナフル地方は、五・六世紀以来、ソグド系商人たちを輩出し、彼らは次第にステップ・ルートとオアシス・ルートに沿って東方に商業ネットワークを拡大した。彼らは、秀れた商才をもって、新疆《しんきょう》および河西のオアシス都市や天山北麓地域に商業居留地を設け、西アジア・北方アジアと中国とを結びつける商業活動の上で大きな貢献をした。しかし七五一年、中国の唐朝の軍隊とアラブ・ムスリム軍との間にタラス川の河畔で軍事衝突が起ったことによって、ソグド系商人のネットワークは大きな打撃を被った。つまりシル川上流域から西方に勢力の拡大を続ける唐朝と東方に向かうアラブ・ムスリム軍との間の軍事的対立の境界となることによって、内陸アジア・ルートの交通・貿易関係が重大な危機を迎え、それに代ってペルシャ湾・アラビア海とインド洋を経由して、中国南部の諸港に通じる海上ルートに中国との交通・貿易関係の重心が移行するようになったのである。しかしそうした状況にもかかわらず、バグダードに直結する境域市場として、マーワランナフル地方のブハラー・サマルカンド・シャーシュなどの代表的都市は、イラン系のサーマン朝国家が衰退する十世紀末までの間、目覚しい繁栄を続けた。つまりこの境域市場は、①北方のトルコ系遊牧諸集団の居住地、②ヴォルガ川沿いのヴォルガ・ブルガール王国とルース人居住地、③カスピ海北岸のハザル王国、④チベット・ヒンズークシの山岳地帯、の四つの異域世界に通じる交易の接点に位置していたからである。

アルタイ山脈からキルギス平原に、東西に帯状に拡がったステップ地帯は、トルコ系・モンゴル系の遊牧諸集団にとっての移動の世界であり、遊牧生活の舞台であった。彼らは次第に東から西に向かって移動を続け、八・九世紀には、とくにトルコ系の諸部族(グズ諸族・キーマク・カルルク・ペチェネーグ・バシュキール・ブルタースなど)は、シル川北側、ウスティ・ウルトからキルギス平原、さらにはビザンツ帝国の北辺にかけて集結した。バラーズリーが伝える伝承によると、クタイバ・イブン・ムスリムはフェルガーナ地方とシャーシュ地方にアラブ人たちを移住させたといわれる。これはトルコ系諸部族の侵入を防ぐための辺境対策であって、すでに彼らはシル川を越えて進出する気配を示していたと考えられる。シャーシュに近いストカンド・サブラーン・バーラーブ・カンジーダ・タラズ(タラス)などに点在したトルコ系遊牧民の冬営地は、八世紀末から九世紀初めには新村(qaryat jadīda)として発達し、彼らの定住化とイスラム化を促す原点となった。やがて彼らは、軍事奴隷としてイスラム世界の中心部に進出し、西アジアの国家と社会を大きく変えていく役割を担うようになった。それは、彼ら自身がマーワランナフルの境域市場でイスラム経済・文化・社会の影響を被ったからであり、また激しく変容する西アジアの国家・社会における新しい統制力、再編と安定を求める時代の要求に迎えられた動きでもあったといえよう。確かに、トルコ系遊牧諸集団がもたらした軍事力、とくに騎馬戦術や弓術は、旧来のアラブ系遊牧民によるラクダを主体とした戦術に対する強力な挑戦であった。トルコ系遊牧諸集団は、マーワランナフル地方の境域市場に自分たちの生産した家畜(馬・ラバ・羊・山羊)、乳製品・皮革・羊毛・鉄製品・武器だけでなく、北方ユーラシアの森林・ツンドラ地帯の動物毛皮・翡翠《ひすい》・瑪瑙《めのう》・化石歯牙や、パミール高原およびチベット・ヒマラヤ地方の各種の鉱物資源(銀・銅・鉛・水銀・砂金・アンモニア・硫黄)・宝石・麝香《じゃこう》などをもたらした。イドリーシーによると、トルコ系のキーマク族はその居住地域から砂金・鉄・銀などを集め、鉄についてはそれを精練加工した製品を境域市場に運んだ。[54] このように、マーワランナフル地方の境域市場と北方森林地帯との間を結ぶトルコ系遊牧諸集団による中継貿易のネットワークが、八世紀半ば以後、急速に発達し、ユーラシア・ステップ地帯を活動舞台とする彼らの経済・文化にもその影響が大きく及んだことによって、やがては彼らがシル川河畔を越えて西アジアに向かって大きく動きだす契機となったのである。

　マーワランナフル地方の諸都市は、ヴォルガ川上流域やバルト海方面からもたらされる北方産毛皮類(黒てん・白てん・銀狐・山猫・灰色りす・ビーバー)、海獣歯牙(アザラシ・セイウチ・化石獣)、その他の森林物産(蜂蜜・臘)・琥珀《こはく》や奴隷などの集散地として知られていた。北方産毛皮類は、バグダードをはじめとするイスラム諸都市に住む支配者・軍人・官僚層や富裕者たちの間で、帽子・ベルト・外套・錦織・カフタン織りなど流行商品の縁どりとして利用された。九世紀末から十世紀初めにかけて、ヴォルガ川とカマ川との合流点近くに、ブルガール人によるヴォルガ・ブルガール王国が成立した。ブルガール人は、もとは黒海北部からアゾフ海周辺部のステップ地帯で遊牧生活を送っていたと思われるが、その一部が分離してヴォルガ川沿いに北上移動した。このブルガール族が遊牧から定住へ移行するに至った要因は、彼らがヴォルガ・カマの両河川の要衝地を占めることによって、ムスリム商人とルース人(ヴァイキング)との間に立ち、毛皮やスラブ奴隷の中継取引をおこない、莫大な利潤を獲得するようになったからであろう。新興のブルガール王国は、ヴォルガ川の河口近くのイティル(アティル)を首都として強大な勢力をもっていたハザル王国の支配を脱し、しかもルース人の侵略を防ぐための防衛上の援助をアッバース朝のカリフに求めた。そしてブルガール王イルトワール(イルテベル)は、サーマン朝国家やホラズム系商人の仲介を経ずに、バグダードとの直接交流をおこなって経済的安定を得るとともに、イスラム教への改宗によって、国家の政治的・軍事的統合を企てたのである。その目的を実行するために、ブルガール王の使節団がバグダードのカリフ－ムクタディル(在位九〇八－九三二年)のもとに派遣された。一方、この要請を受けたアッバース朝側の答礼使節団は、九二一年、ブルガールに向けて出発した。使節団は、バグダードを出発してからホラーサーン街道、サーマーン朝の領域、ホラズム地方とカスピ海東岸のウスティ・ウルト高原を経て、約一年後にヴォルガ河畔のブルガール族の王居に到着した。その随行員の一人イブン・ファドラーンは、ブルガール旅行の『報告書(Risāla)』を残しており、その記録内容は十世紀初頭の北方情勢、とくに西進を続けるトルコ系諸部族、ブルガール族やルース族に関する生活状況・風俗や交易状況などを詳しく伝えている。(55) イスラム信仰と中継貿易を基盤としたヴォルガ・ブルガール王国の発展は、十世紀におけるイスラム世界の経済的・文化的ネットワークの末端がマーワランナフルおよびホラズムの境域市場からさらに北側に伸びて、ヴォルガ川の中流域まで及び、そこにイスラム国家の成立と市場集落の発達を促したことを物語っている。

十世紀前後のヴォルガ川中流域は、東西からの諸勢力がぶつかり合う境域地帯として、国際的ネットワークの上での極めて重要な位置を占めていた。つまり、そこはイスラム世界およびビザンツ帝国と北方ステップ地域とを結ぶ政治・経済関係の力の焦点であった。ヴォルガ・ブルガール王国の北側から新たな緊張をもたらしたのは、ルース人、すなわちヴァイキング系の水上河川民であった。彼らは、ドニエプル川、ドン・ヴォルガ川とその支流を通って、カスピ海や黒海に向かって南下した。彼らの移動の目的は、河川沿いに定住集落をつくり、ウラル山脈の北側、北海、バルト海周辺部で産する北方動物の毛皮・歯牙類・琥珀などをヴォルガ・ブルガール王国、カスピ海沿岸部、ビザンツ帝国、さらにはバグダードの市場に運ぶことであった。イブン・フルダーズベは、九世紀半ばのルース商人の活動状況をつぎのように伝えている。

ルース人は、スラブ(サカーリバ)の一種族である。彼らはビーバー毛皮・黒狐皮・刀剣をサクラバの辺境からルーム海(地中海)に運ぶ。ビザンツ帝国の支配者は、彼らに十分の一税を課す。またサカーリバ川(ドン・ヴォルガ川)のタナイス(Tanays)を通り、ハザルの町ハムリージュ(Khamlij)に達する。そこではハザルの支配者が税を課す。さらにジュルジャーンの海(カスピ海)を横断して、その沿岸のどこでも勝手に出かける。この海の直径は、五〇〇ファルサフ。ときには彼らはその商品をジュルジャーンからラクダの背に乗せてバグダードまで運んでくる。バグダードでは、サカーリバの使用人(仲介者)が彼らの通訳をする。彼らは、キリスト教徒で

あるといっており、人頭税を支払う。(56)

現在、スウェーデン・デンマーク・ベルギー・オランダ・フィンランドなどの広範な地域で、夥しい数量のサーマン朝発行のディルハム貨幣が発掘されている。スウェーデンからはおよそ八万枚――ゴットランド島だけでもその半分――が、デンマークで四〇〇〇枚、そしてノルウェーで四〇〇枚がみつかっている。それらの貨幣の一部は、ルース人たちが戦利品・貢物・身代金として集めたものであろうが、その大部分は彼らがブルガール・ハザル・ホラズムやブハラーなどの、いわばサーマン朝経済圏との交易関係によって獲得したものであって、彼らがいかに大規模な貿易活動をおこなっていたかを端的に物語っている。しかし、上表に示したデンマーク出土のヴァイキング所蔵貨幣が示しているように、彼らのドン・ヴォルガ川を経由したイスラム世界との交流関係は、明らかに九七〇年から一〇七〇年の間に壊滅したことがわかる。すなわち、バグダードのアッバース朝とサーマン朝との経済的・政治的対立、サーマン朝の崩壊にともなって、マーワランナフルおよびブルガールを境域市場とした北方貿易は急速に後退していった。これに対して、ルース人はブルガールおよびハザルを攻撃し、自らがカスピ海や黒海を経由して、西アジア地域やビザンツ帝国との直接交易に進出した。ヴォルガ・ブルガール王国は、九六八/九六九年

西暦(年)	通貨の数量	
	アラビア	ドイツ
950-980	2,336	22
980-1000	738	457
1000-1020	129	1,184
1020-1050	20	2,994
1050-1070	4	3,030

〔出所〕E. オクセンシェルナ「ヴァイキング」『別冊サイエンス』特集号「考古学文明の遺産」71ページ参照.

と九八五年、ルース人の二度の大侵略を受けて衰退した。こうしてルース族の一派は、トルコ系およびスラブ系諸部族を征服し、やがてクーヤーバ(キエフ)を首都とするルース王国を建設した。

北方貿易の境域市場は、マーワランナフルおよびホラズム地方から西に伸びて、カスピ海の北側のハザル人の王国にもあった。ハザル王国は、イスラム時代以前から、ビザンツ帝国とサーサーン朝ペルシャ帝国の北辺にあって、ユーラシアの東西を結ぶ内陸交通・運輸の要地を占めることによって東西の諸国に強力な軍事的・経済的影響力をもった。彼らはトルコ系の一族と考えられ、王はハーカーン(可汗)を称し、ユダヤ教を信奉したといわれる。イブン・ファドラーンによると、十世紀初め、ハザル王国はその北側のヴォルガ・ブルガール王国に対して支配権を及ぼし、貢租として、各戸ごとに一枚ずつの黒てんの毛皮を納めるように義務づけていた。またイブン・ハウカルの報告によると、ハザル国からイスラム世界の各地への輸出品は、蜂蜜・蠟・毛皮・ビーバーの毛皮であるが、毛皮類はすべてルース地方やブルガールから運ばれてきた中継品であること、首都イティルの東岸にある外国人居留地には市場と公衆浴場《ハンマーム》があり、一万人以上のムスリムが住み、約三十のモスクが建てられていたという。[57] ところが、ハザル王国およびホラズムとマーワランナフルの境域市場を経由する北方毛皮貿易は、九六八年から九六九年にかけてのルース人による大侵略によって大きな打撃を受けた。イブン・ハウカルは、その事情について、つぎのように説明している。

[北方の毛皮貿易は]こうしてヒジュラ暦三五八年(九六八/九六九年)まで続いた。しかしルース人がブルガール、ハズラーン(ハザル王国の首都)を荒廃させた。それまでは主にホラズム人

が頻繁にブルガールやサカーリバに出かけたので、ビーバーやその他の高価な毛皮類はホラズム［の市場］に運ばれていた。ところがルース人がそうした地域で彼らを攻撃・略奪し、あるいは捕虜として捕えた。またルース商業の取引先は、長期にわたって［ハザル王国の］ハズラーンであった。その地で彼らが運んできた財産に対して十分の一ほどの税金が課せられていた。(58)

以上のように、マーワランナフルやホラズムの境域市場の発達、カスピ海北部、ヴォルガ川、ドン川、黒海北側、北海とバルチック海に連なる河川交通、トルコ系やスラブ系などの様々な人間集団の集住、商業集落の発達、イスラム世界から伸びたネットワークとの連結などの諸要因が重なるなかで、ロシア・東ヨーロッパ地域の地域社会は、急速に変容を遂げていったのである。

(二)　インド洋海域の境域市場

中緯度圏に属する西アジア地域や地中海沿岸部にとって、インド洋とその周縁部は、①熱帯・亜熱帯産の豊かな動物・植物と鉱物資源を産出した、②インド・中国などの高度文明圏との相互交流の場であった、③激しい流動性をもつ西アジアの人口稠密地域からの人間移動の受け皿であった、などの役割を果たすことによって、両者の相互間には歴史的に様々なネットワークが形成・展開した。アッバース朝の首都バグダードがペルシャ湾とインド洋に通じるティグリス川の河畔に建設され、イスラム世界がより一層、インド洋海域の諸地域と密接に結びついて、その文化・経済の活動を著しく助長させる結果となったことはとくに注目に値する。

アラビア海・インド洋における海上航海は、アラブ系・イラン系・インド系・マライ系などの海上民が古くからの経験によって編み出したモンスーン航海術によって、大陸間を安全・確実に横断航海することができた。すなわち、冬季の北東モンスーン航海期(一〇月半ばから翌年の三月末)には、インド洋沿岸部の北側から南側へ(ペルシャ湾〜イエメン・東アフリカ海岸、中国〜東南アジア)、また東側から西側へ(インド西海岸〜ペルシャ湾・イエメン、および東南アジア〜インド南西海岸、ベンガル湾内〜インド南端・スリランカ)、夏季の南西モンスーン航海期前期(四月初旬から五月末)と後期(八月末から九月初旬)には、インド洋沿岸部の南側から北側へ(東アフリカ海岸〜ペルシャ湾岸、東南アジア〜中国)、西側から東側(イエメンおよびペルシャ湾〜インド西および南西海岸〜ベンガル・東南アジア)への航海活動がおこなわれた。なお、インド洋北側の大陸部を縁どるようにヒマラヤ山脈・西ガッツ山脈・スレイマン山脈やザグロス山脈などの高山帯が連なっていることから、インド洋に吹き込む冬季の北東モンスーンは緩やかであって、好天の日が続く。従って、とくにインド洋の西海域とアラビア海では、一〇月下旬から三月までの長期にわたって東西の両方向からの安全な航海が可能となった。それとは反対に、夏季の五月末から八月末までの約九十日から百日間はインド洋の南側から激しい南西風が吹上げてくるために、南アラビアやインド南西部その他の各地で嵐・豪雨・霧・雷や高波が起って、航海活動は停止し、西側に面した港は閉鎖された。

船による海上運輸は、馬やラクダによる陸上運輸とは違って、重量物とかさばり物の商品を多量に、しかも長距離間・直接的に運搬可能であることに大きな特徴があった。つまりインド洋の海上運輸では、船の船艙にバラスト商品として主にナツメヤシの実・米・家畜・奴隷・木材(マングローブ・ココヤシ・チーク・ラワン)・象牙・香辛料・乳香・陶磁器・陶器・土器・レンガ・石材・宝貝などが運ばれた。また地中海における代表的な船のバラスト商品は、穀物・石材・奴隷や、アンフォーラおよび樽に詰めた酒類やオリーブ油などであった。

ペルシャ湾沿岸部に住むアラブ系やイラン系の人びとは、三角帆を装備した縫合型船ダウを用いて、サーサーン朝ペルシャ帝国の以前からアラビア海やインド洋西海域における航海と貿易に活躍した。彼らはイスラム時代に入って、ウブッラ・バスラ・シーラーフ・スハールなどのペルシャ湾岸の諸港市を基地に、一方は東アフリカ海岸と紅海の境域市場に、他方は中国南部海岸の境域市場に通じる航海と貿易のネットワークを拡大していった。ペルシャ湾を出て、東アフリカ海岸・島嶼部(ラム群島・モンバサ・ペンバ・ザンジバール・キルワなど)に設定された境域市場と結ばれたネットワークは、西アジア地域の市場に象牙・犀角・皮革・奴隷・鉄・金・マングローブ材・玳瑁《たいまい》・熱帯産果実・香薬類などの、主に第一次産品をもたらし、その見返り商品としてナツメヤシの実・陶器・土器・ガラス容器・装身具・鉄製道具類・武器・通貨・木綿・麻織物・衣料品・絨毯・木製家具などの加工品類を提供した。ペルシャ湾岸の諸港と東アフリカ海岸とを結ぶ南北のネットワーク軸は、①南アラビア海岸とソマリア海岸に沿った地乗り航法による航海が可能であった、②大陸の東岸に位置するためにモンスーンと吹送流(とくに南から北上するソマリ・カレント)が極めて顕著に出現し、南北航海が安全・迅速におこなわれた、③東アフリカ海岸に隣接して分布する島嶼群は、外部から渡来してきた人びとが定住したり、大陸部から来たバントゥー系の人びととの交易市場として安全な居住空間・港や市場となった、等の理由から、ペルシャ湾岸からのアラブ系・イラン系商人や移住者たちが積極的に進出することを可能にしたといえよう。『キルワ年代記』、『パテ年代記』やポルトガル語史料にみえる伝承によると、イランのシーラーズや東アラビア海岸(バフライン地方)のアフサー(ハサー)出身のムスリムたちが東アフリカ海岸に移住し、イスラム都市の建設をおこなったといわれる。(59) これらの記録は、ペルシャ湾岸地域からの人的移動や文化・経済面での影響が歴史的に古くから色濃く東アフリカ海岸に及んでいたことを端的に物語っている。十二・十三世紀、東アフリカの海岸・島嶼部には、大陸部からのバントゥー系諸語を話す人びと・文化と海を越えてきた主にペルシャ湾岸地域からのイスラム文化・社会との相互交流と融合が深まることで、スワヒリ都市群の形成がみられた。なお、ペルシャ湾の諸港から南アラビア海岸とイエメンを経由して紅海に入り、ジッダやスワーキンなどを境域とする航海ルートもまた、シーラーフ系商人たちに利用され、主にエチオピアやベジャ地方の特産品(奴隷・象牙・皮革・金・宝石など)をバグダードの市場に集めた。

ムハンマド・イブン・アル＝カーシムによるダイブル征服とグジャラート地方の主要港(ターナとカンバーヤ)の支配、バグダードの建設とその急速な経済的発展、また中央アジア経由の中国ルートの停滞などの要因によって、バグダードを基点として、ペルシャ湾とアラビア海を越えて、シンド・グジャラート・マラバール・スリランカ・マラッカ海峡部・マライ半島、そして中国の海岸部などの境域市場を結ぶインド洋海上交易のネットワークが次第に重要性を増した。すでに七世紀末から八世紀初めには、ペルシャ湾の諸港を基地としたアラブ系・イラン系の航海者や商人たちが中国の境域市場(広州・温州・杭州・揚州など)に進出して、中国産および東南アジア産の諸物産(沈香・白檀・樟脳・丁香・肉づく・生薬・麝香・桂皮・大黄・絹織物・錦織・鞍・紙・墨・陶磁器)を購入した。とくに注目すべき点は、十世紀半ば以前には東南アジア産の熱帯香辛料・薬物の多くがマライ系・インド系・アラブ系やイラン系の海上商人によって、一度中国市場に集荷されたことである。つまり東アジア世界における中国の政治・経済と文化面での影響力の強大さが中国をネットワーク・センターとする広域的な市場構造を形成していたのである。九・十世紀になると、中国と西アジアとの貿易関係はますます盛んになり、陶磁器・絹織物・漆器・青銅容器・銅銭・紙・墨・鏡・馬具・装身具・麝香などがバグダードをはじめとする西アジアの市場にもたらされた。一方、ペルシャ湾を基地としたアラブ系・イラン系の海上商人たちは、西アジア産のガラス・陶器・木綿布・亜麻布・毛織物の他に、中国市場で需要の高かった南アラビア産の乳香・没薬・龍涎香、ソコトラ島の麒麟血・蘆薈《アロエ》、東アフリカ海岸からの象牙・犀角・動物皮革、ペルシャ湾産の真珠、地中海の珊瑚、スリランカ・インド・マラバール海岸の胡椒・肉桂・宝石類、アッサム産の沈香・犀角、東南アジア産の香辛料・薬物類など、インド洋周縁部の各地で産出する様々な物産を中国市場にもたらした。シーラーフの人アブー・ザイドの記録によると、ヒジュラ暦二六四年(八七七／

八七八年）に広州（Khānfū）を陥れた黄巣の反乱軍は、そこに住み着いて商業を営んでいたムスリム・ユダヤ教徒・キリスト教徒・ゾロアスター教徒など、あわせて十二万人を殺戮したという。[60]この事件は、中国の境域市場に商権を拡大しつつあった西アジア商人たちに大きな打撃を与えたと思われる。つまり彼らはその後、中国市場を離れて、海南島、インドシナのチャンパ（カドランジュ＝パンドゥランガ、賓瞳龍）、フィリピン（マイト、麻逸）、カラ（カラバール、箇羅）、スリブザ（室利仏逝、三仏斉）などに境域市場を後退させた。マスウーディーの記録によると、十世紀半ば、シナ人の船（marākib al-Ṣīniyīn）は、マラッカ海峡に近いマライ半島の交易港カラ（現在のマライシア連邦ケダ州のシンカラン・ブジャンに位置する）に達するようになった。[61]この事実は、明らかにアラブ・イラン船が中国から後退する時期をとらえて、中国ジャンクが徐々に南シナ海とインド洋に向って進出していったこと、その結果として東南アジアの諸港市がインド洋における新しい境域市場となり、東西から外国商人たちの集まる交易都市の形成と発達を促したことを示している。なお、アラブ・イラン船が中国から後退した別の要因として、九世紀後半から十世紀初めにかけて南イラク地方の諸都市・農村部がザンジュの反乱やイスマーイール派カルマト教団の侵略と占拠によって、バグダードとペルシャ湾とを結ぶ水上交通網が寸断されたこと、それにともなってバグダードの経済的活力が著しく衰退したことが考えられる。アラブ系・イラン系の海上商人たちは、この時期にインド洋貿易の拠点をエジプト・紅海軸ネットワークに結びつくアデンおよび南アラビアや紅海沿岸の諸港に移すことで、時代変化の潮流を巧みに乗り切ろうと努めていた。中国ジャンクは、マラッカ海峡付近のカラ・スリブザ・マラユー(ジャンビ)・ラムリーなどを基地に、さらに西に航路を拡大して、十二・十三世紀には南インドのマラバール海岸(クーラム・マライ、カーリクート)まで達し、その結果インド洋の貿易構造は、東側の南シナ海・ベンガル湾の中国ジャンク活動圏と、西側のアラビア海・インド洋西海域のアラブ・イラン系ダウ活動圏の二極構造になった。『嶺外代答』の著者周去非は、マラバール海岸の故臨(クーラム・マライ)において、中国ジャンクと大食国(西アジア・イスラム世界)からの小船(ダウ船)とが出会い、荷の積みかえがおこなわれたことを伝えている。(62) この時代になると、インド洋西海域におけるネットワークの基軸は、イラク・ペルシャ湾軸のルートに代って、マラバール海岸から南アラビア(ミルバート)・イエメンを経由するエジプト・紅海軸のルートに移行していた。

(三)　アルメニアおよびビザンツ帝国の境域市場

すでに前章第四節で説明したように、ティグリス・ユーフラテスの両河川の上流域から東地中海沿岸部のキリキア・アルメニア海岸に至る地域は、「スグール(境域地帯)」と呼ばれて、古くから東西の諸勢力がぶつかり合い、つねに緊張を孕んだ境域接点に位置した。この地域の特徴は、防備施設・城塞・砦・軍隊駐屯地・税関・市場・宗教施設(教会・修道院・修行場・隠遁の場)などが設置されて、様々な諸集団が移動・占住・衝突を繰り返し、つねに時代の動きを微妙に投影する狭間の地であったところにあるといえよう。さらにはアラビア半島から北上するアラブ系の遊牧諸集団、クルド系・アルメニア系などの人びとがこれらの地域を広く生活領域としていた。アッバース朝政権は、ウマイア朝とは違って、ビザンツ帝国と対抗して地中海支配に乗り出そうとする積極的な政策を打ち出さなかった。とくに、九世紀後半に入ると、アッバース朝はザンジュの反乱軍やサッファール朝との絶え間ない戦闘に悩まされた。そこでカリフ＝ムゥタッズ(在位八六六—八六九年)は、対ビザンツ戦を理由に、エジプトのトゥールーン朝にシリア支配を認めざるを得ない状況にあった。また北シリア境域地帯では、アルメニア人国家バグラトを緩衝国とすることで、ビザンツ帝国との直接的衝突を回避しようと努めた。アルメニア国家バグラドの立場は、両大国に挟まれてつねに微妙な立場に置かれていた。七・八世紀の間は、アラブ・ムスリム軍とビザンツ軍とが激しく対立・戦闘を続けたために、アルメニアの諸都市は荒廃し、経済活動もまた著しく停滞した。しかし九世紀半ば以後になると、アルメニア地域は次第にバグダードの経済圏に組み込まれたこと、またそこがビザンツ帝国、そして黒海やカスピ海の西岸を通ってハザル王国に達する交通要路となったこと、アルメニア商人の積極的な仲介貿易などによって、その境域都市には経済的繁栄の黄金時代がもたらされた。ムカッダシーによると、アルメニアの中心都市バルダア(バルタゥ)は、「アルメニアのバグダード」と呼ばれて、絹織物・カーペット・皮革・染料などの各種の手工業品生産の盛んな町として知られた(63)。とくにアルメニア産絹織物の製造技術は、カスピ海南部のギーラーン・タバリスターン地方やビザンツ帝国からの影響を受けて発達し、イスラム世界の各地で需要の高い輸出商品の一つであった。その他にアルメニア地方の特産品としては、果実・鉱物資源(銀・鉄・銅・水銀・

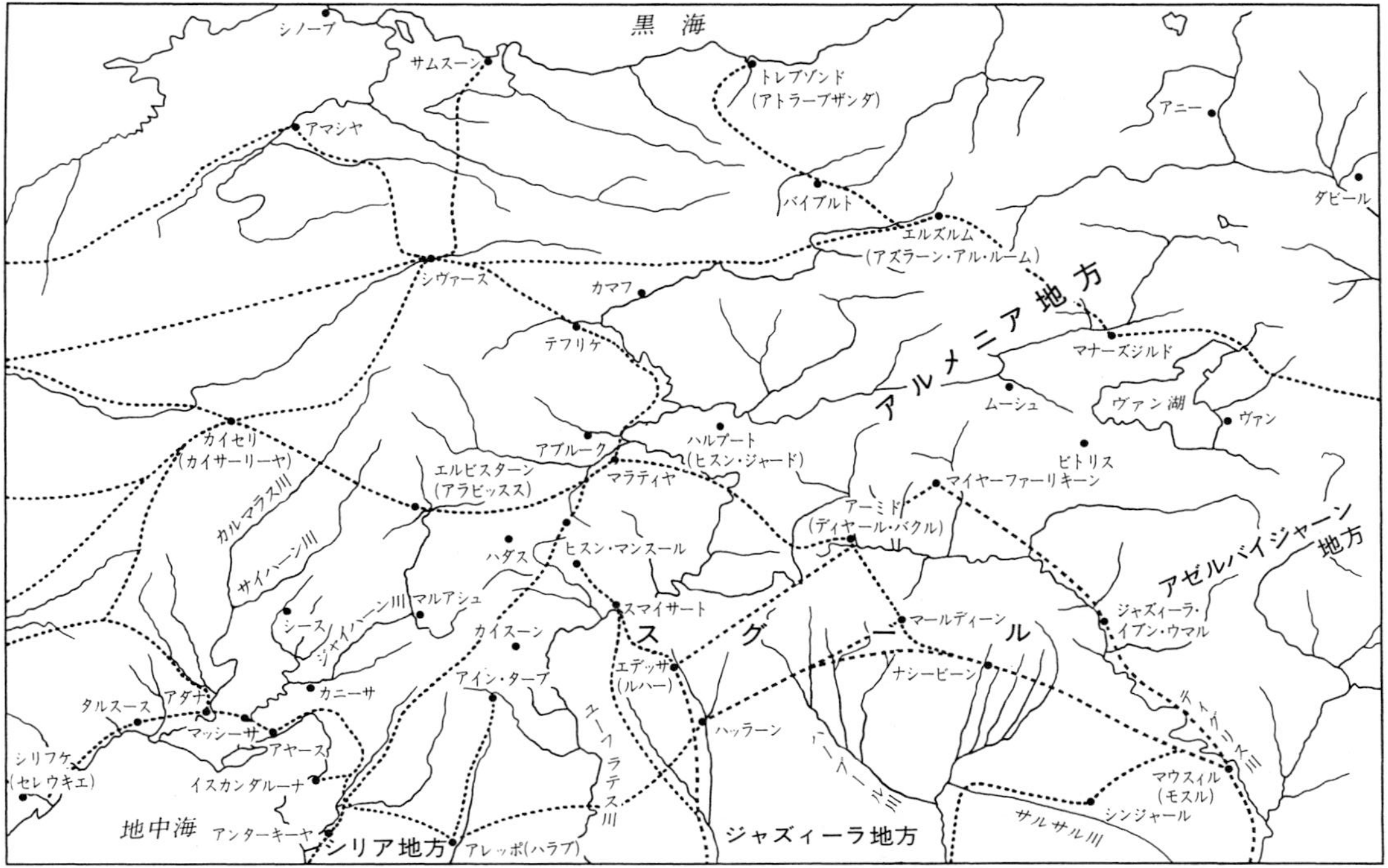

図6 北シリア・ジャズィーラ境域地帯

錫)・木材・塩、ヴァン湖の塩干し魚・家畜・武器類・土器・宝石などが輸出された。

イブン・ハウカルによると、「アルメニアにはアトラーブザンダ(トレブゾンド)と呼ばれるルーム国(ビザンツ帝国)への窓口があり、そこはイスラム世界から商人たちが集まる町。彼らはそこから商業活動のためにルーム国に入ったり出たりしている。……現在、そこにはビザンツ王により任命された主権者がいて、彼は莫大な財産と尊大な権限をもっている。……アトラーブザンダからイスラム諸国への主な輸出品は、錦織・亜麻織・ビザンツ風綿製服・毛織衣類・ビザンツ製覆布である」(64)とある。トレブゾンドからビザンツ帝国の首都コンスタンティノープルに通じる交通ルートとしては、黒海を通ってボスポラス海峡に出る海上ルートと、シヴァース、アンカラ経由、またカイサーリーヤ、アクサライ、コンヤ経由の陸上ルートがあり、陸上ルートは一定の距離ごとに宿駅が設けられ、ムスリム商人たちの宿泊する宿舎《ダール》(dār)があって、道路の治安もよく保たれていた。コンスタンティノープルには、捕虜となった多数のムスリムたちが居住しており、一部は製造加工や商売を営んでいた。イスラム世界とビザンツ帝国との境域貿易の重要拠点は、東地中海沿岸ではタルスースとアンターキーヤであった。そこにはシリア海岸やナイル・デルタ地域での海戦や略奪によって捕らえられた捕虜や戦利品が集められて交換・売却された。

(四) サハラ南縁部の境域市場

紀元一〇〇〇年頃までに、ニジェール川とセネガル川の河畔近くに、ガオ(カウカウ)・ガーナ・

クーガ・タクルール・シラーなどの境域市場が形成された。これらの市場は、南部の熱帯森林地帯と北部の砂漠・サヴァンナ地帯という異質の自然生態系の狭間に位置し、しかも地中海沿岸部から南に下るサハラ越えのキャラバン・ルートの終着地であった。以上に加えて、そこは、アフリカ大陸を東西に貫く広大なサヴァンナの縁辺部「サーヒル」にあり、またセネガル川とニジェール川の水路を利用した長距離交通も可能であることから、ナイル川流域の諸地方とも経済的・文化的交流の影響を古くから残していた。このような境域市場を中心として成立した黒人王国群のなかでも、最も古いのはガーナ王国(古代ガーナ王国)であった。この王国を形成した種族は、今日のマンデ系諸語の一つを話すソニンケ人であったと考えるのがほぼ定説となっている。イスラム時代初期の地理書の一つで、フワーリズミー(Abū 'Abd Allāh Muḥammad al-Khwārizmī, ca. 780-850)による『大地の姿(Ṣūrat al-Arḍ)』の中には、すでにその王国名が記録されている。(65) 一方、ガーナ王国の成立年次について、サァディー('Abd al-Raḥmān b. 'Āmir al-Sa'dī)の『スーダン史(Ta'rīkh al-Sūdān)』が記録する伝承によると、イスラム暦の開始する以前、すでに二二人のガーナ王が即位したという。(66) するとその歴史は少なくとも紀元後一・二世紀の頃まで溯ることになるが、とにかくも八世紀後半から九世紀初めには、ガーナ王国はニジェール川とセネガル川の接近する上流地域に大きな勢力をもっていたことは確かであろう。この時期は、まさにバグダードの急激な文化的・経済的躍進と一致しており、従ってガーナ王国興隆の経済的背景として考えられることは、そこがイラク・シリア・エジプト・イフリーキーヤ・マグリブの諸地方を越えて、サハラ南縁部に至るイラク・ペルシャ湾軸ネットワークの西の末端に位置づけられたこと、それにともなって境域市場の成立と経済交換の活発化がもたらされたことである。後述するように、ガーナ王国内の境域市場に集められたスーダン金はイスラム世界の金融市場の中心地バグダードに運ばれたのであって、その豊富な流入がイスラム国際商業の発展に大きく寄与したのである。

七世紀後半から八世紀初めにアラブ・ムスリム軍によって持ち込まれたラクダ牧畜文化は、サハラ砂漠横断のキャラバン運輸に画期的な変革をもたらし、地中海沿岸部とニジェール川河畔地域を結ぶ南北の文化的・経済的交流、またその中間地帯に広範に分布するオアシス都市の開発にも重要な影響を与えた。ラクダの飼育は、すでに一世紀の頃、キレナイカ周辺部(現在のリビアのアフダル山地一帯とその海岸部)でおこなわれており、また五世紀にはイフリーキーヤ地方全域でかなり普及していた。そして農耕民は農作業、とくに犂引きの駄獣として利用したが、遊牧民は搾乳用と軍事用に専ら利用した。イスラム時代に入ってからのアラブ・ムスリム軍のマグリブ地方への進出と移住は、アラブ・ラクダの導入とその利用のための多様な技術、とくにキャラバン隊列による長距離間の輸送によって可能になった。(67) ベルベル系遊牧民たちは、アラブ・ラクダ文化の影響を受けることによってアトラス山脈南麓からサハラ砂漠周辺にかけての広大な地域を自由な生活圏とすることができたし、サハラ横断の運輸活動の上でも重要な役割を果たすようになったのである。そしてムスリム商人たちはベルベル系遊牧民の組織するキャラバン隊を利用して、ガーナ王国に至り、スーダン金や奴隷を購入した。七五七年のシジルマーサの建設が、サハラ越えのキャラバン運輸の拡大とイスラム世界のスーダン地域との経済的関係を深める上でとくに大きな役割を果たしたといえよう。

サハラ砂漠横断の交通・運輸と貿易は、①地中海沿岸部のマグリブ・アンダルスの諸都市、②サハラ・オアシス都市(シジルマーサ・ガダメス・アウダグスト・ワラタ・タガーザー・ターハルト・ムザブなど)、③ニジェール川とセネガル川沿いに発達した黒人王国《スーダン》(Bilād al-Sūdān)内の交易都市、の三層の境域市場とそれらを結ぶ南北軸のキャラバン・ルートによって構成されていた。マグリブ地域に成立したイスラム系国家は、この三層の境域市場とキャラバン・ルートを支配することによって、スーダン貿易の独占的支配権を競い合った。八・九世紀に成立したルスタム朝やイドリース朝は、いずれもターハルト・ワルグラ・ファース(フェズ)・シジルマーサ・アウダグストなどのオアシス都市を支配下に収めて、スーダン貿易を掌握することで国家の繁栄を築いた。また地中海沿岸部の諸都市やアトラス山間部の農耕地では、スーダン地域に輸出するための手工業品や農産物が盛んに生産されるようになった。それらの代表的商品としては、馬・珊瑚・ガラス細工・銅製容器・土器・各種織物(木綿・絹・亜麻布地・敷物・衣服)・刀剣・ナツメヤシの実・穀類・酒・オリーブ・油脂・砂糖・塩などであって、これらは途中のオアシス都市を通過するときの通行税としても支払われた。とくにイフリーキーヤ地方の諸都市の織物工業では、例えばチュニス産の錦織物・亜麻織物、カービス(ガーベス)産絹織物、スース産ターバン、タラーブルス産毛織物などが有名であり、さらに十世紀後半になると、イラク・フージスターン・シリアなどの東方イスラム世界からの織物職人が多数移住したことによって、それらの諸都市が織物産業の中心地となり、ナイル・デルタの織物工業と並ぶ国際的名声を得るようになった。サハラ・スーダン貿易の重要な門戸であるカイラワーンは、宗教・学術の一大センターとしても知られ、シジルマーサおよびスーダン方面に向かう多くのウラマーや商人たちが集まった。以上のように対サハラ・スーダン貿易の隆盛が地中海沿岸部の都市・農村社会の再生を促し、十世紀初めから十一世紀半ばまでのイフリーキーヤ・マグリブ地域に経済的・文化的繁栄をもたらす一つの重要な要因となったのである。

サハラ砂漠横断ルートの中継地であるファッザーン・ザガーワ・フォッガール・ターネズルーフトなどの諸地方にあるオアシス都市でも、対スーダン貿易のための交換商品が加工・生産された。スーダン貿易は、「塩金貿易」であるといわれるように、ガーナ王国の境域市場に向かう商人たちは、その途中のシジルマーサやアウダグストで多量の岩塩を購入した。なぜならば岩塩は、ガーナ王国の境域市場で金を購入する際にその代価として支払われる、いわば通貨の役割を果したからである。これらの岩塩は、主にサハラ砂漠中のタガーザーに近いマジャーバの岩塩鉱山(タオデニ大岩塩層の一部)や、タードマッカから六旅程にあるトゥータク鉱山およびアウリール(ワリーリー)鉱山から採掘されたもので、シジルマーサとアウダグストは、サハラ砂漠中に産出する岩塩取引を一手に取り仕切る市場として賑わった。イブン・ハウカルが説明するように、ガーナ王国における金の売却価格は、(68) この両地の支配者たちが決める岩塩との交換率によって大きく左右された。十世紀前半、アウダグストの支配者はガーナ王国に従属していたが、岩塩取引を独占していることによって、金と岩塩との交換率を勝手に決めたことから、しばしばガーナ王との間に対立が起った。サハラ・オアシス都市では、その他にナツメヤシの実・紅玉髄・銅製品・綿織物・皮なめし用の樹皮などが生産されて、スーダン貿易のために輸出された。イブン・バットゥータによると、十四世紀半ば、タガーザーの近くに銅鉱山があって、その鉱石がタガーザーの町で精練され、銅棒に加工された後、クーバル・ボルヌー・ジュージュワ・ザーガワ(ザガーイ)・ムールタブーンなどのスーダン地域に輸出されていた。(69)

さてニジェール川とセネガル川の上流地域、セネガル高地とその森林地帯に近いシラー――ガーナの南西約二十日行程のバンブーク地方――、ファルウィーン(ロビーとアカンの諸地方)などの各地に分布する金鉱山で産出する金地金は、ガーナ王国の厳しい国家管理のもとに、ニジェール河畔の境域市場に集められた。それらの金鉱山から境域市場までの仲介業者は、おそらくガーナ王国の支配者層に属するマンデ系ソニンケ人がおこなった。マスウーディーやイブン・アル＝ワルディーが伝えているように、森林地帯の人びととの金取引は、互いに相手の姿を悟られない沈黙貿易であったといわれている。(70)そしてガーナ王国は、イスラム世界に通じる国際商業ネットワークの末端に位置するニジェール川の北側からオアシス中継市場のアウダグスト、ワラタに至る地域に軍事的・政治的支配権を及ぼすことで、イスラム世界に流れる金の貿易を統制し、その仲介による関税を獲得した。またその王国の支配者層の人びとはムスリム商人たちのもたらす馬・岩塩・織物・銅製品などを獲得し、国内やその属国、さらには南の森林地帯に贈与および売却することによって王権を保つことができた。とくに馬は、ガーナ王国に限らず、多くのスーダン黒人王国にとっての王権のシンボルとして極めて重用され、マフムード・カァティ (Maḥmūd Ka'ti b. al-Ḥāji al-Mutawakkil Ka'ti al-Tinbuktī) による『諸国の情報に関する調査者の歴史(Ta'rīkh al-Fattāsh fī Akhbār al-Buldān)』によれば、ちょうど、預言者ムハンマドの頃のガーナ王カニッサアイ(Kanissa'ay)は一〇〇〇頭に及ぶ馬を宮殿内に所有していたといわれている。(71)

ガーナ王国は、その長い歴史過程のなかでたびたびその王都を移転させた。十一世紀後半に記録されたバクリーによる地理書『諸道・諸国の書』の記述によっても、その王国の首都の位置を確定することはできない。しかしバクリーの記録を通じて知られる興味深い点は、ガーナ王が居住する都とムスリム商人その他の外国人たちの集まる境域市場とは相互に少し距離を隔てたところにあったことである。(72) このように王が居住し、伝統的な政治儀式や宗教儀礼のおこなわれる、いわば聖域と、外来者の集まる市場・宿泊地・税関のある俗的場所、という二重都市の形態はガーナに限らず、ガオやアグマートなどでも共通にみられたのであって、北方ユーラシアやインド洋周縁部などの境域地帯に成立した諸王国の都市もまた同じような構造をもっていた。すなわちイスラム世界の境域地帯に成立した都市は、①王都と市場とが同じ空間にある都市、②王都と市場とがある程度の距離を隔てて並立する二重都市、の二つに分類することができる。第一の場合は、王自らが伝統的な宗教・儀礼体系、国家の政治制度などを放棄して、イスラム教とその法体系のもとに国家を統治するとき、第二の場合は、ガーナ王の事例のように、王はイスラム教と法の受容を避けたり、あるいは王自らのイスラム改宗を隠匿することによって、伝統的国家体系と信仰を守り続けるときに生じるものである。クーガの王は、イスラム信仰を隠すことで、市場から離れた王都に住み続けたといわれる。ヴォルガ川の河口近くに位置したハザル王の都イティルは、王都の対岸に商業区の都市があり、そこでは外来商人たちの居住区があって、行政がおこなわれ、自治が守られていた。インド・マラバール海岸の交易港は、内陸部に住むヒンドゥー系国家にとっての境域市場であって、王自らがそこに居住することはなかった。

以上のように、サハラ砂漠南縁部に成立した境域市場は、イスラム世界から伸びたネットワークの末端(境域)に組み込まれ、そこからもたらされる金と奴隷に代表される商品の恒常的な流入が、遠く離れたバグダードの金融と交易活動に大きな刺激を与えた。一方、ガーナ王国は、イスラム世界からの様々な精神的・物質的文化を受け入れることで、王国内、およびその周辺の属国に対する支配権を伸長することができたのである。

七　金銀地金の流入と経済生活の秩序

イラク・ペルシャ湾軸ネットワークを中心とする国際商業・金融と都市の流通活動を大きく躍進させた重要な要因としては、①貨幣鋳造の活発化によって、退蔵・改鋳されずに、良質の金・銀貨が広く流通し、国際的金融決済の手段として利用されたこと、②異なる国家・政治組織を超えた広域的な金融組織網を発達させたこと、の二つを挙げることが出来る。本節では、国際的基準通貨となったディーナール金貨とディルハム銀貨を鋳造するための金銀地金が東西に配置された境域市場から適量かつ恒常的に流入することによって、国際金融市場の中心地バグダードを中軸とする経済活動が刺激を与えられ、その全般的安定と繁栄に寄与し、その影響を受けて、イスラム国際商業が一つの結合体として機能するようになった過程について明らかにしてみたい。

西アジアと地中海沿岸部では、古くから金貨と銀貨が公的貨幣体系の基礎をなしており、また国家の権威・友好と外交上の道具としても、広く利用された。新国家の成立や支配者としての宣言が、国名と王名を刻んだ新貨の鋳造を通じて内外に公示されたことは、貨幣が国家的権威と政治統合のシンボルとしての強い意味をもっていたからに他ならない。イスラム以前のサーサーン朝ペルシャ帝国の経済圏では、ドラクマ(drahms, dracum)銀貨が基本貨として通用していた。これは銀鉱山が、サーサーン朝ペルシャ帝国の北方境域地帯のコーカサス地方から中央アジアに至る山岳部やザグロス山脈中にあって、そこから銀地金の安定した供給が得られたためである。ドラクマ銀貨の流通圏は、イラクとイランを中心とした西アジア地域だけでなく、主にソグド系商人たちの活動によって、中央アジアのオアシス都市から中国の各地まで拡大した。一方、ビザンツ帝国の領域内では、ソリドゥス金貨(solidus, denarius aureus)が本位貨幣として重要な役割を果たした。その流通圏は、ビザンツ帝国の政治的・経済的影響の直接及んだ東地中海沿岸部、シリア、エジプトだけでなく、紅海やインド洋の沿岸部における国際貿易上の共通貨としても広く利用された。アッバース朝の成立によって、こうしたイスラム以前のサーサーン朝ペルシャ帝国とビザンツ帝国の、二つの異なる通貨経済圏が統合されたことによって、必然的にディーナール金貨とディルハム銀貨の両本位制が国際通貨として機能するようになった。

バグダードの金融街ダルブ・アル＝アウン(Darb al-'Awn)は、まさに東イスラム世界の銀貨と西イスラム世界の金貨を集積し、その交換率が調整・決済される金融活動の一大センターとなった。金貨と銀貨の交換比率は、一ディーナール＝一〇ディルハムを換算標準として、一般には東イスラム世界の銀流通圏にディーナール金貨が、西イスラム世界の金流通圏にディルハム銀貨が流入することで、両本位制がイスラム世界全体の国際通貨として普及していった。しかし、実際にはスーダン金の供給量がホラーサーン・マーワランナフル銀の供給量を大幅に上回ったことから、ディーナール金貨は次第に旧サーサーン朝ペルシャ帝国の支配したディルハム銀貨の経済圏にも拡大して、金本位制のもとに統合されていく傾向が強かった。しかも後述するように、十世紀半ば以後、ホラーサーン・マーワランナフル地方の銀鉱山の枯渇、ディルハム銀貨のイスラム世界外部(とくにハザル、ブルガールやルースの支配領域)への流出、ファーティマ朝支配下のエジプトとシリアにおける銀貨の退蔵と改鋳などの理由によって、銀貨の急激な不足を招いた。もともとディルハム銀貨の優越の上に成立したアッバース朝政権にとって、銀貨の不足が国家の徴税体制を混乱させ、その軍事的・行政的体制の根本的変更までも余儀無くさせたことは言うまでもない。さらにサーマン朝との政治的・経済的対立によって、銀地金の流入量は十世紀半ばに入ると、急速に減少した。

一方、イフリーキーヤ・マグリブ地方に興起し、やがてエジプトに政権を確立したファーティマ朝政権は、スーダン金の東イスラム世界への流出を制限する政策を打ち出した。以上のような状況のなかで、十世紀半ば以後になると、バグダードを国際金融市場のセンターとし、ディーナール金貨とディルハム銀貨の両本位制を基礎としたイスラム世界経済の統合は大きな危機を迎えることとなった。なお、ディーナール金貨とディルハム銀貨の他にも、地方的な商業や小規模取引においては、銅貨・青銅貨・鉛貨や金銀混合貨などが通用したが、これらは国際金融と貿易活動の上ではそれ程大きな影響力を持たなかった。すなわち東西の国際市場では、つねにより高品質の金貨と銀貨が信用を得て、異なる政治・経済圏を結ぶ商品取引と金融決済の道具として使われたのである。またイスラム世界の境域市場では、布地・子安貝・皮革・塩・銅輪・鉄斧・ガラス玉・馬・武器(弓・矢・刀剣)などが貨幣と同じ性格をもって、交換手段の役割を果したことも注目される。

イスラム時代に入って、金貨と銀貨が豊富に鋳造されて、国際市場に出回ったことの原因として、①退蔵されていた金銀の発見、②新鉱山の開発、③アマルガム精練法の進歩、の三つが考えられる。イスラム初期の七・八世紀には、征服活動によって獲得された貴金属、エジプト・ファラオの埋蔵金、宮殿・寺院・修道院などから没収された金銀容器や神像などがディーナール金貨やディルハム銀貨に改鋳された。ウマイア朝のカリフ＝アブド・アル＝マリクによって鋳造された新貨幣の多くは、こうして獲得された金銀資源が改鋳されたものであると考えられる。アッバース朝時代に入ると、マーワランナフル地方の銀鉱、チベット銀、アスワーン付近のワーディー・アッラーキー金鉱、サハラ砂漠南縁のスーダン金などが徐々にイスラム世界の中心部にもたらされるようになった。新しく開発された金銀地金の主要な産地がいずれもバグダードから遠く隔たった境域地帯に分布したことは、イスラム国際経済の発展にとって利点であり、同時に大きな欠点でもあった。利点としては、特定の軍事的・政治的勢力によって鉱山の採掘権が独占されたり、またその流入経路が封鎖されることが少なく、鉱山採掘や地金の取引が利潤を追及しようとする資本家・冒険的商人・遊牧民・農民などの人びとの自由競争に委ねられたことである。しかし、境域地帯の治安情勢はつねに不安定であり、長距離間の交通ルートや通過地点における敵対的な国家権力・集団の台頭などによって、一度、遠隔地間の交通・運輸ルートが途絶すれば、金銀地金の安定した流入経路は断たれた。前述したとおり、八世紀半ばから十世紀前半にかけて、長距離交通と貿易ルートが発達し、しかもイスラム世界の中心部と境域市場とが相互補完の交易ネットワークによって結ばれることによって、境域市場の富が中心部の経済を大きく活性化してきたのであるからその影響は大きかったのである。

さて九世紀半ばから十二世紀に著されたイスラム史料のなかに、『金銀宝石誌』と呼ばれる書物が数多く残されている。それらのなかには、主要な宝石や貴金属の産地・品質・価格などの、いわば商品学の基礎的知識が記録されている。とくに金と銀の産地については、イスラム世界だけでなく、境域地帯を越えた遠方地域の産地についても説明しており、当時の知識人や商人たちが金銀の取引やその流通動向について強い関心を抱いていたことを示している。以下では、それらの記録をもとに、主要な金銀産地とそれらのイスラム世界への流入経路、流入量の変遷などについて明らかにしてみよう。

㈠　銀をめぐる問題

ハムダーニー(Abū Muḥammad al-Ḥasan al-Hamdānī)の『金銀宝石誌(Kitāb al-Jawharatayn al-'Atīqatayn al-Mā'i'tayn min al-Ṣafrā' wa'l-Bayḍā')』によると、イスラム以前のジャーヒリーヤ時代、アラビア半島内のナジド・ヤマーマ、北イエメンのナジュラーンなどの諸地方に銀鉱山があって、その採掘にはイラン系ゾロアスター教徒たちが従事していた。(73)サーサーン朝ペルシャ帝国内における銀の主産地は、ホラーサーン地方のニーシャープール近郊、マーワランナフル、コーカサス、ザグロス山脈などの各地にあった。これらの銀鉱山は、イスラム時代以後になっても新鉱道の開削によって多量の銀を産出した。またシャーシュに近いパンジャヒールや、フェルガーナ地方のナカード・アフシーカス・ワッハーンなどの鉱山、ヒンズークシ山脈、とくにバダフシャーン地方の「グールの金銀鉱脈」と呼ばれた鉱山、さらにはチベット方面などの新しい銀鉱山がつぎつぎに開発された。S・ボーリンの推定によれば、シャーシュの銀鉱山だけでも、年額三〇トンの銀を生産したといわれる。(74)その他にもトルコ系遊牧民のキーマク族によって、アルタイ山脈方面の銀山からシャーシュの市場に持ち込まれる銀もかなりの量にのぼったと推測される。これらの東イスラム世界の境域地帯からもたらされた銀地金は、ホラーサーンやイラクの諸都市でアッバース朝の鋳造貨となって、カリフの財政収入のなかに組み込まれた。しかし八七五年、マーワランナフル地方とホラーサーン地方を中心にサーマーン朝が興起した(同年、アッバース朝カリフ＝ムゥタミドにより統治権を認められた）ことによって、それらの銀地金の大部分はサーマン朝支配者たちの手に移った。

サーマン朝は、サマルカンド・ブハラー・シャーシュ・アンダラーブなどの貨幣鋳造所を管理下に置くことによって、その国家の財政的安定と経済的・文化的繁栄を築いた。銀貨の鋳造にあたっては、厳しい品質統制がおこなわれ、また良質のブハラー銀貨がサーマン朝の国外に流出しないように監視された。純度の低いディルハム銀貨は、他のイスラム地域との商業取引や、ブルガール王国やルース人との毛皮や奴隷交易のために使用された。九世紀末から十世紀にかけてのサーマン朝下の諸都市、とくにブハラー・サマルカンド・シャーシュなどは、文化面だけでなく経済面でも、金属加工業・織維手工業・商業活動において目覚しい発展を遂げた。これらの諸都市で生産され、また仲介・加工された諸物産――鉄・アンモニア・水銀・銅、奴隷（トルコ系・スラブ系・ハザル系など）、宝石・装身具、木材加工品、果実、北方産毛皮類、木綿・羊毛・絹などの織物類など――が、バグダードをはじめとするイスラム世界およびその他の世界に輸出された。こうした手工業と商業の隆盛の原因は、明らかにそこが銀地金の産地に近く、高純度のディルハム銀貨の鋳造によって経済全般に活力を与えていたからに違いない。アッバース朝政権によるサーマン朝との外交政策の基本は、サーマン朝と友好関係を維持し、積極的な経済活動を通じて銀貨と銀地金の流入を容易にすることであった。なぜならば、アッバース朝カリフ政権にとって、高純度の金銀地金を東西の諸地域から適量かつ恒常的に集積することは、他ならずバグダードを中心とするイスラム世界経済システムの安定と繁栄の基礎であったからである。なおアッバース朝の徴税体系および軍隊への俸給は、引き続いてディルハム銀貨を基本としていたため、銀地金の流入量の減少にともなう銀価格の上昇、対ディーナール金貨との比価の変動は、直ちに国家財政を大きく動揺させる要因となった。

サーマン朝の領域内で鋳造されたディルハム銀貨および銀地金のバグダードへの流入量は、十世紀半ばになると、急激に減少した。その第一の原因は、サーマン朝政権がペルシャ湾経由でインド洋の周縁部と結びつく独自の交易システムを樹立し、バグダードの経済圏とは別に自己の経済支配を確立しようと目指したからである。それに加えて、ホラーサーン街道の要地に位置するカスピ海とダシュテ・ケビールとの間に挟まれたタバリスターン・ダイラム地方における治安の乱れ、銀鉱山の枯渇やトルコ系遊牧民の侵入による北方情勢の変化などの原因が考えられる。サーマン朝政権による、ザグロス山脈を越えてペルシャ湾・インド洋に出る南北の交通・運輸ルートの開発と貿易政策については、本章第九節で説明することにしたい。すでにイスラム時代の初期から、タバリスターン・ダイラム地方の山岳部は様々な反体制の政治運動や異端派の動きが渦巻く不安定な「境域地帯」として知られていた。九・十世紀にもアリー派、ザイド派やハワーリジュ派などの異端派に属する諸集団が長期間にわたって自立的運動を展開し、その影響によってホラーサーン街道の交通・運輸は途絶することが多く、バグダードとホラーサーン、マーワランナフル、ホラズムや北方地域との間の経済関係に動揺を与えた。

マーワランナフルやバダフシャーンの諸地方に分布する銀鉱山の活動は、いずれも十世紀半ばに至ると急速に衰微していった。その主な原因は、銀の鉱脈の枯渇と同時にその精練に必要な木材資源の不足にあったと考えられる。十世紀初めの地理学者イブン・ルスタは、イスパハーン近郊にあった銀鉱山が廃坑になったことを伝えている[75]。またイスタフリーとイブン・ハウカルは、ヘラートに近いバーズギース銀山は薪不足によって、十世紀前半から半ばにはすでにその活動を停止していたと報告している[76]。このように銀鉱脈の全般的な枯渇と精練用薪材の不足が原因となって、東イスラム世界では、サーマン朝政権が衰微した頃からモンゴル帝国による西アジア征服の時期、すなわち十世紀末から十三世紀半ばまでの約二五〇年以上の長期間にわたって、ディルハム銀貨の深刻な不足現象が起った。確かに銀地金はチベット銀、アルメニア銀や、西イスラム世界のカイラワーン近郊のマッジャーナ銀山などからも供給されたが、イスラム世界全体の銀消費をまかなうには程遠かったと思われる。そのために銀ストックは急速に減少し、粗悪貨が鋳造される一方、銀貨の改鋳や退蔵が起った。十世紀前半、イブン・ファドラーンは、バグダードからヴォルガ川中流のブルガール王国に赴く途中、サーマン朝の首都ブハラーでギトリーフィーヤ(al-Ghitrifiya)と呼ばれる青銅貨、赤銅貨、黄銅貨を、またホラズム地方ではディルハム貨幣の代貨として偽造貨・鉛貨・粗悪貨・黄銅貨が使用されていたのを目撃しており[77]、すでに銀貨の不足から粗悪貨幣や偽金が流通していたことを認めることができる。

九四五年、バグダードを占領したブワイフ朝は、銀不足のために多くの粗悪貨を発行するが、もはや軍人たちに銀貨だての俸給を支払う能力はなかった。ブワイフ朝が俸給額に見合う税収のある土地をイクター地として指定し、その土地の徴税権を軍人たちに譲渡したことは、そうした実際の銀不足と財政難の状況のなかで導入された新しい制度であると考えられる。銀貨の急激な不足原因について、E・アシュトゥールは、①ガズナ朝のスルタン＝マフムード（在位九九八—一〇三〇年）のインド遠征にともなって銀が流出したこと、②北方貿易によって毛皮と交換に銀貨が支払われたこと、の二つを挙げている。(78) 一方、「カイロ・ゲニザ文書」に基づくS・D・ゴイテインの研究によって明らかにされたように、(79) ファーティマ朝はディルハム銀貨を鋳造しなかったので、莫大な量の銀貨がマグリブと東方諸地域からカイロに流入した。従って東イスラム世界における銀不足は、おそらくファーティマ朝への流出に原因があると考えられる。しかし、バグダードを中心とする文化的・経済的ネットワークの吸引力が後退するにともなって、イラク地方に住む富裕商人たちが大量の財貨をもって、シリアやエジプトの各地に移住したことも大きな原因の一つであろう。問題はディルハム銀貨だけでなく、後述するように十世紀半ばになると、アッバース朝のディーナール金貨の純度もまた著しく低下した点にある。A・S・エーレンクルツによる現存するディーナール金貨の純度計測調査が明らかにしているように、金貨の純度は十世紀半ばには九四パーセントから九五パーセントあたりが平均であったが、その後半になると九〇パーセント以下に低落している。(80)

サーマン朝政権の衰微は、おそらくマーワランナフル地方を中心とする銀資源の枯渇の問題とも密接な関わりをもっていたと推測される。このようにして、サーマン朝銀貨の鋳造が停止したこと、さらに西イスラム世界への銀貨・地金の流出傾向が強まるなかで、東イスラム世界における銀価格は著しく高騰し、その結果として銀貨が国際商業における決済の道具とはならなくなり、貴金属商品として専ら退蔵されるようになった。愛宕松男氏の研究によれば、東イスラム世界における銀貨の価値の高騰によって、東に隣接する中国経済圏との間で銀価格の大幅な落差が生じたこと、それによって十世紀末から十三世紀半ばまでにわたって中国銀がシルクロードを東から西に流れたという。(81) 史料的には不詳の点が多いが、愛宕氏の主張で注目すべき点は、金銀貨を中心とする貨幣の流通が極めて国際的な意義をもっており、その影響によって経済・社会生活の秩序が大きく左右されていたことである。そして氏の主張を前提とするならば、中国の北宋時代から金朝および元朝初期に至る間の銀価格の変動は、そうした西アジア地域における銀不足の状況との関連においてとらえられるべき問題であり、また十三世紀半ば以後、西アジア地域における突然の銀貨鋳造の増加は、ウイグール系もしくはソグド系ムスリム商人たちのもとに集積された莫大な中国銀＝斡脱《オルタク》銭の流入による影響であることを暗示している。十世紀半ば、インド洋貿易の最大の拠点であったシーラーフでは、中国製の銅貨が流通するようになった。これもまた、ブワイフ朝政権における銀貨不足のための代用貨として、中国銭が多量に輸入されるようになったことを示している。中国の宋銅銭は、陶磁器と並んで十世紀後半から十三世紀におけるインド洋貿易の重要な商品であって、莫大な数量の銅銭がイスラム世界の各地にもたらされ、一般の通貨(fulūs)として改鋳・利用された。

(二)　金をめぐる問題

上述したように、銀鉱山は主に東イスラム世界の境域地帯に集中していたが、他方、金鉱山はイスラム世界の西方、または南方の境域地帯に分布した。古代エジプトのファラオ時代の採金鉱山は、ナイル川と紅海との間に挟まれた東部砂漠地帯(とくにアスワーンに近いワーディー・アッラーキー鉱山)、エチオピア高地、ナイル川上流のヌビア(ヌーバ)地方の金鉱山などであったといわれている。イスラム時代以後になっても、これらの鉱山から採掘された金地金は、アスワーンの境域市場、紅海沿岸のバーディウ・スワーキン・アイザーブなどの諸港を経て、ヒジャーズ・エジプト・シリア・イラク地方の諸都市に運ばれた。

九世紀半ば、アッバース朝カリフ＝ムタワッキル(在位八四七—八六一年)の治世代に、上エジプト地方のキフトから東部砂漠地帯にまたがるベジャ系遊牧民の反乱が鎮圧されると、アラブ系遊牧諸部族の移住が増加し、またアラブ族とベジャ族の混血化が著しく進行していった。ワーディー・アッラーキーに沿って分布する金鉱山には、アラブ系・ベジャ系の遊牧民、ヌビア(ヌーバ)系奴隷、一攫千金を夢みる冒険者や商人たちが群集して雑踏を極めていたといわれる。ヤァクービーはその著書『諸国の書(Kitāb al-Buldān)』のなかで、十世紀初めのワーディー・アッラーキーの状況をつぎのように説明している。

ワーディー・アッラーキーは、まるで大都会のようであり、そこには人びとの[様々な]集団がいる。つまりアラブ人やイラン人などの富を求める人びとが混じり合っている。そこにはいくつかの市場・商品があり、飲料水はアッラーキーのワーディー(河谷)を掘った井戸からもたらされる。アッラーキーの住民の多くは、ヤマーマ出身のバヌー・ハニーファに属するラビーア部族である。彼らは、家族・子供たちと一緒に移住してきた。ワーディー・アッラーキーとその周辺部には、金鉱山がある。近郊の人びとは皆、その鉱山で働いているが、商人やそれ以外の人びともスーダン(ヌビア)奴隷を使って、鉱山採掘をさせている。[82]

エジプト東部砂漠には、金鉱のほかにエメラルドや銅などの鉱山があって、これらの鉱物の採掘と輸送をめぐって様々な勢力が競い合い、つねに不安定な治安状況にあった。すなわち、ベジャ系やヌビア系遊牧民の反乱と自立的行動、アラブ系諸部族の移住、メッカやエジプトを中心とする軍事的・政治的勢力の進出など、内部・外部からの諸勢力がこれらの地域で競い合い、特異な境域地帯が形成されていた。やがて十世紀後半、ファーティマ朝のエジプト支配が確立し、サハラ南部のスーダン金が多量に流入するようになると、ワーディー・アッラーキーの金鉱山は、急速にその重要性を失った。その頃になると、この地域では鉱脈の枯渇と精練用の薪資源の不足によって、金地金の生産量が減少していたことは明らかであって、ファーティマ朝はその金鉱山の支配と開発には、ほとんど関心を払わなかった。金鉱山の活動が停止するのとほぼ同じくして、再びベジャ族のキャラバン隊に対する攻撃やナイル川河畔の都市や農耕地への侵略が激しさを増した。このような情勢のなかで、ファーティマ朝政権は、ヒジャーズ地方に住むアラブ系諸集団を徴用して、彼らを上エジプト地方に移住させ、辺境防備にあたらせようとした。ファーティマ朝がとくに東部砂漠地帯の治安維持に努めた理由は、地中海沿岸部〜エジプト〜ナイル川〜東部砂漠〜紅海〜ヒジャーズ〜イエメン〜インド洋周縁部を結びつけるエジプト・紅海軸ネットワークの交通・運輸システムを確保することに特別の強い関心を寄せていたからである。アラブ系諸集団の上エジプト・東部砂漠地帯への大量移住は、それらの地域のアラブ化とイスラム化を拡大させ、やがてマムルーク朝時代になると、彼らの移動はヌビア地方のアトバラやドンカーラ(ドンゴラ)などにも広がり、ヌビア系コプト教会派キリスト教徒との激しい対立関係を生じた。

イブン・ハウカルによると、境域都市アスワーンからナイル川を溯り、ベジャ族居住地、エチオピア(ハバシャ)とヌビア(ヌーバ)とに挟まれた領域には、アルワ王国が成立していた。アルワ王国は、十世紀半ば頃、豊かな金産地として広く知られており、そこの金地金はアスワーンや紅海のバーディウ港を中継地として、イスラム世界にもたらされた。イブン・ハウカルは、アルワ王国の金資源は非常に豊かであって、その金鉱脈は東アフリカ海岸のザンジュ地方まで広がっていると、指摘している。(83) 十世紀初め頃には、ザンジュ地方の金は、東アフリカ海岸のスファーラから船でペルシャ湾のシーラーフやバスラに運ばれた。この一般にいうところのザンジュ・スファーラ金は、内陸部のジンバブエを経由してザイールの金鉱山から集められたものと推測される。十三世紀半ば以後にみられるキルワ王国の興隆は、明らかにザンジュ・スファーラ金の独占的な中継取引によって達成されたものであろう。キルワ王国は、十五世紀に入ると、キルワ・キシワニ島周辺だけでなく、ザンジバール島やモンバサ島の交易港を支配し、内陸部に向かっては聖戦《ジハード》を繰り返すことで政治的・経済的勢力を拡大し、スワヒリ文化・経済圏の形成に大きな役割を果たした。しかしスファーラ金が東イスラム世界の金流通にどの程度の影響を与えたかは明らかでない。十三・十四世紀の東イスラム世界は、金地金の流入量が極めて限られていたのであるから、ザンジュ・スファーラ金は金融市場に出回ることなく、貴金属として用いられるとともに、対インド貿易の決済のために使われたと考えられる。

さて前節でもすでに触れたように、イスラム世界で広く流通したディーナール金貨の最大の供給源は、サハラ砂漠南縁部の「黒人地域《スーダン》(Bilād al-Sūdān)」のセネガル川・ガンビア川・ニジェール川の交差する上流地域とその南部の森林地帯に分布する金産地であった。それらの金は、一つの部分はマンデ系商人たちによってガーナ王国の勢力圏にあるガーナやアウダグストの金市場に、他の部分は森林地帯から運び出され、ソンガイ系の商人たちによってニジェール川中流のガオとクーガ(カウカウ、コウキャ)に集められた。一方、サハラ砂漠をキャラバンによって南下したムスリム商人たちは、実際の金産地についてほとんど正確な情報を持たずに、ニジェール川沿いの境域市場で金地金を購入した(84)。このように、スーダン金の中継取引、キャラバン・ルートと市場の支配・安全をめぐって、西アフリカ・ニジェール川流域、サハラ・オアシス地帯と地中海沿岸部を含む諸地域では、様々な国家支配権が勢力を競い合い、また都市・農村・遊牧のそれぞれの社会・経済にも計り知れない大きな影響を与えたのである。つまりスーダン金は、地中海世界から西アフリカ地域を広く包摂する文化的・経済的ネットワークの形成と展開を促す最も基本的な要素であったといえよう。しかもそのネットワークは、イラク・ペルシャ湾軸、エジプト・紅海軸、マーワランナフル・ヒジャーズ・マグリブ軸の三本のネットワークを通じて、東イスラム世界とも密接に結びついて、全イスラム世界にまたがる広い影響を及ぼしていた。セネガル川上流やニジェール川の上流・中流の河岸に成立した諸王朝——ガーナ王国(七・八—十一世紀後半)、マリ・タクルール王国(十三世紀前半—十四世紀後半)、ガオの初期ソンガイ王国(十一世紀半ば—十四世紀前半)、初期カーネム・ボルヌ王国(九世紀—十四世紀後半)——は、スーダン金の中継交易権を独占することが動因となって、彼らの経済力を蓄え、王権と国家形成の基礎を確立した。またサハラ・キャラバンの終着地に位置したニジェール川沿いの諸都市には、金貿易を通じてイスラム世界の文化的・経済的ネットワークに組み込まれることによって、イスラム信仰・物質文化・情報や人びとが流れ込むようになった。つまり、そこは遍歴商人・ウラマー・スーフィー・巡礼者や各種職人たちが集まる市場であるとともに、イスラム信仰と文化活動の末端であり、異域世界と結びつく交流上の接点として発達していったのである。

スーダン金がニジェール川の諸都市からフスタートやバグダードに運ばれるまでのルートは、つぎのような経由地を通過した。

その第一は、ガーナ・ガオ・クーガなどの金市場から、ファッザーンおよびザガーワのオアシス地帯を通過し、タラーブルス(トリポリ)とバルカに出るルートで、スーダン金は主にアレクサンドリアとフスタートに集められた。このオアシス・ルートは、トゥールーン朝のアフマド・イブン・トゥールーン(在位八六八—八八四年)の治世代まで、エジプトとガーナとを結ぶ重要ルートであった。こうして、トゥールーン朝時代におけるエジプト諸都市の急激な経済発展は、上エジプト地方のワーディー・アッラーキー産の金と並んで、サハラ・オアシス・ルートによるスーダン金と奴隷を大量に獲得したことによって達成された。アフマド・イブン・トゥールーンは、アッバース朝に対して年額一七五万ディーナールの金貨を支払ったといわれ、続くフマーラワイフ（在位八八四―八九六年）はダマスカスやパレスティナを含むシリア地方の統治権を委譲された代償として、カリフ－ムウタディドの弟ムワッファクに毎年二〇万―三〇万ディーナールに及ぶ金貨を支払った。このような莫大な数量のディーナール金貨は、明らかにスーダン産の金地金をディーナール貨に改鋳したものであったと考えられる。このサハラ・オアシス・ルートは、トゥールーン朝とアグラブ朝との対立・抗争の過程で途絶した。その後、十三世紀後半になって、このルートが再び開発され、エジプト商人たちはスーダン貿易に盛んに進出するようになった。イブン・バットゥータは、エジプト～ガート～タガーザーを経由してマリ・タクルール王国に至る「ガート・ルート」を挙げているが、これはトゥールーン朝以前から利用されていたサハラ・オアシス・ルートとほぼ一致する。[85]またナイル川の中流域のスユート（アスユート）から「四〇日ルート（Darb al-Arba'īn）」を越えて、ダールフール・カーネム・ガオ・ティムブクトゥ・タクルールに達する長距離の横断道も、十四世紀以後には盛んに利用されるようになった。

スーダン金の第二の流入経路は、サハラ砂漠を横断し、カイラワーン・チュニス・タラーブルスなどのイフリーキーヤ地方の諸都市および地中海を渡って、シリア海岸からイラク地方のバグダード、バスラとクーファに通じるルートである。イラクのバスラ・クーファとイフリーキーヤ地方・

サハラ南縁部とを結ぶ商業関係にとくに深く関与していたのは、ハワーリジュ諸派の一派であるイバーディー(イバード教団)の商人たちであった。彼らは、すでにウマイア朝時代からペルシャ湾沿岸部・マクラーン・ホラーサーン・アルメニア・アゼルバイジャーン・イフリーキーヤ・マグリブなどの東西の境域地帯にコミュニティを形成し、しかもそれらが相互に緊密な交流関係を維持することによって共同体的な団結意識を強めていった。彼らのなかに両替商・商人・手工業者たちが多く含まれていたことが注目される。ヤァクービーによると、ファッザーン地方のオアシス都市ザウィーラの住民は、イバード教団のムスリムであり、そのなかには、ホラーサーン地方やバスラおよびクーファからの出身者たちが含まれていたという。またタラーブルス(トリポリ)とカイラワーンとの中間に位置するナフーサ山中(ジャバル・アン＝ナフーサ)では、アルヤースというイバード教団の君長(raʼīs)がいて、いかなるスルタンにも服従せず、租税も支払わずに、ただ中央マグリブ地方を支配したルスタム朝のイマーム－アブド・アル＝ワッハーブ(在位七八四―八二三年)の精神的権威を認めていた。[86] イフリーキーヤ・マグリブ地方の各地では、イバード教団の勢力が強く、とくにターハルト・ムザブ・ワルグラ・シジルマーサ・アウダグストなどのオアシス都市では、強力な社会的・経済的勢力となっていた。イブン・ハウカルはサハラ横断のオアシス都市シジルマーサについて、つぎのように説明している。

キャラバン隊は、マグリブ経由でシジルマーサまで横切っていく。そこ(シジルマーサ)にはイラク人、バスラやクーファの商人たち、バグダードの人たちが居住しており、彼らはこのキャラバン・ルートを通ってやってきた。彼らは子息たちや商品に囲まれているときも、また逆に孤独のときもあるが、キャラバンは絶えず莫大な利潤、豊かなる富をもたらし、イスラム世界の商人のなかでもここに住む人びとほどの富裕者は数少ないであろう。(87)

この記録に述べられたバスラ、クーファやバグダードの商人たちとは、恐らくイバード教団の人びとのことを指している。シジルマーサからは南に二カ月の行程でアウダグストに到着した。アウダグストは、ガーナ王国の首都ガーナから十数日の距離にあって、シジルマーサと並んでスーダン金の国際市場として知られていた。バクリーによると、その町の住民はイフリーキーヤ地方のイバード教団の諸都市(ジャバル・アン゠ナフーサ、バルカ・ジャーナ、ナフザーワ)の出身者、ベルベル系のラワータ族やザナータ族の人びとなどが多数を占めていた。(88)従って、ここでもイバード教団の商人たちが活躍していたことが分かる。イラクのバスラとクーファは、イバード教団のムスリムたちの活動の中心であって、スーダン金はガーナからアウダグストとシジルマーサを経由するイバード教団の商業ネットワークを伝わって、金需要の高い東イスラム世界の中心都市バグダードやその他の彼らの活動拠点に集められたものと考えられる。アトラス山脈の南縁部、ガーナとクーガなどに通じるサハラ砂漠横断のキャラバン・ルート沿いにも、イバード教団の人びとが建設したオアシス都市が点在していた。そのオアシス都市では、スーダン貿易に必要な手工業製品や農産物が生産された。T・レヴィツキーの研究によれば、小麦・ひよこ豆・れんず豆・キャベツ・西洋かぼちゃ・きゅうり・いちじくなどの栽培技術は、とくにワルグラのイバード教団の商人たちによって、シジルマーサとアウダグスト経由でサハラ南縁部の黒人地域に移植されたという。またアジア産の稲米（オリザ・サティバ）は、R・モーニー説によれば、地中海沿岸部からサハラ・ルートを通って、ニジェール川流域に伝播した[89]。後述するように、九・十世紀に熱帯・亜熱帯原産の有用植物（とくに稲米・砂糖きび・柑橘類・バナナ・芋類・綿花・亜麻など）がインド洋沿岸部〜ペルシャ湾岸地域〜イラク・フージスターン〜東地中海沿岸部〜エジプト〜イフリーキーヤ・マグリブ地域〜アンダルスの経路で各地に移植されていった。これらの有用植物の移植経路は、明らかにイバード教団の商人たちの活動圏、および彼らの宗派コミュニティの分布圏とも一致していると考えられる。そのことによって推論を重ねるならば、彼らは豊富な財力によって耕地を獲得し、灌漑や農地改良をおこなうことで、本来は夏作の不可能な土地に商品作物の移植・栽培を企てたのであろう。イバード教団の人びとがイラクのバスラを拠点に、東西の各地にあるコミュニティとの間をどのようなネットワークで結んでいたのか、コミュニティの性格や、とくにスーダン金が彼らの国際商業の発展およびコミュニティの拡大にどのような役割を果たしていたかについては、今後さらに諸多の記述史料や現在に残るイバード教団のコミュニティに関する実地調査などによって明らかにしていかなければならない。

さてスーダン金の第三の流入経路は、極西マグリブ（al-Maghrib al-Aqṣā）とアンダルスの諸都市を中継地に、地中海を渡って、シリア、エジプトおよびイラクなどの東イスラム世界に達するルートである。九〇九年、中央マグリブ地方を勢力圏としていたハワーリジュ派政権のルスタム朝が崩壊すると、サハラ砂漠越えのキャラバン・ルートは、次第に西側のルートに活動中心が移っていった。この時期に、アンダルス地方に政権の中心を置いた後ウマイア朝は、積極的にガーナ王国に通じるキャラバン・ルートの支配に乗り出すようになった。後ウマイア朝では、九世紀末まではディルハム銀貨だけを鋳造していたが、十世紀に入るとスーダン金の流入によってディーナール金貨に切り替えられていった。ガーナ王国からのスーダン金の豊富な流入は、コルドバを中心とするアンダルス地方の諸都市における商業活動や手工業生産にも活力を与えて、十・十一世紀におけるアンダルス文化・経済の発展に大きく寄与することとなった。また後ウマイア朝鋳造のディーナール金貨は、その一部が奴隷・毛皮・瑪瑙・鉱物などを購入する代価として西ヨーロッパ・キリスト教世界にも流出した。

アグラブ朝を倒してイフリーキーヤ地方に成立したシーア・イスマーイール派政権のファーティマ朝は、四代目のカリフ－ムイッズ(在位九五三－九七五年)の時、武将ジャウハルの活躍によってイフシード朝支配下のエジプトを征服すると、その政権の中心をフスタートの北東に建設したカイロに移した。ファーティマ朝シーア派政権の台頭とそのエジプトおよびシリアの征服の過程で、東イスラム世界への金地金の流れは減少し、バグダードを中心とする経済活動に大きな障害となったことは言うまでもない。それに加えて、ほぼ同時期にホラーサーン・マーワランナフル方面からの銀地金の供給もまた、大幅に減少していた。このようにして、東と西の境域市場からの安定した金銀地金の供給が絶たれたことによって、それまでの国際金融および流通経済の上で果たしていたバグダードの役割は完全に失われていった。そのことがとりわけアッバース朝の財政基盤を混乱に陥れた。下イラク・サワード地方における運河開削事業の停止、農業生産の低下、非自由農民のズット族やザンジュの反乱、アラブ系遊牧民の侵略やイスマーイール派カルマト教団による社会・宗教運動の展開などは、いずれもアッバース朝政権の経済力の低下にともなう政治的・軍事的秩序の混乱にその根本原因を求めることができる。一方、ファーティマ朝シーア派政権は、アッバース朝スンナ派政権に対して激しい敵対意識を向けて、政治・軍事面での対立だけでなく、バグダードに求心するイラク・ペルシャ湾軸ネットワークの全体的機能を低下させるような経済政策を展開した。つまりカイロ・フスタートを軸心とするエジプト・紅海軸ネットワークがイスラム世界を構成するネットワークの中軸となるような、新しい国際商業システムの成立を強く目指していた。ファーティマ朝は、アスワーンの境域市場を通じてもたらされるヌビア金とサハラ・ルートによるスーダン金の流入経路を直接の支配下に置き、すべての金地金をエジプトに集めること、またイフリーキーヤ〜東地中海〜エジプト〜ヒジャーズ〜イエメン〜インド(グジャラートとマラバール)にまたがる広域的なファーティマ朝交流圏を形成することによって、イスラム世界における新しい盟主としての地位を築こうとしたのである。

さてファーティマ朝がその軍事的・政治的中心をイフリーキーヤ地方からエジプト地方に移したことは、それ以後のマグリブ地方および地中海世界をめぐる権力関係や社会・経済の動向に決定的な方向転換を引き起こす契機となったのである。その一つは、イフリーキーヤ地方と中部マグリブ地方から強力な軍事的・政治的支配権が突然に消失し，それにともなってサハラ砂漠周縁部のベルベル系諸部族の政治的統合と，サンハージャ系ベルベル人が中心となる独自なベルベル・イスラム運動の広域的展開を促したことである。その動きは，アンダルスからサハラ・オアシス地帯とニジェール川の河畔までを覆う南北の広域的ベルベル・イスラム文化・経済交流圏をつくり上げた。まず，九七二年にはファーティマ朝のイフリーキーヤ総督であったサンハージャ出身のブルッギーン・イブン・ジーリー（Yūsuf Buluggīn b. Zīrī）は，自立してジール朝を興し，スーダン金の重要な中継取引都市シジルマーサの支配をめぐる戦いでザナータ族に勝利した。そしてジール朝は，ファーティマ朝からイフリーキーヤおよび中央マグリブに及ぶ支配権を奪い，地中海ではイタリアの諸都市と貿易関係を結び，さらにグラナダまで進出する勢力を確立した。続いて一〇五六年，ムラービト朝のベルベル軍は，シジルマーサを占領した。そこからさらにアブー・バクル・アル＝ラムトゥーニー（在位一〇五六―七三年）の率いるベルベル軍はアウダグストの町を攻略し，一〇七六年にはマリ・タクルール人と連合してガーナ王国の首都を制圧した。また北に進んだ軍隊は，極西マグリブ地方とアンダルス地方の諸都市を攻略した。こうしてムラービト朝はスーダン金の流入ルートを支配することによって，高純度の金貨を発行した。十一世紀末の地中海貿易においては，ムラービト朝発行のディーナール金貨が高い信用を獲得して，ファーティマ朝発行のディーナール金貨に代って広く流通する現象が明白に看取された。このようにジール朝やムラービト朝の興隆とサハラ南縁部への進出は，ガーナ王国の権威のもとに集められ，中継取引されていたスーダン金の従来の流通構造を根本的に変革させていくこととなった。

一〇七二年、ノルマン人によるシチリア島征服とノルマン王国の成立は、ファーティマ朝のエジプト進出にともなう地中海・マグリブ地方における力の空白部分に起った新しい歴史展開であって、それに続くイタリア諸都市の地中海世界における経済的勢力の拡大もまた、それと共通する現象であると理解することができる。

以上、説明してきたように、東西のイスラム世界の境域地帯からの金銀地金の豊富な流入がイスラム都市の経済生活に秩序と刺激を与え、各方面への投資、とくに国際商業と金融活動を盛んにしたと考えられる。金銀地金は各地の都市や国家で、それぞれの社会的・経済的状況に応じて異なる交換率のディーナール金貨とディルハム銀貨に鋳造された。国家の支配者・高官、商人や富裕者たちのもとに蓄積された貨幣が、国際商業、手工業生産の原料購入、農業経営などに投資されたり、政治領域や経済圏を超えて物品と人びとが自由に移動するためには、イスラム世界を貫く広域的な金融組織のネットワークが存在しなければならない。それには、各都市に設置されたサッラーフ(ṣarrāf)あるいはサイラフィー(ṣayrafī)と呼ばれる両替商が中心的な役割を演じたと考えられる。どこのイスラム都市の街区や市場でも、両替商の店が開かれていた。また商人の宿泊するハーンやフンドゥクに両替商が出向いて、銀行業務をおこなうこともあった。大都市では、両替商の専門街区＝スーク・アッ＝サヤーリファ(sūq al-ṣayārifa)がみられた。ナースィル・ホスローによると、十一世紀の半ばのイスパハーンでは二百軒もの両替商が軒を連ねて営業していた。イスパハーンは、ユダヤ教徒たちの金融活動の中心地であったことから、その両替商の多くがユダヤ人によって経営されていたものと考えられる。とりわけ交易ルートの要地や、僻地に踏み込む境域地帯の諸都市には両替商の店があって、商人や旅行者たちの便宜に供していた。イブン・ファドラーンによると、ホラズム地方にある北方貿易の重要な中継地ジュルジャーニーヤにも両替商の店があった。(90) 両替商は、つねに国家支配者の強い監視のもとに置かれており、悪貨の回収、貨幣の量目の維持や新鋳造貨に必要な金銀の供給などの任務を果たさなければならなかった。また時には国家の強制によって、両替商の財産が没収されることもあったが、次第に彼らは資本を蓄え、九世紀前半には都市の富裕者層となった。両替商は、異なる通貨の交換だけでなく、あらかじめ別の場所の両替商の店で預金された現金の引き出し、振替送金や当座貸付といった銀行業務を広くおこなった。

商人が遠隔地間を移動して商売をおこなう場合、預金された両替商から旅行小切手(ruqʻa)を受け取り、旅行先で指定された両替商の店にその小切手を持参して現金化することができた。そのさい両替商は一定の手数料――十世紀頃のイラクでは一ディーナールに付き一ディルハム――を徴収した。これによって、商人は高額な現金を持って長距離間の危険な旅をする必要がなくなり、国際間での大規模な商業取引をおこなうことが可能となった。またキターブ・アル＝ナクド(kitāb al-naqd)、サック(ṣakk)やスフタジャ(suftaja)と呼ばれる小切手、為替手形、もしくは支払命令書などが利用された。従って、商人たちは各自で当座小切手帳をもっていて、必要なときには自分の当座預金を上回る資金を両替商から前借りすることもできた。サックは、イスラム初期には現金に代って使われる交換券の意味であったと思われる。すなわちヤァクービーによると、カリフ－ウマルの治世の時、エジプトから紅海を通ってジャール港に運ばれた穀物を、メディナの住民たちは認印の押されたサック(交換券)によって配給を受けたといわれる。[91] 十・十一世紀には、サックは明らかに現金支払書、もしくは為替手形として広く使われていた。イブン・ハウカルは、シジルマーサにおいて、アウダグストにいる債権者ムハンマド・イブン・アビー・サァドゥーン(Muhammad b. Abi Sa'dūn)に宛てた額面四万二〇〇〇ディーナールの為替手形を目撃している。彼によると、このような高額な手形は東方イスラム地域では全くなく、イラク、ファールスとホラーサーンでの手形の利用は極めて稀であるという。[92] またナースィル・ホスローがアスワーンに滞在している時に、友人のアブー・アブド・アッラー・ムハンマドから旅行費用の調達を受けた。その方法は、まずアブー・アブド・アッラーがアイザーブにいる彼の代理人《ワキール》に宛てた無記名の信用状を振り出し、そこに「ナースィル・ホスローが必要とする全額を与えよ。そして彼から清算のために必要な受領書をもらうこと」という内容を記した。この場合、ナースィル・ホスローが持参した信用状に対し、アイザーブの両替商は口座名義人である代理人の当座預金によって支払に応じたことになる。[93] 大商人が本店のある都市に留まり、自前の支店網を使って商業をおこなう場合、支店の代理人《ワキール》たちとの間に高額な資金や利益の受け渡しをする必要が生じた。その時には、両替商を利用して決済がおこなわれ、またルクア、サック、スフタジャなどによって資金を調達した。ちなみに、サックは現在われわれが使っている小切手(チェック)の語源となっている。アッバース朝のイラクでは、税として徴収された現物の穀物が現金化される場合、商人たちを集めて競売にかけられた。商人たちは、穀物代金を支払う際には約束手形《スフタジャ》を振り出した。

両替商を営んだのは、とくにユダヤ教徒・ギリシャ人やコプト教徒などのイスラム世界に住むズィンミー、シーア派やハワーリジュ派イバード教団の人びとなどが多かった。インド洋周縁部では、ヒンディーやイラン系の人びとが両替商やその書記として活躍した。彼らは同じ信仰や出身地による共同体的な信頼意識、広範なコミュニティ・ネットワークなどによって、両替商の支店網をイスラム世界内外にまたがって張りめぐらしていった。また金融業務に関する専門的な知識・情報を血縁者や仲間たちの間で継承することによって、長期的に根強い経済力を維持し続けたと考えられる。スーダン金の国際的取引市場であったターハルト・シジルマーサ・アウダグストなどに居住するバスラ・クーファ・バグダードやホラーサーン地方出身の商人たち、またナースィル・ホスローの出会ったアスワーンやアイザーブの仲間たちは、いずれもイスマーイール派やハワーリジュ派イバード教団に属する商人たちであったと推測される。彼らは、各宗派と結びついた両替商の支店網を利用することによって、国際商業の上で活躍していたのである。

イスラム法に基づく高利《リバー》禁止の原則も、ユダヤ教徒やキリスト教徒の両替商がイスラム世界の各地で活躍する機会を与えていた。とくにユダヤ教徒のなかには、公的な両替商ともいえるジャフバズ(貨幣取扱人 jahbadh, jahbadh al-ḥaḍra)に任命されて、アッバース朝国家の財政処理と徴税業務に従事する者がいた。十世紀に入って、アッバース朝国家の財政状態が困窮してくると、国家はジャフバズを通じて徴税金の前借りや大商人たちからの資金貸付を受け、財政収支のバランスをはかった。アフワーズ地方のジャフバズのユダヤ人ユース・イブン・フィンハースは、同地方の徴税金を国家に前貸しで納めたといわれる。

両替商による金融業務は、イスラム商業が国際的規模をもって発展していくための必要不可欠な手段であった。金融業務の発達は、商業の広域化・大規模化に歩調を合わせるように発達していった。国際的な金融業務の多様な、そして高度な発展を必要かつ可能ならしめた諸条件を要約するならば、①イスラム世界はソリドゥス金貨を本位貨幣としたビザンツ帝国とドラクマ銀貨を本位貨幣としたサーサーン朝ペルシャ帝国の、二つの異なる経済圏を統合することによって成立した、②西アジア都市を中心として流通経済と金融業が古くから発達した、③広大なイスラム国際経済圏を舞台として進取的な西アジア商人たちが華々しく活躍した、④八世紀以後、東西の境域地帯から安定して金銀地金が流入した、⑤バグダードを中心とするアッバース朝政権のほかに、様々な地方政権の盛衰があり複雑な貨幣体系が形成された、⑥イスラム法により高利《リバー》が禁止されていた、などを挙げることができる。

十・十一世紀になって、東西の境域市場からの金銀地金の流入量が大幅に減少したため、国際金融市場の中心としてのバグダードの地位は失われたが、大都市での両替商の金融活動は引き続いて活発におこなわれ、手形類を使った遠隔地貿易が営まれていた。これは、金融業務がもはや狭い地域社会や国家枠にとらわれずに、国際的規模で張りめぐらされた金融と商業のネットワークを背景として機能していたことを示している。

八　イスラム都市の発達にともなう農業生産の変化

国家支配者層・官僚・軍人・ウラマー・商人・手工業者・奴隷などによって構成される都市民は、日々の生存のための食糧・燃料・衣服・家具・建築用材や手工業生産用の種々の原料を自己の近隣地域だけでなく、さらに遠方の諸地域から輸入しなければならなかった。とくに都市機能の発達と人口の増加は、その後背地としての農村の生産物によって大きく支えられていることから、都市と農村の関係は相互関連のなかで究明していかなければならない。具体的な統計的資料が欠けているために、都市人口が全住民に占める割合を正確に推論することは困難であるが、A・ドゥーリーの推定によると、十世紀のバグダードの人口は一五〇〇万人に達したといわれる(94)。またアッバース朝時代初期に、バスラ・クーファ・ワーシト・アンバール・マウスィル、およびフージスターン地方のアフワーズ・トゥスタル(シュシュタル)・ジャンナーバやシーラーフなど、イラク地方およびペルシャ湾沿岸部の主要都市の人口は、いずれも十万人台から数十万人に及んでいたと断定して誤りないだろう。すると、少なくとも四〇〇万人から五〇〇万人の都市人口がイラク・ペルシャ湾軸ネットワークの中心部分に集中していたことになる。さらに農村人口は、都市人口を大幅に凌駕していたと考えられるから、ティグリス・ユーフラテスの両河川流域の総人口は、ジャズィーラやアルメ

ニアの諸地方を含めると現在のイラクの人口にほぼ近い一二〇〇万人以上に達していたとみることができる。(95)

バグダードをはじめとするイラク地方の諸都市の人口は、何よりもまずティグリス川とサルサル運河とに挟まれたジャズィーラ地方、バグダードの南に広がるサワードとフージスターンの諸地方で産する穀物(小麦・大麦・米・もろこし)・ナツメヤシの実(タムル)・野菜・果実などの農産物の供給に大きく依存していた。また小麦の不足分は、ファールス・アルメニア・シリア・エジプトなどの遠方の諸地域からも補給された。

クダーマ・イブン・ジャアファルは、彼の『租税の書(Kitāb al-Kharāj)』のなかで、サワード地方のハラージュ税について大麦と小麦の納税額だけを示しており、他の穀物は挙げていない。他方、イブン・フルダーズベがサワード地方のスーラー、バルビーサマー、フラート・バーダクラー、ニスタル、カスカルなどの行政区(tassūj)の納税額のなかに、小麦と大麦に加えて米を挙げていることはとくに注目される。(96) これは九世紀半ば以後になると、稲米の栽培が次第にサワード地方に普及し、大麦に継ぐ重要な穀物としてハラージュ税の対象とされるようになった事実を示唆している。九三四年、サワード地方の穀物集荷センターのワーシトに集められたハラージュ税の内で、米の納税額は一万クッル(一クッルはロバ六頭分の積み荷、約三六〇〇リットルの容量に相当)に達した。これは、クダーマ・イブン・ジャアファルが九世紀半ばの大麦の納税額として示した数量の約一〇パーセントに相当する。

稲米の栽培技術は、インド方面からまず低湿地・高温のフージスターン地方に導入されたらしい。すでにサーサーン朝ペルシャ帝国時代の後期には、フージスターン地方のターブ・ディズフル・ドゥジャイル・カルハなどの諸河川に囲まれた低湿地帯で稲作がおこなわれていた。そしてアッバース朝時代には、ティグリス川流域のカスカルやマイサーン、バグダードに近いクーサーなどの諸地域にも、その栽培地が拡大していった。イブン・ワフシーヤは、サワード地方の稲米の栽培について、そこでは夏と冬の二期作で、夏作は水路灌漑、冬作は天水によっておこなわれる、と報告している。(97) 十二世紀頃までは、エジプト、マグリブや地中海沿岸部の諸地方では、米は砂糖と並んで来客や祭礼のときとか病人に提供される、いわば高価な非日常食であった。ところがイラクやペルシャ湾沿岸部では、①フージスターン地方を中心として稲米の栽培が古くからおこなわれて、アッバース朝時代には生産額もしだいに増大した、②米の一部はインド方面から海上ルートによって輸入された、③米を常食とする海上民・商人その他の移住者が多かった、などの理由によって、米が都市の下層民たちの間でも多量に消費されていたのである。

イブン・アル＝ファキーフが伝えるように、バグダードの都市人口はとくにカリフ＝ハールーン・アル＝ラシードからカリフ＝マァムーン(在位八一三―八三三年)の治世代に、各地から流入してくる人びとによって、急激な増加を遂げた。(98) その都市民の日常の食糧は、小麦・大麦と並んで、米・モロコシ・豆類(ひよこ豆・れんず豆・エジプト豆)などが重要な割合を占めていた。下イラクやフージスターンの諸地方では、米を製粉してつくったパンが人びとの日常食であった。イブン・

ワフシーヤによると、十世紀の頃はモロコシがイラク地方における主食であって、モロコシのパンは米パンよりも人びとに好まれていた、と報告している。ひよこ豆は、バグダードの下層民が多く常用する食糧であり、また穀物の不足する冬季や飢饉のときには、ひよこ豆を潰してつくった粥(sawīq)が主食となった。(99)

ナツメヤシの実は、西アジア地域だけでなく、地中海沿岸部やサハラ・オアシス地帯にまたがって居住する人びとにとっての日常の甘味料として、また祭礼・結婚式・来客・病人用などに広く利用された重要な食物であった。とくに、サワード地方、ペルシャ湾沿岸部のアフサー・バフライン地方、オマーン、ヤマーマ、キルマーンなどの諸地方がナツメヤシの実の名産地として知られた。十世紀初め、アッバーダーン付近では五〇ファルサフ(約三〇〇キロメートル)にわたってナツメヤシ樹林のプランテーション農場が広がっていた。イラクやペルシャ湾沿岸部で生産されたナツメヤシの実(タムル)は、タムル商人(tammār)によってバスラやワーシトに集められて、イラク地方の諸都市だけでなく、東アフリカ、インド、シリア、イラン内陸部などの各地に輸出された。イフリーキーヤやマグリブ地方で生産されたナツメヤシの実は、サハラ・スーダン貿易の上で重要な輸出品の一つであった。タクリートの胡麻、シリアのオリーブ、アルメニア地方のヴァン湖からは製パン用のナトリウム塩と塩漬け魚、アラブ遊牧民からは山羊や羊がバグダードの市場にもたらされた。

以上のように、一般市民の日常の食糧に限って考えてみても、バグダードの繁栄と人口増加は、ティグリス川とユーフラテス川の水運を利用して集まってくるアルメニア・シリア・ジャズィーラ・サワード・フージスターンなどの諸地方およびペルシャ湾沿岸部、それらのなかでもとくにサワード地方の農業生産に大きく依存していたことがわかる。E・アシュトゥールは、アラブ・ムスリム軍による大征服以後の西アジア各地の農耕地の状況と農業生産の変化について、つぎのように結論づけている。すなわち、①サーサーン朝ペルシャ帝国とビザンツ帝国の支配時代に肥沃な農耕地であったところは、アラブ人の大征服によって著しく縮小し、砂漠化が進行して、農村数の減少と農業生産額の低下がみられた、②農業技術面での改良はほとんどなかった、の二点である。[100] 以上に関する具体的な事例として、ヨルダン峡谷や北シリアのテラス式農地は、ダム・水路・石壁・防風林などの管理を怠ったために土地の浸蝕と流失が起ったのであり、また下イラク地方でもアラブ人による征服の以前からダムの決壊と沼沢地化、ティグリス川の西水路への移動にともなう旧水路(Dijlat al-'Awrā')周辺部の砂漠化などによって、耕地は広範囲にわたって失われた、などを挙げている。しかしE・アシュトゥールが説明するように、イスラム時代になって、シリア・ジャズィーラ・サワードなどの諸地方の農耕地が全域的に荒廃し、農業生産額が急勾配で落ちこんだと断定することは、必ずしも正しい解釈ではない。また後述するように、イフリーキーヤ・マグリブ地方やアンダルス地方では、十世紀になって、東方イスラム世界からオアシス農耕の技術や熱帯産商品作物が導入され、多様な農業生産が可能となったことも見逃すことができない事実である。

そこで、何よりもティグリス川とユーフラテス川によって囲まれたサワード地方の豊かな農業生産こそが、アッバース朝政権の安定とイラクの諸都市の発達、人口増加と文化的・経済的繁栄の強力な基礎となったと想定するならば、サワード地方の地理的・社会的特殊性とは何か。またその特殊性を人為的に調整し利用しながら、農地の拡大、農業技術、農業の集約化と経営方式の改良がどのようにおこなわれたのであろうか。

まずサワード地方の地理的特殊性を要約するならば、つぎの諸点が指摘されよう。

(1) サワード地方は、年間降雨量が五〇〇ミリ以下のステップ地帯に属することから、フージスターン地方やジバール地方とは違って、天水農業は不可能な地域である。

(2) ユーフラテス川の河床は、ティグリス川と較べるとわずかに高い標高にある。その自然の落差・勾配を利用すれば、ユーフラテス川からティグリス川に落とす運河網・ダム・水門の建設と流下灌漑などを比較的容易に施すことができた。

(3) サワード地方各地の標高は、バグダード四〇メートル、アマーラ一七・五メートル、バスラ二・五メートルであって、ペルシャ湾の海水面とほぼ同じ低湿地・湖沼・入江が広がっている。土壌は海水の浸潤と強力な乾燥作用によって塩分が強い。

(4) ティグリスとユーフラテスの両河川の水源、山岳地帯と沖積平野との距離が比較的に短いために、増水期(三月中旬から五月初旬)には河水が一度に低地に集まって、しばしば大規模な洪水《スユール》が起り、水路が変動し、沼沢地や湖が形成された。サーサーン朝ペルシャ帝国の末期からイスラム初期にかけて、洪水が繰り返されて、バターイフ(沼沢地)が拡大し、農業生産に重大な損害を与えた。現在のティグリス川は、サーサーン朝ペルシャ帝国時代の水路と同じく、東側水路を迂回しながらペルシャ湾に注いでいるが、アッバース朝時代にはワーシトを通過して、バターイフに流入する西側水路であった。

九・十世紀の地理学者たちによると、サワード地方こそがアッバース朝の政治的・経済的支配の本拠地であって、その地理的領域は、北側はユーフラテス川沿いのアンバールからティグリス川の河畔のタクリートまで、西側はシリア砂漠、南側はアラビア半島に続く砂漠地帯、ペルシャ湾およびバターイフ、そして東側はザグロス山脈の突出部とフージスターン地方の西端、とによって囲まれた平坦な沖積平野であった。「サワード」の本来の意味は、「黒いもの」、「黒い土地」であるが、アラブ人によると周囲の砂漠地帯とは対称的な耕地・樹林・水路・湖沼などが集まる「緑濃い肥沃な土地」、「水の豊かな地域」を意味した。固有名詞としてのサワード地方の地理的領域は、地理学者たちの間でも一致した見解がなく、しばしば「イラク(al-'Iraq)」と同意に用いられた。またマーワルディーの所説では、その北辺をジャズィーラ地方の中心都市マウスィルのすぐ南に位置するハディーサまでを含めている。(101)

サーサーン朝ペルシャ帝国時代には、ティグリスとユーフラテスの両河川、ナフラワーン運河、ドゥジャイル川流域、フージスターン地方のルール平原では、大規模な運河網による灌漑工事が進められた。カスカル地区では、水没した耕地にアラム系ナバト農民、ギリシャ人とシリア系アラブ人の捕虜たち、イラン系農民、インド出身のズット族およびサヤービジャ族、また東アフリカ地域から運ばれたザンジュ系の奴隷などの様々な労働力が投入されて、排水と干拓の工事がおこなわれた。そして彼らは排水路・水門・堤防・橋梁を築くことによって、新しく開発された農地に定住させられ、商品作物――とくに稲米・綿花・亜麻・砂糖きび――の栽培のために労働を強いられた。イスラム時代になると、メディナ政権とウマイア朝の王侯・支配者たち、一部の富裕アラブ人がサワード地方の農業開発に積極的な関心を抱いたことが注目される。メディナ政権の第二代カリフ＝ウマルは、サワードの地が征服者たちの戦利品《ガニーマ》として分配されることを恐れて、引き続いて旧住民たちの所有を認め、ハラージュ税の土地として存続させることに努めた。同時に彼はサーサーン朝ペルシャ帝国の王族・戦歿者・逃亡者の旧所有地、水没した土地、修道院の所領地などを没収して、イスラム国家の直轄地とした。彼は、イラク総督にウスマーン・イブン・フナイフを任命し、サワードの農地測量と灌漑工事をおこなわせ、ハラージュ税額の算定と農地の拡大に着手させた。またウマイア朝時代にイブン・ダッラージュは、カリフ＝ムアーウィヤのためにバターイフを干拓して、年収額五百万ディルハムにのぼる耕地を拓いた。彼は葦を刈り、堤防を築いて水流を調節することで、広大な私有地《ダィア》を獲得したといわれる。

イラク総督のハッジャージュ・イブン・ユースフは、旧サーサーン朝勢力やディフカーン（旧地主）、また反ウマイア朝勢力のアリー支持派などを排除する目的で、ザンダワルドに代る新しい軍事的・経済的中心地としてワーシトの都市建設、およびニール運河の開削に着手した。つまり彼は、ニッファル（ニッパル）に通じる旧運河を埋め立てることによって、その運河沿いのディフカーン所有地を荒廃させ、北側を通過するニール運河沿いの新しい農耕地の開発を計画したのである。彼は、またアラブ系遊牧民とインド系のズット族の定住化、役畜の利用や農民の避散禁止などによって、沼沢地の開墾と農地化を進め、農産物生産の増大に積極的に取り組んだことでも知られている。

ズット族は、もともとインダス川の流域、とくにパンジャーブ地方に居住していたが、サヤービジャ族と共にイスラム時代以前からペルシャ湾沿岸部の各地に移住してきた。ハッジャージュは、新たに多数のズット族の家族たちをシンド地方から呼び寄せ、バターイフのカスカル地区に移住させた。水牛を農業耕作に利用するズット族の移住は、バターイフの開発に強力な武器となったと思われる。西アジア地域の乾燥した土地の耕作に広く使われていた引掻き犂は、バターイフのように湿地帯の重い土地を深く耕作するのには不適当であった。水牛を用いた重量犂がズット族の移住と共に導入されたことは、沖積土の低地やバターイフの開墾、さらには稲米・綿花・亜麻・砂糖きびなどの商品作物の導入を可能にし、農業生産量と収益を大幅に増大させることに大きな効果をあげた。バラーズリーの伝えるところによると、シンド地方の征服者ムハンマド・イブン・アル＝カーシムは、ハッジャージュに数千頭の水牛をもたらしたが、その内の四〇〇〇頭はカリフ－アブド・アル＝マリクのもとに送られ、残りはカスカル地区に分配されたという。水牛を畜力に利用するズット族は、カリフ－ムアーウィヤとアッバース朝カリフ－ムゥタシム(在位八三三—八四二年)の時代にも、シリア海岸、アンターキーヤやマッシーサなどの低湿地帯に移住させられて、排水工事と農地の開墾に従事した。(102) 彼らは、おそらくジプシーと呼ばれる集団の一派であって、その後も各地に移動と定住を繰り返した。このアナトリア地方に入った集団は、さらにバルカン半島を経て、南西ヨーロッパの各地に広がったと思われる。また彼らの別の一派は、シリアからエジプトを経て、イフリーキーヤ、マグリブやアンダルスの諸地方に広がった。彼らのなかには、アリー派を支援して反ウマイア運動を展開するものもいた。またアッバース朝のカリフ＝ムゥタシムの治世代に、ズット族はバターイフ地方において大規模な反乱を起して、バスラからバグダードに通じる幹線路を長期にわたって寸断した。

ズット族と並んで、サワード地方の干拓事業と農地の開拓に従事したのが、ザンジュと呼ばれる黒人系奴隷労働者たちであった。彼らは、もともと東アフリカのバントゥー系——一部のエチオピア系やソマリア系を含む——の黒人たちであって、アラブ系・イラン系商人たちによって、ダウ船でペルシャ湾沿岸部に運ばれた。彼らは、すでにサーサーン朝ペルシャ帝国時代に、ペルシャ湾に近いバターイフの、とくにカスカル地区の硝石地帯において農業開発のために徴発された。七世紀末、バスラ近郊の農園には、水路の掘削、灌漑作業や硝石の除去に従事する多数のザンジュ奴隷がいた。耕地の開発事業が大規模化するにつれて、彼らの数もまた次第に増加し、六八九年、バスラのユーフラテス川の河畔近くで、続いて六九五年にはアブド・アッラーフ・イブン・アル＝ジャールードの反乱を支援して、イラク総督のハッジャージュに対して騒乱を起した。後述するように、彼らの暴動は、九世紀半ばから後半にかけて強烈な抵抗運動となって、アッバース朝支配者に大きな動揺を与えたのである。

七二三／七二四年、カリフ＝ヤズィード二世(在位七二〇—七二四年)は、イラク総督のウマル・イブン・フバイラに命じて、サワード地方の測量と課税対象地の総合的調査をおこなわせた。これは、カリフ‐ウマルの時の測量につぐ、第二回目のサワード地方の総合調査であって、その調査結果は、アッバース朝時代のサワード庁(Dīwān al-Sawād)の統轄する徴税体系の基礎となった。ウマル・イブン・フバイラは、洪水防止のための堤防《カンタラ》の建設者としても知られている。ウマルに続いてサワード地方の総督に就任したハーリド・イブン・アブド・アッラーフ・アル＝カスリーもまたサワードの農地灌漑、運河(とくにムバーラク運河)の開削、ダムと水門の建設やバターイフの排水事業に重要な役割を果たした。またクダーマ・イブン・ジャアファルによると、カリフ‐ワリード一世(在位七〇五—七一五年)とカリフ‐ヒシャーム(在位七二四—七四三年)の命令によって、バヌー・ダッバのマウラー、ナバト系出身のハッサーンはバターイフの干拓事業を大規模におこなったといわれる[103]。この事実は、バターイフの風土と土壌の条件に熟知したナバト系の農業技術者が、サワード開発の実質的な推進者であったことを物語っている。

以上のように、ウマイア朝の支配者たちがいずれもサワード地方の農業開発に強い関心を抱いていたことは、彼らがその地方の豊かな生産性に着目して、ハラージュ税として一定額の税収をあげようと考えたこと、またヒジャーズとイラクの諸都市の急激な人口増加に対する穀物生産の必要性を認めていたこと、の二つの理由に基づいていたと考えられる。しかしマーワルディーによると、カリフ‐ウマルの時代、サワード地方のハラージュ税年額は、一億二〇〇〇万ディルハムに達していたが、ウマイア朝末期にサワード知事のユースフ・イブン・ウマルによって徴収された税収額は

六〇〇〇万から七〇〇〇万ディルハムであって、ウマルの時代の約半分にまで減少したことが分かる。(104)

アッバース朝の行政機構のなかで、サワード地方はサワード庁が管理する中央直轄州として最も重視された。サワード庁の役割は、徴税業務を担当するだけでなく、灌漑用水の分配、運河・水門・堤防などの建設・管理と維持の責務を果たすことであった。この官庁に所属する担当官は、必要に応じて土地測量と土木の専門技術者たち(muhandis al-mā')を派遣し、運河の浚渫・排水や堤防の補修などをおこなわせた。サワード地方の運河網や灌漑システムの管理と維持のためにはつねに多くの労働者と莫大な資金を必要としたが、アッバース朝はその国家体制の安定のためにも特別の配慮を払っていたと思われる。アッバース朝時代のサワード地方における河川・運河網やバターイフの地理的状況については、イブン・セラピオン(Ibn Serapion)とイブン・フルダーズベが最も詳細な記録を残している。両者の記録に基づいて、サワード地方の運河網と灌漑地域の状況をまとめてみると、以下の通りである。(105)

(1) ユーフラテス川からティグリス川に落とす流下灌漑網(運河・水門・堤防・ダム・灌漑水路・水車)によって、両河川に挟まれた乾燥ステップの河間地帯の農地開発が積極的におこなわれた。この地域は、サーサーン朝ペルシャ帝国時代には「バーベルの地」と呼ばれ、北側はアンバールから南側はバターイフの北端までを含む広大な地域であって、イブン・フルダーズベは六つのアスターン(州)と二九のタッスージュ(行政区)に分けている。この地域の開発は、サーサーン朝ペルシャ帝国時代からすでに大規模におこなわれていたが、アッバース朝時代にはサイード・イーサー・サルサル・マリク・クーサー・スーラー・ニールなどの大運河が開削および修復されて、その周辺部には広大な農村地帯が形成された。またこれらの運河は、ティグリス川とユーフラテス川とを結ぶ河川交通の動脈としても重要な役割を担った。

(2)　ナフラワーン運河とディヤーラ川とによって潤されるサワード東部地域の運河網がつくられた。ナフラワーン運河は、ティグリス川の上流と下流との河床位のわずかな標高差を利用したバイパスの運河であって、サーマッラーのすぐ北側でティグリス川から分岐し、マーザラーヤー——現在のクート・アル＝アマーラ——までの約二〇〇マイルに及ぶ。ナフラワーン運河によって灌漑された農耕地は、①ティグリス川の東岸とナフラワーン運河によって挟まれた地域、②ナフラワーン運河とザグロス山脈の突出部との間に緩やかな勾配をもって広がる乾燥ステップ地域、の二つの地域に区分される。①の地域には、ヤフーディー、マァムーニー、ハーリス、アブー・アル＝ジュンド、ディヤーラ、シーンなどの、ナフラワーン運河からティグリス川に落とす流下灌漑による運河網が建設された。これらの運河の開発によって、バグダードとサーマッラーの人口増加を支える近郊農村地帯が生まれた。②の地域では、ディヤーラ川の河水の一部をナフラワーン運河に流す運河網によって、サーサーン朝ペルシャ帝国時代から耕地の開発が進んでいた。ナフラワーン運河から離れたフルワーンの近郊では、天水または揚水機(ヌーリーヤ)による灌漑がおこなわれた。しかし、十世紀半ばから十二世紀半ばにかけては、ナフラワーン運河とディヤーラ川流域の荒廃化が進み、この地域の農業は著しく後退した。

(3) ペルシャ湾に近いバターイフの地域では、ユーフラテス川の東分流とティグリス川とを結ぶ流下灌漑の運河網、バターイフの開水湖《ハウル》(hawr)に通じる排水路が建設され、また堤防とダムによる湿地帯の干拓、土壌の脱塩工事がおこなわれた。ペルシャ湾に近い地域では、塩水の逆流と浸潤を防ぐための堤防および水門と排水路が建設された。水門の開閉によって、満潮時に河水を農地に導く特殊な揚水灌漑もおこなわれた。ペルシャ湾沿岸部やバターイフ周辺の土地では、海水の浸潤と水分の過剰な蒸発作用によって地下の硝石が地表面に吸い上げられ、硝石の薄層をなしている。従って、排水路によって干拓された土地の表土を剝がして客土を施すことが必要とされた。サーサーン朝ペルシャ帝国時代に、すでにカスカル地区では洪水で水没した湿地帯に排水路と堤防を築くことによる農地の再開発が進められていたが、アッバース朝時代にはバターイフ周辺で大規模な労働力と資本が投入されて、私有地が拡大した。このようにアッバース朝時代の急速な都市の発達、人口増加、商業と手工業の活発化は、サワード地方における土地開発と農業生産の在り方を本質的に変えたのである。イスラム地理学者たちが伝えるように、サワード地方の沖積平野は全域的に塩分質であるが、地味が肥えて土壌が軟らかく、資本と労働力を投資することによって、大きな農業生産が期待できた。とくにサワード地方の中心部に位置するカスカル地区は、「大麦の土地《カシュタカル》(al-Kashtakar/al-Kashtkār)」と呼ばれる肥沃な土地で、そこの農業生産がクーファとバスラの消費量を十分に満たしたといわれる。バターイフ周辺部ではティグリスとユーフラテスの両河川の洪水によって農地が定まらず、葦が茂り、無数の水路と湖沼の続く未開墾地や水没した耕地が広がっていた。そうした沼沢地帯は、いわば政治権力と土地所有権の及ばない「狭間の地」であって、外部からの様々な異質集団や亡命・逃避者たちが移住して、農地の開発と新村の形成がおこなわれていた。九・十世紀、サワード地方はザンジュの反乱やカルマト教団の運動の活動拠点となり、アッバース朝の中央集権体制を揺るがす強烈な打撃を与えた。このような政治的・思想的・経済的反乱や既存の諸勢力に対する抵抗運動が、サワード地方という、特徴的な自然地理的環境をもった河口地帯や河川の合流点に近い「狭間の地」に多く発生していることに注目すべきであろう。後述するように、新しい時代は、こうした異質生態系と諸集団の重積する境域地帯を中心として展開したのである。イスラム時代以後も、サーサーン朝時代以来の旧ディフカーンたちはサワード地方に多くの農園を所有していた。そして彼らが、アッバース朝以後急速に没落したこともまた、サワード地方の古い土地所有の伝統や村落共同体の解体を速める一因となった。

以上のような自然地理的・社会経済的な諸条件を備えたサワード地方では、都市の発達と商工業の驚異的な躍進の波に乗って、①アッバース家のカリフとその一族、高級官僚、軍人、大商人《タージル》、農業経営者《ターニー》たちが、大資本を投資し、運河の開削・干拓と未開墾地の開発を積極的に進めて私有地《ダイア》とする、②そこで大規模な農園経営をおこない、③繊維工業用の原料(綿花・亜麻)・ナツメヤシ・稲米・砂糖きび・柑橘類・バナナなどの商品作物を栽培する、という傾向が一層明瞭に現れてきたのである。

サワード地方における最大の私有地所有者は、もちろんアッバース家のカリフとその一族であるが、ワズィールや総督《アミール》などの高級官僚と軍人たちもまたイクター地の他に、カリフ所有地の一部購入、委託地《イルジャー》や干拓事業による「死地」——荒地や水没によって放置された未開墾地——の開発を通じて私有地の拡大に努めた。九世紀後半以後の一般的傾向として、サワード地方のみならず、北シリア、エジプト、イフリーキーヤなどのイスラム世界の各地で、高級官僚・軍人・商人や土着の富裕者層による広大な私有地の獲得がみられた。これは、彼らの政治的・軍事的権力と豊かな財力によって小規模な私有地を買収すると共に、未開墾地の開発と農業経営によって私有地を拡張し、農業経済の上に大きな変革をもたらしたからである。

バターイフのように、葦が茂ったり、水没したりしていた沼沢地に排水工事を施して干拓し、農地として開発された土地は、「ジャワーミド(al-jawāmid)」と呼ばれた。イスラム法によれば、未開発のままに放置された土地を自らの手で開墾した場合、その土地の所有権は開発者に認められた。これは、資本をもった人びとがサワード地方の土地投資に積極的に進出することを容易にした。とくに注目すべき点は、大商人たちが商業利潤の一部を土地開発に投資し、私有地の購入をおこない、彼らの商業貿易に関する豊かな情報に基づいて、農業の集約化と経営方式の改良をすすめたことである。先にも述べたように、大商人たちは共同経営《シルカ》や相互貸付《キラード》によって、利潤率の高い海上貿易に積極的に進出した。彼らの経営は、単に遠隔地間の価格差や投機的な価格操作に基づく利潤の追求だけにとどまらなかった。すなわち国家・官僚に対する金融貸付、都市内の手工業生産や農業経営にも進出して、金融・生産・販売・不動産所有から運輸に至る全分野で積極的に活動した。九世紀半ば以後台頭した、大商人層《タージル》は、それらのなかでも農業生産や私有地の増大に特別の関心を向け始めたのである。例えば、九〇八年、大商人イブン・アル＝ジャッサースが国家によって財産を没収されたとき、彼の財産の中で最も重要な部分は私有地であったといわれる。また九世紀半ば、ザンジュの反乱軍はバターイフの地を席巻し、つぎつぎに農園を襲い、ザンジュ奴隷たちを解放した。そのとき襲撃された農園には、香薬料商人やシーラーフ商人たちの所有するものが含まれていた。その事実は、商人が農村の土地所有者であり、また奴隷労働者たちを利用して私有地の開発と農業経営をおこなっていたことを示している。ムカッダシーによると、ウブッラ運河に沿ったナツメヤシ農園は四ファルサフ（二四キロメートル）にも及び、またイスタフリーとイブン・ハウカルは、アブダシーからアッバーダーンまで五〇ファルサフ（三〇〇キロメートル）にわたって、広大なナツメヤシ樹林が続いていたことを報告している。[106] これらの農園の経営者としては、明らかに大商人が深く関与していたと考えられる。彼らは収穫されたナツメヤシの実を集荷・取引することで独占的な利潤を得ていたのであろう。このように具体的史料には乏しいとはいえ、アッバース朝時代の多くの大商人たちは土地所有者であったと推測され、また官僚・軍人や土地保有者たちに私領地の開発や農業経営のための資金を貸付けることによって、実際の農業生産や経営管理と収穫物の販売にも強い支配力を及ぼしていたのである。

大規模に土地を所有して農業経営をおこなうためには、灌漑施設の維持、労働者・奴隷の雇用、役畜・農具・肥料・種子の購入や病虫害の駆除などのために巨大な資本を必要とした。さらに農業を通じて可能な限りの大きな収益を確保するためには、バグダード・バスラ・ワーシトなどのイラク地方の消費都市だけでなく、イスラム世界全体の市場動向に対応して有用作物を選択し、合理的な経営方式を追求していく必要があった。アッバース朝時代の土地所有者・投資家・管理者であった大商人たちは、優れた商業手腕と情報に基づいて種々の商品作物の栽培を試みた。この時期にイラク地方だけでなく、イスラム世界の各地で、熱帯産の各種栽培植物——稲米・亜麻・綿花・バナナ・柑橘類・芋類・砂糖きびなど——が、新しく開墾された農地の夏作農業として大規模に栽培されるようになった。このことは、国際商業によって利潤を獲得した大商人たちが商品作物の経営に積極的に乗り出すことによって、農業の集約化と経営方式の改良が急速に進展したことを端的に物語っている。A・M・ワトソンは、その著書『初期イスラム世界における農業革新』のなかで、八世紀から十二世紀にかけての農業革新が、経済の他の分野での諸変化、例えば貿易の発展、貨幣経済の拡大、あらゆる分野における生産の専門化、人口増加と都市化などの諸現象と密接な関係にあることを明らかにしている。[107] しかしその場合、大商人たちが強力な経済的地位を利用して、土地利用と農業生産の在り方に根本的な変革をもたらしたことの明確な指摘が欠落しており、この点についてさらに詳細に検討すべきであると考える。

小麦と大麦を主体とする西アジア地域と地中海沿岸部の農業経営では、夏季は高温と乾燥のために休閑期にあたるが、湿地帯や大河川の周辺地域では排水と灌漑設備を整えることによって、休閑地に夏の裏作をすること、とくに工業用の植物の亜麻・綿花・桑のほかに、稲米・砂糖きび・バナナ・柑橘類などの有用植物を栽培することが可能であった。イスラム世界における農業革新は、サワード地方の、とくにバターイフ周辺や硝石地帯において最も顕著に現れた。それは、その地域が、①イラク・ペルシャ湾軸ネットワークの中心部に近く、情報の集積する場所であったこと、②水資源の豊富な未開墾地が広く残されていたこと、③伝統的な土地所有形態が崩壊したこと、④フージスターン地方の諸都市では輸出用織物の手工業生産が古くからおこなわれていたこと、⑤そして何よりもバスラ・クーファ・バグダードの商人たちのなかには、地中海・サハラ貿易やインド洋貿易で得た商業利潤の一部を農業開発に投資する人びとがいたこと、などに現れているように、自然地理条件・土地所有形態・輸出手工業と、商人との間には密接な結びつきがみられたからであると考えられる。

インド洋周縁部の、とくにインドおよび東南アジア方面からもたらされた熱帯・亜熱帯原産の栽培植物は、アッバース朝時代になると、オマーンやイラク南部地方だけでなく、地中海の東海岸部、エジプト、イフリーキーヤ、マグリブなどの各地に急速に移植・伝播していった。マスウーディーはその著書『黄金の牧場』のなかで、つぎのような興味深い記録を残している。

……そしてオレンジや丸形シトロンの果樹も同様に、ヒジュラ暦三〇〇年(九一二/九一三年)以後、インドの地から移植され、まずオマーンで栽培されてから、バスラ・イラク・シャーム(シリア)に移された。こうしてタルスース、その他のシリア境域地帯《スグール》、アンターキーヤ、シリア海岸地帯、パレスティナ、エジプトなど、かつて人びとには知られていなかった所にまで「それらの栽培が」広がったのである。しかし「そうした果樹が西に移植されるに従って」かつてインドの地でみられたあの果実の円やかな芳香性や美しい色あいは失われてしまった。なぜならば「移植された諸地域は」インドとは気候・水質・風土が違うからである。(108)

マスウーディーは、オレンジとシトロンの西アジア・地中海地域への移植の時期を十世紀初めとしているが、実際には他の有用植物、例えばバナナ・里芋(クルカース)・マンゴーなどと一緒に、すでに九世紀の頃には、オマーン、アフサー・バフライン、ファールス南部、フージスターンやサワードなど主にペルシャ湾沿岸部に伝播したと推測される。その後、それらは稲米・砂糖きび・綿花・亜麻などの先行する熱帯産植物と同じような移植経路を通って、地中海世界の各地に広がっていったのであろう。

オマーンのズファール地方はインドおよび東南アジア原産の有用栽培植物が西アジアの諸地域に移植・伝播される上で、極めて重要な地理的位置にあったと思われる。ズファール地方は、①インドの南西海岸とかなり類似した気候・風土であり、②インドから冬季の北東モンスーンを利用して船が航海する際の最初の寄港地であるという理由によって、まず熱帯産の有用植物がそこに移植されたのである。これらの有用植物はその地で試験的に栽培された後、イエメンのティハーマ地方、紅海沿岸部、東アフリカ海岸に、また、その他ではホルムズ海峡に近いオマーンのバーティナ海岸とペルシャ湾内の各地に移植された。バーティナ海岸では、すでにアカイメネス朝ペルシャ帝国時代に、アフダル山脈から引いたファラジュ(地下水溝)による灌漑網が完成しており、肥沃な農耕地が発達していた。十世紀半ばの地理学者イブン・ハウカルが、バーティナ地方の中心都市スハールでは、バナナ・レモン・ナブク(ハマナツメ)が豊富に収穫されると報告していることから、そこが重要な熱帯産作物の栽培地であったことがわかる。

フージスターン地方のターブ・ドゥジャイル・ディズフル・カルハの諸河川に挟まれた地域では、河川による灌漑と冬季の降雨による豊富な水資源を利用して、農業の集約化が古くから進展していた。この地域に特徴的なのは、輸出用の手工業生産と農業生産とが密接に結びついていることであって、手工業では亜麻織物と綿織物工業がとくに重要な地位を占めていた。アフワーズ、アスカル・ムクラム、トゥスタル、ジュンダイシャープール、ダウラク、スース、クルクーブ、バシンナーなどの工業都市は、ペルシャ湾沿岸部のシーニーズ、ジャンナーバやファールス地方のタウワジュなどとも結びついていて、亜麻布・綿布・絹織物・莫蓙《ござ》織りなど多種類の製品を生産したことで知られていた。サワード地方のカスカルやバターイフの周辺の自然生態環境は、フージスターン地方と著しく類似しており、従って稲米や砂糖きびなどの有用植物の移植もまた、フージスターン地方と同じく、すでにサーサーン朝ペルシャ帝国時代に開始された。さきにも述べたように、九世紀前半には運河網の整備、灌漑施設の拡充、排水工事や硝石地帯の土壌改良が進展して、新しく開墾された私有地には、ナツメヤシの樹や各種の夏作の有用植物が大規模に栽培されるようになった。それにともなってサワード地方の租税歳入額もまた躍進を遂げ、八一九年には、カリフ＝ウマルの治世代の歳入額にほぼ等しい一億一二〇〇万ディルハムに達した。

熱帯産の有用植物がペルシャ湾沿岸部・フージスターン地方・サワード地方から地中海沿岸部に広まった時期は、これより少し遅れて、十世紀初めから十一世紀初め頃であろうと推測される。つまりこの時期はイラク・ペルシャ湾軸ネットワークの文化的・経済的吸引力が次第に弱まって、イスラム都市文明の繁栄中心が、シリア・エジプトおよびイフリーキーヤ・マグリブなどの地中海沿岸の諸地域に移行しつつあった時期とも一致している。砂糖きび・稲米・柑橘類・バナナなどの移植ルートをたどってみると、まずフージスターンおよびサワード地方からファールス地方の峡谷部、カスピ海沿岸部のギーラーンおよびマーザンダラーンの諸地方へ、他の流れは上メソポタミアのジャズィーラ地方を経て、オロンテス川流域、アンターキーヤ、キリキア海岸、またダマスカスに近いゴータ、パレスティナ海岸、ヨルダン峡谷、そしてエジプトのファイユーム、ナイル・デルタ、上エジプト、チュニジアのカービスやカフサ(ガフサ)周辺部などを越えて、遠くは極西マグリブ地方のタンジャやスース・アル＝アクサーまで及んだ。十一世紀の地理学者バクリーは、スース・アル＝アクサー地方で産する砂糖はマグリブ地方の全域に輸出されたと伝えており、また少し遅れて十二世紀半ばに記録された匿名の地理書『諸地方の驚異の事柄通覧』によると、スース地方のタールーダーナとアイジャラーでは砂糖きび栽培が盛んであって、多数の製糖用の圧搾工場が稼動し、そこでつくられた砂糖は、アンダルス・イフリーキーヤ・マグリブの諸地方に輸出されていた。[109] シチリア島やアンダルス地方の東南海岸への稲米・亜麻・砂糖きび・綿花・柑橘類・バナナなどの移植は、極西マグリブ地方よりも早く、十世紀初めにはすでにおこなわれていたと考えられる。おそらくシリア海岸、もしくはエジプトやチュニジアを経由して伝播したのであろう。以上のように、熱帯産有用植物の栽培地域は、いずれもその自然地理的環境が河川地域・湖沼地帯や水量の豊かなオアシス周辺の湿地であったことを共通の特徴としている。地中海性気候の特徴である夏季高温の自然条件を最大限に利用し、ダム・水車・揚水機による人工灌漑、畜力の利用、移住労働者の投入を、商業資本を使って推進し、熱帯産の商品作物が栽培されていた。このような夏作農業の新しい展開は、地中海世界の農業地図を大きく塗り替えると共に、都市と農村の関係の在り方にも影響を及ぼした。つまり都市は農村部で生産された新しい有用植物の亜麻・綿花・染料などの原料を使って織物に加工し、各地に輸出した。また農村部でも余剰労働力を使って、小規模な織物手工業がおこなわれることがあった。地中海沿岸部で収穫された米や砂糖は、ナツメヤシの実・乾燥果実(イチジク・ぶどう)・オリーブなどと一緒に、西ヨーロッパ、サハラ・オアシス、スーダン・ニジェール川流域などの諸地方にも輸出された。十二世紀半ば、イフリーキーヤ地方のカフサやカービスにおいては、その周辺部における夏作農業の普及にともない、各種の農産物の集荷・取引と輸出用繊維加工、ガラスや陶器の製造など、都市と農村と輸出工業が結びついた多面的な活動がみられた。

以上のように、アッバース朝時代のサワード地方を中心とする農業は、①メディナ政権の時代以来、アラブ支配者たちによる積極的な土地開発と灌漑事業が推進されたこと、②開墾地の私有化がイスラム法によって正当化されたこと、③高級官僚・軍人・富裕者・商人たちによる農業投資が進められたこと、④経営方式の改良によって大資本を投資した単作の農園、水牛の利用、安価な奴隷労働力による経営規模の拡大が進められたこと、⑤休閑地に夏作の熱帯産有用植物を導入し、農地の集約化と多様化がおこなわれたこと、⑥十世紀半ば以前までは比較的安定した温暖な気候が続いて、旱魃や疫病が少なかったこと、などの理由によって飛躍的な発展を遂げたのである。しかしアッバース朝政権の財政的安定とバグダード・バスラ・クーファなどの諸都市の文化的・経済的繁栄を支えた最も重要な柱であったサワード農業の実態は、極めて不安定な諸条件のなかで維持されていたに過ぎなかった。運河の開削や未開墾地の開発、灌漑施設の維持には莫大な費用と労働力、保安のための軍事的・政治的秩序などが継続的に必要であったことは言うまでもない。もし運河の補修や土砂の浚渫工事を怠ったり、大洪水、騒乱および外部からの遊牧民の侵入によって灌漑施設が破壊されたりすると、その影響は一地点だけにとどまらず、運河網によって結びつけられた広域的な耕地と農村の荒廃化を引き起こした。九世紀後半にかけて、ザンジュの反乱軍の軍事行動がバスラ近郊の農村地帯を根拠地として拡大したために、この地はアッバース朝の軍隊との激しい戦乱の地となった。またカルマト教団やブワイフ朝の軍隊もサワード地方の運河地帯に侵入して、運河網や灌漑施設に多くの被害を与えた。ヤークートとカズウィーニーが報告しているように、十三世紀初めに、ナフラワーン運河の周辺部からカスカル地区にかけての農村地帯は著しく荒廃し、運河沿いの農村と地方都市の多くは消滅し、住民たちは他の地域に逃亡した。[110]こうした状況は、すでに九世紀後半のザンジュの反乱の時に起っており、その影響でバグダードにはサワード地方の農村から

アッバース朝の国家歳入

年(西暦)	総額(dirham)
788	479,550,000
795	467,170,000
800	520,272,000
814	417,000,000
819-851	394,509,000
845-873	351,765,000
915	217,500,000

イラク・サワード地方の国家収入

年(西暦)	総　額(dirham)
788	87,860,000(+60,000)
800	87,700,000(+14,800,000)
819	112,416,000
845-873	94,035,000
893	75,000,000(?)
915	22,500,000

〔資料〕D. Waines, "The Third Century Internal Crisis of the Abbasids", *JESHO*, vol., 20, part 3, pp. 284, 286.

の避難民が集まって、都市人口は急激に膨脹しつつあったのである。

サワード地方の農村地帯に住み、苛酷な労働条件のなかで、排水・土地改良や農作業などの肉体労働を強いられていたのは、ザンジュ・ズット・ナバト・イラン・ギリシャ・アラブなどの様々な集団構成による奴隷および移住者たちであった。ナバト系農民のように小規模な土地を所有する自営農民も含まれていたが、大部分の人びとは富裕な土地所有者、商人、高級官僚、軍人に雇われた、いわば非自由民であった。彼らは、出身地ごとに集団をつくり、独自の文化・生活習慣・思考様式を持ち続け、仲間同士の団結と協同・扶助を目的とする社会集団(al-niqāba)を組織するようになっていった。また彼らの信仰と教義は、シーア派・ハワーリジュ派や特殊な神秘主義《スーフィー》教団に属することによって、共同体的連帯意識を強め、同時に体制や権力者に反対する運動を展開していった。こうした農民だけでなく、華やかで奢侈に流れていた都市生活の背後において、過剰労働と貧困に苦しむ手工業労働者たちも、農村部の人びととの情報交流によって、相互の結びつきを強めていった。

サワード地方の自然地理条件は、無数の水路と葦の茂る沼沢地が続いていることから、様々な外来者の移住を受け入れ、彼らが反政府的な政治・思想運動を展開するには好都合な場所であったといえる。一方、アッバース朝政府にとっては、いかに強力な軍隊を派遣しても、サワード地方の自然条件を利用してゲリラ活動をおこなう反乱軍の討伐には多くの困難がともなった。後述するように、九・十世紀のサワード地方は、まさに四方からの様々な集団や政治的・軍事的権力が絡まって、複雑な境域地帯となっていた。しかもそこはアッバース朝にとっては、最も重要なハラージュ税の対象の場所であり、またバグダードとインド洋とを結びつけるイラク・ペルシャ湾軸ネットワークの要地でもあった。アッバース朝は、サワード地方の農業生産に過度の期待をもっていたので、つねに高率のハラージュ税を土地所有者および農民たちに課した。カリフ－ハールーン・アル＝ラシードの治世代におけるサワード地方のハラージュ税は収穫物の二分の一に達した。バラーズリーによると、この時期にユーフラテス川沿いのシュアイビーヤの人びとは私有地に課せられるハラージュ税の軽減を要求したといわれる(三)。カリフ－マァムーンの治世代の八一九年には、ハラージュ税は五分の二まで引き下げられたが、ブワイフ朝時代になると、再び二分の一に引き上げられた。このように、サワード地方の農業に対する高率なハラージュ税が農民たちの生産意欲を失わせ、また大土地所有者による農業労働者たちへの圧迫を強め、そのことが直接の原因となって、ズット族やザンジュの反乱や、その他の反体制的な民衆運動を引き起こすこととなったのである。

大商人たちは、社会的・経済的変化に極めて敏感であって、つねに迅速な対応によって時代の潮流に即応して逞しく生きぬいてきた。サワード農業の推進者ともいえる大商人たちは、九世紀後半になると、明らかに農業管理を放棄して、彼らの経済的活動の中心をシリア・エジプト・マグリブの諸地方に移していった。

九　境域としてのペルシャ湾周辺地域の重要性

アッバース朝政権は、カリフ＝ハールーン・アル＝ラシードの歿(八〇九年)後、黄金時代の栄光を一部に残しながらも、スンナ派カリフ権力の政治的力量の低下および政治的・軍事的状況の不安定化と国家財政の危機が続くなかで、急速に衰退していった。アンダルスの後ウマイア朝、北アフリカ・イフリーキーヤ地方のファーティマ朝、エジプトのイフシード朝、マーワランナフルとホラーサーン地方のサーマーン朝など、アッバース朝の版図の周辺部で始まった地方政権の独立と、それらの政権による正統カリフ権の主張によって、イスラム世界の宗教・政治と軍事支配の構図は、ますます複雑に分極化していったのである。それらに加えて、アッバース朝支配の中心部で起ったザンジュの反乱とイスマーイール派カルマト教団による社会運動の展開、そしてブワイフ朝ダイラム政権によるバグダード攻略と軍事・政治権力の掌握、という三つの事件が、アッバース朝スンナ派カリフ権力の失墜を決定づけただけでなく、十・十一世紀を境とする「時代転換期」の社会的・経済的構造変化を示す象徴的な現象であったということに注目すべきであろう。

これらの三つの事件が発生した中心舞台は、いずれもフージスターン、サワード、バフライン・アフサーなどのペルシャ湾頭の諸地域であった。そのことは、ペルシャ湾沿岸部がアッバース朝支配体制の多くの矛盾を集約した「要《かなめ》の地」であり、また新しい時代の幕を開く進取的な役割を果たす境域地帯として、とくに重要な位置を占めていたからであると考えられる。そこで、まずザンジュの反乱(八六八―八七三年)がどのように展開したかをたどってみよう。

サワード地方におけるザンジュの反乱は、すでにウマイア朝時代の六八九年と六九五年に発生している。またザンジュ奴隷と同じように、サワード地方の灌漑工事と農業に従事する貧農集団のズット族は、八二〇年から八三五年の十五年間にわたって、支配権力に抵抗して反乱を続け、バグダードとバスラとの間の交通ルートを寸断して重大な脅威を与えた。しかしながら、反乱の拡大した規模と政治・社会と経済に及ぼした影響の大きさから考えて、指導者アリー・イブン・ムハンマドによるザンジュの反乱が最大級であったといえよう。アリーは、自らを第四代カリフ＝アリーの後裔であると称した。八六三年、彼はサーマッラーにいて、トルコ系マムルーク軍団の派閥争いと政治・社会不安の状況を目撃した。そのあと、彼は東アラビアのバフライン地方に向かい、反乱の準備を開始した。八六八年の蜂起までに、彼は同地方に住んでいたザンジュ奴隷たちを部下に加え、さらにハジャルやバスラなどの諸都市の小売業者・手工業者(薬種商・屠殺業者・風呂番・粉碾き・計量人)たちとも仲間関係を結んだといわれる。一時、バスラ近郊のアラブ系遊牧民の間をめぐり、また都市内の奉行人や、バターイフの沼沢地で働くザンジュ奴隷たちの集団との接触を深めた。彼は人びとに、自らの説く神を信じることによって、苛酷な労働と貧しい生活、不公正と抑圧から救われ、社会的地位が高まって、やがては奴隷と富を所有する富裕な主人となることができると説いた。アリーを支援する反乱軍は、たちまちのうちにザンジュ奴隷や、フラート人(al-Furātīya)と呼ばれる貧農、手工業者・遊牧民その他の反権力集団と結びついて膨脹していった。反乱軍は八七一年にバスラ、八七七年にはワーシトを攻略して、サワード地方の東部・南部の地域は完全にアッバース朝政権の支配から離れた。彼らは、バスラの近くにムフターラという都市を建設し、軍事・行政機構を整備したが、経済的基盤を欠き、略奪と徴発を繰り返した。とくにバスラ・アフワーズ・ウブッラ・ラームフルムズなどの諸都市は、盗賊化した反乱軍による放火・略奪と破壊行為によって、著しく荒廃した。結局、反乱軍は仲間の軍への物資・食糧の供給能力を欠き、また統合力と占領地に対する長期的な統治理念を確立できず、破壊行為が続いた。そうしたなかで次第に人心が離反していったために、彼らはアッバース朝のムワッファク・アブー・アフマドの率いる軍隊の反撃によって敗走し、ムフターラは陥落した。彼らが十五年間の長期にわたって、アッバース朝政権に対する激しい抵抗運動を展開することができたのは、①サワード地方の貧農、とくにザンジュ奴隷の圧倒的な支援を得たこと、②ちょうど同じ時期に、サッファール朝のヤアクーブ・イブン・ライス(在位八六七—八七九年)の率いるハワーリジュ派の軍隊がティグリス川東岸に接近して、アッバース朝に脅威を与えていたこと、③トルコ系マムルーク軍内部の派閥争いにともなってサーマッラーとバグダードに混乱が生じたこと、④サワード地方の沼沢地を舞台にゲリラ的な攻撃を続けることができたこと、などが直接的な理由であると考えられる。L・マシニョンは、ザンジュの反乱を「社会戦争(social war)」であると意味づけており、またC・カーエンは一種のスパルタクス団タイプの出来事であるととらえている[112]。

ザンジュの反乱と重なり合いながらも、より長期的かつ組織的に継続し、社会・経済体制の根本的変革を求めたのは、シーア・イスマーイール派の一分派カルマト教団の運動であった。十・十一世紀は、「シーア派の時代」といわれるが、カルマト教団は独自の宣伝工作によって、イスマーイール派コミュニティの人的統合と情報交換のネットワークを広範囲に結びつけ、長期にわたる反体制的行動と社会改革運動を繰り広げた点で、同じシーア派に属するブワイフ朝やファーティマ朝の動きに先行するものであるといえよう。カルマト教団がイスマーイール派のファーティマ朝と相互にどのような連帯関係をもって運動を展開したかを、史料的に詳しく確認することは難しい。両者は、正統イマームの系譜をめぐって対立することもあったが、相互の秘密組織を利用して宣伝活動をおこない、アッバース朝スンナ派体制に対する抵抗運動を東西の各地で大規模に展開することによって、多数派を占めるスンナ派ムスリムたちに心理的動揺を与え、イスマーイール運動への民衆の傾斜を強く期待していた点では共通の目標をもっていたと考えられる。以下では、カルマト教団とファーティマ朝との間の関係について少し考えてみよう。

サービト・イブン・シナーンによる『カルマトたちの情報』によると、九三〇年、アブー・ターヒル・アル＝ハサン・アル＝カルマティーはメッカを襲撃してカーバ神殿の黒石を奪ったが、ファーティマ朝のマフディー・アブー・ウバイド・アッラー・アル＝アラウィーは、こうした過激な行動をムスリムにあるまじき不法行為であるといって非難した。そこでアブー・ターヒルは直ちに黒石をメッカに戻すと表明したが、実際には二〇年たった九五一年に元のところに戻した[113]。この事実は、アブー・ターヒルが、すべてのムスリムたちにとっての信仰上の最大のシンボルである聖石を奪うことによって、スンナ派ムスリムたちにイスラム時代の終末を印象づけようとする宣伝効果を狙ったのに対して、ファーティマ朝のアブー・ウバイドは、むしろその逆効果によって人心が動揺し、イスマーイール派社会運動の推進にも障害になると判断した、というようにとらえることができるであろう。またファーティマ朝のエジプト進出の際には、シリアにおけるカルマト教団の背後からの強い支援が重要な役割を演じているが、エジプト征服が達成された以後においては、エジプト・シリアその他の支配権をめぐってカルマト教団と激しい衝突を繰り返した。九七三／九七四年、カルマト教団の軍指揮官アル＝ハサン・イブン・アフマド(アブー・ターヒルの弟)はエジプトに進軍し、アイン・シャムスを侵略した。これに対して、ファーティマ朝はカルマト教団軍のなかのアラブ遊牧民タイィ族のアミール・ハッサーン・イブン・アル＝ジャッラーフを一〇万ディーナールで買収し、さらにアブー・マフムードの率いる一万人の軍隊を派遣して、エジプトとシリアの地からカルマト教団軍を撃退することに成功した。

いずれにせよ、現存するイスマーイール派の文献史料からは、アッバース朝政権下の各地で同時発生的に起った彼らによる反体制的運動の相互関連や秘密組織の実態を解明するための十分な証拠を見いだすことは困難であるといえよう。イスマーイール派カルマト教団に関連する諸史料の分析を通じて、①イスマーイール派宣伝員たちは、バフライン・オマーン・イエメン・サワード・フージスターン・ファールス・シースターン・ホラーサーン・シリアおよび北シリア境域地帯《スグール》などの各地に秘密組織のネットワークを張りめぐらしていたこと、②恒常的な情報・文化の交流、経済活動と人的交流がおこなわれることによって、彼らのネットワークがイラク・ペルシャ湾軸ネットワークをあたかも包囲するように拡大したこと、の二点が明らかにされる。セルジューク朝の財務官僚を務めたナースィル・ホスローは、一〇四五年、メッカ巡礼に出発し、シリア・ヒジャーズ・エジプト・アラビア半島・ファールス・クーヒスターンなどの各地を旅して、一〇五二年にバルフに戻った。彼の旅程は、アッバース朝政権の支配する中心部のイラク地方を避けて、その外縁部に広がるイスマーイール派のネットワークを踏破したことがわかる。彼が著した『旅の書(Safar-i Nāmah)』に記録されたファーティマ朝とカルマト教団の社会状況および経済活動に関する報告は、彼自身がイスマーイール派改宗者であるが故に知り得た貴重な実地見聞であって、その史料的価値は極めて高い。

カルマト教団の運動は、クーファのイスマーイール派指導者ハムダーン・カルマトによって開始された。彼は、おそらくザンジュの反乱が鎮圧される以前からイスマーイール派の宣伝工作を続けていたと思われる。八九九年以後になると、彼はアブー・ウバイド・アッラー・アル＝アラウィー

(のちのファーティマ朝カリフ－マフディー)のイマーム権を認めず、独立を主張し、ワーシトやクーファなどでナバト系農民やアラブ遊牧民たちを集めて、武装集団を編成し、略奪や放火を繰り返した。一方、バフライン地方を根拠地としたアブー・サイード・アル＝ハサン・アル＝ジャンナービーは、社会革命運動のための教理と教団を組織して、カルマト教団による共和制国家(al-'Iqdānīya)の建設を目指していた。アブー・サイードは、ペルシャ湾頭のファールス地方の港ジャンナーバに生まれ、粉屋として働いていたが、ハムダーン・カルマトの義父アブダーンの指名によって、カルマト派の運動に参加するようになった。最初、彼はジャンナーバ・シーニーズ・タウワジュ・マフルーバーン・ジャハルーム(ジャルーム)などで宣伝活動を続けたが、成功に至らず、再びアブダーンとハムダーンの命令によって、今度はバフライン地方に派遣された。バフライン地方では、彼はカティーフ出身の有力部族のサンバル家やアラブ遊牧民の間に宣伝活動をおこなって同志を獲得し、やがて兵を率いてハジャルを占領することに成功した。アブダーンが暗殺された後、彼もアブー・ウバイド・アッラー・アル＝アラウィーのイマーム権を拒否して、自らイマームを称した。そしてマグリブ地方から派遣されたイスマーイール派ダーイー・アブー・ザカリヤー・アル＝ザマーミー(タミーミー)を殺害して、バフライン地方に独自の支配権を確立した。

ところで、ザンジュの反乱の指導者アリーが最初に流民・奴隷や手工業者たちを集めた地であり、またアブー・サイードの指揮するカルマト教団の社会革命運動の最大の拠点となったバフライン(アフサー・バフライン)地方とは、いかなる地理的・社会経済的特徴をもった場所であったのだろうか。まずその地理的位置は、中央の政治権力の中心部から隔たった砂漠と海に囲まれた場所にあることから、反体制的な政治・思想運動が拡大・展開する上で好都合であったことは言うまでもない。そこには水量豊かなオアシスと肥沃な農耕地が分布し、また陸上と海上ルートの交通要地として、カティーフ・ウカイル・ウワール(バフライン島)・ムシャッカル・ダーリーンなどの重要な港市が古くから発達した。それらの都市には、インド洋の海上貿易と内陸キャラバン貿易によって富を得た大商人や、農園を所有する富裕な人びとが居住する一方、その近隣には内陸部のナジドとヤマーマの諸地域および対岸のファールス地方から移動してきた遊牧系の諸集団や流民が溢れ、都市の富裕者に対してつねに羨望と強い不満を抱いていた。遊牧民のなかには、都市の手工業やオアシスの農園で労働者として働き定住する者や、一部は海に出て真珠採集の海士《あま》や船乗りとして活躍した。ウワール島からカタル沖にかけての海域には、ペルシャ湾真珠の有数な採集場があって、その真珠採集の海士のなかには勇敢で自負心の高いアラブ系遊牧民が多く含まれていた。

バフライン地方が古くから東アフリカ海岸地域と緊密な文化的・経済的交流関係によって結ばれていたことも注目に値する点である。ポルトガル人バロスの記録によれば、アフサー・バフライン出身の七人のアラブ人兄弟は東アフリカ海岸に向けて移住し、ムガディシュー・ブラワ・キルワなどのイスラム都市を建設したといわれる[114]。R・L・プーウェルズは、この伝承に基づいて、十世紀にバフライン地方を拠点としたイスマーイール派カルマト教団の仲間たちが東アフリカ海岸と交流関係をもっていたことを主張している[115]。以上のように、バフライン地方は内陸部から移動してきたアラブ系遊牧民が集まり、海上に進出していく出口であり、また対岸のイラン地方からのイラン系、バルーチー系や東アフリカからのバントゥー系の人びとや、インド方面からの移住者、および漁民・船人・商人たちが集まって雑多な人間社会を構成し、宗教・思想や情報が出会い、交流する境域接点であったといえよう。すでにウマイア朝時代にハワーリジュ派の重要拠点がこの地に置かれ、また中小規模の商人や手工業者たちの多くはシーア派に属して、支配者や富裕者たちに対する反体制的な運動が社会の底辺に燻り続けていた。九世紀以後、アッバース朝カリフ体制の弱体化、トルコ系軍閥の争い、莫大な富を蓄えた高級官僚や大商人の台頭、大土地所有者による農業経営、そして都市における社会・経済不安の増大などの諸状況のなかで、ペルシャ湾頭の諸地域に住む貧農・遊牧民・奴隷・零細手工業者・海上民たちの生活条件は次第に悪化していった。疲弊した彼らの間には、イデオロギー的な団結と組織化、精神的な安定を求める動きが高まりつつあった。バフライン地方を拠点としたカルマト教団の運動は、そうした社会的・経済的背景を受けて、急速に拡大していったととらえることができる。

イブン・ハウカルは、カルマト教団の指導者アブー・サイード・アル＝ハサン・アル＝ジャンナービーの統治時代のバフライン地方について、そこにはハジャル・アフサー・カティーフ・ウカイル・バイシャ・ハラジュ・ウワールなどの町があること、ウワールは島(現在のバフライン島)であってアブー・サイードとその子スライマーンが所有しており、そこを通過する船舶には多額な関税が課せられること、ナツメヤシ農園や小麦・大麦の畑から得られた総収入約三万ディーナールはカルマト教団員「ムゥミヌーン」に委託・分配されたこと、その他の国家収入としてはメッカ巡礼道から得られる税金、オマーンからの献納金、ラムラおよびシャーム(シリア)地方からの戦利品などがあって、それらはカティーフの有力部族の長アブー・ムハンマド・サンバル(Abū Muḥammad Sanbar b. al-Ḥasan b. Sanbar)との協約に基づき、彼の部族とアブー・サイードの子孫の指導者たちに均等分配されたことなどを報告している。[116] アブー・サイードのバフライン政権は、イクダーニーヤと呼ばれる共和制評議会を設けて、カティーフ出身のサンバル家に属するハサン・イブン・サンバルを有力メンバーに加え、対等な資格をもつ六人のワズィールによって運営された。アブー・サイードの歿後は、これに彼の六人(または七人といわれる)の息子たちが加わって、アブー・サイードが救世主マフディーとして再来するまでの間、正義と平等を守り、争いのないようにして後継者の地位を維持することが目標とされた。ヤークートによると、首都ハジャルはアブー・サイードの子アブー・ターヒル・アル＝ハサンによって建設され、城塞を備え、十二世紀前半まで人口の多い都市として知られていたという。一〇五〇年にこの町を訪れたナースィル・ホスローは、そこが四重の強固な城壁で囲まれ、二万人以上の軍隊によって守られていたことを報告している。ナースィル・ホスローは当時のバフライン・カルマト教団の社会・経済状況をかなり詳細に観察しているので、以下ではその記録の概略を紹介してみよう。[117]

彼によると、当時、三万人のザンジュやエチオピアの奴隷たちが畑や果樹園で働いていた。また小作人には税金が課せられず、彼らが貧困や借金に苦しんだときにはいつも救済され、負担金を納めるときには無利子で融資された。とくに外国からやって来る手工業者には特別の運用資金が貸し付けられ、奴隷技術者を無料で提供して事業を奨励した。バフライン地方は、アブー・サイードの故郷のジャンナーバやその近くのシーニーズおよびタゥワジュなどと並んで良質の織物の名産地であって、その製品はバスラその他に輸出された。カルマト教団のスルタンたち——彼らはサーダート(sayyid/sādāt)と呼ばれ、またワズィールはシャーイラ(shā'irah)と呼ばれた——は、アフサー・ハジャルの町に製粉工場を所有し、一般の人びとが無料で粉を碾くことができた。彼らの商取引には包みに入った鉛貨が使われたが、外国への持出しは禁止されていたという。アフサーの東側の海(ペルシャ湾)には真珠の採集場があって、採れた真珠は海士とアフサーのスルタン、つまりカルマト教団の支配者との間で半分に分配された。カルマト教団の人びとは、イスラム信仰についても独自の規律と生活習慣をもっていた。彼らは、金曜日の礼拝や説教をおこなわず、従ってアフサーには大モスクはなかった。しかしイラン人のアリー・イブン・アフマドという富裕な男が、メッカ巡礼の途中で通過する人びとのためのモスクを建設した。カルマト教団の支配者は人びとの礼拝を妨げることはせず、説教の代りに、教養ある人や一般の人を含めてすべての人びととの対話を重んじた。なおアブー・サイードの時代には、礼拝や断食をおこなうことが禁止されていた。また酒を飲み耽ることはなく、犬・猫・ロバ・牛・羊などあらゆる肉類が売られていた。

以上の若干の記録史料を通じて明らかなように、バフライン地方を拠点としたカルマト教団は、カリスマ性をもった絶対的指導者アブー・サイードとその後継の息子たち、カティーフの有力部族サンバル家、カルマト教団の下部組織としての小作人・中小手工業者・商人・遊牧民・海上民・奴隷・その他の流民などの、主に移動・遍歴する諸集団をもって組織されていた。そして彼らの主張によれば、救世主マフディー――彼らはアブー・サイードの甦りであると考えた――が再来することによって、この世に理想社会を建設してくれるまでの間、仮の社会である現世では、アブー・サイードの選んだ六人のカリスマ的息子たちの合議制に基づく共和制国家《イクダーニーヤ》を築き、正義と平等を守り、秘密の宣伝活動を続けてイスマーイール派運動を推進することに目標が置かれた。

バフライン地方のカルマト教団が、そこを軸心として、メッカおよびメディナに達する巡礼ルートと、シリア砂漠を横断して地中海沿岸部に通じるシリア・ルートの、二つの幹線ルートの軍事的支配と、キャラバン運営に重大な関心を抱いていたことは明らかである。この事実は、バグダードをネットワーク・センターとする在来の国際交通・運輸ルート、すなわちインド洋～ペルシャ湾～バグダード～ティグリス川・ユーフラテス川～シリア～地中海のルートと、ホラーサーン街道～バグダード～メッカ巡礼ルートの、二つに代る新しいルートの開発によって、アッバース朝政権に対する強力な経済的打撃を与えることが目的であったことを示している。ペルシャ湾・イラク・ルートとメッカ巡礼ルートの二つを掌握することは、①彼らの軍事的行動とイスマーイール派の宣伝活動を広域的に展開していく上で不可欠な戦略である、②インド洋と地中海の異域世界を結ぶ貿易活動に従事する国際的商人たちから通行税・物品税などの名目で莫大な収益が得られる、③メッカ巡礼ルートの支配によって、聖地メッカ・メディナに向かう巡礼者たち、とくにイラク、イランや内陸アジアから来るムスリムに精神的影響を及ぼす、などの実質的な効果が期待できたのである。バフライン地方からバターイフ沼沢地の西側、そしてユーフラテス川西岸とシリア砂漠を北上して、アレッポ・サラムヤ・ヒムス・ダマスカスなどのシリアの諸都市に至る砂漠・ステップのルートは、ティグリスとユーフラテス両河川ルートの脇街道として、古くから利用されてきた。同時に、そのルート沿いの地域は、アラビア半島内陸部のヤマーマおよびナジド方面とレバノン山脈東麓や北シリア境域地帯《スグール》との間を季節的に南北の平行移動をおこなうアラブ系遊牧諸集団にとっての重要な通過経路にあたっており、イラクの河川地帯に成立した国家・都市・農耕社会とアラブ系遊牧社会との衝突の境域地帯でもあった。十一世紀半ばに入ると、中央アジア方面から移動してきたセルジューク・トルコ族がティグリスとユーフラテスの両河川流域まで進出したことにともなって、アラブ系・クルド系・トルコ系のそれぞれの遊牧諸集団がイラク・ペルシャ湾軸ネットワークの周辺部に集合したために、軍事的・政治的情勢はさらに複雑・分極化した。この時期の北シリアとジャズィーラの境域地帯は、まさに国際的なパワー・ポリティクスの焦点の場であって、そうした状況のなかでハムダーン・マズヤド・マルワーン・ウカイル・ミルダースなどの、アラブ系やクルド系の諸集団による部族統合と国家形成が相次いでみられた。

カルマト教団は、シリア砂漠周辺部を生活圏とするキャルブ・タイィ・アサド・タミームなどのアラブ系遊牧諸集団に宣伝員《ダーイー》を送り込んで、軍事・防衛上の協力契約を結び、シリア境域地帯への軍事征服を繰り返した。歴史家タバリーは、キャルブ族の一団は、クーファとダマスカス方面とを結ぶタドムル(パルミラ)経由の砂漠ルートの途中、サマーワと呼ばれる拠点で監視を続け、ラクダを使って使節や商人たちの商品を運搬していたこと、ヒジュラ暦二八九年(九〇一/九〇二年)に、カルマト教団のザクラワイフは彼の仲間を派遣して、キャルブ族のイスマーイール派への忠誠を呼びかけたことを伝えている。[118] また同年、シリアでカルマト教団の一部が多くのアラブ系遊牧民を集めて反乱を起し、トゥールーン朝の支配していたダマスカスを攻略し、つぎの年にもヒムス・ハマー・バァルバク・サラムヤなどに侵入して、破壊と殺戮を繰り返した。このように、カルマト教団による軍事行動は、つねに強力で野心に満ちたアラブ系遊牧諸集団を巻き込んで展開した。しかも遊牧民たちの間に、シーア派やハワーリジュ派の信仰を受け入れるものが増加していったことに重要な特徴が認められる。しかし遊牧民たちの多くが、カルマト教団の教義や信仰とは無関係に、騒乱に乗じて破壊と略奪をおこなったことは明瞭であった。いずれにしても十・十一世紀には、アッバース朝カリフ政権に不満を抱いていたアラブ系遊牧民たちが、政治的危機と社会・経済上の不安の高まるなかで、シーア派やハワーリジュ派の運動と結びつき、歴史の表舞台に登場するようになったのである。シリア砂漠周辺部を生活圏とした遊牧民たちにとっての大きな経済上の問題は、バグダードの文化的・経済的吸引力が弱まると、イラク・ペルシャ湾軸ネットワークの機能が低下し、それにともなって、イラクとシリアとを結ぶ国際的キャラバン運輸の重要性が失われていったことである。つまりキャラバン運輸に関わる積み荷の輸送・家畜貸与・道案内・保護・防衛などの役務が減少したことによって、彼らの重要な経済基盤が危機的な状態に陥った。カルマト教団による軍事行動は、在来のティグリス・ユーフラテス・ルートを破壊し、それに代るバフライン地方を軸心としてシリア砂漠を通過し、地中海沿岸のヤーファーおよびアッカーの港に至るカルマト教団独自のネットワークの確立を目指していた。しかしカルマト教団がアラブ系遊牧諸集団と結びついたことによって、交通・運輸や治安状況はますます危険な状態になり、イラク・ペルシャ湾軸ネットワークは一層その機能を低下させる結果を招いたのである。

メッカ巡礼ルートとイエメン・ルートにおいても、カルマト教団が、略奪・破壊と巡礼者やキャラバン隊に対する保護と通行の安全保障という、相矛盾する両面策をとった。ヤフヤー・イブン・アル＝フサインによるイエメン史料『イエメン地方の情報に関する究極の望み』には、「ヒジュラ暦五二四年(一一二九／三〇年)に、商業運輸と大キャラバンによるイエメンからバスラおよびクーファまでのルートが途絶した。商人たちは毎年、二回、ヤマーマとハサー(アフサー)ルートを通って旅をしていた。そのルートが途絶した理由は、イラクにおけるアッバース朝国家が衰退し、また邪悪なカルマト教団の勢力が出現したからである」と報告されている。(119) 以上の記録は、①十二世紀前半においてもカルマト教団が依然としてバフライン地方を中心に勢力を維持していたこと、②十・十一世紀にはバスラおよびアフサー・ハジャルと北イエメン・ナジュラーン地方とを結ぶキャラバン・ルートが運輸・貿易の上で安全に機能していたこと、という重要事実を伝えるものであるといえる。すでに第一章第三節でも説明したように、このアラビア半島の内陸部を東西に貫くトゥワイク山脈南麓沿いのキャラバン・ルートは、イスラム以前のジャーヒリーヤ時代から使われたイラクとイエメンとを繋ぐ重要な文化的・経済的交流の道であった。カルマト教団の勢力は、このルートの支配によって、イエメンのイスマーイール派集団と緊密な情報交換をおこなっていたとみられる。

カルマト教団の政権がクーファ・ルート、バスラ・ルート、およびアフサー・バフライン・ルートの三つのメッカ巡礼ルートを支配することによって、東イスラム世界から来る巡礼者の往来に重大な影響を及ぼしたことは明らかである。九三〇年、アブー・ターヒル・アル＝カルマティーはメッカに侵攻し、バグダード方面から集まった多数の巡礼者たちを殺戮し、カーバの黒石を奪って、首都のハジャルに持ち帰った。ナースィル・ホスローは、アブー・ターヒル・アル＝カルマティーが、メッカの黒石をバフラインに移して、そこを全ムスリムたちにとっての信仰の一大中心地にしようと意図していたと述べている。さらに彼は九三五年にも、カーディシーヤに到着した巡礼者たちを襲撃した。この時にはクーファに住むアリー(シーア)派の人びとがアブー・ターヒルの過激行動を非難し、中止させたといわれる。このような巡礼者に対する襲撃と同時に、カルマト教団の人びとはメッカ巡礼ルートとその重要拠点を支配することによって、巡礼者たちから多額の通行税を徴収した。とくに、バスラ・カティーフ・ウワール島や、首都のハジャルなどに設置された税関では、巡礼者の所持品・ラクダ・商品に多額な課税をおこない、その税収入は国家の重要な財源の一つとなっていた。

さて十世紀後半の地理学者ムカッダシーは、イラン内陸部のクーヒスターン地方の中心都市カーイン(Qāyin)について、「カーインは、クーヒスターンの首都(qaṣba)。……そこには堅固な要塞が聳えている。その町の名前はオマーンでもよく知られており、カーイン産の衣服が多量に輸出されている。そこには旅行者が集まり、ホラーサーン地方の境域都市(furḍa)となっており、またキルマーン地方の貿易センター(宝蔵 khizāna)であった。そこの飲料水はカナートからとり、町には三つの門がある」[120]と、述べている。つまりこの記録によって、カーインがペルシャ湾岸のオマーンからイラン・ザグロス山脈を南北に横断してキルマーンとホラーサーンに至るルートの重要な中継地として登場してきたことを知ることができるのである。十三世紀初めの状況を伝えたイブン・アル＝ムジャーウィルの著書『イエメンとメッカおよび一部のヒジャーズ地方の地誌(Ṣifat Bilād al-Yaman wa Makka wa Baʻḍ al-Ḥijāz)』によれば、インド洋を運ばれてきた積み荷は、オマーンのマスカトとスハールを経由して、キルマーン・シジスターン・ホラーサーン・マーワランナフルなどのイラン内陸部に運ばれた、と述べている[121]。このように、十世紀後半から十三世紀にかけて、ペルシャ湾頭の諸地域での治安状況の悪化とイラク・ペルシャ湾軸ネットワークの後退にともない、スハール、ホルムズ、もしくはキーシュを基軸として、ジールフト～キルマーン～カーイン～ニーシャープールを結ぶイラン南北ルートが、アッバース朝政権に反発するイラク・ペルシャ湾軸ネットワークの脇道として利用されるようになったこと、そしてイラン内陸部や中央アジア方面に成立した諸勢力とインド洋世界との間の政治的・経済的交流が増大していったことがわかる。

以上のように、イスマーイール派カルマト教団の勢力は、十世紀前半から十二世紀前半に至るまでの間、インド洋に通じるイラク・ペルシャ湾軸ネットワークの重要拠点に独自の軍事的・宗教的・経済的勢力を維持し、エジプト・紅海軸ネットワークの上に成立したファーティマ朝政権とも対立・共存の諸関係にあったのであって、まさに「シーア派の時代」のイスラム世界を相互に特徴づけていたのである。

カルマト教団の政権が、ペルシャ湾の西岸のアフサー・バフライン地域を中心にして、サワード～シリア砂漠～シリアに至る軍事・政治支配を広げたのに対して、ブワイフ朝ダイラム政権は、ペルシャ湾北東岸のキルマーン・ファールスとフージスターンの諸地域にまたがる広大な領域を支配して、遂に九四六年には、バグダードに入り、アッバース朝カリフ政権を屈服させて軍事的・政治的権力を奪った。このようにカルマト教団とブワイフ朝の二大政権はペルシャ湾を挟んで、激動の十世紀前半から十一世紀半ばにかけてイラク・ペルシャ湾軸ネットワークの支配をめぐって激しく競いあったが、結果的にはペルシャ湾・イラク経由の国際交通・運輪と貿易活動を大きく攪乱・停滞させることとなったのである。ブワイフ朝の軍隊の中核を構成したダイラム軍の出身地は、カスピ海の南西、エルブルズ山脈中のダイラム・ギーラーン地方であった。そこは険しい山岳森林地帯であり、山裾や高原に牧草地が広がり、低地にはカスピ海に続く河川・湿地・湖沼が分布していた。そうした多様な自然地形と生態系環境を利用して、狩猟・牧畜・農耕・漁業を営む諸集団が各地より集まり、群小勢力の自立がみられた。またこの地域は外来勢力による広域的な征服・統治が困難であることから、イスラム化に強く抵抗する土着勢力や反体制的な宗教・政治活動の拠点が設けられた。ブワイフ朝ダイラム軍は、こうした自然地理的・社会的境域地帯に誕生し、やがてサーマン朝の勢力圏とアッバース朝の勢力圏との狭間にあって、西アジア地域に新しい軍事的・政治的体制を持ち込み、十世紀半ば以後のイスラム世界史の展開に大きな変化をもたらした。このように西アジア地域の流動的な国家体制や社会秩序は、間断なく境域地帯から進出してくる異質の諸集団の軍事的・社会的・文化的エネルギーによって再編され、新しい時代の突破口が開かれていったのである。ブワイフ朝に続いて、セルジューク・トルコ族、モンゴル系、コーカサス系、その他の諸集団が移動・侵入し、彼らの新しい軍事的・政治的支配体制が導入されるなかで、西アジア・インド亜大陸・中央アジアなどの東イスラム世界は新しい局面を迎えることとなった。

アッバース朝カリフ政権の弱体化と地方政権の自立にともなって、徴税請負制(ḍamāna)に基づく地方官や軍人を通じての税収入が減少しただけでなく、中央政府の直接統治するイラク地方でも、相次ぐ社会・経済混乱によって国家財政は危機的な状態に陥っていた。これに対してブワイフ朝政権は、イクター制の導入による新しい軍事・統治体制を敷くと同時に、都市の市場における商取引、金融、政府所有の店舗、公共施設、製粉所、手工業生産のための道具、その製品、牧草地、家畜の飼育および取引、果樹など多種多様な分野に対して厳密な国家管理と課税制度を徹底させ、財政収入の大幅な増加に努めた。例えば手工業生産の部門では、アドゥド・アッ＝ダウラは製氷と絹織物業を国営の専売事業とし、またサムサーム・アッ＝ダウラは、バグダードとその近郊で生産される絹織物と亜麻織の衣服に対して、その価格の一〇パーセントを税として徴収するように命じ、それによる税収額は一〇〇万ディルハムにも達した。これに対して織物生産者たちの間からは激しい反対運動が起り、その税の支払いを拒否したために、ブワイフ朝政府はその税の徴収を中止せざるを得なかった。さらに九九八年にも、ワズィール・ナースィル・サーブールがその税を復活させようとしたが、それが原因で暴動が起り、一〇一〇年まで続いた。

金融部門の国家管理では、つぎのような事例が認められる。一〇五一年、ナースィル・ホスローがバスラを訪問したとき、そこの統治者はダイラム出身のファールス王アバー・カーリーンジャールの子であったが、町には三つの市場(朝市・昼市・夕市)があった。それらの市場で必要な商品を購入するときには、公営の両替商であらかじめ貨幣と交換に受取証をもらい、それによって商品を受け取った。そして政府は多額な手数料を得た[122]。こうした公営の両替商は、ブワイフ朝治下の各地に設けられており、ファールス地方のカーゼルーンにあったアドゥド・アッ＝ダウラによって建てられた両替所では、金融仲買人たちがそこに集められて運営され、スルタンへの毎日の収入は一万ディルハムにも及んだという。都市の出入りには、通行証によって人びとの往来を監視するとともに、商品一荷ごとに関税が課せられた。イスパハーンに近いヤフーディーヤの町では、一荷の商品を持ち込むたびに三〇ディルハムの支払いを必要とした。

陸上・水上交通の要地や港では、巡礼者・商人やその他の旅行者から各種の通行税や商品関税が徴収された。ムカッダシーは、ブワイフ朝時代の商品関税《ダリーバ》は河川・港湾や陸上のいずれにおいても重く、とくにバスラでは、カルマト教団の支配する税関とブワイフ朝による別の税関とが設けられて、メッカ巡礼者たちに対して所持品や乗物(荷車・駄獣)に課税されたこと、クーファやバグダードでも同じような状況であったことを述べている。[123] アドゥド・アッ＝ダウラは、馬・ロバ・ラクダなどの市場における取引税を決め、また以前に増して高率の輸出入関税を課した。そうした厳しい徴税によって、九六八／九六九年のバスラにおける総税収額は六〇〇万ディルハム、またペルシャ湾のシーラーフとマフルーバーンの港市での船舶の通行税と関税の総税収入は、実に二一五万ディナール（約二一五〇万ディルハム）にも及んだ。とくに、十世紀半ばにおけるシーラーフ港は、インド洋の海運と貿易活動の最大の中心地として繁栄していたので、ブワイフ朝政権がこの港における船舶税と商品関税の確保に強い関心を抱いていたのは当然なことであろう。またシーラーフは、ペルシャ湾沿岸部やオマーンのスハールおよびインド洋に進出する海軍基地としても重要な意味をもっていた。

ブワイフ朝は、イラン高原を南北に横断して、ペルシャ湾沿岸部とホラーサーン・マーワランナフル・カスピ海・黒海方面とを結ぶ陸上ルート、さらにインド洋・ペルシャ湾からイラク・シリア方面に通じるイラク・ペルシャ湾軸ネットワーク沿いのルートという、二つの重要ルートを掌握することで、国際交通・運輸と貿易活動の上で広範な影響力を及ぼし、運輸と貿易の管理統制によって通行税と貿易関税を獲得しようとしていた。以上の目的を達成するために、ブワイフ朝のスルタンたちは、ペルシャ湾の入り口にあるホルムズ海峡付近のシーラーフ・フズー・キーシュ島・ホルムズ、またマクラーン海岸のティーズや、対岸のオマーン地方に対する軍事支配を拡大するだけでなく、インド洋周縁部の中国・シンド・イエメンなどの諸国に使節を派遣し、彼らの政治的・経済的影響力を強化することを企てた。

ブワイフ朝がインド洋に進出するアラビア半島側の重要な拠点は、オマーンであった。オマーン地方は、騒乱の渦巻くペルシャ湾頭のサワード、フージスターン、アフサー・バフラインなどの諸地方からある程度の地理的距離を隔てていたことから、十世紀初めまでは比較的安定した社会的・経済的状況にあった。ムカッダシーが伝えるように、その地方の中心都市スハールは、東西世界の宝物庫といわれるほど富や商品を集め、中国に通じるインド洋航海と貿易活動の重要な拠点であって、多くの富裕者や商人が住んでいた。(124) 十世紀の初めに、オマーンのシュラート(al-Shurāt)とバヌー・サーマ・イブン・ルアイ(Banū Sāma b. Lu'ay)との間で部族紛争が起ると、ムハンマド・イブン・アル＝カーシムはアッバース朝カリフ－ムゥタディドに援軍を求めた。その要請に応えて、イブン・サウル(Ibn Thawr)の率いるアッバース朝の軍隊は、オマーンを征服した。十世紀半ばに入ると、バフライン地方のカルマト教団の政権が次第にオマーンに拡大する勢いを示していた。そして遂に、九六四年にはオマーンに侵入して、山岳部に拠点をもつシュラートの勢力と結んだ。一方、ホルムズ海峡を挟んだキルマーンとマクラーンの諸地方では、バルーチー系の諸部族が勢力圏を拡大して、九七〇年にはホルムズやティーズなどの港を攻略した。カルマト教団勢力によるホルムズ海峡とオマーンへの進出を恐れたブワイフ朝は、九六三年と九六五年にウブッラおよびバスラから艦隊を派遣して、オマーンの主導権を握ろうと企てた。イブン・アル＝アシールによると、九六六年、ムイッズ・アッ＝ダウラはウブッラでオマーン遠征の軍隊と艦隊を準備し、アブー・アル＝ファラジュを派遣した。途中、シーラーフでアドゥド・アッ＝ダウラが準備した援軍を合せて、同年十一月にはオマーンに到着し、そこでムイッズ・アッ＝ダウラへのフトゥバが唱えられた。[125] しかしその翌年、ムイッズ・アッ＝ダウラの死去にともなって、オマーン人の間に再び反乱が発生し、結局、オマーンの新しい土着勢力のナブハーン家に一時、支配権が委譲されることとなった。その後、九八四年には、ブワイフ朝のサムサーム・アッ＝ダウラとシャラフ・アッ＝ダウラとの間でオマーンの統治権をめぐって対立が生じ、シャラフ・アッ＝ダウラはカルマト教団の勢力と結んだ。こうして勢力を得たシャラフ・アッ＝ダウラの支配領域は、ペルシャ湾の両岸とイラク地域から、アーミド(ディヤール・バクル)、ラッカまで及んで、インド洋・ペルシャ湾と東地中海沿岸部を結びつける国際交通・運輸と貿易上の拠点を広域に支配下に収めることに成功した。イブン・アル＝ジャウズィーとイブン・アル＝アシールが伝えるところによると、九八〇／九八一年、イエメンの支配者は使者を派遣してアドゥド・アッ＝ダウラに贈物と友好の親書を送った。またムカッダシーは、中国・イエメン・オマーンおよびシンド地方のマンスーラにおいて、ブワイフ朝スルタンの強大な権力に対するフトゥバが唱えられたと報告している。[126]

以上のように、ブワイフ朝は内外多事の政情下にあって、国家財政の再建のために商業交易の国家管理と課税制度を徹底させたのである。しかしその結果として、商人や巡礼者たちの自由な往来を制限し、貿易や生産活動をますます停滞と不振に導いたことは明らかであろう。さらにシーラーフとオマーンの税務長官を務めたアブー・アル＝タイイブ・アル＝ファッラハーンの例にみられるように、官吏のなかには不正を働き、私財を肥やすものが多く、都市の経済生活は一層困窮の度を加えていった。インド洋貿易の最大の中継港として繁栄したシーラーフの状況が、ブワイフ朝の時代を境とするイラク・ペルシャ湾軸ネットワークの全体的な衰退現象を最もよく物語っている。バスラに較べると、シーラーフはザンジュの反乱やカルマト教団の政権の影響を直接的に受けなかったが、①バグダードの市場圏との分離、②九一八/九一九年のシーラーフ船団の海難事故、③ブワイフ朝のアドゥド・アッ＝ダウラによるジュール(フィールーザーバード)征服とダイラム軍によるファールスおよびペルシャ湾沿岸部への進出、④シーラーフ〜ジュール〜シーラーズ軸のザグロス山脈越えキャラバン・ルートの途絶、⑤唐末期の政治・社会混乱による中国貿易の後退、などにみられるように、シーラーフをとりまく政治的・経済的環境は大きく変容しつつあった。またムカッダシーが伝えるように、十世紀後半におけるシーラーフ都市社会は、道徳の喪失と風紀の乱れが甚だしく、無気力が支配するようになっていた。さらにヒジュラ暦三六六年(九七六/九七七年)もしくは三六七年(九七七/九七八年)に発生した大地震は、シーラーフの都市活動を破局的な状態に陥れた。[127] このような十世紀以後の東イスラム世界をとりまく社会・経済変化を逸早く察知したシーラーフの富豪商人や船乗りたちは、彼らの活動拠点をインド南西海岸のグジャラートやマラバールの諸地方、南アラビア、イエメン、紅海沿岸部に移したのである。そのなかでもアデンは、サーサーン朝ペルシャ帝国の時代からイラン系移住者や商人たちが多数居住していたので、そこを拠点にして紅海沿岸部や東アフリカ海岸に彼らの交易ネットワークを拡大していった。とりわけズィヤード朝のアブー・アル＝ジャイシュ（在位九〇二—九八一年）が、アデンを根拠地としてイエメンの海岸部・内陸部とハドラマウト地方を広く領有した頃から、アデン港における貿易量は飛躍的に増加し、インド・東南アジア・中国などの方面からの諸物産が多量に集まるようになった。アデンにおけるインド洋の海運と貿易活動の発展は、明らかにシーラーフ系の商人たちが多数移住し、彼らがインド洋貿易の上で指導的な役割を担うようになったためであると考えられる。また後述するように、ちょうど同時期にファーティマ朝のイスマーイール派の宣伝員《ダーイー》たちがイエメンからインド洋の各地に派遣され、地中海〜エジプト〜紅海〜インド洋を結ぶネットワークの中軸として、アデンが位置づけられるようになった。シーラーフ系の船乗り・商人たちが移住先とした港としては、アデンの他にソコトラ島・ガラーフィカ・アフワーブ・ザイラ・カマラーン島・ダフラク諸島・スワーキン・ジッダなどがあった。イブン・アル＝ムジャーウィルは、イエメン・ティハーマ地方の中心都市ザビードの外港アフワーブが、シーラーフ出身の豪商ラーマシュトによって建設されたと述べている[128]。このようにシーラーフ系の移住者たちは、イラク・ペルシャ湾軸ネットワークの衰退にともなって、新しく興隆しつつあったエジプト・紅海軸ネットワークに沿った交易港を拠点にして、社会・経済の激動する時代を巧みに生き抜こうと努力していたのである。

十世紀半ばに入ると、ファーティマ朝は、イスマーイール派宣伝員をアラビア海とインド洋西海域の各地に派遣して、地中海世界〜エジプト〜イエメン〜インダス川流域のシンド地方にまたがるイスマーイール派ネットワークの拡大に尽力した。ファーティマ朝がエジプトに新都カイロを建設した直後の頃、シンド地方のムルターンに住むシーア派ムスリムたちは、ファーティマ朝スルタンに対するフトゥバを唱え、またディーナール貨を使用することによって、積極的にその政治・宗教・経済のネットワークに編入されることを望んでいた。ムカッダシーは、シンド地方のマンスーラとムルターンの町について、つぎのように説明している。

マンスーラについていえば、そこでは現在、クライシュ族出身のスルタンが支配し、アッバース朝に対してフトゥバを唱えている。かつての一時期には、[ブワイフ朝の]アドゥド・アッ＝ダウラにフトゥバが唱えられていた。私はシーラーズにいるとき、そこの使者がアドゥド・アッ＝ダウラの息子[シャラフ・アッ＝ダウラ]のもとに到着したのをみたことがある。一方、ムルターンでは、ファーティマ朝に対してフトゥバが唱えられている。ただただファーティマ朝の命令を遵守して、つねに彼らは使者と贈物をエジプトに送っている。ファーティマ朝スルタンが、強大・中庸なるスルタンであるためである。(129)

シンドおよびグジャラート地方は、イラク・ペルシャ湾軸とエジプト・紅海軸という、二つのネットワーク軸が交差するインド洋世界のなかの重要な拠点に位置していた。従って、そこはファーティマ朝とブワイフ朝の両勢力が政治的・経済的影響力の拡大を競い合う境域地帯となっていた。ティーズ(マクラーン)やオマーンのスハールも、つぎつぎにファーティマ朝支配の正統性を認めて、使節の交流や贈物の交換が続けられた。このようにして、イエメンおよび南アラビアとインド西海岸のグジャラートおよびシンド地方とを結ぶ、古くからの人的移動、文化的・経済的交流関係は、ファーティマ朝のインド洋政策のなかで、新しい展開をみせるようになった。つまり国際交通・運輸と貿易活動の流れの方向は、その重心をイラク・ペルシャ湾軸ネットワークから、インド洋〜イエメン〜紅海〜エジプトを経由して地中海世界に通じるエジプト・紅海軸ネットワークに大きく移行しつつあったのである。

イフシード朝(九三五―九六九年)時代にエジプトを訪問したイブン・ハウカルは、ファーティマ朝軍隊によるエジプト征服直前のフスタートの町の様子を、バグダードの約三分の一、一ファルサフ(六キロメートル)に及ぶ大都市であり、極めて人口の多い、健康的で住み良い町であって、家屋は五階から七階建ての高層建築が並び、一軒には二〇〇人の住民が居住し、浮き橋によって対岸のジーザ(ギザ)と連絡していた、と述べている(130)。さらにファーティマ朝のエジプト支配初期のフスタートについて、ムカッダシーは、

そこはエジプトの軍営地《ミスル》。バグダードの生き写し、イスラム世界の栄光、全人類の商業中心、平安の都(バグダード)よりも壮麗なる町、マグリブ地域の宝庫、東方イスラム地域(マシュリク)の終着点であって、祭日の賑わいからいっても、諸都市のなかでこれほど人口が多い所はない。……ニーサーブール(ニーシャープール)よりも人口が多く、バスラよりも壮麗であり、ダマスカスよりも規模が大きく、……中国やビザンツ帝国からの船が奇異なる商品を運んでくる(131)。

と、最大限の賛美の言葉を連ねてその町の繁栄ぶりを説明している。エジプトに限らず、イフリーキーヤ・マグリブ・アンダルスの諸地方においては、十世紀前後を明瞭な境界線とする地中海の海

運とスーダン金貿易の興隆にともなって、政治的安定と都市経済の繁栄がみられたのである。アンダルス地方における後ウマイア朝、イフリーキーヤ地方とシチリア島を領有したファーティマ朝、エジプト・シリア地方のトゥールーン朝、イフシード朝、そしてファーティマ朝などの支配者たちは、いずれも独自な軍事的・政治的勢力の拡大と文化・経済の発展を競いあった。こうした状況のなかで、シーラーフのようなペルシャ湾沿岸部の諸都市や、バグダード・クーファ・バスラや、ホラーサーン地方の諸都市に住む商人・手工業者・ウラマー、そして農村部の人びとが、大きな人間移動の波となって西方イスラム地域に移動するようになったのである。移動の波は、様々な政治・経済状況の変化のなかで徐々に進行していったと思われる。織物職人、工芸・細工師、イスラム諸学に精通した学者など、専門的な技術や知識をもった人びとは、西側の諸国家によって積極的に招聘された。富裕な商人たちは、国家による財産没収や反乱軍の略奪を恐れて、メッカ巡礼のキャラバン隊に紛れて貿易取引先や仲間のもとに活動の拠点を移し、最終的には家族や財産と共に移住した。都市の一般住民や農民たちも、物価高騰・飢饉・疫病や、アイヤールーンと流民による暴動と略奪、トルコ系軍人の派閥争いなどの社会・経済不安と政治の混乱が続くなかで、住み慣れた土地を離れ、シリア・ヒジャーズ・エジプトの諸地方に移動していった。こうした状況を示す具体的な記録をいくつか紹介してみよう。

九四二／九四三年、バグダードの多数の商人たちは、騒乱にともなう災禍を避けて、メッカ巡礼者たちと一緒にシリアやエジプトに向けて移住した。

九四五年、トルコ軍とダイラム軍からの俸給増額の要求があり、その財源として商人・書記・労働者などすべての職種の人びとには分担金が課せられ、また財産没収がおこなわれた。このため商人たちはバグダードから逃亡した。物価は高騰し、パンが不足して、人びとは死者の肉や草を食べて飢えをしのいだ。ハムダーン朝のマウスィルには、バスラやクーファからの避難民が多数集まり、イラク・アルメニア・アゼルバイジャーンとシリアの間を結ぶ境域市場として賑わっていた。

九六四年、アンターキーヤおよび北シリア境域地帯では、物価が高騰し、約五万人の人びとが、ラムラやダマスカス方面に移動した。

九六五年、ビザンツ軍がアナトリア地方を侵略したため、商人たちはシリア経由でメッカに向かった。途中、その巡礼隊をバヌー・スライムが襲撃し、商品や財貨を奪った。

九七二／九七三年、バグダードのカルフ地区で大火が発生し、商人たちは財産を失った。アイヤールーンによる略奪と放火がおこなわれ、住民たちはバグダードの右岸に移動した。

九七四年、大宰相イブン・シールザードによる重税を逃れて、多くの商人たちが町を去った。

十世紀後半におけるバグダードの衰微の状況を最も明解に伝えている史料は、つぎに引用するムカッダシーの一文であろう。

［バグダードの］町は、かつてムスリムたちにとって最も素晴しきもの、筆舌につくし難いほどに壮麗な都会(balad)であった。ところがカリフ権が弱体化して、秩序が失われ、住民たちの

数もどんどん減少していった。平安の都（バグダード）は今や荒廃してしまった。［すべてが荒れ果てたなかで、］ただ人が集まる所といえば金曜日のモスクだけになった。荒廃の後でも、バグダードで最も賑わう場所といえばラビーゥ地区と西岸のカルフ地区。東岸では、ターク門とアミールの屋敷があるところだけである。……わたしは、多くの不正、人びとの無知、道徳の喪失と［ブワイフ朝の］スルタンによる圧制によって、バグダードがやがてサーマッラーのように［廃墟に］なるのではないかと危惧しているのである。[132]

（1） G. E. von Grunebaum, Chap. 8, 'The Structure of the Muslim Town', in *Islam, Essay in the Nature and Growth of a Cultural Tradition*, London, 1961; A. H. Hourani & S. M. Stern (ed.), *The Islamic City*, Oxford, 1970; I. M. Lapidus (ed.), *Middle Eastern Cities*, University of California Press, Berkeley and Los Angeles, 1969; L. Carl Brown (ed.), *From Madina to Metropolis, Heritage and Change in the Near Eastern City*, Princeton, 1973; 佐藤次高「ムスリム都市の性格」『中東通報』第一巻二八四号（一九八二年）、一―九ページと三浦徹「イスラムの都市性を巡って」『地中海学研究』第十三巻（一九九〇年）、一五一―一五九ページの二編の論文は、最近におけるイスラム都市研究の系譜、その研究上の意義と方法を明解に指摘したものである。

（2） G. Le Strange, *Baghdad during the Abbasid Caliphate*, Oxford, 1900; 'Baġdād, Volume spécial publié à l'occasion du mille deux centième anniversaire de la fondation', *Arabica*, vol. 9-3, Leiden, 1962; J. Lassner, *The Topography of Baghdad in the Early Middle Ages: Text and Studies*, Detroit, 1970; J. Sauvaget, *Alep: Essai sur le dévelopment d'une grande ville syrienne des origines au milieu du XIX siècle*, Paris,

1941 ; M. Clerget, *Le Caire, Étude de géographie urbaine et d'histoire économique*, 2 vols., Cairo, 1934 ; Abu-Lughod, *Cairo : 1001 Years of the City Victorious*, Princeton, 1971.

(3) G. E. von Grunebaum, *op. cit.* p. 142.

(4) I. M. Lapidus, *Muslim Cities in the Later Middle Ages*, Harvard U. P., 1967.

(5) 'Region and Government in the World of Islam', *Israel Oriental Studies*, vol. 10 (1983).

(6) M. M. Ahsan, *Social Life under the Abbasids*, London, 1979 ; B. M. Fahd, *al-'Āmma bi-Baghdād fī al-Qarn al-Khāmis al-Hijrī*, Baghdad, 1967.

(7) S. D. Goitein, *A Mediterranean Society, The Jewish Communities of the Arab World as portrayed in the Documents of the Cairo Geniza*, 5 vols., Univ. of California Press, 1977-88 ; Ṣ. A. al-'Alī, *al-Tanẓīmāt al-Ijtimā'īya wa'l-Iqtiṣādīya fī al-Baṣra fī al-Qarn al-Awwal al-Hijrī*, Beirut, 1953 ; al-Ma'āḍidī, *Wāsiṭ fī al-'Aṣr al-Umawī*, Baghdad, 1976.

(8) H. A. Miskimin, David Herlihy & A. L. Udovitch (ed.), *The Medieval City*, Yale U. P., 1977.

(9) R. B. Serjeant (ed.), *The Islamic City*, UNESCO, 1980.

(10) 三上次男『陶磁の道』岩波書店、一九六九年。『三上次男著作集』全六巻、中央公論美術出版、一九八七—九〇年。

(11) Ibn al-'Imrānī, *al-Inbā' fī Ta'rīkh al-Khulafā'* (ed. Q. al-Sāmarā'ī, Leiden, 1973), p. 117.

(12) W. Barthold, *Turkestan down to the Mongol Invasion*, E. J. W. Gibb Memorial New Series, No. 5, London, 1928, p. 88.

(13) Ibn Ḥawqal, *op. cit.*, p. 146.

(14) *Ibid.*, pp. 111-114.

(15) *Ibid*., pp. 118-120 ; al-Muqaddasī, *op. cit*., pp. 231-232.

(16) Ibn al-Faqīh al-Hamadhānī, *Baghdād Madīnat al-Salām* (ed. Ṣāliḥ Aḥmad al-'Alī, Baghdad, 1977), pp. 27-31 ; Fuat Sezgin (ed.), *Majmū' fī al-Jughrāfīyā* (Ms. 5229, Riḍawīya Library, Mashhad), Frankfurt, 1987, pp. 55-59 ; al-Ya'qūbī, *Kitāb al-Buldān*, p. 325.

(17) Ibn al-Faqīh al-Hamadhānī, *op. cit*., p. 32 ; Fuat Sezgin, *op. cit*., pp. 59-60.

(18) al-Ya'qūbī, *Kitāb al-Buldān*, p. 250 ; 'Abd al-'Azīz al-Dūrī, 'Baghdād', in *Encyclopaedia of Islam* (new ed., Leiden, 1960), vol. 1, p. 899.

(19) Abū Bakr Aḥmad al-Khaṭīb al-Baghdādī, *Ta'rīkh Baghdād* (Dār al-Kutub al-'Ilmīya, 15 vols., Beirut), vol. 1, pp. 117-118.

(20) *Ibid*., vol. 1, pp. 81, 90, 109.

(21) *Ibid*., vol. 1, p. 117.

(22) al-Muqaddasī, *op. cit*., p. 36.

(23) al-Khuwārizmī, *Mafātiḥ al-'Ulūm*,(ed. G. Van Vloten, Leiden, 1895), p. 42.

(24) Qudāma b. Ja'far, *Kitāb al-Kharāj* (ed. M. J. de Goeje, Lugduni Batavorium, 1967), p. 188.

(25) S. D. Goitein, 'The Commercial Mail Service in Medieval Islam', *Journal of the American Oriental Society*, vol. 84 (1964), pp. 118-123.

(26) タヌーヒーには多くの事例がみられるが，例えば al-Tanūkhī, *Nishwār al-Muḥāḍara wa-Akhbār al-Mudhākira* (ed. 'Abbūd al-Shālijī, 7 vols., Beirut, 1972), vol. 3, pp. 79-82 参照。

(27) R. W. Bulliet, *The Camel and the Wheel*, Harvard U. P., 1975, pp. 47-50.

(28) Ibn Ḥawqal, *op. cit*., pp. 359-360. アラブ・ムスリム軍の北アフリカ進出にともなってもたらされたラクダ牧畜文化については、本書二八四ページ参照。

(29) Ibn al-Jawzī, *al-Muntaẓam fī Ta'rīkh al-Mulūk wa'l-Umam* (ed. Hydarabad-Deccan, vols. 5-9, 1938-40), vol. 7, p. 276.

(30) Miskawayh, *Kitāb Tarājim al-Umam* (ed. H. F. Amedroz, 2 vols., Cairo, 1914-15), vol. 2, p. 215.

(31) E. Ashtor, *op. cit.*, pp. 109-114.

(32) H. J. Cohen, 'The Economic Background and the Secular Occupations of Muslim Jurisprudents and Traditionalists in the Classical Period of Islam', *JESHO*, vol. 13 (1970), pp. 36, 40.

(33) シャイバーニーによる商業賛美論については S. D. Goitein, 'The Rise of the Middle-Eastern Bourgeoisie in Early Islamic Times', in *Studies in Islamic History and Institutions*, Leiden, 1966, pp. 220-229 参照。またイスラム商業論については、al-Jāḥiẓ, *Kitāb al-Tabaṣṣar bi'l-Tijāra* (ed. Ḥ. H. 'Abd al-Wahhāb), Cairo, 1966; al-Dimashqī, *Kitāb al-Ishāra ilā Maḥāsin al-Tijāra*, Cairo, A. H. 1318 参照。

(34) Sulaymān & Abū Zayd, *Silsilat al-Tawārīkh* (ed. & trans. M. Reinaud, Paris, 1845), pp. 42-43 (藤本勝次訳注『シナ・インド物語』関西大学出版、一九七六年、二二―二三ページ).

(35) 例えば、シーラーズの町に出入りするための通行証 (jawāz) については、al-Muqaddasī, *op. cit.*, p. 429 参照。

(36) al-Muqaddasī, *op. cit.*, pp. 133-134.

(37) Ibn Baṭṭūṭa, *Riḥlat Ibn Baṭṭūṭa* (*Voyages d'ibn battûta*, texte arabe, accompagné d'une traduction par C. Defremery & B. R. Sanguinetti, 4 vols., Édition Anthropos, Paris, 1968), vol. 4, pp. 273-274.

(38) 西ヨーロッパにおける大市の変遷については、フェルナン・ブローデル、山本淳一訳『物質文明・経済・資本主義』II-I「交換のはたらき 1」、みすず書房、一九八六年、九四―一〇一ページ参照。

(39) Ibn Ḥawqal, *op. cit.*, p. 217.
(40) al-Muqaddasī, *op. cit.*, p. 138.
(41) *Ḥudūd al-ʻĀlam* (*The Regions of the World*, A Persian Geography, trans. V. Minorsky, London, 1937), p. 113.
(42) al-Nābulusī, *Ta'rīkh Fayyūm* (ed. B. Moritz, Cairo, 1898), p. 69.
(43) Ibn Ḥawqal, *op. cit.*, p. 432.
(44) ʻAbd al-Raḥmān al-Shīrāzī, *Nihāyat al-Rutba fī Ṭalab al-Ḥisba* (ed. al-Sayyid al-Bāzz al-ʻAraynī), Beirut, 1969 ; Ibn al-Ukhuwwa, *Maʻālim al-Rutba fī al-Aḥkām al-Ḥisba* (ed. R. Levy), London, 1938 ; Ibn Bassām al-Muḥtasib, *Nihāyat al-Rutba fī Ṭalab al-Ḥisba* (ed. H. D. al-Sāmarā'ī), Baghdad, 1968.
(45) al-Dimashqī, *op. cit.*, pp. 48-52.
(46) S. D. Goitein, *A Mediterranean Society*., vol. 1, p. 156.
(47) al-Nābulusī, *op. cit.*, p. 26. 佐藤次高『中世イスラム国家とアラブ社会――イクター制の研究――』山川出版社、一九八六年、二六七、二八二、三五八ページ参照。
(48) Ibn Baṭṭūṭa, *op. cit.*, vol. 2, pp. 181-182, 196-197, 202-203.
(49) Ibn Faḍlān, *Kitāb Ibn Faḍlān* (Ms. Mashhads), Fuat Sezgin (ed.), *Majmūʻ fī al-Jughrāfīya*, p. 398 (家島彦一訳注『イブン・ファドラーンのヴォルガ・ブルガール旅行記』東京外国語大学アジア・アフリカ言語文化研究所、一九六九年、二一一―二一二ページ).
(50) al-Maqrīzī, *al-Khiṭaṭ*., vol. 2, p. 205 ; al-Masʻūdī, *Murūj al-Dhahab*., vol. 8, p. 115.
(51) al-Udhrī, *Nuṣūṣ ʻan al-Andalus min Kitāb Tarṣīʻ al-Akhbār* (ed. ʻAbd al-ʻAzīz al-Ahwānī, Madrid, 1965), p. 96.

(52) al-Dimashqī, *op. cit.*, p. 52.

(53) al-Muqaddasī, *op. cit.*, pp. 97-98.

(54) al-Idrīsī, *Kitāb Nuzhat al-Mushtāq fī Ikhtirāq al-Āfāq* (Opus Geographicum, ed., R. Robinnacci, Leiden, 1976), pp. 713, 719-720.

(55) 家島訳注『イブン・ファドラーンのヴォルガ・ブルガール旅行記』参照。

(56) Ibn Khurdādhbeh, *op. cit.*, p. 154.

(57) Ibn Ḥawqal, *op. cit.*, pp. 389-390.

(58) *Ibid.*, p. 392.

(59) G. S. P. Freeman-Grenville, *The East African Coast, Select Documents from the First to the Earlier Nineteenth Century*, Oxford, 1962, pp. 35-36, 83-84, 242.

(60) Sulaymān & Abū Zayd, *op. cit.*, p. 63（藤本訳三三ページ）.

(61) al-Mas'ūdī, *op. cit.*, vol. 1, pp. 166-167. 拙稿「法隆寺伝来の刻銘入り香木をめぐる問題——沈香・白檀の産地と七・八世紀のインド洋貿易——」『アジア・アフリカ言語文化研究』第三七号（一九八九年）、一三九ページ参照。

(62) 周去非『嶺外代答』巻二「故臨国」条参照。

(63) al-Muqaddasī, *op. cit.*, p. 375.

(64) Ibn Ḥawqal, *op. cit.*, p. 344.

(65) al-Khuwārizmī, *Ṣūrat al-Arḍ* (ed. Hans v. Mžik, Leipzig, 1926), p. 6.

(66) 'Abd al-Raḥmān b. 'Āmir al-Ṣa'dī, *Ta'rīkh al-Sūdān* (ed. O. Houdas, Paris, 1980), p. 9.

(67) H. von Wissmann, 'The Appearance of Camel Normadism in North Africa', in *Encyclopaedia of Islam*

(new ed.), vol. 1, pp. 887-889 参照。

(68) Ibn Ḥawqal, *op. cit.*, p. 101.

(69) Ibn Baṭṭūṭa, *op. cit.*, vol. 4, pp. 441-442.

(70) al-Mas'ūdī, *op. cit.*, vol. 2, p. 408 ; Ibn al-Wardī, *Kharīdat al-'Ajā'ib wa Farīdat al-Gharā'ib*, Būlāq ed., Cairo, 1302 H., p. 34.

(71) Maḥmūd Ka'ti al-Tinbukutī, *Ta'rīkh Fattāsh fī Akhbār al-Buldān* (ed. O. Houdas & M. Delafosse, Paris, 1964), p. 41.

(72) al-Bakrī, *al-Masālik wa'l-Mamālik* (ed. de Slane, *Kitāb al-Maghrib fī Dhikr Bilād Ifrīqīya wa'l-Maghrib*), Paris, 1965, p. 174.

(73) al-Hamdānī, *op. cit.*, p. 143.

(74) スチューレ・ボーリン「マホメット、シャルルマーニュ、及びリューリック」(H・ピレンヌ他、佐々木克巳編訳『古代から中世へ——ピレンヌ学説とその検討——』創文社)、一五三ページ。

(75) Ibn Rusta, *Kitāb al-A'lāq al-Nafīsa* (ed. J. de Goeje, Lugduni Batavoarum, 1967), p. 156.

(76) al-Iṣṭakhrī, *Kitāb Masālik al-Mamālik* (ed. J. de Goeje, Lugduni Batavoarum, 1967), p. 268 ; Ibn Ḥawqal, *op. cit.*, pp. 440-441.

(77) 家島訳注『イブン・ファドラーンのヴォルガ・ブルガール旅行記』、七ページ。

(78) E. Ashtor, *A Social and Economic History.*, p. 175.

(79) S. D. Goitein, *A Mediterranean Society.*, vol. 1, pp. 233-234, 368-369.

(80) A. S. Ehrenkreutz, 'Studies in the Monetary History of the Near East', *JESHO*, vol. 2 (1959), p. 144 ff., vol. 6 (1963), p. 256 ; E. Ashtor, *op. cit.*, pp. 175-176.

(81) 愛宕松男「斡脱銭とその背景——十三世紀モンゴル＝元朝における銀の動向」『東洋史研究』第三二巻、一九七三年、一—二七ページ、二三—六一ページ；R. P. Blake, 'The Circulation of Silver in the Moslem East down to the Mongol Epoch', *Harvard Journal of Asiatic Studies*, vol. 2 (1937), pp. 291-328.

(82) Ya'qūbī, *Kitāb al-Buldān*., p. 334.

(83) Ibn Ḥawqal, *op. cit*., pp. 58-59.

(84) バクリーによると、非アラブ人バヌー・ナグマーラタ Banū Naghmāratah の商人たちが金産地に出かけて、金地金を買い付けた(al-Bakrī, *op. cit*., pp. 177-178)。

(85) Ibn Baṭṭūṭa, *op. cit*., IV, p. 445.

(86) Ya'qūbī, *Kitāb al-Buldān*., pp. 345-346.

(87) Ibn Ḥawqal, *op. cit*., p. 61.

(88) al-Bakrī, *op. cit*., p. 158.

(89) T. Lewicki, *West African Food in the Middle Ages*, Cambridge U. P., 1974, pp. 150, 166, 170-171, 180-181 ; R. Mauny, 'Notes historiques autour des principales plantes cultivées d'Afrique occidentale', *Bulletin de l'Institut Français d'Afrique Noire*, vol. 15 (1953), pp. 684-730.

(90) 家島訳注『イブン・ファドラーンのヴォルガ・ブルガール旅行記』、九ページ。

(91) Ya'qūbī, *al-Ta'rīkh*, vol. 2, p. 177.

(92) Ibn Ḥawqal, *op. cit*., pp. 61, 99.

(93) Nāṣir Khusrau, *Safar-i Nāmah* (ed. & trad. C. Schefer, *Sefer Nameh, Relation du voyage de Nassiri Khosrau*, Paris, 1881), pp. 180-181 (text, p. 64).

(94) 'Abd al-'Azīz al-Dūrī, 'Baghdad' in *Encyclopaedia of Islam* (new ed.), vol. 1, p. 899.

(95) E・アシュトゥールは、アッバース朝時代のイラクおよび上メソポタミア地方の総人口が四〇〇万人であったと推定している(E. Ashtor, *A Social and Economic History*., p. 89)。従って、現在のトルコ領のマルディン、ディヤール・バクル、マラティヤなどの境域地帯、さらにペルシャ湾沿岸、フージスターンなどの諸地方を含めた人口として、一〇〇〇万人から一二〇〇万人がイラク・ペルシャ湾軸ネットワークの中心地域に集中していたと考えられる。

(96) Qudāma b. Ja'far, *Kitāb al-Kharāj*(ed. J. de Goeje, Lugduni Batavorum, 1967), pp. 236-240; Ibn Khurdādhbeh, *op. cit*., pp. 10-12.

(97) Ibn Waḥshīya, *Kitāb al-Filāḥat al-Nabaṭīya*(Facsimile Editions, Publications of the Institute for the History of Arabic-Islamic Science, Series C, vol. 3, 2-4, Frankfurt, 1984), f. 47a. 併せて、H. Q. el-Samarraie, *Agriculture in Iraq during the 3rd Century A. H*., Beirut, 1972, p. 88 参照。

(98) Ibn al-Faqīh al-Hamadhānī, *Baghdād Madīnat al-Salām*, p. 60; Fuat Sezgin(ed.), *Majmū' al-Jughrāfīya*, pp. 84-85.

(99) Ibn Waḥshīya., *op. cit*., ff. 50b-51a; H. Q. el-Samarraie, *op. cit*., pp. 89-90.

(100) E. Ashtor, *A Social and Economic History*., pp. 58-62.

(101) al-Māwardī, *Aḥkām al-Sulṭānīya wa'l-Wilāyāt al-Dīnīya*,(ed. Musṭafā al-Bābī al-Ḥalabī, Cairo, 1966), p. 173(湯川武訳「統治の諸規則」『イスラム世界』第二七・二八号、一一三ページ).

(102) al-Balādhrī, *op. cit*., vol. 1, pp. 198-199.

(103) Qudāma b. Ja'far, *op. cit*., pp. 240-241.

(104) al-Māwardī, *op. cit*., p. 175.

(105) Ibn Serapion(Ṣuḥrāb), *'Ajā'ib al-Aqālīm al-Sab'a*(ed. Hans v. Mžik, Leipzig, 1930), pp. 117-138.

(106) al-Iṣṭakhrī, *op. cit.*, pp. 80-81 ; Ibn Ḥawqal, *op. cit.*, p. 236.

(107) Andrew M. Watson, *Agricultural Innovation in the Early Islamic World*, Cambridge U. P., 1983, pp. 1-6, 129-136 ff.

(108) al-Mas'ūdī, *op. cit.*, vol. 2, p. 108.

(109) al-Bakrī., *op. cit.*, p. 161 ; Annonymous, *Kitāb al-Istibṣār fī 'Ajā'ib al-Amṣār* (ed. Sa'd Zaghlūl, Alexandria, 1958), pp. 211-212.

(110) Yāqūt, *op. cit.*, vol. 1, pp. 252, vol. 2, pp. 54, 153, vol. 4, p. 849 ; al-Qazwīnī, *Āthār al-Bilād wa-Akhbār al-'Ibād* (ed. Dār Ṣādir), Beirut, 1960, p. 472.

(111) al-Balādhrī, *op. cit.*, vol. 1, p. 456.

(112) David Waines, 'The Third Century Internal Crisis of the Abbasids', *JESHO*, vol. 20-3 (1977), p. 303 参照。

(113) Thābit b. Sinān, *Akhbār al-Qarāmiṭa* (ed. Suhayl Zakkār, Beirut, 1982), pp. 53-54.

(114) Joan de Barros, *Da Asia* (trans. G. S. P. Freeman-Grenville, *The East African Coast, Select Documents from the First to the Earlier Nineteenth Century*, Oxford, 1962), pp. 83-84.

(115) R. L. Pouwells, 'Tenth-century Settlement of the East African Coast : The Case for Qarmatian/Isma'ili Connections', *Azania*, vol. 9 (1974), pp. 65-74.

(116) Ibn Ḥawqal, *op. cit.*, pp. 25-26.

(117) Nāṣir Khusrau, *op. cit.*, pp. 82-88 (text).

(118) al-Ṭabarī, *op. cit.*, vol. 3, pp. 2217-18.

(119) Yaḥyā b. al-Ḥusayn, *Ghāyat al-Amānī fī Akhbār al-Quṭr al-Yamānī* (ed. Sa'īd 'Abd al-Fattāḥ 'Āshūr,

Cairo, 1968), pp. 292-293.

(120) al-Muqaddasī, *op. cit.*, p. 321.

(121) Ibn al-Mujāwir, *Ṣifat Bilād al-Yaman wa Makka wa Ba'ḍ al-Ḥijāz al-musammāt Ta'rīkh al-Mustabṣir* (ed. O. Löfgren, 2 vols. Leiden, 1951-54), vol. 2, p. 284.

(122) Nāṣir Khusrau, *op. cit.*, p. 85(text).

(123) al-Muqaddasī, *op. cit.*, pp. 133-134.

(124) *Ibid.*, p. 92.

(125) Ibn al-Athīr, *al-Kāmil fī al-Ta'rīkh*(ed. C. J. Tornberg, 12 vols., Lugduni Batavorum, 1851-71), vol. 8, p. 568.

(126) *Ibid.*, vol. 9, p. 9 ; Ibn al-Jawzī, *op. cit.*, vol. 7, p. 105 ; al-Muqaddasī, *op. cit.*, pp. 400, 485.

(127) al-Muqaddasī, *op. cit.*, pp. 36, 426-427.

(128) Ibn al-Mujāwir, *op. cit.*, vol. 2, p. 247.

(129) al-Muqaddasī, *op. cit.*, p. 485.

(130) Ibn Ḥawqal, *op. cit.*, p. 146.

(131) al-Muqaddasī, *op. cit.*, pp. 197-199.

(132) *Ibid.*, p. 120.

第四章　十世紀後半以後のイスラム世界における国際商業ネットワークの変容過程

一　十・十一世紀を境とするイスラム世界の変容

十世紀後半から十一世紀後半にかけての約百年間は、三世紀末から五世紀末までの「時代転換期」に続く世界史的規模での転換期にあたっており、イスラム世界においても国家権力の交替、統治体系や社会・経済秩序の変化など、政治・社会・経済の根底を揺るがすような諸変化が各方面で顕在化していた。この時期を境とする最も明確な変化の一つは、イスラム世界を構成するネットワークの重心が、それまでのバグダードをセンターとするイラク・ペルシャ湾軸ネットワークから、カイロおよびフスタートをセンターとするエジプト・紅海軸ネットワークに移行したことであるといえよう。では、イスラム世界における文化的・経済的繁栄中心がバグダードからカイロ、フスタートに移動したことにともなって、イスラム世界にはどのような質的変容が起ったのであろうか。

イスラム世界は、七世紀前半から八世紀前半までの約百年間のアラブ・ムスリム軍による征服・

拡大の時期、つまりアラブ・イスラム帝国の時代――これは前《プレ》イスラム世界の時代と呼んでもよい――と、八世紀半ばから十世紀半ばまでの約二百年間に及ぶアッバース朝中央集権体制のもとで達成されたイスラム世界形成期、という二つの時期を経過するなかで、多様な地域社会・文化・経済との接触と融合の諸関係を深め、広大なイスラム世界を共通の舞台とする相互交流が達成された。そしてそれに続く十・十一世紀は、ビザンツ帝国およびサーサーン朝ペルシャ帝国の文化・経済圏を統合して成立した、いわば「ヘレニズム・イラン的古典イスラム世界」を受けて、「広域イスラム世界」が形成・展開していく萌芽的時期であるととらえることができる。そのいわば時代転換期である十・十一世紀に萌芽的に現れて、それ以後の時代により明確な潮流となった基本的な現象は、①イスラム世界内部における社会・経済変化、とくに都市の発展と農村・遊牧社会との文化的・経済的格差、②イスラム世界の東西における遊牧系諸集団の移動と国家形成、③地中海世界における構造変化、④イスラム世界の境域地帯における商業交易の隆盛とそれにともなうイスラム信仰・文化の外縁部への拡大、⑤十世紀以前の気候温暖期から十四世紀半ばを頂点とする寒冷期への移行、それにともなう自然災害、飢饉・伝染病の多発、などであった。もちろんこれらの諸現象が相互に複雑・密接な関連をもって国家・社会・経済に影響を及ぼしたことは言うまでもない。

すでに前章第九節で詳しく述べたように、九・十世紀の下イラク・サワード地方からペルシャ湾沿岸部にかけての諸地域は、アッバース朝スンナ派体制の限界、財政・金融問題、トルコ系軍閥による抗争、都市の急激な発展と農村・遊牧社会との文化的・経済的格差、シーア派やハワーリジュ派による民衆運動の展開など、いわばイスラム世界内部の各地で発生しつつあった様々な社会・経済矛盾を最も集約した境域地帯として注目された。とくにザンジュの反乱、イスマーイール派カルマト教団による社会運動の展開、ブワイフ朝ダイラム政権の台頭、という三つの事件が、バグダードの文化的・経済的繁栄を支えていた基盤であったサワード地方からの農産物供給を減少させ、また地中海世界〜ティグリス・ユーフラテスの両河川〜ペルシャ湾〜インド洋を結ぶイラク・ペルシャ湾軸ネットワークの機能をほぼ完全に停止させた。

アッバース朝は、ウマイア朝の場合と同じように、税務行政の基本を農業生産によるハラージュ税に置いたために、それ以外の分野、例えば商業・運輸・手工業・金融・土地・家屋・牧畜などについては、イスラム法に基づく正当な課税対象として制度化することができなかった。アッバース朝時代における国際商業の飛躍的発展、産業部門の多様化と生産の増大などの都市経済の繁栄は、一つにはそうしたイスラム法にみられる商業部門と農業部門との間の税の不均衡の結果であるととらえることができる。それによって、九世紀以後、次第に都市と農村との所得格差が増大し、都市に住む高級官吏・軍人・大商人たちによる農村支配という傾向が強まったのである。さらに、イスラム都市は支配層・軍人たちと彼らを支えるウラマーの拠点であったことから、文化的・経済的発展に優位な立場にあり、従って各地から様々な社会層の人びとが流入し、またイスラム世界の辺境に位置する境域市場との活発な遠隔地商業によって、都市の繁栄が継続した。しかし同時に、都市は社会的・経済的矛盾を集約する吹きだまりの場であって、貧窮者、流民、アッバース朝にとって

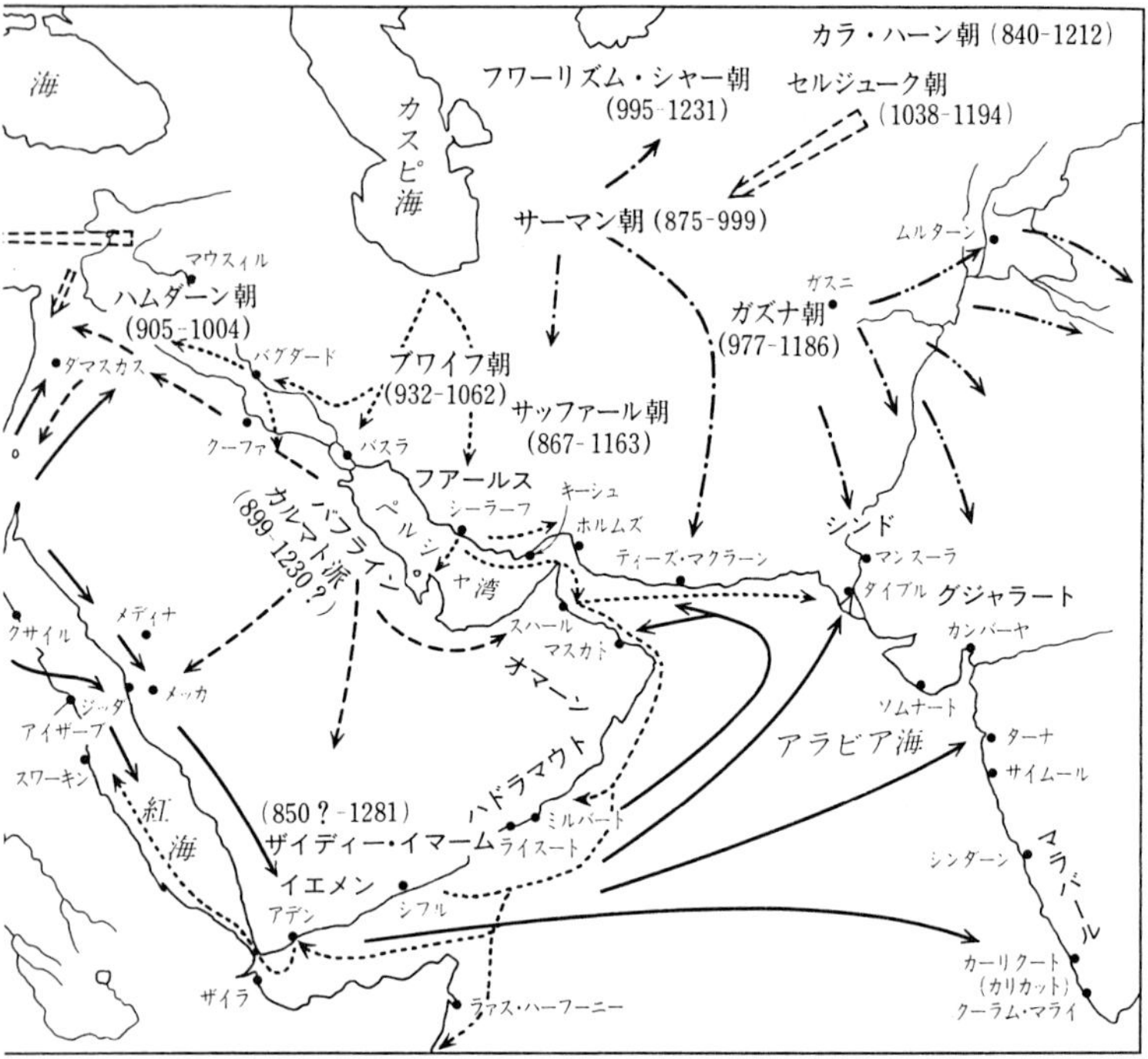
カラ・ハーン朝（840-1212）
フワーリズム・シャー朝
（995-1231）
セルジューク朝
（1038-1194）
カスピ海
海
サーマン朝（875-999）
ムルターン
マウスィル
ガスニ
ハムダーン朝
（905-1004）
ガズナ朝
（977-1186）
バグダード
ブワイフ朝
（932-1062）
ダマスカス
サッファール朝
（867-1163）
クーファ
バスラ
フアールス
キーシュ
カルマト派
（899-1230？）
バフライン
ペルシャ湾
シーラーフ
ホルムズ
ティーズ・マクラーン
シンド
マンスーラ
タイブル
グジャラート
メディナ
クサイル
スハール
マスカト
カンバーヤ
オマーン
メッカ
ジッダ
アイザーブ
ソムナート
アラビア海
ターナ
スワーキン
サイムール
ハドラマウト
紅海
（850？-1281）
ザイディー・イマーム
ミルバート
ライスート
シンダーン
マラバール
イエメン
シフル
アデン
カーリクート
（カリカット）
クーラム・マライ
ザイラ
ラアス・ハーフーニー

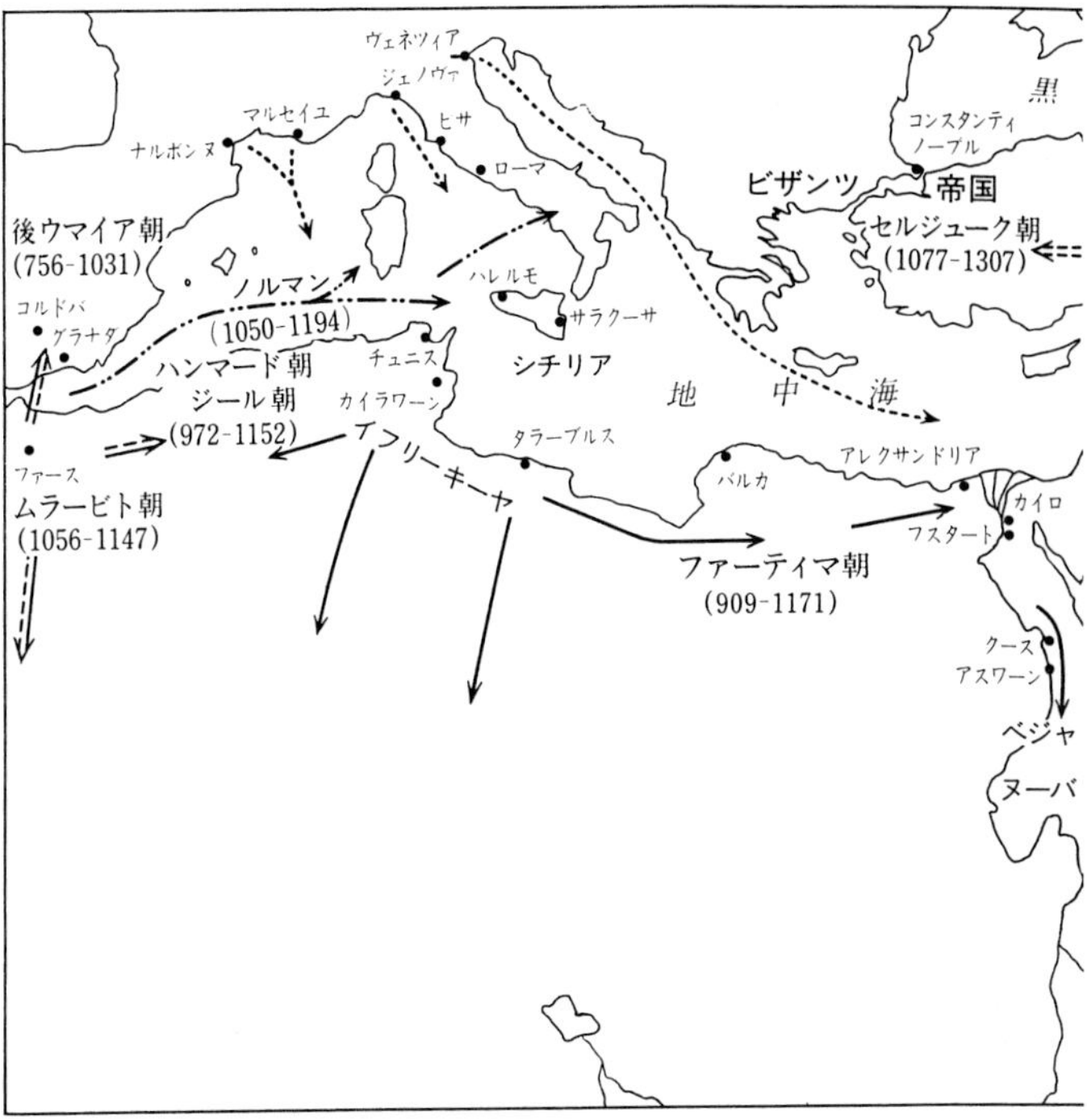

図7　10・11世紀を中心とする国家・社会変動

異端とされる教団、アイヤールーン(仁俠・無頼の徒)などが集まり、また市場の商人や手工業者たちは宗教結社や職業集団を組織して権力に対抗する自治的組織を確立した。

すでに述べたように、三世紀末から五世紀末までの「時代転換期」を特徴づけた一つの重要な要因は、遊牧系諸集団の生活状況に大きな変化が起り、彼らの共同体的連帯の再編と文化的覚醒を促したことであった。まさにこれと同様な状況が十・十一世紀の転換期にもみられ、東側からのトルコ系と西側からのベルベル系に代表される遊牧系諸集団のイスラム化と移動および地域支配が、それ以後のイスラム世界の歴史展開を大きく決定づけた。シル川境域地帯の北側に遊牧生活を送っていたトルコ系遊牧諸集団は、すでに八世紀初めのアラブ・ムスリム軍による中央アジア進出のときに、戦争捕虜や購入奴隷としてイスラム世界にもたらされ、その後アッバース朝やサーマン朝のマムルーク軍として軍団の司令官や地方総督の地位を占めるようになった。しかし部族集団が大挙してイスラム世界の中心部に進出したのは、トゥルクマーンの族長セルジュークの一団であって、トゥグリル・ベクは一〇五五年にはバグダードに入り、アッバース朝カリフよりスルタン位を獲得した。そして第三代スルタン＝マリク・シャー(在位一〇七二—九二年)の時代には、セルジューク朝の版図としては、東はマーワランナフル、南はファールス・キルマーン・ペルシャ湾岸、西はシリアとアナトリアまでを覆う広大な国家領域を支配下に収めた。セルジューク朝の西アジア進出にともなって、シル川境域線が取り払われ、それ以後はユーラシア・ステップ地帯のトルコ系、そして十三世紀半ばにはモンゴル系などの遊牧諸集団が、ティグリス・ユーフラテスの両河川の流域から北シリア境域地帯《スグール》まで進出し、この境域線が、イスラム世界の東西を分ける政治的・軍事的衝突の舞台として極めて重要な機能を果たすようになった。セルジューク朝の勢力が「マラーズギルドの戦」でビザンツ軍を破り、アナトリア地方に進出したことは、アナトリアのトルコ化を促し、またイスラム化運動の境域地帯として同地方の重要性を増した。それに加えて重要な点は、セルジューク朝のアナトリア進出が十世紀後半以来、アッバース朝勢力後退の機会をとらえて東地中海とシリア地方における支配権の奪回を狙っていたビザンツ帝国に、強力な打撃を与えたことである。この敗北を境にして、その後のビザンツ帝国の地中海における軍事的・経済的影響力は、ほぼ完全に失われた。

かくして十・十一世紀以後、北シリア境域地帯からティグリス・ユーフラテスの両河川の流域に至る一帯は、アラブ系・トルコ系・クルド系・モンゴル系の遊牧諸部族の他に、アルメニア王国・ファーティマ朝・アイユーブ朝・マムルーク朝などの諸勢力が複雑に交差する、まさに歴史展開の最大の要地となったのである。トルコ化とイスラム化の波は、ウイグール系トルコ族によって徐々にタリム盆地の各地にも広がり、やがてモンゴル帝国の時代には新疆・甘粛から雲南などの中国大陸内部に及んだ。またサーマン朝のトルコ人マムルークの一人であるアルプティギーンによって興されたガズナ朝の勢力は、アフガニスタンとインド亜大陸の一部にまで及んで、中央アジアとインドとを南北に結ぶ文化的・経済的ネットワークを強化することになり、やがてアフガン・トルコ・モンゴルなどの遊牧系諸集団によるインド・イスラム国家形成の道を拓いた。

トルコ系遊牧民の西アジア進出がもたらした重要な影響の一つは、彼らの西進にともなってアラビア半島から北シリアに生活するアラブ系遊牧諸集団の移動と地域再編を促し、その一部がナイル・デルタ西岸からバルカとイフリーキーヤにかけての地域、上エジプトや東部砂漠地帯などの諸地方へ移動したことである。アラブ系遊牧諸集団の移動と地域再編には様々な原因が絡まっていて、一概に断定することは難しいが、その重要な一因は、アラブ族内部の部族対立に加えて、クルド系やトルコ系遊牧民との間の遊牧テリトリーをめぐる対立であったと考えられる。上エジプトの東部砂漠へのアラブ系遊牧民の移動は、すでに九世紀半ば、アッバース朝カリフ＝ムタワッキル(在位八四七―八六一年)の治世代にベジャ遠征の目的で大規模におこなわれた。その後も彼らの移動が続き、上エジプトのコプト社会を圧迫し、東部砂漠の鉱山地帯ではベジャ系遊牧民との混血化が進んだ。さらに、マムルーク朝時代になると、アラブ化とイスラム化の波は、アトバラ・ドンカーラ・ダールフールなどのヌーバ(ヌビア)地域にまで拡大していった。一方、ヒジャーズ地方出身のアラブ系遊牧集団のヒラール族(バヌー・ヒラール)とスライム族(バヌー・スライム)は、ファーティマ朝の東進によって生じた、いわば軍事・政治力の空白地帯のイフリーキーヤ地方に移住した。しかしその結果、彼らとベルベル系諸部族との間に激しい対立を生じ、両者の抗争が地中海の海運とサハラ砂漠横断のキャラバン交易の中継センターとして繁栄を続けていた、タラーブルス、チュニス、カイラワーンなどの諸都市やアトラス山間部の農村地帯を著しく荒廃させる結果を招いた。

さてアトラス山脈南麓からサハラ砂漠にかけての諸地域を広く生活圏としていたベルベル系遊牧

諸集団は、十一世紀半ば以後になると、七世紀末から八世紀初めに続く第二の移動・拡大期に入った。西サハラ地域に遊牧生活を送っていたベルベル系サンハージャ族は、熱狂的なムラービト運動（ムラービトゥーンと呼ばれるムスリム修道士たちによって展開された政治・宗教運動）に支えられて征服活動を展開し、アンダルス〜マグリブ地方〜サハラ・オアシス地帯〜ニジェール川流域にまたがるベルベル・イスラム国家のムラービト朝を建設した。続いて興ったムワッヒド朝は、同じベルベル系であるが、アトラス山脈の山岳・農耕民マスムーダ族を中心として結集され、ムラービト朝と同じようにアンダルス〜マグリブ〜ニジェール川を貫く南北の交易ネットワークの支配を達成した。この南北ネットワークを基軸としたマグリブ交流圏の成立は、東方イスラム世界とは分離した独自のベルベル・イスラム文化・経済圏の形成と展開を促すものであった。

十世紀初め以来、イスラム世界の各地で急激な盛り上がりをみせていたイスマーイール派運動の支援を受けて成立したファーティマ朝は、強力な神聖権をもつカリフを頂点として結集されたシーア派政権であって、その軍事力・政治組織の強大さと社会的・経済的影響力の広域性からみて、その成立はイスラム史における「シーア派の時代」の幕開けを告げるにふさわしかった。八七八年、アグラブ朝は地中海の海運と貿易活動の中枢シチリア島の征服を完了して、地中海世界がムスリム側にとっての本格的な自由交流の場となった。続くファーティマ朝は、海軍を編成して東地中海における海上交通の安全を守るとともに、ビザンツ帝国とは平和関係を維持することに努めた。ファーティマ朝によるエジプト征服と都市カイロの造営は、のちの時代につぎの二つの重要な結果を残した点で、とくに注目すべきであろう。その第一は、バグダードをセンターとするイラク・ペルシャ湾軸ネットワークに対抗するエジプト・紅海軸ネットワークの新しい展開であり、第二は、ファーティマ朝の東進にともなって、地中海の中央部、イフリーキーヤ地方から軍事的・政治的権力が消失し、力の空白地帯が形成されたことである。カイロおよびフスタートをセンターとするエジプト・紅海軸ネットワークは、イスラム世界を構成するネットワークの重心として、その後のアイユーブ朝とマムルーク朝の時代にも継承された。またファーティマ朝の東進は、ベルベル系遊牧諸集団の移動・再編、アラブ遊牧民の西方進出や地中海世界における構造変化などとも密接な関連をもっている。

十世紀半ばから十一世紀半ばまでの時期は、地中海世界をめぐる諸情勢、とくに海運および商業交易の在り方とその変化を考える上で極めて重要な転換期といわなければならない。ファーティマ朝は、東地中海と紅海にシャワーニー(監視・護衛のための船)船団を編成し、商船の安全航行を維持するとともに、アレクサンドリア・ダミエッタ・ラシード・アスカラーン・トゥール・クサイル・アイザーブなどの主要な港における港湾・倉庫・税関・市場の整備によって、恒常的かつ安全な国際交通・運輸と貿易活動の育成に努めた。これらの国際交易振興策は、明らかにファーティマ朝政権がエジプト・紅海軸ネットワークの経済的隆盛によって、イラク・ペルシャ湾軸ネットワークの機能を低下させようとする基本政策に基づいたものであると考えられる。こうしてファーティマ朝政権の支援を得た商人たちは、サハラ砂漠横断のキャラバン・ルートや東地中海航海の安全を獲得することで、スーダン金をエジプトにもたらし、また紅海とインド洋を経由して熱帯産の香辛料・薬物料・木材・鉱物・染料・動物歯牙・皮革などの諸物産を輸入して、国際金融と商業の上で積極的に活躍した。しかし反面、東西地中海の接点に位置するシチリア島とイフリーキーヤ地方からの強大な軍事的・政治的勢力の消失は、それ以後の地中海世界の諸情勢に限りない変化・変質をもたらす結果となった。さきにも述べたように、①アッバース朝カリフ政権の支配が後退したこと、②東地中海・シリア海岸への勢力奪回に取り組んでいたビザンツ軍がセルジューク朝のアナトリア進出によって打ち砕かれたこと、③地中海の西側では後ウマイア朝がベルベル系諸勢力のアンダルス進出によって崩壊したこと、④ファーティマ朝政権の中心がエジプトに移行したこと、という地中海周縁部で起った四つの重要な歴史展開は、エジプト・シリアに政権の中心を置くファーティマ朝による緩やかな軍事的・政治的支配を中軸としながらも、地中海全体における一種のパワー・ポリティクスの真空状態をつくりだす結果を招いたのである。このような状態のなかで、十・十一世紀における地中海世界はイスラム世界の一部として文化・経済交流がいよいよ積極化し、その影響が地中海の北側に位置するイタリアやフランク経済の覚醒に繋がったことは言うまでもない。しかし真空状態の持続は決して長くなく、北方から進出したノルマン人は一〇七二年、シチリア島のパレルモを征服し、またアドリア海最奥部に位置したヴェネツィア、ティレニア海のジェノヴァ・アマルフィ・ピサなどのイタリア諸都市、南フランスのマルセイユなどが相次いで地中海の貿易覇権を競うようになった。ノルマン王国の成立は、まさに地中海のニュートラル・エリアに生まれた境域国家の性格を体現しており、ビザンツ・フランク・イタリア・イスラムの政治組織・文化・経済が融合・共存する接点であった。またイタリア諸都市の地中海進出は、従来までのビザンツ帝国を仲介とした西ヨーロッパ・キリスト教世界とイスラム世界との間接的な関係を変え、西側世界はイスラム世界の先進文化・経済の影響を直接的に受けることとなった。この影響が、H・ピレンヌのいう十一世紀のヨーロッパにおける「商業ルネサンス」を引き起こす一つの重要な要因であったことは間違いない。つまりイスラム世界経済圏の一部として組み込まれることで、西ヨーロッパ中世都市の経済生活が開花し始めたのである。しかしまた、大胆不敵なイタリア諸都市の商人たちは、ムスリム商人に対する激しい競争心に燃えて東方貿易に乗り出していった。彼らは、ファーティマ朝およびビザンツ帝国と貿易協定を結んで、各地に居留地を所有した。彼らの目標は、かつての「われらの海(Mare nostrum)」を再び取り返すことで、地中海を彼らの専有する海として支配することであった。十字軍運動の展開は、明らかに自由交流の場であった地中海世界が、軍事的・経済的・宗教的対立の場に変容していく過程で発生した問題であるととらえることができよう。

八世紀半ばから十世紀半ばまでの二〇〇年間、西アジア市場と境域市場とを結ぶ国際商業ネットワークの発達が、イスラム世界外縁部に位置づけられていた地域社会のイスラム化を促す基礎をつくったことは明らかである。そしてその後の西アジア地域に起った激しい社会経済変容が原因となって、様々なかたちでの人間移動が外縁部に及び、イスラム世界の拡大が達成されていった。七・八世紀、アラブ・ムスリム軍の征服と地域支配が第一次のイスラム化であるとするならば、十・十一世紀の商業・植民活動が第二次の大きなイスラム化の波であったととらえることができる。すでに本書の第三章九節で、ペルシャ湾のイラン海岸に沿った国際交易港シーラーフの商人・船乗りたちが、イラク・ペルシャ湾軸ネットワークの後退にともなってインド洋周縁部の各地に移動したことの事例について言及した。インド洋周縁部では、東アフリカ海岸、インダス川流域、インド西海岸のグジャラート・マラバール、スリランカ、マルディブ群島、マラッカ海峡周辺などに、ペルシャ湾の諸港からアラブ系・イラン系のムスリム・ユダヤ教徒・キリスト教徒たちが移動することによって、それらの地域に多重・多層の港市社会を発達させた。後述するように、十三・十四世紀にはこれらの港市社会を核として、東アフリカ海岸のスワヒリ社会、インド西海岸のマーピッラ社会・ボフラー社会、マライ・イスラム社会などの特色ある境域の社会と文化が成立するようになった。またカスピ海西岸のシールヴァーン、サリール、ダルバンド、ヴォルガ川流域、北アフリカのアトラス山間部、サハラ・オアシス地帯、ニジェール川流域などでも共通する人間移動と地域形成の現象がみられた。トルコ系やベルベル系遊牧諸集団の征服活動によって新しく拡大された領土にも、西アジア地域出身の移住者・商人やウラマーたちが積極的に進出した。そしてアナトリア地域・インド亜大陸内陸部・サハラ南縁部などの境域地帯に、マドラサ・リバート・ザーウィヤなどの、いわばイスラム化の文化的戦略基地が建設されたことも注目すべき点である。十三・十四世紀になると、これらの境域地帯はスーフィーたちの活躍する恰好の舞台となったのである。

十・十一世紀以後の歴史文献資料を通観して気づく点は、ウマイア朝およびアッバース朝初期の時代に較べると、史料中に、大規模な被害をもたらした天候異変・飢饉や伝染病などに関する記録がしばしば登場するようになることである。この事実は、記録史料の密度の違いによることも考えられるが、明らかにそれ以前の比較的に安定した気候の温暖期から、十四世紀半ばを頂点とする変動の激しい寒冷期への移行が起りつつあったことを物語っている。降雨量不足と多雨、高温と寒冷などの天候異変がもたらす影響は、とくに乾燥ステップ地帯に隣接する諸地域の政治・社会・経済の全般に直接的に波及した。天候異変にともなう乾燥、虫害、家畜の病気、飢饉、ペストに代表される伝染病などは、物価高騰、社会暴動、宗教運動、遊牧民の反乱、そして大きな人間移動を連続的に生み出す原因となった。

二　イスラム世界の外縁的拡大とネットワーク構造の多元化

十・十一世紀が「シーア派の時代」であるならば、十二世紀半ばから十四世紀半ばにかけては「スンナ派復活の時代」と呼ぶことができる。クルド系出身のサラーフ・アッ＝ディーンは、一一六九年、ファーティマ朝の宰相となってエジプトの支配権を確立した後、やがてイスマーイール派に対抗して、スンナ派による支配体制であるアイユーブ朝を樹立した。彼はまたイスラム世界統一のシンボルとしてアッバース朝カリフの宗主権を認めて、自らはマリク(王)と称した。アイユーブ朝支配の構図は、ファーティマ朝の場合と同じように、エジプト・紅海軸ネットワークをイスラム世界のネットワークの基軸とし、インド洋と地中海の両世界を結ぶ国際的交通・運輸のシステムとそれによる貿易・文化活動を活発化して、政治・経済・文化の各分野で中心的な影響力を及ぼすことであった。続いて興ったマムルーク朝もまた、スンナ派の支配体制に基づいて、エジプト・紅海軸ネットワークの機能を堅持することに努めた。とくにマムルーク朝スルタン＝バイバルス一世(在位一二六〇―七七年)によるアッバース朝カリフ＝ムスタンスィル(在位一二二六―四二年、一二六一年)のカイロへの招致、「アイン・ジャールートの戦」でのモンゴル軍の壊滅という、いずれも象徴的な二つの事件は、十字軍勢力の最後の拠点アッカーの陥落(一二九一年)と並んで、マムルーク朝スンナ派政権の政治的・経済的・宗教的権威を高める上で大きな力となったといえる。国家としてのアッバース朝の政治的実権は、すでにブワイフ朝とセルジューク朝のバグダード征服によって完全に失われていたが、「シーア派の時代」および十字軍戦争を経過するなかで、スンナ派イスラム国家の象徴的権威としてのカリフ権が次第に高まっていった。また注目すべき現象は、アラブ系遊牧民やイスラム世界の境域・外縁部でもアッバース朝スンナ派カリフの神威権が重んぜられる傾向がみられたことである。モンゴル軍によるバグダード蹂躙の後、砂漠に逃れたアッバース朝カリフ＝ムスタンスィルをスルタン＝バイバルスが積極的にカイロに招き入れたのは、そうしたカリフの神威権の復興を背景として、マムルーク朝が政教両権を兼備したスンナ派国家体制を確立しようとしたためであったと考えられる。

アイユーブ朝とマムルーク朝は、十字軍運動の拡大するなかで地中海における自由航行権を失ったが、カイロをセンターとして東側に広がる、エジプト・紅海軸ネットワークの機能を最大限に活用することによって、イスラム世界の諸国間を結ぶ人間移動と文化・経済交流の絆を強化していった。このネットワークの中間拠点には、二つの聖地、メッカとメディナがあった。周知の通り、メッカとメディナは聖地巡礼を通じて全イスラム世界と結ばれ、文化・情報交流と経済活動の一大センターとしての機能を果たしていた。聖地メッカ・メディナを含むヒジャーズ地方は、①エジプト・シリア・イエメン・イラクなどの軍事的・政治的勢力圏の狭間に存在するという地理的位置、②聖地メッカ・メディナのもつ宗教的中立性、③シャリーフ(預言者ムハンマドの家族と血縁関係をもった家系)たちの宗教的権威、などによって、イスラム世界におけるニュートラル・エリアとしての性格をつねに保持していた。ムスリム社会における聖地巡礼の果たす役割は、単に宗教的義務を遂行することにとどまらない。それは、歴史的観点から見れば、巡礼行為は、国家・社会・宗派などの国家的権威や血縁・地縁的な枠組を超えて、広くイスラム世界を舞台として人間が移動し、ものや情報・文化などが交流し合う巨大な交通・交流の運動であって、その強力な作用を受けて、イスラム世界は一つの有機的結合体として機能してきたのである。この意味において、イスラム世界のもつ国際的流動構造——地理的・社会的・生業形態などの諸相における流動性——は、このムスリムたちの巡礼システムにあると考えられる。(1) その巡礼システムのもつエネルギーは、ムスリム社会内部に住むズィンミー(非ムスリムであるが、生命・財産の安全保障を与えられたユダヤ教・キリスト教などの人びと)の社会にも強く影響して、イスラム世界をすべての国家・社会・宗教に属する人びとに共有された交流と融合の場とすることを可能にしたのである。十二世紀半ばから十四世紀半ばにかけての時代は、エジプト・紅海軸ネットワークを中軸として、メッカ・メディナ巡礼が国家および民衆レヴェルの間で次第に盛況を呈するようになっていったことで注目される。とくにスーフィズム(イスラム神秘思想)の拡大・浸透にともなって、スーフィー聖者、聖廟、地方の聖地への巡礼活動もまた重要な意味をもつようになった。スンナ派イスラムとスーフィズムとの融合が境域地帯におけるイスラム化運動の活性化とイスラム世界の外縁的拡大を著しく促進させたことは明らかである。その過程で、スーフィーやウラマーたちの学問追究、メッカ・メディナ巡礼、地方的な聖地・聖廟への参拝などを目的として、広域間の人間移動と文化・情報の交流が一段と活発になったのである。

サラーフ・アッ＝ディーンの政策に明確に現れているように、アイユーブ朝は、巡礼隊《ラクブ》の編成、ルートの安全確保、水場や宿泊・宗教施設の建設、通行税の軽減などによって、メッカ巡礼を奨励することに努めた。マムルーク朝時代になっても、このような国家の聖地巡礼に対する積極的な支援は続けられ、とくにキスワの献納――キスワはカーバ神殿の覆布であり、その献納はイスラム国家・支配者の権威を象徴する行為として認められた――にともなう様々な巡礼行事の挙行は、ムスリムの連帯意識を高揚させて、スンナ派国家としての権威を確立するための不可欠な政策となった。またマグリブやサハラ砂漠南縁のスーダン地域から来た多くの巡礼者たちは、メッカ・メディナ巡礼の往復路でカイロやアレクサンドリアに集まって、商業活動、学問の修得、情報収集をおこなった。これによってエジプトがイスラム世界の境域地帯と結ばれた文化的・経済的ネットワーク・センターとしての地位を高めた。カイロとメッカとを結ぶ巡礼ルートは、ファーティマ朝のカリフ＝ムスタンスィルの治世代(在位一〇三六―九四年)の半ばからマムルーク朝スルタン＝バイバルスの頃までの約二百年間にわたって、クース～アイザーブ・ルートが専ら利用された。つまりカイロからナイル川を溯ってクースに出て、そこからキャラバン隊を組んで東部砂漠を横断し、約十七日間で紅海に沿ったアイザーブに達する。さらに紅海を渡って対岸のジッダに着くと、そこからメッカに向かった。このルートは、十二世紀になって十字軍がシリア・パレスティナ海岸を侵略・支配することによって、シナイ半島経由で紅海を南下する海上ルートおよびアイラやタブークからヒジャーズ地方に通じる陸上ルートのいずれもが危険な状態になったことから一層重要となり、巡礼ルートとしてだけでなく、イエメンやインド洋世界の各地に通じるエジプト・紅海軸ネットワークの幹道としての機能を果たした。(2)

こうしてマムルーク朝スルタンのバイバルス、およびマンスール(在位一二八〇―九〇年)、ナースィル(在位一二九四―九五年、一二九九―一三〇九年、一三〇九―四〇年)の治世代には、西はマグリブ、サハラ南縁のマリ・タクルール王国から、東はインド・デリー王朝、マラバールとグジャラート地方の諸港市、スリランカ、中国に至る諸国の使節、またモンゴル支配の羈絆を脱しようとするグルジア・アルメニア・ウズベク・ブルガールなどの人びとやモンゴル系諸部族からの通交を求める使節の来朝、移住・亡命者たちのカイロへの流入が相次いだのである。そしてマムルーク朝を軸心とするイスラム世界の境域・周縁地帯と結ばれた人間移動、文化・経済関係のネットワークが形成・拡大していくなかで、マムルーク朝下のエジプトとシリアの諸都市は着実な発展を遂げ、また国家の保護を受けた大商人たちによる国際貿易の上での目覚しい活躍がみられた。

すでに述べたように、地中海世界をめぐる構造変化は、十・十一世紀の「時代転換期」に様々なかたちで萌芽的に現れており、やがて十字軍運動に集約化された西ヨーロッパ側の新しいエネルギーを激発することとなった。十字軍運動を起した原因とそれがもたらした結果については、すでに諸説が提示されているが、非常に広範な問題であるだけに、西ヨーロッパ・キリスト教世界内部における社会経済史的問題や宗教・政治との関連をはじめ、地中海、イスラム世界や北方ユーラシアの諸地域にまたがる多種多様な考察が必要であることは言うまでもない。以下では、主としてイスラム世界をめぐる国際商業ネットワークとの関わりのなかで、主要な問題点だけを拾い上げてみよう。

まずその第一は、国際商業ネットワークのなかで置かれたゲルマン的・ロマン的世界＝西ヨーロッパ・キリスト教世界の立場の問題である。アッバース朝時代、バグダードを軸心として北に伸びるネットワークは、マーワランナフル・シル川線を境域地帯として、ヴォルガ川中流域のブルガール王国まで拡大しつつあった。そしてルース人の移動と地域形成の進展にともなって、彼らとハザルおよびブルガールとの北方貿易をめぐる対立が起り、またヴォルガ川とバルト海とを結ぶ境域線がビザンツ帝国・イスラム世界・西ヨーロッパ・トルコ系遊牧諸部族・ルース・スラブなどの多重多層の社会・文化が接触する地帯となった。それと並んで、十・十一世紀の地中海世界は、インド洋〜西アジア〜マグリブ〜サハラ南縁のスーダン地域を結びつけるイスラム商業ネットワークの一部として、活発に機能していた。このようにゲルマン的・ロマン的世界が、南北をイスラム商業ネットワークに包み込まれて、国際商業から取り残された最も後進的な地域であったことは明らかである。しかし、やがてアルプスの諸峠を越えて北イタリアの諸都市とライン流域・北海・バルト海地帯の商業圏とが南北幹線ルートによって結ばれたことによって、中世ヨーロッパ都市および流通経済は全域的な発達を促された。つまり十・十一世紀は、北と南の二方面に伸びたイスラム商業ネットワークの先端部を相互に連ねる枝線が、徐々に発達していく時期であった。また、八世紀半ば以降十世紀前半までのアッバース朝時代の場合と同じように、中世ヨーロッパ都市の発達は、農業生産の変化と連動して達成されていったのであって、開墾と技術改良にともなう農業生産の増大および人口の増加が、都市の発展に大いに貢献した。

第二は、地中海世界における構造変化の問題である。十・十一世紀における地中海世界の変容については、すでに前節で説明したが、それを要約すればつぎの通りである。①十世紀末から十一世紀初めにかけて、ビザンツ帝国は東西の地中海沿岸部で軍事的・経済的勢力の奪回に専心していたが、セルジューク朝のアナトリア進出によって絶望的な敗退を余儀なくされた。②西地中海における後ウマイア朝の政治勢力が消滅した。③ファーティマ朝のエジプト進出によって、地中海中央部からの軍事的・政治的勢力が突然に失われた。④ファーティマ朝とビザンツ帝国との友好条約によって、東地中海における安全が保たれた。こうした地中海の中央部における力の真空状態のなかで、ノルマン人やイタリア諸都市の急激な進出が達成された。また後ウマイア朝の衰退とベルベル系諸集団による分割統治は、アンダルス境域地帯におけるラテン・キリスト教世界からの軍事的・宗教的反撃の機会を与えた。結果的にみるならば、十字軍運動を通じて、それまで地中海の海運と貿易活動の上で活躍していたギリシャ人・アラブ人・コプト教会派キリスト教徒・ユダヤ教徒などの海上商人の勢力が後退し、代ってイタリア・南フランス・カタロニアの都市商人たちが独占的な役割を演じることになった。とくにイタリア都市商人たちの目標は、単に地中海の貿易支配だけにとどまらなかった。一一八二年から一一八三年に、フランク軍とイタリア艦隊は、アイラとタブークからヒジャーズ地方に通じる陸上ルートを南進し、またスエズに近いヒルザに要塞を築いて紅海に出ると、ジッダとアイザーブを攻撃した。この十字軍による紅海への侵攻に対してアイユーブ朝側は、聖地メッカ・メディナを守ると同時に、インド洋貿易で活躍するカーリミー商人(エジプトとイエメンを商業拠点にして、地中海とインド洋の間の運輸と貿易を担った大商人の集団)の輸送船団を保護するために必死に防戦した。この事件が明確に示しているように、イタリア諸都市は十字軍運動を支援することによって、紅海経由でインド洋に出る海上ルートの掌握を望んでいたのである。紅海ルートの進出に失敗したイタリア商人たちはその後、イラク・ペルシャ湾軸ネットワークおよびその脇線の黒海〜タブリーズ〜ホルムズ・ルートを経由して、インド洋進出の道を探った。後述するように、モンゴル帝国の成立は、彼らのユーラシア大陸への販路を提供するとともに、念願のインド洋に向けての大きな活動を展開する好機となった。

以上のような二つの基本的問題から結論づけられることは、①イスラム商業ネットワークの拡大は、西ヨーロッパ中世世界の社会経済的構造に変革を引き起こす一つの要因となったこと、②ヨーロッパ中世都市の発達と人口増大のエネルギーは、文化的・経済的中心であるイスラム世界へ向けられた、③とくに十・十一世紀の地中海世界は、様々な外的要素が流れこみ、新しい勢力を築き上げるのに好都合なニュートラル・エリアとなっていて、十字軍運動の過程でイタリア諸都市が地中海の海運と貿易活動を独占することとなった、④その結果として、イスラム世界から地中海が失われて、シリア・パレスティナ海岸からナイル・デルタ地域が東西世界を分かつ境域地帯となった、⑤アイユーブ朝とマムルーク朝は、エジプト・紅海軸ネットワークの西半分を失ったが、紅海とインド洋に広がるネットワークを堅持することで、エジプト・シリアの地が境域市場として重要な機能を果たした、などの諸点であろう。

さて蒙古高原に出現したモンゴル族は、チンギス・ハーンに率いられて東西に軍事遠征を拡大し、やがてユーラシア大陸を覆う広大な帝国を建設した。その後、チンギス・ハーンの孫フラグの軍は、一二五八年にバグダードを攻略したあと、シリアおよびエジプトに向けて南下を続けた。モンゴル軍とマムルーク朝軍との間の戦闘はアイン・ジャールートでおこなわれ、結局モンゴル軍が敗走し、ティグリス・ユーフラテス河岸の境域線が両勢力の対峙する境界となった。モンゴル帝国が与える軍事・政治上の便益に支えられて、東は中国、西はロシア平原およびヨーロッパの東境、南はイランおよびイラクまでを含む広大な領域が一つの交流圏として密接な関連をもって展開するようになった。しかもこの交流圏は、商業・文化活動の上ではエジプト・紅海軸ネットワークを基軸としたイスラム世界と密接な交渉関係をもつことによって、イスラム世界の交流圏の一部として機能するようになった。

モンゴル帝国は、広大なアジア内陸部の獲得によってユーラシア大陸を貫く幹線ルート＝草原ルートとオアシス・ルートを掌握した。また南宋を併合して中国統一を完成した元朝は、チャンパ・ビルマおよびジャワへの遠征を繰り返したり、南インドのマラバール海岸の諸港市、ペルシャ湾岸地域やイエメン・ラスール朝との使節交流を通じて、インド洋経由の海上ルートを開発し、支配しようと強く望んでいた。この事実は、モンゴル系の諸国家が内陸と海上の両ルートを一貫した循環交通システムのもとに支配しようと目指していたことを示している。この時期のインド洋横断の幹線ルートとしては、中国の泉州とペルシャ湾のキーシュおよびホルムズを結ぶルートと、泉州・広州とアデン・アイザーブ・カイロを結ぶルートの二つが競合関係にあって、元朝とイル・ハーン朝は前者のルートに対して影響力を及ぼしていた。一方、後者のルートはイエメン・ラスール朝とマムルーク朝が堅持して、これに強く対抗していた。ペルシャ湾のキーシュまたはホルムズから上陸して、南イランのザグロス山脈を横断し、シーラーズおよびライィを経由して、イル・ハーン朝の首都スルターニーヤに出るキャラバン・ルートは、イル・ハーン朝時代だけでなく、ティムール朝時代においても、イラク・ペルシャ湾軸ネットワークの分岐ルートとして重要な機能を果たしていた。イル・ハーン朝のスルターニーヤは、さらにタブリーズと黒海沿岸のトレブゾンドを経由して地中海に至り、またホラーサーン街道によって、マーワランナフルとイラク・シリア方面とを結ぶ、というように、各方面に放射する交通要地に位置していた。さきにも述べたように、ビザンツ海軍の後退に代って東地中海と黒海とを結ぶ交通システムを着々と確保しつつあったイタリア諸都市の前に、モンゴル帝国の成立にともなう「モンゴル帝国の平和《パクス・モンゴリカ》」が現出した。イタリア都市商人たちは、黒海ルートおよび北シリア境域線に沿った各地に商業拠点を設け、インド洋に通じるルートの確保に努めていた。とくにジェノヴァ商人たちは、インド洋進出に強い意欲を示し、黒海ルートだけでなく、境域《スグール》地帯のキリキア・アナトリア海岸を拠点に、ティグリス川を下り、バグダードに海軍基地を築いた。以上のように、モンゴル軍の大征服と四大ハーン国家の成立は、エジプト・紅海軸ネットワークと並立する多様な分岐ネットワークを形成したこと、とくにイラク・ペルシャ湾軸ネットワークの分岐線ともいえるホルムズ～スルターニーヤ～黒海の交通軸がユーラシア大陸を循環するネットワークの一部として重要な機能を果たしていたことが注目される。

　モンゴルの大征服が大規模な人間移動と地域再編および文化移転を引き起こしたことは言うまでもない。「モンゴル帝国の平和」のもとで、文化・経済面に活躍したウラマー、スーフィー、シャイフ、カーディー、商人、技術者のなかには、イラン系ムスリムたちが多く含まれていた。彼らは、中央アジアと中国内陸部の諸都市に移住して、イスラム化の拡大の上で重要な役割を果たしていることが注目される。モンゴル帝国の諸ハーン家の対立・抗争によってもモンゴル系やトルコ系その他の多くの諸部族が移動し、一二九五年にはイル・ハーン朝から逃れたオイラート・タタール族の一団一万八〇〇〇戸は、北シリア境域地帯に移住したといわれる。

内陸・海上の両ルートを繋ぐ循環交通システムの成立、エジプト・紅海軸ネットワークから伸びるエジプト〜ヒジャーズ〜イエメン〜インド〜東南アジア〜中国に通じる海上ルートとの競合のもとで、インド洋世界の交通・運輸と貿易活動は、目覚しい発展を遂げた。東アフリカのスワヒリ社会、インド西海岸の諸港市を中心とするマーピッラ社会、ボフラー社会、東南アジアの河川分岐点《クアラ》やマラッカ海峡周辺部に生まれたマライ港市社会などに代表されるように、インド洋周縁部諸地域では、独自な地域文化・社会圏が誕生していた。そのことは、内陸・海上をめぐる交通システムの質的変化、中緯度圏における大規模な人間移動、商業交易の隆盛、そしてイスラム化などの総合的影響を受けた結果であるととらえることができよう。

以上のように、十・十一世紀に萌芽的に現れて、十二世紀から十四世紀の半ばに具体的現象となった社会と経済の諸般にわたる変化・変質の影響は、エジプト・紅海軸のネットワークを基軸としながらも、イスラム世界の外縁諸地域への拡大とネットワークの多元化をもたらしたのである。

三　十四世紀半ば以後における国際商業ネットワーク構造の変化とその要因

十三世紀の九〇年代より、次第にその周期が短縮化していったナイル川水位の異常変動、また高温・強風・豪雨・寒冷などの天候異変の諸現象は、ナイル峡谷を舞台とする自然生態系と遊牧・農業・都市生活とがつくり出していた均衡関係を急激に破壊していった。周知のとおり、小麦を中心とするエジプトの農業生産は、ナイル川水位の増減によって大きく決定され、一般に水位が十六ズィラーであれば平年作であり、十四—十五ズィラーでは干魃・飢饉、十七ズィラー以上では水害や耕地流失などの被害を受けた。そうした天候異変による影響は、干魃や水害の他に、動植物の病虫害、大火災、牧草と農作物の生産減少、そして飢饉、遊牧民の侵入、物価高騰、経済危機などとなって現実の生活に現れ、やがてヒジュラ暦七四八年(一三四七/四八年)から七四九年(一三四八/四九年)にかけての人類史上稀にみる大規模なペストの蔓延とバフリー・マムルーク朝政権の崩壊へと及んだ。こうした十四・十五世紀を中心としてエジプト地方を襲った社会・経済の危機的諸現象が、すべて天候異変に直接原因すると結論づけることは早計であるが、少なくともマムルーク朝の支配体制や都市の手工業生産の持続と発展が限界期を迎えるなかで、飢饉・伝染病・人口減少・物価高騰・貨幣変動・戦乱が続発したこと、従って天候異変を、こうした全般的な政治・経済危機の引き金となった要因の一つであるとみることはできる。天候異変はペスト大流行の後も百年以上にわたって周期的に継続し、またナイル川峡谷部だけに限らず、シリア・アラビア半島・イラク・イランなどの西アジア地域、さらにはユーラシア大陸内陸部から北アフリカと西ヨーロッパまでを覆う広域の諸地域に共通してみられた現象であって、十四世紀半ば頃を境とする世界史的規模での社会動揺と経済変動をもたらす要因となったことは明らかである。そこで、以下では十四世紀半ばから十五世紀前半にかけての時期に、ナイル川水位の異常、飢饉、疫病、人口減少などによって引き起こされた社会・経済変動の諸相およびマムルーク朝支配の衰退状況を具体的に示すことによって、エジプト・紅海軸ネットワークの吸引力が急速に弱まっていく過程を概観したい。なおこれらの問題は、西アジア地域と同じく大伝染病の被害を被った西ヨーロッパ・キリスト教世界が、それ以後の経済発展においてどのような道を歩んだかを考慮しつつ、両世界の社会・経済構造の違いにも考察を深める必要があることは言うまでもないが、ここでは上述した問題だけについて、主要な問題点を挙げることにする。

まず第一に、エジプト・シリアの諸都市の繁栄を支える上で最も重要な地位を占めていた産業である、毛織物・絹織物・木綿織物・亜麻織物などの各種織物加工業が決定的に後退したことである。つまり、①情報の広域化にともなって、各地で特産品の模倣と改良が進み、とくにイエメン・インド・西ヨーロッパの諸地域からも多量に安価で多種・多品目の製品が流入するようになったこと、②伝染病の被害によって、熟練職人の減少と賃金の上昇が進行し、製品コストが大きく上がったこと、③織物業は商業に大きく依存していたため、遊牧民の反乱によって交通・運輸の条件が悪化すると、織物原料や染料の入手が困難になり、製品の販売においてもリスクが増大したこと、などの影響によって、織物を中心とする輸出手工業と商業の密接な連携関係が危機的な状況になったのである。エジプトにおける最大の官営亜麻織物産業の中心地は、ファーティマ朝末期までは、ティンニース、ダビーク、トゥーナなどのナイル・デルタ地域にあったが、十三世紀前半に十字軍のナイル・デルタ地域への侵入によって、これらの都市は破壊され、大きな打撃を受けた。その他の諸都市でも、官営織物工場(ṭirāz)や私設工場において生産の下降傾向が著しく、技術面でもほとんど改良がみられなかった。E・アシュトゥールによると、この時期に西ヨーロッパでは、紡ぎ糸車の改良、水力による紡績、踏み板付き機織り機の導入などの新技術が登場したことによって、毛織物生産額が増大し、その製品の一部が西アジア市場にも流れるようになったという。(3) なおアレクサンドリアの絹織物と亜麻織物、上エジプトのアスユートの木綿織物、シリアのダマスカスやヒムスの絹織物などは、メッカ巡礼者たちに向けて特別に生産され、十四世紀になっても都市産業の重要な部門であって、とくにマグリブやサハラ南縁のスーダン地域への輸出は増大した。このように十三世紀以後の西アジア諸都市における織物産業の全般的な沈滞傾向は、国家による過重な税金、専売制、技術革新への財源不足、高級品に対する購買力の低下、さらにはイエメン・ラスール朝の絹織物、インド・グジャラート地方からの木綿織物、西ヨーロッパからの広幅毛織物など、外国からの輸入織物の増加による国内産業圧迫などの悪条件が加わった結果、ますます深刻な状況となったのである。イエメン・ラスール朝では、シリア、エジプト方面から各種職人を招聘して、国内産業の振興に努めた。またインド・グジャラート地方では藍染料を使った独特の木綿織物が輸出産業として目覚ましく発展したため、その製品はインド洋周縁部の各地だけでなく、西アジア市場にも輸出されるようになった。西ヨーロッパのフランドルおよびカタロニア地方やヴェネツィアなどからも安価な毛織物が西アジア市場に流れ始めた。後述するように、十三世紀後半から十四世紀半ばにかけてのシリア方面におけるトゥルクマーンやアラブ、また上エジプト地方のアラブやベジャなどの遊牧系諸部族の反乱と交通ルート寸断が商業と都市産業の活動を妨げ、とくに織物染料の明礬《みょうばん》・茜《あかね》・藍・サフランなどの遠隔地からの輸入を困難にした。そうした状況に加えて、ペストの連続的な流行によって都市人口が激減し、熟練職人たちの不足が起った。そのために織物をはじめ、すべての手工業製品の価格が高騰し、高級絹織物を織っていた工場は職人の不足から閉鎖するか、粗悪な木綿織物に生産を転換するようになった。シリア地方では、一四〇一年から一四〇二年にかけてのティムール朝の侵略によって、多くの都市が荒廃した。織物だけでなく、ガラス製品・象嵌細工品・陶器・石鹼・砂糖・紙などの重要な都市の輸出手工業の状況もほぼ同様であって、この時期に西ヨーロッパ市場からの逆流現象がみられるようになった。なおマムルーク朝の支援を得た国際商人のカーリミーたちの活躍は、この時期に絶頂期に達した。彼らは、インド方面から主に香辛料・薬物類を輸入して、国家管理のもとに、アレクサンドリア市場でヴェネツィアをはじめとする西ヨーロッパ商人たちに売却した。この取引によって、マムルーク朝側は貴重な金貨を獲得することができたのである。

第二に、遊牧民系諸集団の反乱と農地への侵入、交通ルートの寸断が激しくなったことである。M・W・ドール(M. W. Dols)は、その著書『中東における黒死病』のなかで、十四世紀半ばを中心とする西アジア地域におけるペストの大流行をめぐって、その病理学的分析を試み、また社会経済史的影響についても詳細に究明した。[4] しかし彼の研究には、西アジア地域に住む遊牧系諸集団が周期的な天候異変と疫病によって具体的にどのような影響を受けたのか、また彼らと都市や農村との関係、マムルーク朝支配に対する態度などに関する十分な考察が不足しているように思われる。以上の点をとくに指摘するのは、遊牧民に関わる政治的・経済的動向が十四世紀半ば以後の歴史展開において、同じ大疫病の被害を被った西ヨーロッパ社会と西アジア社会とが異なった道を歩むことになった重要な要素であると考えられるからである。すなわち両社会に起った共通の現象としては、ペストの流行によって都市と農村の人口は激減し、その結果として、一時的ではあるが手工業の専門職人の賃金上昇と穀物価格の下落を、また農村部では自営農民の所有面積が増大する傾向がみられたことを指摘することができる。西ヨーロッパでは、こうした機会をとらえて職人たちの騒乱・ストライキ、親方と職人との間の争いが十四・十五世紀の全期間を通じて活発に展開していった。また各種の手工業生産、商業、市民文化、王権・領邦君主の発展がみられた。一方、エジプト・シリアを領有したマムルーク朝は、財政危機、国内治安の乱れ、都市産業・農業・牧畜に共通する停滞傾向が深まり、この時期を出発点とする、新しい歴史展開を模索するような活力にあふれた動きがみられなかった。また都市民の抵抗や反乱が起こっても、それが国家体制や社会機構を変革させるほどの団結した力とはならなかったのである。

私は、十三世紀後半に始まり、十四世紀半ばにひとつのクライマックスを迎えた天候異変と伝染病の流行が、乾燥ステップ地帯を生活圏とした遊牧系諸集団に与えた影響について、つぎの諸点をとくに指摘したい。①乾燥化または寒冷化にともなって、牧草地の減少、家畜の疫病、そして家畜生産の著しい停滞がみられた。一方、マムルーク朝は北シリア境域地帯の防衛のために、上エジプトやナイル・デルタ周辺部に住む多数のアラブ系遊牧民を軍人として徴用し、さらに役畜を税金として集めた。それによって、シリア・ヒジャーズ・エジプト・ヌビアにまたがって住むアラブ系遊牧諸集団は危機感を高めて、相互の連帯を強め、また都市や農耕地を侵略し、交通ルートの妨害とマムルーク朝支配への反乱運動を展開するようになった。②砂漠周辺部に分散して住む遊牧民たちは、都市部や農村部の人びとほどに伝染病の被害を大きく受けなかったが、牧草地と家畜数の大幅な減少が彼らの生活条件を悪化させた。③その上、ナイル峡谷の農業は、遊牧民の農耕地への侵攻、灌漑水路の破壊という人災が加わり、それ以後の耕地の大規模な荒廃化や廃村を招いた。④アラブ遊牧民のマムルーク朝支配体制への抵抗は、すでにスルタン＝アイバク(在位一二五〇—五七年)やスルタン＝バイバルスの時代から連続してきたが、スルタン＝ナースィルの治世代になると、マムルーク軍人の内部に生まれた反体制的勢力と結びついて、爆発的エネルギーをもって拡大していった。⑤アラブ系遊牧民の一部は、アトバラ・ドンカーラ・アブワーブ・ダールフールなどのヌビア地域に移動し、ヌビアのアラブ化とイスラム化を著しく促進させた。

アラブ系遊牧民は、エジプトとヒジャーズ・イエメン・インド洋方面とを結ぶ幹線ルートの一部であるクース〜アイザーブ・ルートを繰り返して攻撃することで、マムルーク朝支配に対する激しい抵抗運動を展開した。さきにも述べたように、クース〜アイザーブ・ルートは、エジプト・紅海軸ネットワークを構成する重要なルートとして、すでにファーティマ朝時代から利用され、シリア・パレスティナ海岸が十字軍によって占拠されたことで、メッカ巡礼ルートとして、またインド洋世界に結びつく貿易ルートとしてもますます重要な役割を帯びるようになった。そして地中海の制海権をイタリア諸都市と十字軍に譲ったマムルーク朝は、西アジア地域を東西貿易の中継市場とするためにも、エジプト・紅海軸ネットワークの安全・維持に最大限の努力を払った。スルタン＝バイバルスの治世代までは、クース〜アイザーブ・ルートの安全性が曲がりなりにも確保されていたが、一二七二／七三年にはヌビア王の軍隊のアイザーブ侵略、一三一五年、一三一六年、一三一九年、一三二六年、一三五八／五九年におけるアラブ遊牧民の大反乱によって、上エジプト経由の交通・運輸システムは危機的な状態に陥っていた。以上のように、乾燥ステップ地帯に住む遊牧系諸部族にとって、天候異変による影響は極めて大きかったこと、彼らの移動・侵入が伝染病によって疲弊した都市と農村をさらに荒廃させ、またマムルーク朝の軍事・経済体制をも大きく揺るがしたことは明らかである(5)。

第三に、一三四七年から一三四九年に及んだ爆発的なペストの大流行によって、西アジア地域の人口動態に急激な変化が起り、農村部における廃村および耕地の荒廃化と都市人口の顕著な減少によって、それ以後の時代における長期的な社会的活力の低迷と経済・文化活動の衰えが一般的な風潮となったことである。さきに述べた遊牧民の移動・侵入もまた、これらの現象に大きく拍車をかけたことは言うまでもない。マクリーズィーによると、ペストの流行によって、カイロとフスタートにおける死者の数は日に一万人から二万人に達し、またイブン・ハビーブが、エジプト・シリアの人口は三分の一にまで減少したと報じている[6]ことは否定できない事実であろう。さらに度重なる伝染病の流行は、人びとをパニック状態に陥れ、他の安全な地域への大移動を引き起こした。このようにして進行したエジプト・シリアを中心とする人口動態の下降傾向は、おそらくブルジー・マムルーク朝時代からオスマン・トルコの支配時代においても改善されることなく継続し、つねに人口減少と経済危機の状態にあった。

第四に、マムルーク朝国家の政治・経済状態を悪化させた主な要因として、①マムルーク朝国家にとって必要な鉄・木材・奴隷などの購入に莫大な出費が必要であったこと、とくにマムルーク軍団を維持するためにつねに優秀なマムルーク奴隷を購入する必要があっただけではなく、ペストの大流行によって多くのマムルーク軍人が死亡し、それを補うために多額の出費が生じたこと、②スルタン＝ナースィルによる放漫財政の影響が大きかったこと、③スルタン＝ナースィル没後、軍閥相互の勢力争いが激化したこと、④エジプト市場からの金貨と銀貨の消失により貨幣危機が深刻化したこと、⑤エジプト・紅海軸ネットワークを維持するために、上エジプト、キプロス島、北シリア境域地帯、イエメン・ラスール朝などに絶えず軍事遠征をおこなう必要があり、そのための戦費が財政を圧迫したこと、とくにティムール朝軍隊のシリア侵攻によって財政状態がさらに悪化したこと、などが挙げられる。十四世紀初めのスルタン＝ナースィルの時代にマムルーク朝は全盛期を迎えたが、彼の治世末年には国庫財源はほぼ完全に枯渇したといわれている。その原因の一つはスルタン＝ナースィルによる放漫な財政にあったが、上エジプト・アラビア半島・北シリア境域地帯への度重なる遠征隊の派遣、マムルーク奴隷購入のためにも多額な出費が必要であったことは明らかである。マムルーク奴隷は、御用商人(tājir al-khawāja, tājir al-sulṭān, tājir al-khāṣṣ)やイタリア商人たちから高額な費用で購入された。御用商人たちは、バグダード・北シリア・アナトリアの境域市場などで、トゥルクマーン・ウズベク・チェルケシュ・アルメニア・グルジアなどの諸部族の奴隷を購入した。またイタリア商人たち、とくにジェノヴァ商人は、アナトリア海岸や黒海方面から集めたトルコ・モンゴル・スラブなどの奴隷を海上ルートによってエジプトにもたらした。イタリア商人たちは奴隷の他にも、鉄・木材・武器などのマムルーク朝国家にとって必要な軍事物資を運んで、多くの貿易利潤を得た。マムルーク朝はこれらの物資の購入代金として、金貨と銀貨を放出しなければならなかったが、カーリミー商人たちによる香料貿易の利潤によって両者のバランスをほぼ保っていたと考えられる。つねに集団で生活するマムルーク軍人は伝染病の被害を最も受け易く、従って一三四七年から一三四九年のペスト大流行の以前にも、多数の死者を出した。そのためにスルタン＝ナースィルは、莫大な費用を使って多くのマムルーク奴隷を補給する必要があったのである。M・W・ドールは、女・子供・外国人と並んで、都市で集団生活を送り、しかも外国の人間であるマムルーク軍人は、伝染病に対する抵抗力が弱く、死亡率が極めて高かったこと、彼らの多数の死亡がマムルーク朝国家の軍事面・財政面に大きな打撃を与えたことを指摘している。(7)

スルタンーナースィルの治世代を境として、マムルーク朝時代の経済的変容を物語る最も重要な事実は、エジプトの市場から急速に金貨と銀貨が消失して、やがて銅貨が圧倒的に多くなってくることである。ムラービト朝の成立以後、スーダン金はアンダルス〜マグリブ〜ニジェール川を貫く南北の交易ネットワークを通じて、マグリブ諸国やジェノヴァ、そしてスペイン・キリスト教国などに流れたが、一部は引き続いてティンブクトゥ〜イフリーキーヤ地方経由、またはサハラ・オアシス・ルート(アスユート・ルートおよびファッザーン・ルート)によってエジプト・シリア方面に供給された。メッカ巡礼の途中、アレクサンドリア・カイロ・ダマスカスを訪れるマリ・タクルール王国の王族たちやマグリブ地方出身の人びとによっても、かなりの量の金は持ち込まれた。またカーリミー商人を中心とするインド洋貿易商人たちの活躍によって、インド産の胡椒・ジンジャーなどの香辛料取引が盛んになると、その売却代金としてヨーロッパ商人たちからイタリア・ドゥーカをはじめとする金貨が獲得された。しかしスーダン金の産出量が一定であったとすると、西ヨーロッパへ流れる金地金およびマグリブ・ディーナールが増加すれば、必然的にエジプト・シリアへの供給量が減少することは明らかであって、それに加えてイル・ハーン朝モンゴルへの金の流出もあった。マムルーク朝は、マムルーク奴隷の購入のためにも、イタリアやイル・ハーン朝へ多額の金貨を支払う必要があった。伝染病によるマムルーク軍人の死亡によって、ますます多くのマムルーク奴隷を補充するために、金貨だけでなく、スルタン－ナースィルの治世代以後は銀貨まで流出するようになった。スルタン－バルスバイ(在位一四二二―三七年)は、イタリア・ドゥーカに代るイスラム金貨アシュラフィー・ディーナールを新たに発行したが、これは従来のイスラム金貨の基準重量を四・二五グラムから三・四五グラムに減ずるものであった。このことは、明らかに金貨が不足していたことの現れであって、一四三〇年代にはアシュラフィー・ディーナールもまた市場から姿を消した。おそらくその最大の理由は、香料貿易のために、ヒジャーズ・イエメンやインド洋の諸地域に流出したからであろう。これらの地域ではオスマン朝時代の初期まで、アシュラフィー・ディーナールが商業取引の基準貨として重要な役割を果たした。(8)

さて銀貨については、十世紀半ば頃から長期にわたる不足状態にあったが、マムルーク朝時代に入ると、次第に供給量が多くなり、スルタン－バイバルスは七〇パーセント純度の銀貨を発行した。従って金貨に対する銀貨の交換率もまた、下落の傾向にあった。おそらく十字軍やイタリア商人が持ち込んだ銀貨および銀塊の他に、モンゴル帝国下の中央アジア銀・中国銀やアルメニア銀などの流入があったものと考えられる。ところがブルジー・マムルーク朝時代に入る頃になると、再び急激に銀貨が市場から消失して、銀含有量の不足した悪貨が流通しはじめた。この原因については諸説あって、マムルーク朝の年代史家たちは、銀容器への改鋳と退蔵にあると説明している。しかしその真相は、イタリア諸都市の商人たちによる意図的な貿易政策によって、西アジア市場から銀貨を入手し、その代りに銅を大量に放出したことにあると考えられる。当時のヨーロッパ各地では、オランダ・ハンガリー・ボスニアなどで銅鉱山の開発が進み、さらに十五世紀に入るとスロヴァキアやチロル地方でも銅山が発見されて、産出量の急激な増大があった。これらの銅は、主にヴェネツィア商人を通じてアレクサンドリアやベイルートにもたらされ、それによって金貨と銀貨の不足に悩まされていた西アジア市場は銅貨に重点を置く経済に大転換することとなったのである。しかし銅貨の交換率は、極めて不安定であって、穀物の激しい価格変動と商工業の停滞をもたらし、さらには天候異変、ナイル川水位の異常、飢饉やマムルーク軍閥による内乱などが重なって、マムルーク朝下の社会・経済体制は崩壊状態に陥ったのである。とくに一四〇三年から一四〇四年にかけての時代は、最大の破局の時期であったといわれ、それに加えてシリアでは、ティムール朝軍隊による侵入・略奪に悩まされた。

まさにこうした社会・経済体制の激変する時期に、マムルーク朝のとった基本的政策は、西ヨーロッパ諸国による地中海貿易がますます積極化することと対応して、エジプト・紅海軸ネットワークの上に通商の主導権を確立し、エジプト・シリアの地中海沿岸諸港における中継貿易を活発化することに置かれた。一二九一年、十字軍の最後の拠点アッカーが陥落した後、イタリア商人たちはキプロス島・アナトリア境域地帯・黒海の三方面から内陸アジア・ペルシャ湾・インド洋方面に進出するルートを探っていた。キプロス島は、確かに北シリア・ユーフラテス川方面に出る最短の重要拠点であったが、イル・ハーン朝の衰亡の頃から北シリア・アナトリアの境域地帯では、ジャラーイル、カラ・コユンル、アク・コユンル、カラマーンなどのトゥルクマーン系遊牧諸集団による対立と部族統合が激しく続いていた。イル・ハーン朝に続くティムール朝は、東西トルキスタンを併合するとともに、中央アジア〜黒海ルートの重要な拠点サライとアストラハンを攻撃して、さらにイラクとシリアなどにも勢力を拡大した。これによって、黒海沿岸に設立されたカッファやターナにおけるイタリア商人の貿易活動は後退した。以上のような状況のなかで、エジプトのアレクサンドリア、シリアのダマスカスおよびベイルートが西ヨーロッパ商人たちの進出する最前線の貿易基地としてますます重要性が高まり、ジェノヴァ・ヴェネツィア・フローレンス・アンコナ・マルセイユ・ラグーザなどの商人たちは、競って貿易特権の確保と貿易商館《フンドゥク》(funduq/fondaco)の設置に努めた。

　マムルーク朝時代の百科辞典家カルカシャンディーは、カーリミー商人たちが来航する紅海の主要な関税港として、アイザーブ・クサイル・トゥール・スワイス(スエズ)の四つを挙げており、そのなかでもトゥール港が一三七九年以降になるとアイザーブやクサイルに代って、エジプト産穀物輸送の中継基地として重要になったことを伝えている。[9]つまりクース〜アイザーブ・ルートを基軸とした既存の交通・運輸システムは、ヌビア系やアラブ系遊牧民の反乱によって崩壊し、それに代ってシナイ半島のトゥール経由の紅海ルートが復活するようになったのである。クース〜アイザーブ・ルートの衰退を決定づけたのは、ヒジュラ暦八二八年(一四二四/二五年)、ブルジー・マムルーク朝のスルタン＝バルスバイが、メッカへマムルーク軍を派遣し、ジッダをインド洋貿易の最大の拠点としたことであった。スルタン－バルスバイの目的は、国家財政再建のためにジッダに来航する貿易船から入港関税を獲得すること、およびインド産の商品をアレクサンドリアに集めて、そこでヨーロッパ商人たちに売却するという香料の専売政策を徹底させることにあった。ヒジュラ暦八三二年(一四二八／二九年)の布告では、香料などのインド産商品の他に、シリア産の綿布、上エジプト産の薪材・穀物・砂糖なども国家の専売品として規定された。このようにして、ジッダ〜トゥール経由の海上ルート、またはジッダ〜アカバ経由の陸上ルートが、カイロとインド洋世界とを結ぶエジプト・紅海軸ネットワークの幹線ルートとなったのである。なおシリア・パレスティナ海岸における十字軍の脅威がなくなったことも、これらのルートが復活した理由の一つと考えられる。(10)

スルタン－バルスバイは、さらに大商人からの借款と財産没収(muṣādara)、一定価格での販売の強制(rimāya)、高価格で規定商品を買い取らせる強制購入(ṭarḥ)などの手段を用いて資金を獲得し、国家財政の再建を試みたが、その結果としてカーリミー商人を中心とする従来の富裕商人たちの没落と、それに代って国家専売に従事する少数の御用商人(al-khawāja, tājir al-khāṣṣ, tājir al-sulṭān)の台頭がみられた。四〇〇年近くにわたってインド産の香辛料・薬物類の取引を中心として活躍してきたカーリミー商人たちの没落は、十五世紀半ば以後の国際商業ネットワークの変容過程を物語る最も象徴的な出来事であったといえよう。すなわちカーリミー商人たちの没落がもたらした重要な影響は、①マムルーク朝とイエメン・ラスール朝との間の政治的・経済的対立を尖鋭化させ、エジプト・紅海軸ネットワークの解体を引き起こした、②カーリミー商人たちの商業ネットワークの崩壊は、インド産諸物産の輸入を困難にし、とくにアレクサンドリア市場における胡椒やジンジャーの価格を引き上げた、③カーリミー商人たちは、長期にわたってエジプトにおける宗教・文化面に多額の喜捨・贈与をおこなっていたが、その経済的支援が完全に失われた、などの諸点が挙げられる。マムルーク朝時代に隆盛を誇ったカーリミー商人たちの最大の功績は、西ヨーロッパ諸国との香辛料取引によって多量の金貨をマムルーク朝にもたらしただけでなく、インド洋貿易をめぐって緊張・対立するマムルーク朝とイエメン・ラスール朝との間の外交・通商関係を仲裁することで、エジプト・紅海軸ネットワークを基軸とする国際商業の展開を円滑に運営してきたことにあったといえる。

十四世紀半ば以降、東地中海における西ヨーロッパ諸国の海運活動は目覚しいものがあり、西アジア市場だけにとどまらず、さらにはインド洋世界に向けて貿易を拡大しようとする強力な情熱に燃えていた。一方、インド洋世界においても、中国ジャンクが十世紀半ば以後、マラッカ海峡に、さらに十二・十三世紀には南西インドのマラバール海岸のカーリクート(カリカット)およびクーラム・マライまで達するようになると、そこが東からのジャンクと西からのダウ船とが出会う一大要衝地となって、インド洋の海運と貿易活動はますます隆盛を続けていた。ユダヤ系商人やインド系・イエメン系のムスリム商人たちは、カーリミー商人と並んで、マラバールやグジャラートの沿岸諸港とイエメン・紅海沿岸とを結ぶ海上貿易に活躍していた。おそらくカーリミー商人の没落は、彼らが展開する競争には有利な条件を与えたと考えられる。スルタン-バルスバイは、一四三四年の勅令で、ラスール朝の経済的躍進を恐れてイエメン系商人のジッダ来航を厳しく禁じた。

十五世紀前半におけるインド洋世界をめぐる新しい動きは、中国明朝によって派遣された鄭和の大艦隊が大規模な海運と貿易活動を展開したことである。その影響によって、中国・インド・西アジアと東アフリカにまたがる国際間の文化的・経済的交流は大きく躍進することとなった。鄭和の遠征は、明朝の永楽帝と宣徳帝の治世代の約三十年間、七回にわたって実施された史上最大規模の海上制覇の事業であった(11)。それは西ヨーロッパ諸国による大航海時代に先立つこと約九十年前に達成された。その遠征の目的の一つは、明朝の国威をインド洋の海上諸国に誇示することであって、それによってインド洋世界に張りめぐらされた商業ネットワークの、中国を軸心とした統合を目指したものであった。また太監鄭和をはじめとして、この遠征には多くの中国ムスリムたちが随行員として参加し、実際に彼らがメディナのムハンマド廟参拝やメッカ巡礼をおこなっていることが注目される。つまりこの事実は、鄭和の遠征事業を底辺から支え、かつ長期にわたって持続させてきた大きなエネルギーの一つが、中国ムスリムたちによる熱狂的な聖地メッカ・メディナ巡礼に対する願望であったことを物語っている。中国におけるムスリム社会は、元朝時代に急激に拡大したが、元末になって北方情勢が悪化すると、内陸ルートを通ってメッカ巡礼をおこなうことが難しくなった。明朝の永楽帝に始まるインド洋西海域への遠征隊の派遣は、中国ムスリムたちがインド洋経由の新しいメッカ巡礼ルートを探る絶好の機会であったに相違ない。しかし宣徳帝の治世以降、中国近海においては倭寇の略奪による被害が激しく、また北方辺境でのオイラート・タタール族の侵掠が続いたため、鄭和の遠征事業は突然に中止された。さらに中国沿海では、海禁策が施かれて、中国人の海外移住やジャンクの活動が厳しく禁じられた。一方、その後も中国市場を求めて、インド洋周縁部の諸国・港市からの使節や商人の到来が続いたが、明朝は海禁策によって、これらの来航を制限したために、海外における明朝の軍事的・経済的影響力は急激に低下することとなった。確かに、十五世紀から十七世紀末までにわたって、インド洋世界は、東・南シナ海からインド洋西海域・ペルシャ湾・紅海までが一つに結合された海域世界として、人間の往来や物品・情報の交流が活発に展開しており、マラッカ・カーリクート（カリカット）・カンバーヤ・ホルムズ・アデン・ジッダなどに代表される交易都市が繁栄した。さきに述べたように西のマムルーク朝、イエメン・ラスール朝、東の明朝という東西の強大国家による軍事的・経済的影響力は失われたが、インド洋世界を舞台とした多元的なネットワークの発達と地域間交流は著しく進展していたのである。

さて十字軍とレコンキスタの拡大、それらと平行して進められた海運活動を通じて、地中海の東と南の海岸、さらに黒海方面への進出を果たした西ヨーロッパ諸国は、「モンゴル帝国の平和《パクス・モンゴリカ》」の崩壊の後、インド洋に通じるルートを求めて、様々な努力を続けた。すなわち、アナトリア海岸・北シリア境域地帯・黒海からコーカサス・イラン・ペルシャ湾へのルートや、またイエルサレム・シナイ半島を経てアラビア半島へ、さらにエチオピアやヌビアおよびサハラ南縁部のスーダン地域（Bilād al-Sūdān）へのルートを探るとともに、西アジア地域に住むキリスト教諸派やユダヤ教徒などからも情報を収集し、インド洋世界に出る最も安全・確実なルートを探った。ヴェネツィア商人は、ロードス島、キプロス島、パレスティナのラムラ、イエルサレム、カイロを経て、さらに上エジプト、東部砂漠、スワーキンに出るルートによって、エチオピアのキリスト教国との交渉を深めた。彼らは、イスラム教国の背後にプレスター・ジョンの支配する強大なキリスト教国があると考え、その国がインドに隣接するエチオピア王国であると信じていたのである。結局、ヨーロッパ諸国のなかで、インド洋世界に達する新しいルートの開発に成功したのは、ギリシャ・イタリア・南フランス出身などの古くからの地中海人ではなく、レコンキスタの意思を受け継いでアンダルスの境域地帯から興ったスペイン・ポルトガルの支配者たちであった。従って彼らの目指したところもまた、西ヨーロッパ・キリスト教世界に敵対するイスラム世界の国際商業ネットワークを力によって征服し、破壊することに置かれたのであった。

四　十六世紀以後の諸問題との関わり方

一四五三年、オスマン・トルコ軍によるコンスタンティノープル攻略、そして一五一七年のスルタン－セリーム一世(在位一五一二―二〇年)のカイロ入城と、それにともなうマムルーク朝政権の崩壊は、ヴァスコ・ダ・ガマが喜望峰経由のルートでインド洋に進出したことと並んで、十六世紀以降におけるイスラム世界をめぐる国際商業ネットワークの構造的変化を方向づけたということにおいて、ひときわ重要な歴史的事件であったと認めざるを得ない。ビザンツ帝国の首都コンスタンティノープルを攻略することは、七世紀のアラブ・ムスリム軍による大征服の時代以来、西アジア地域を支配したイスラム国家・権力者たちにとっての多年の宿願であった。そしてオスマン帝国によるビザンツ帝国征服は、イスラム世界と西ヨーロッパ世界とを隔てていた緩衝地帯を取り去って、イスラム世界がバルカン半島および黒海沿岸部からヨーロッパ大陸の内陸部へと拡大していく端緒となったのである。では西アジア地域を代表するイスラム国家となったオスマン帝国が、それまでのダマスカス・バグダード・カイロではなく、イスタンブール(コンスタンティノープル)に新都を置いたことによって、イスラム世界のネットワーク構造はどのように変容したのか、イスタンブールを軸心とする新しいネットワーク構造とは何か。さらにはポルトガル艦隊によるインド洋進出は、西ヨーロッパとインド洋とを結ぶ新しいネットワークの成立を意味したが、これによってイスラム世界のネットワーク構造はどのような影響を受けたのか。以下、これらの十六・十七世紀に関わる重要な諸論点をまとめてみたい。

その第一は、オスマン・トルコ軍によるエジプト征服が、十世紀半ばのファーティマ朝によるカイロ建設以来イスラム世界のネットワークの基軸であった、エジプト・紅海軸ネットワークの決定的な後退を意味したことである。オスマン帝国としては、イスタンブールをイスラム世界の新しい文化的・経済的活動の一大中心地とするために、それまでのカイロが果たしていた機能をイスタンブールに移す必要があった。マムルーク朝末期の歴史家イブン・イヤースが伝えるように、スルタン－セリーム一世はカイロを征服し、イスタンブールに凱旋してくるときに、金銀財宝・中国陶磁器・その他の奢侈品類、家畜、食料品などに加えて、都市の有力者、大商人、小売商人、ユダヤ教徒とキリスト教徒の有力者、特殊技能をもつ大工・鍛冶職・細工師・タイル工・紙すき工・石工などの職人、著名なウラマーや法学者など、数千人に及ぶ人びとを強制的に引き連れていった。[12] さらにダマスカス・アレッポ・バグダード・サマルカンドやアンダルス・マグリブ地方の諸都市からも、ウラマーや手工業者たちがイスタンブールに移住したといわれる。それによって、ビザンツ帝国末期にはわずか人口二、三万人にまで減少していたイスタンブールは、モスク・マドラサ・ハーンカー・テッケ・市場などが盛んに建設されて、イスラム世界における文化的・経済的交流センターとして急速に発達したのである。一方、イブン・イヤースは一五一七年にスルタン＝セリーム一世がマムルーク朝を滅ぼした直後のエジプトの状況について、マムルーク軍・アミールたちや住民の多くがオスマン・トルコ軍との激しい戦闘で倒れ、家屋・財産・衣類を失い、その上にナイル川水位の異常や耕地の減少が重なって、まさに危機的な混乱に陥っていたこと、その主たる原因がセリーム・シャー（一世）が有力な指導者たちをエジプトから強制的にイスタンブールに移送したことにある、と説明している。[13]

オスマン帝国は、①かつてのマムルーク朝経済圏の基軸であったエジプト・紅海軸ネットワークの復活の抑止、②聖地メッカ・メディナの支配と巡礼ルートの安全確保、③ポルトガル艦隊の紅海進出の阻止、という目的のために、紅海沿岸部への軍事的・政治的影響力の拡大に努力した。スルタン＝スライマーン二世（在位一五二〇―六六年）は、ポルトガル艦隊によるインド海岸での略奪が激しく、グジャラート地方の支配者バハードル・シャーが殺害されたとの報告を受けると、軍司令官のスライマーン・パシャをエジプトおよびイエメン経由でインドに派遣した。スライマーン・パシャは一〇〇艘の船団に大砲・武器と軍隊を乗せてスエズ港を出発し、ポルトガル艦隊に対する聖戦を挑んだが、この外征からは何らの成果も得られなかった。しかしその船団が紅海を通過する途次に、ジッダ・ジーザーン・ムハー・アデンなどの主要港に入り、駐屯地としたことによって、オスマン帝国の紅海沿岸部への軍事支配が強化された一方、ヒジャーズおよびイエメンの諸地方における部族間の分離・内訌による混乱は一層激しくなった。スルタン＝スライマーン二世によって派遣されたインド遠征の失敗は、オスマン帝国の紅海・インド洋への進出を断念させるとともに、ポルトガル艦隊によるアデン・カマラーン島・ダフラク諸島への度重なる侵入と略奪を許すこととなった。十六世紀前半の約三十年間は、インド洋西海域・アラビア海を舞台とするポルトガル艦隊の海上支配が最も徹底しておこなわれた時期であって、その影響を受けて、アデン・ムハー・ジッダ・スワイスへの貿易船の入港は減少し、アレクサンドリアやダミエッタではインド産商品の入荷が途絶えた。イエメン・ターヒル朝の歴史家たちは、ポルトガル艦隊がホルムズやインド海岸でムスリム船に激しい攻撃を加えたために、海上貿易が著しく停滞した状況を詳しく伝えており、またエジプトの歴史家イブン・イヤースによるつぎのような記録も、当時のエジプト・紅海ルートによる商業交易関係の激変を物語っている。

ヒジュラ暦九二〇年(一五一四/一五年)……アレクサンドリア港は荒廃して、前年度の関税収入は全くなかった。ジッダ港もまた、インド洋におけるフィランジュ（ポルトガル）人の、［ムスリム］商人たちへの侵掠行為の影響で荒廃した。なぜならば、近年六年間にわたって、［インド産］商品を積載した船のジッダ入港は停止したままになっていたからである。こうした状況は、ダミエッタ地方でも同様であった。それに加えて、当時、［ナイル・デルタの］ブハイラ地方では、ジュワイリーの死去にともなって、彼の甥への支配権の委譲をめぐって、アラブ系遊牧民たちの反乱が発生し、その影響で激しい混乱状態が生じていた。(14)

しかし、こうした状況は一五三〇年以降になると、次第に変化の兆しが現れ、とりわけ、コーヒーの需要がメッカからカイロへ、そしてダマスカスやイスタンブールなどの西アジア諸都市で急速に高まったことが大きな引き金となって、ムハー（モカ）を中継市場とする紅海経由の海運と貿易活動が復活を遂げた。さらに南アラビアのズファール（ミルバート）やシフルには、インド・東南アジア方面から胡椒・ジンジャー・肉桂・沈香木・藍染料・蘇方木などが集まるようになり、それらは陸上ルートもしくは海上ルートによってジッダ・トゥール・スワイスを経由して、カイロやダマスカスの市場に送られた（インド洋貿易復活の状況については後述）。

その第二は、オスマン帝国がマウスィル・バグダード・バスラ経由でペルシャ湾に出る、いわゆるイラク・ペルシャ湾軸ネットワークを、イスタンブール左軸道《ソルキヨル》として、アフサー・バフライン地方（アラビア半島東部）に対する軍事的支配とインド洋世界に通じる交易活動の幹線とすることに努めていたことである。しかし、これに対して、ポルトガル艦隊がペルシャ湾の出口に位置するホルムズ島とオマーンのマスカトに堅固な要塞を築いたために、海上交通と貿易の主導権は奪われた。ポルトガル艦隊は、紅海の出口アデンの攻略には失敗したが、提督アルブケルケは、一五一五年、航海上の要地ホルムズ島を占領すると、要塞を築いてペルシャ湾とインド洋を往来するムスリム商船を威嚇し、略奪を続けた。これに対してオスマン帝国がようやく積極的な攻勢に出たのは、十六世紀半ば以降のことであった。一五五二年、ピリー・パシャの率いる艦隊は、スエズを出ると、ジッダとアデンを経由して、南アラビアを巡航し、オマーンのマスカトを攻撃した。また一五五四年、スエズからの船を回送するために、海軍提督アリー・レイスの率いる護衛艦隊は、バスラ港を出て、ペルシャ湾を慎重に南下したが、ホルムズ海峡付近でポルトガル艦隊に発見されて、両軍は激しい戦闘を交えた。オスマン艦隊は、一度はポルトガル艦隊を首尾よく撃退したが、ゴアから到着した別のポルトガル艦隊との戦いに敗れた。アリー・レイスの一行は、その後、アラビア海を横断中に嵐に遭い、インド方面に漂流することとなった。(15) オスマン艦隊は、インド洋の全域でポルトガル勢力が後退し始めた機会をとらえて、オマーンのマスカト港に再度の攻撃を加え、そこを占拠した。しかしポルトガル側は直ちに奪回し、そこにジャラーリー要塞(一五八七年)とミラーニー要塞(一五八八年)の二つを建設して、ホルムズ海峡の守りを固めた。このような状況下にありながらも、オスマン帝国とサファヴィー朝とは、相互にスンナ派とシーア派の盟主としての対立が激しく、またシリア・アナトリアの境域地帯やペルシャ湾沿岸部でも軍事衝突を続けていたので、両国が海軍力を結集して、ポルトガル艦隊のペルシャ湾進出を阻止しようとする動きは生まれなかった。

なお十六世紀前半の頃から、北シリアの境域都市アレッポ(ハラブ)が、イラク・ペルシャ湾軸ネットワークのキャラバン運輸の中継市場として再び活況を呈するようになったことが注目される。すなわちアレッポは、イスタンブールからダマスカスとメッカに至るオスマン朝の中軸道《オルタキヨル》の中継地としてだけでなく、バグダード～バスラ～ペルシャ湾へ、そしてさらにユーフラテス川左岸を通って東アラビア半島のアフサー・バフライン地方に通じるルート、および地中海のベイルート・タラーブルス・ラーザーキーヤ(ラタキヤ)・アンターキーヤから上陸して、アレッポ経由で、マラティヤ～タブリーズ～ライィ～ニーシャープールを経て中央アジア方面に出るルート、またライィからイスパハーン～シーラーズ～ラール～ホルムズ島、もしくはバンダル・アッバース(スルー、ゴンブローン)、そしてアラビア海を横断してインド・グジャラート海岸のカンバーヤやスーラトに至るルートなどが、多重に交差する交通の要地を占めていた。従って、そこはカイロに代る新しい西アジアのキャラバン運輸の中継交易センターとして繁栄するようになった。そして西アジア市場で求める織維・羊毛の織物類、皮革・石鹼などの特産品、とりわけサファヴィー朝下の諸都市で目覚しい発達を遂げた絹織物を求めるイタリアやフランスの商人たち、西アジア経由のインド洋貿易やキリスト教の布教活動のためにインド方面に向かうフランス・オランダ・イギリスなどの諸国の国家使節・宣教師や、冒険的な商人・旅行者たちがアレッポに多く集まることとなった。アレッポでは、特産品の石鹼・鞍・馬勒・毛皮製品・織物・金属容器などの加工も盛んにおこなわれて、十八世紀半ば頃まで西アジアの代表的都市として経済発展を遂げた。

第三は、イラク・ペルシャ湾軸ネットワークの脇道としてのイラン・ザグロス山脈越えのキャラバン・ルートが、黒海・東地中海とアラビア海とを結ぶ幹線ルートとして、ますます重要性を増してきたことである。すでにイル・ハーン朝時代に、その首都のスルターニーヤを軸心として、ペルシャ湾岸のホルムズ〜シーラーズ〜イスパハーン〜ライィ〜スルターニーヤ〜タブリーズ〜トレブゾンド〜黒海を結ぶルートが、モンゴル帝国下の西の交通・運輸システムの上で重要な役割を担っていた。ティムール朝時代にも、このルートが東西からの国際商人たちによって盛んに利用されたことは、スペイン使節(スペインのカスティーリャ・レオン王国の王エンリケ三世がティムール朝の宮廷に派遣した使節)のクラヴィホの報告『ティムール大帝史(Historia del Gran Tamerlan)』によっても明確に立証される。オスマン帝国時代には、このルートの西側部分は、シヴァース、カイサーリーヤ、イスタンブール、またディヤール・バクル(アーミド)、スミルナ、アレッポ方面とも連絡していた。オスマン帝国とサファヴィー朝との対立・抗争にもかかわらず、両国を貫くこのルートが引き続き長期にわたって特別に重要な役割を果たしたのは、①ギーラーン・アゼルバイジャーン地方をはじめとするイラン各地の絹織物産業が躍進し、その優秀な製品を求めてイラン・アルメニア・アラブだけでなく、イタリア・オランダ・イギリス・フランス・インドなどの外国商人たちがそのルート沿いの中継市場に集まったこと、②従って境域地帯の通行税や市場の貿易関税が両国に大きな収入となったこと、③とくにサファヴィー朝側の積極的な通商政策によって、外国使節や商人たちの通過や滞在が認められたこと、④ポルトガル艦隊のインド洋ルート開発に遅れをとったイギリス・オランダ・フランスが、このイラン・ルートによってインド洋への進出を積極的に企てたこと、⑤イラン・中央アジア方面からのメッカ巡礼たちは、ペルシャ湾〜バフライン〜ヤマーマ・ルート、もしくはバグダード経由の巡礼ルートが危険なときには、タブリーズ〜ディヤール・バクル〜マルディン〜アレッポ〜ダマスカス経由、もしくは黒海〜イスタンブール経由のイラン・ルートを利用したこと、などの理由によるものである。

第四は、イスタンブールの地理的位置が、ペルシャ湾・紅海・インド洋のいずれの海からも遠く隔たっていたことである。そのことは、シリア・イラク・エジプトなどを中心として成立したウマイア朝・アッバース朝・ファーティマ朝・マムルーク朝などと違って、オスマン帝国がインド洋世界に対する軍事・外交・通商のいずれにおいても消極的な交渉にとどまった最大の理由であった。十六・十七世紀はアジアにおける大帝国形成の時代であって、オスマン帝国に限らず、中国の清朝、インドのムガール帝国、イランのサファヴィー朝などの大帝国は、いずれも海を国境化することによって巨大な内陸国家を築き上げた点で、共通した現象であるといえよう。ポルトガルに始まる西ヨーロッパ諸国のアジア進出は、そうした内陸型大帝国の形成と、それにともなうインド洋海域からの国家による軍事的・経済的影響力の後退のなかで、海そのものを支配・領有しようとする積極的な目標をもって達成されていったのである。強力な磁場をもったネットワーク・センターの消失は様々な地域間を結ぶ多元的なネットワークの成立を促し、インド洋世界全体にわたって人間移動と文化的・経済的な交流関係が活発に展開することを可能にした。ポルトガル・オランダ・イギリス・フランスなどの諸国は、まさにそうした自由なインド洋海域内の貿易に積極的に参加することから出発して、次第に彼らによる海域支配・地域支配を達成することに成功したのである。オスマン帝国は、西アジア地域と旧ビザンツ帝国とを併合することによって広大な領土を統治したが、その軍事・行政・経済面での支配の重心を、アナトリア、ヨーロッパ大陸側のバルカン半島と黒海北岸に置いた内陸国家であったといえよう。古代ローマ帝国や初期のビザンツ帝国は、チュニジア・エジプト・シリアなどの地中海沿岸部に分布する穀倉地帯を国家の重要な版図のなかに収め、それらの地域と首都のローマもしくはコンスタンティノープルとを結ぶ海上輸送路の支配によって地中海世界の統合を実現した。オスマン帝国も、同じようにこれらの地域の軍事支配を達成し、ロードス・キプロス・マルタなどの要衝の島々を攻略して東地中海の制海権を手中に収めたが、基本的に大きく異なる点があったのである。それはオスマン帝国の場合、首都イスタンブールの急増する人口を養う上で必要不可欠な食糧の補給を、アナトリアとバルカン地域に求めたことであって、海上輸送によって地中海周辺の支配地域から集めたのではなかった。従って、オスマン帝国は地中海へ向かって軍事的に進出し、エーゲ海・ボスポラス海峡と黒海を結ぶ海域を支配するとともに、東地中海における一時的な内紛に乗じて征服地を拡大したが、その地域支配はベイレルベイ(軍政官)による軍事的・行政的統治の範囲内にとどまった。結局、十六世紀から十七世紀にかけてのバルカン地方、とくにドナウ川流域のルーマニア平原における農業生産額の増大が、イスタンブールの隆盛、人口増大、商工業の発展を支えた大きな経済的基盤であったといえる。

オスマン帝国は、①中軸道(orta kol)、②右軸道(sağ kol)、③左軸道(sol kol)、の三本のネットワーク軸がイスタンブールを軸心として、四方の境域地帯に伸びて、その全体が一つの領域体制を形成していた。中軸道は、イスタンブールから西側はソフィア・ベオグラード・ブーデン(ブダ)に至るバルカン地方を貫く重要な幹線であり、その東側はコンヤ・アダナ・アレッポ・ダマスカスを経由して、聖地メッカ・メディナに至る。右軸道は、クリミア半島の重要な交易港ケフェ(カッファ)を始点として、黒海西岸のドナウ川流域を回ってイスタンブールに出て、さらにブルサ・イズミルに通じる南北ルートである。また左軸道は、西側ではギリシャのアティナ(アテネ)に始まり、エーゲ海西岸沿いにセラーニク・イスタンブールに至り、東側ではアナトリアの中央高原を通過してシヴァース、ディヤール・バクル(アーミド)からティグリス川を下り、マウスィル、バグダードに至った。オスマン帝国治下のカイロは、中軸道のダマスカスから分岐するルートの一拠点、ベイレルベイの支配するミスル(エジプト)州都に過ぎなかったが、十六世紀半ば頃からの紅海ルートの復活とメッカ巡礼の盛行にともなって、ハドラマウト地方のタリーム・シバーム・セイウーン、イエメン地方のムハーとザビード、聖地メッカ・メディナ、ダマスカス、イスタンブールを結ぶウラマーや巡礼者たちの文化的ネットワークの重要拠点として、またコーヒー貿易の中継市場としても、次第に人口を集め、隆盛を取り戻すようになった。

第五は、オスマン帝国の成立が、インド産商品の大量購入とインド洋への新しいルートとを求めていたイタリア諸都市の商人たちに、①カイロ征服と紅海ルートの衰退、②東地中海航海の重要拠点に対する軍事支配、③黒海沿岸部、とくにケフェの占領、などのマイナスの結果をもたらしたことである。確かにそうした同じような貿易上の衝撃は、すでにマムルーク朝後期のスルタン－バルスバイによる香料の専売政策や、ティムール朝の軍事征服によっても受けていた。しかし地中海人であるイタリア商人たちの活動の決定的な後退は、①ポルトガル艦隊のインド洋進出、②フランス・イギリス・オランダ勢力の地中海・西アジア経由でのインド貿易への新たな参入、③十七世紀後半以降のアジア貿易の全般的な転換、という三つの歴史的段階を経過する過程において次第に明瞭になったのである。W・ハイドは、その著書『中世におけるレヴァント商業史』のなかで、セルジューク朝トルコによる聖地イエルサレム占領が十字軍運動の発端となったのと同じように、オスマン帝国がビザンツ帝国征服に引き続いて、東地中海・エーゲ海・黒海方面でイタリア人を駆逐し、とくにヴェネツィアとジェノヴァ商人たちの東方貿易に脅威を与えたので、西ヨーロッパ諸国は新たな活動の道を求めなければならなくなり、そうした切迫した状況が契機となって、やがては新大陸やアジアへの海上発展が達成された、と説明した。[16] しかし彼の主張は、オスマン帝国の台頭が西ヨーロッパ側に与えた衝撃をあまりに過大視したこと、またポルトガル艦隊のインド洋進出をもって地中海〜西アジア経由の伝統的東方貿易が全面的に終焉を迎えたととらえたこと、の二点において批判・修正されなければならない。すでに前節でも述べたように、西ヨーロッパ市場へのインド産商品、とくに胡椒とジンジャーの供給量は、マムルーク朝スルタン－バルスバイによる国家専売政策の影響で一時的に減少し、また価格高騰を引き起こしたが、十五世紀半ば以降における地中海とインド洋の両世界における海運と貿易活動の目覚しい隆盛にともなって、西アジアの諸都市を中軸とした各種輸出入品の交換関係もまた復活した。そしてF・C・レインが詳細に論証したように、一五〇〇年から一五二〇年代まではポルトガル艦隊による海上封鎖の強い影響によって、西アジア市場を経由して地中海に流れるインド産商品の取引量は激減した。[17] その点はイスラム側史料からも確認できる。ところが一五三〇年頃を明瞭な境として、紅海とペルシャ湾経由で西アジア市場にもたらされるインド産商品は着実に増加していった。その最大の理由は、ポルトガル艦隊による海上封鎖に緩みが生じたことである。それは、①ポルトガル本国からインド洋沿岸部の基地までの距離が遠く、航海中の遭難事故が多発したこと、②兵員・食糧・武器その他の定期的補給が困難であって、プロテクション・レント（交通ルートや貿易の安全を確保するために必要な保護費用）の経済性が悪化したこと、③兵員の病気や土着の住民との戦争によって死者が生じ、戦力が減退したこと、④インド洋の守備範囲は極めて広く、海上支配の維持は困難であって、とくにアデン攻略の失敗により紅海に対する制海権はほとんどなかったこと、などの理由に基づく必然的な結果であるといえよう。こうした状況のなかで、ポルトガル人は伝統的なインド洋海域内貿易を認めて、間接的貿易支配の形態へ転換する政策を打ち出したのである。すなわちポルトガル人はインド洋商人たちの海運と貿易活動を完全に排除するのではなく、要衝地の支配と海軍力を基礎として、彼らの通行と取引の自由を保障した安全通行証《カルタス》を発行した。これによって、船舶の往来と交易を監視・統制し、また通行税および保護関税を徴収することができた。この段階において、インド洋の海上商人たちは高額な通行・保護税をポルトガル側に納める義務を負ったが、プロテクション・レントの保障を得ることで、安全な通商活動をおこなうことができたのである。つぎに述べるように、こうしたことの影響もあって、ポルトガル艦隊によるインド洋封鎖が崩れていく過程で、インド洋世界を舞台とした海域内交流が一つの隆盛期を迎えることになる。

第六は、十六世紀半ばから十七世紀半ばまでの約百年の間に、アジアの主要都市を結ぶ長距離間のキャラバン交易ネットワークが拡大したのと平行して、インド洋でも東は東シナ海沿岸部から南シナ海・ベンガル湾・アラビア海・インド洋を連ねる海上を舞台とする人間移動および文化・経済交流の諸関係がダイナミックに展開したことである。アジア各地のキャラバン交易は、大帝国の形成にともなう国内治安および道路・交通網の整備や、都市の手工業生産の増大などが国際間の経済的交流を促したことによって大きく進展した。またメッカ巡礼やウラマーたちの学問交流、カーディリーヤやナクシュバンディーヤなどのスーフィズム諸派のタリーカ(教団)活動などが最盛期を迎えたこととの影響もまた、人間・文化・情報の交流を増加させた。こうして、サハラ砂漠のオアシス地帯を東西に結んでマグリブ地方やニジェール川河畔地域からチャド湖・ダールフール・アトバラ・スワーキン・マッサワに出るルート、西アジアにおけるアレッポを軸心とする西アジア・キャラバン・ルート、オスマン帝国治下の三本の基軸道、またサファヴィー朝のイスパハーン、ブハラー・ハーン国のブハラー、ムガール帝国のデリーなどを軸心として四方に通じるキャラバン・ネットワークがそれぞれの境域地帯と結ばれて、巨大なアジア・キャラバン・ネットワークを形成していたのである。一方、インド洋沿岸部でも、ホルムズ・ゴンブローン（バンダル・アッバース）・ジュルファール・マスカト・アデン・ムハー・ジッダ・トゥール・スワイス・スワーキン・モンバサ・キルワ・スーラト・カンバーヤ・ゴア・カリカット・フグリー・マラッカ・アチェー・アユタヤ・広州・泉州・温州・寧波などの諸港市が繁栄し、それらを結ぶ海運と貿易活動の隆盛がみられた。イラン系、アラブ系、インドのグジャラート系・マラバール系・ベンガル系、オスマン帝国からのアルメニア系などの商人たち、東南アジアにおける華僑などが、移住と地域形成、商売、巡礼、学問・教育活動などの様々な目的をもって活躍した。一六五〇年、オマーンのヤァルーブ・アラブ系の航海者・商人たちが、東アフリカ地方のモガディシュー・ペンバ島・ザンジバール島にまたがる海上帝国を建設したことも注目されよう。またハドラマウト地方出身のアラウィー・スーフィーたちは、東アフリカ・インド・ジャワ島の各地にネットワークを広げた。以上のようにインド洋の海上商人たちは、ポルトガル人の海上制覇が崩れていく過程で次第に本来の活動を取り戻し、海域ネットワークを確立していくとともに、新しくインド洋に進出してきたイギリス・オランダ・フランスなどとの貿易にも参加した。

第七は、十七世紀半ば以降、とくに十八世紀に入ると、明瞭に地中海・西アジア経由の交通・運輸と貿易システムの様相に変革が起り始めたことである。つまり、紅海ルートおよびオスマン帝国とサファヴィー朝とを結ぶザグロス山脈越えのキャラバン・ルート、またアレッポ軸のシリア・ペルシャ湾ルートのいずれにおいても、商業交易の活動に停滞現象がみられるようになったのである。

確かにオスマン帝国とサファヴィー朝は、いずれも急激な拡大・隆盛期から、内乱が発生し領土が縮小する衰退期へと立場が逆転していく時期に入り、西アジア地域においては気候変動、不安定な治安情勢、遊牧系諸部族の内訌と反乱、地方諸権力の分立などの政治的な動揺と混乱が繰り返された。ポルトガル勢力のインド洋ルートの開発と独占によって、東方への進出に出遅れたイギリス・オランダ・フランスは、このような状況のもとでまず地中海のレヴァント貿易を拡大した。しかしオスマン帝国とサファヴィー朝との軍事衝突や、外国商人・宣教師の領土内通行の禁止によって、彼らは内陸ルート経由でインドに達する拠点づくりに限界を感じていたのであり、この頃、ポルトガル艦隊の海上制覇が徐々に崩れてきたのに乗じて、喜望峰経由のインド洋ルートに挑戦し始めた。彼らが、最初はインド洋の海上商人たちとの貿易に積極的に参加することによって、インド洋貿易の構造的特質を探るとともに、ポルトガル人の海上支配における欠陥部分についても十分に認識するに至ったことは想像に難くない。そうした前段階を経て、インド洋・アジア貿易に対する新しい形態として採用されたのが、ヨーロッパ市場とは切り離されたインド洋海域内の企業的経営形態であるカンパニー方式であった。カンパニーの設立と経営が、当時の西ヨーロッパ諸国における国家権力の増大のもとでの圧迫を避けるためにも、都市商人たちが自由に活動できる条件を確保する適切な形態であったことは言うまでもない。一六〇〇年におけるイギリス東インド会社の設立、一六〇二年のオランダ東インド会社の設立は、インド洋・アジア地域における西ヨーロッパ諸国の本格的な地域支配の序幕であった。彼らは、インド洋の諸港市を基地として海域内貿易に積極的に参加することによって、その貿易利潤を西ヨーロッパにある本国の出資者たちに還元した。しかし彼らの経営がインド洋の海上商人たちと基本的に異なっていた最大の点は、単に地域間の価格差に基づく中間利潤を追求するだけにとどまらず、商品の生産地・仕入れ・貯蔵・輸送・販売について通商上の主導権を握り、独占的な貿易支配を意図していたことであった。それは、特定商品の生産地と仕入れを確保する必要から、土地の獲得、商品作物の移植およびプランテーション農場の経営に至る一連の商業資本主義への転換に導いた。この段階において、単に従来の交通・運輸ルート、拠点と市場活動の支配という点と線の支配から、面的支配への本質的な変化が生じたと考えることができる。こうした状況が明瞭に展開し始めるのは、十八世紀半ば以降のことであった。しかしすでに、一六二三年、オランダは香料諸島の占領と要塞の建設によって、この地域のみに限定されていた丁香・肉づく・メースの産地を手中に収め、かつてポルトガルが達成し得なかったアジアの香料貿易の独占を実現することができたのである。

十七世紀半ば以降、インド洋貿易をめぐる西ヨーロッパ諸国の新しい進出の舞台は、明らかにアラビア海・インド洋西海域の周縁部から、ベンガル湾・南シナ海・東シナ海を取り囲むインド東部、インドシナ半島、東南アジア島嶼部・大陸部、中国などの諸地域に移動していった。この動向が、新大陸における植民地支配の拡大と並んで、地中海・西アジア地域・インド洋を主軸にして展開してきた既存の国際商業ネットワーク構造の解体をもたらし、代って西ヨーロッパを主軸とした世界経済の成立を告げることとなったのである。

(1) 拙稿「マグリブ人によるメッカ巡礼記 al-Riḥlat の史料性格をめぐって」『アジア・アフリカ言語文化研究』アジア・アフリカ言語文化研究所、二五巻、一九八三年、一九四—二一六ページ参照。

(2) クース〜アイザーブ・ルートの歴史的変遷については、拙稿「マムルーク朝の対外貿易政策の諸相——セイロン王 Bhūvanaikābahu I とマムルーク朝スルタン al-Manṣūr との通商関係をめぐって——」『アジア・アフリカ言語文化研究』アジア・アフリカ言語文化研究所、第二〇巻、一九八〇年、一—一〇五ページ、「ナイル峡谷と紅海を結ぶ国際貿易ルート——とくに Qūṣ〜ʻAydhāb ルートをめぐって——」『イスラム世界』日本イスラム協会、第二五—二六巻、一九八六年、一—二五ページおよび「紅海の国際交易港 ʻAydhāb の廃港年次をめぐって」『東西海上交流史研究』中近東文化センター、第一巻、一九八九年、一六七—一九七ページ参照。

(3) E. Ashtor, *A Social and Economic History of the Near East.*, p. 308.

(4) Michael W. Dols, *The Black Death in the Middle East*, Princeton U. P., 1977.

(5) 拙稿「マムルーク朝の対外貿易政策の諸相」五二—六一ページ参照。

(6) al-Maqrīzī, *Kitāb al-Sulūk li-Maʻrifat Duwal al-Mulūk* (ed. M. M. Ziyād, Cairo, 1941), II-3, p. 772 ; イブン・ハビーブの情報については、R. Lopez, H. Miskimin and A. Udovitch, 'England to Egypt, 1350-1500', *Studies in the Economic History of the Middle East* (ed. M. A. Cook), Oxford U. P., 1970, p. 120 および Michael W. Dols, *op. cit.*, p. 215 より引用。

(7) Michael W. Dols, *op. cit.*, pp. 185-193.

(8) Richard T. Mortel, 'Prices in Mecca during the Mamlūk Period', *JESHO*, vol. 32 (1989), p. 302.

(9) al-Qalqashandī, *Ṣubḥ al-Aʻshā*, (14 vols., Cairo, 1914-28), vol. 3, p. 464-466.

(10) 拙稿「マムルーク朝の対外貿易政策の諸相」六一—六八ページ参照。

(11) 鄭和遠征艦隊のインド洋西海域への進出、とくにイエメン・ラスール朝の主要港アデン訪問に関しては、拙稿「十五世紀におけるインド洋通商史の一齣——鄭和遠征分隊のイエメン訪問について——」『アジア・アフリカ言語文化研究』アジア・アフリカ言語文化研究所、第八巻、一九七四年、一三七—一五五ページ参照。

(12) Ibn Iyās, *Badā'i' al-Zuhūr fī Waqā'i' al-Duhūr* (ed. Muḥammad Muṣṭafā, 5 vols., Cairo, 1961-75), vol. 5, pp. 177, 188, 232.

(13) *Ibid.*, vol. 5, pp. 228-229. イブン・イヤースは、アスユーティー(Jalāl al-Dīn al-Asyūṭī)の史書を引用して、「エジプトの荒廃は、今世紀のヒジュラ暦九二三年(一五一七／一八年)に始まり、状況は九五〇年(一五四三／四四年)までますますひどくなっていった。全くの虚無の状態のなかで、エジプトの人口の約半分はいなくなった」と、その衰退の状況を説明している。

(14) *Ibid.*, vol. 4, p. 359.

(15) シディー・アリー(アリー・レイス)によるインド洋遠征については、Haji Khalifeh, *The History of the Maritime Wars of the Turks* (trans. by James Mitchell), London, 1831 および A. Vambery (trans.), *The Travels and Adventures of the Turkish Admiral Sidi Ali Reïs in India, Afghanistan, Central Asia, and Persia, during the Years 1553-1556*, repr. Lahore, 1975, pp. 7-23 参照。

(16) W. Heyd, *Histoire du commerce du Levant au Moyen-Âge*, 2 vols., Leipzig, 1885-86.

(17) F・C・レインによる二つの論文 'Venetian Shipping during the Commercial Revolution'; 'The Mediterranean Spice Trade: Further Evidence of its Revival in the Sixteenth Century' 参照。以上の論文は、Brian Pullan (ed.), *Crisis and Change in the Venetian Economy in the 16th and 17th Centuries*, London, 1968, pp. 22-58 に再録されている。

■岩波オンデマンドブックス■

世界歴史叢書
イスラム世界の成立と国際商業
——国際商業ネットワークの変動を中心に

1991年4月26日　第1刷発行
2019年5月10日　オンデマンド版発行

著　者　家島彦一《やじまひこいち》

発行者　岡本　厚

発行所　株式会社　岩波書店
〒101-8002　東京都千代田区一ツ橋2-5-5
電話案内　03-5210-4000
https://www.iwanami.co.jp/

印刷／製本・法令印刷

© Hikoichi Yajima 2019
ISBN 978-4-00-730882-6　　Printed in Japan

索　　引

ア 行

アイヤールーン al-'ayyārūn（仁侠・無頼の徒）　197, 222, 370-1, 388
アイユーブ朝　52, 169, 252, 389, 392, 396-7, 399, 403-4
アイン・ジャールートの戦　397, 404
アカイメネス朝ペルシャ帝国　68, 73, 136, 336
アクサム王国(商人)　64, 72, 75-9, 81-3, 92, 95, 102
アグラブ朝　47, 51, 305, 309, 391
アシュトゥール, E.　155, 236, 298, 321, 410
アター 'aṭā　179, 181
アッバース朝　vii, 20, 27, 36, 44, 46-7, 51-2, 75, 110, 133, 136-7, 146, 166, 176, 178, 183, 192-3, 196-7, 203-6, 212-3, 215, 218, 223-7, 231, 235-8, 240-1, 251-2, 255, 259, 262, 264-5, 269, 271, 273, 280, 290, 292, 294-5, 298, 300, 305, 310, 314-7, 319, 321, 323, 325-31, 335, 339-40, 342-3, 345-7, 351, 354, 356-7, 359-61, 364, 368, 384-5, 388-90, 393, 395-7, 401, 433
——革命　vi, 56, 114, 192, 203, 216
アドゥド・アッ＝ダウラ 'Adud al-Dawla　230, 243, 361, 363, 365-6, 368
アブー・ウバイド・アッラー・アル＝アラウィー Abū 'Ubayd Allāh al-'Alawī（カリフ＝マフディー al-Mahdī）　347, 348-9
アブー・ザイド Abū Zayd　242, 277
アブー・サイード・アル＝ハサン・アル＝ジャンナービー Abū Sa'īd al-Ḥasan al-Jannābī　349, 351, 353-4
アブー・ターヒル・アル＝ハサン・アル＝カルマティー Abū Ṭāhir al-Ḥasan al-Qarmaṭī　346-7, 352, 358
アブド・アル＝マリク 'Abd al-Malik　110, 175, 182, 224, 292, 325
アブナー・フルス Abnā' al-Furs（イラン系移住者）　72, 90
アブー・バクル Abū Bakr　126, 129
アムル・イブン・アル＝アース 'Amr b. al-'Āṣ　148, 165
アラブ戦士 al-muqātila　128-130, 145, 150-1, 177-8, 185
アラブ・ムスリム軍(アラブ・イスラム帝国)　vi, 7, 22, 40, 45, 56, 60-1, 109-111, 114, 125-6, 133, 135-40, 143-5, 148-51, 153, 155, 164, 171, 173, 185, 191, 210, 232, 266, 284, 321, 383-4, 388, 426

アリー ‘Alī b. Abī Ṭālib　220, 344
アリー, S. A.　180, 198, 201
アリー派（シーア派）　140, 166, 172, 182, 296, 324, 326, 345, 358
アルメニア（王国・人・系）　41, 44, 136-7, 162, 279-80, 389, 400
イクター制（地）　332, 361
イスタフリー Abū Isḥāq al-Fārisī al-Iṣṭakhrī　297, 333
イスマーイール派（運動, シーア・イスマーイール派）　20, 52, 309, 315, 346-50, 354, 356,358, 367, 391, 396
イスラム法（法学）　241, 246, 259, 315-6, 332, 339
イタリア商人（系・諸都市）　7, 47, 53-5, 159, 170, 312, 393-4, 402-4, 406, 414, 416-9, 425, 432, 435-6
イバード教団 al-Ibādīya（イバード派, イバーディー）　46, 146, 182-3, 231, 306-8, 315
イフシード朝　51, 209, 309, 343, 369-70
イブン・アル＝ジャウズィー Ibn al-Jawzī　235, 365
イブン・アル＝ジャッサース Ibn al-Jaṣṣāṣ　252, 333
イブン・アル＝ファキーフ・アル＝ハマザーニー Ibn al-Faqīh al-Hamadhānī　213, 227, 319
イブン・アル＝ムジャーウィル Ibn al-Mujāwir　359, 367
イブン・イヤース Ibn Iyās　427-8
イブン・ズバイル ‘Abd Allāh b. Zubayr　50, 179
イブン・セラピオン Ibn Serapion (Ṣuhrāb)　328
イブン・ハウカル Ibn Ḥawqal　143, 209, 211, 233, 249, 272, 282, 286, 297, 302, 306, 314, 333, 337, 351, 369
イブン・バットゥータ Ibn Baṭṭūṭa　246, 254, 287, 305
イブン・ハビーブ Muḥammad b. Ḥabīb al-Baghdādī　77, 86, 90, 99, 101
イブン・ハルドゥーン Ibn Khaldūn　24
イブン・ファドラーン Ibn Faḍrān　269, 272, 297, 313
イブン・フルダーズベ Ibn Khurdādhbeh　183, 227, 270, 318, 328
イブン・ルスタ Ibn Rustah　227-8, 297
イブン・ワフシーヤ Ibn Waḥshīya　319-20
イーラーフ（契約）īlāf　77, 100-2, 116, 121-2, 124
イル・ハーン朝　54-5, 405, 407, 417, 419, 432
インド洋世界（貿易・交易）　ix, 37, 47, 79, 206, 262, 264, 277, 279, 299, 335, 366-7, 400, 414, 420-4, 433, 440-1
ヴァイキング　→ルース人
ウイグール人（ウイグール系トルコ族）　13, 299, 389
ウイルキンソン, J. C.　68, 73
ヴェネツィア（商人）　264, 393,

カ 行

サ 行

タ 行

ナ 行

Muḥammad　231, 400, 413, 415-6
ナースィル・ホスロー Nāṣir Khusrau　312, 314-5, 348, 352, 358, 362
ナバト系農民 al-Nabatīya　71, 132, 323, 327, 341, 349
ナーブルシー al-Nābulusī　249, 254
ナーホダー nākhudhā' (船舶経営者)　263-4
西ヨーロッパ・キリスト教世界(諸国・中世都市)　26, 152-3, 155-63, 191, 198, 236, 309, 394, 409-12, 419, 422, 424-6
ネストリウス派キリスト教(教徒)　46, 75, 84, 182, 184
熱帯産栽培植物(有用植物)　70, 308, 324, 334-40
ノルマン人(王国)　312, 393, 403

ハ 行

ハイド, W.　436
バイバルス1世 al-Ẓāhir Rukn al-Dīn Baybars I　169, 397, 400, 413-4, 418
ハウタ ḥawṭa　84-6
バクリー Abū 'Ubayd al-Bakrī　288, 307, 338
ハザル al-Khazar (王国・族)　162, 184, 227, 247, 266, 269, 270-2, 280, 289, 291, 401
ハーシム Ḥāshim b. 'Abd Manāf　77, 99, 103, 116, 121, 125
ハッザーン khazzān (蔵商)　253-6
ハッジャージュ・イブン・ユースフ Ḥajjāj b. Yūsuf　131-2, 138-9, 142, 175, 177, 324-6
(アル＝)ハティーブ・アル＝バグダーディー al-Khaṭīb al-Baghdādī　216-7, 220
バヌー・スライム Banū Sulaym　42, 371, 390
バヌー・ハニーファ Banū Ḥanīfa　174, 300
バヌー・ヒラール Banū Hilāl　42, 390
ハムダーニー Abū Muḥammad al-Ḥasan b. Aḥmad al-Hamdānī　71, 86, 294
ハムダーン朝　20, 136, 355, 371
バラーズリー al-Balādhrī　137, 142, 165, 174, 177, 180, 267, 325, 342
バリード barīd (駅逓制度)　176, 224-6, 230-1, 238
――庁 Dīwān al-Barīd　225-6
バルスバイ al-Ashraf Sayf al-Dīn Barsbay　418, 420-1, 422, 436
バルーチー(族)　351, 364
パルティア帝国　44, 68, 73, 136
バルトリド, V.　207
ハールーン・アル＝ラシード Hārūn al-Rashīd　216, 222, 319, 343
ハワーリジュ派　46, 71, 146, 182, 192, 231, 296, 308, 315, 341, 345, 351, 384-5
バントゥー系(諸語)　9, 276, 326, 351

ビザンツ帝国(軍・艦隊・商人・ルーム)　7-8, 44, 46, 50-1, 61, 64, 67, 72, 75-80, 83, 86, 89, 91-2, 95, 99, 110, 114, 122, 129, 136-7, 145, 148, 150-4, 157, 159-62, 164, 173-5, 181, 183, 185, 201, 208, 214, 216, 224, 227, 229, 239-40, 265, 267, 270-2, 280, 282, 290, 316, 321, 369, 371, 384, 389, 393-4, 401-2, 406, 425-6, 434, 436
ヒシャーム・イブン・アブド・アル＝マリク Hishām b. ʻAbd al-Malik　134, 177, 327
ヒマー ḥimā　84-6
ヒムヤル王国　64, 78, 82-3
ピレンヌ, H.　111, 152-3, 156, 184, 394
—— テーゼ　111, 149, 152-5, 157-60
ヒルフ ḥilf(協約)　101, 116
ヒンドゥー世界(教・系)　3, 10-1, 21, 143, 208, 233, 289, 315
ファーティマ朝　vii, 20, 47, 52, 136, 170, 178, 249-50, 252, 254-5, 291, 298, 301, 309-12, 343, 346-8, 360, 367-70, 389, 391-4, 396, 400, 410, 414, 426, 433
ファラジュ falaj(地下水溝)　68, 73-4, 337
プトレミー Churadius Ptolemy　95
フナルマン hunarman, hunarmān, hunarma　247
フムス規範 ḥums　98, 116, 124
フラート人 al-Furātīya　345
フランク王国　→メーロヴィンガ朝, カーロリンガ朝
ブルガール(ヴォルガ・ブルガール王国)　266, 268-72, 291, 295, 297, 400-1
プレスター・ジョン Prester John　425
プロコピウス Procopius　76,78
プロテクション・レント protection rent　438
ブワイフ朝(ブワイフ朝ダイラム政権)　20, 47, 140, 217, 223, 230, 243-4, 297, 299, 340, 343, 346, 360, 362-5, 368, 372, 385, 397
フワーリズミー Abū ʻAbd Allāh Muḥammad b. Aḥmad b.Yūsuf al-Khuwārizmī　224, 283
フンドゥク funduq, fondaco　178, 198, 247, 249, 312, 420
ベジャ族(系・ブジャ族)al-Buja　169, 300-2, 390
ペスト(大疫病・伝染病)　240, 396, 408-9, 411-2, 414-5, 416
ホスロー1世 Khusrau I　72, 74, 78
北方貿易　156, 271-2, 298, 401
「帆柱の戦い(Dhāt al-Ṣawālī)」　150-1, 173
ボフラー文化(社会) Bohrās, Bohorās　12, 395, 407
ホラズム系商人　207, 269, 272
ボーリン, S.　158, 294
ポルトガル人(王国・艦隊・フィランジュ)　vii, 55, 144, 350, 427-30, 436-7, 439-41
ホワイトハウス, D.　67, 69

マ 行

マァムーン al-Ma'mūn 216, 319, 342
マクリーズィー al-Maqrīzī 133, 166, 173, 415
マシニョン, L. 198-9, 346
マスウーディー al-Mas'ūdī 256, 278, 287, 335
マディーナ・アッ=サラーム Madīnat al-Salām(バグダード) 192, 215
マトジャル matjar(商業拠点・商業目的地) 102, 104, 121, 124
マーピッラ Māpillas, Maplahs 12, 395, 407
マフディー al-Mahdī 137, 166, 219, 222, 258
マムルーク朝 52, 54, 136, 169, 199, 231, 237, 252, 255, 262, 302, 389, 392, 397, 400-1, 404, 408, 411-22, 424-5, 427, 433, 436
マリ・タクルール王国(人) 8, 304-5, 311, 400, 417
マルワーン・イブン・ムハンマド Marwān b. Muḥammad 135, 177
マワーリー mawālī 144, 172, 177, 182, 185, 216
マーワルディー al-Māwardī 323, 327
マンスール Abū Ja'far al-Manṣūr 46, 166, 213-6, 218-9, 226, 228
明朝(中国) 202, 423-4
ムアーウィヤ Mu'āwiya b. Abī Sufyān 50, 141, 147-8, 150-51, 165, 171-5, 181, 324-5
ムゥタシム al-Mu'taṣim 192, 325-6
ムゥタディド al-Mu'taḍid 256, 305, 364
ムカッダシー al-Muqaddasī 74, 96, 166, 211, 223, 243, 249, 262, 280, 333, 358, 362, 364-5, 368-9, 371
ムガール帝国 433, 438
ムクタディル al-Muqtadir 217, 269
ムーサー・イブン・ヌサイル Mūsā b. Nuṣayr 144, 175
ムサーダラ muṣādara (財産没収) 257, 371, 421
ムジャッヒズ mujahhiz (輸出入問屋) 253, 256-7
ムタワッキル al-Mutawakkil 204, 300, 390
ムハンマド Muḥammad (預言者) 19, 50, 55, 61, 77, 99, 104, 109, 114-26, 129, 156, 168, 288, 398
ムハンマド・イブン・アル=カーシム Muḥammad b. al-Qāsim 139, 142-4, 276, 325
ムフタシブ muḥtasib(市場監督官) 178, 219, 251
ムラービト朝 311, 391, 417
ムワッファク Muwaffaq Abū Aḥmad 305, 345
メッカ・メディナ(両聖地・メッカ・メディナ巡礼・聖地巡礼) vi, ix, 18, 25, 50, 53, 85, 228-30, 234-5, 245, 348, 353-4, 358, 370, 398-400, 410, 414, 417, 423, 427,

ヤ 行

ラ 行

ワ 行